KiWi 66 Günter Wallraff
Befehlsverweigerung

Günter Wallraff

Befehlsverweigerung

Die Bundeswehr- und Industriereportagen

Kiepenheuer & Witsch

Umschlag Hannes Jähn, Köln
Gesamtherstellung Clausen & Bosse, Leck
ISBN 3 462 01644 X

für Birgit

Inhalt

Ich träumte
das Leben sei ein Traum
und wachte auf davon
und da schlief ich
nie wieder ein.

(Tagebuch 1961)

Vorwort

1.
Seit meiner Arbeit bei der »Bild«-Zeitung in Hannover* sind sieben Jahre vergangen, in denen der Springer-Konzern gegen eine Vielzahl von Passagen meiner Bücher einen Prozeßkrieg führte. Nachdem in letzter Instanz der Bundesgerichtshof 1981 meine Arbeitsmethode und ihre schriftstellerische Auswertung unter der Voraussetzung gebilligt hatte, daß es um »gewichtige Mißstände« gehe, »deren Offenlegung für die Allgemeinheit von besonderem Interesse« sei, legte der Springer-Verlag beim Bundesverfassungsgericht Verfassungsbeschwerde ein. Fast zwei Jahre brauchten die obersten Richter, bis sie ihren Spruch fällten. Ich hatte mit schlimmen Folgen für meine weitere Arbeit gerechnet, sogar mit einem Berufsverbot, und für diesen Fall geplant, neue Bücher vom Ausland aus zu veröffentlichen. Immerhin ließ die politische Situation nach der Bonner Wende genug befürchten, und der Vorsitzende des mit der Entscheidung befaßten Senats, der frühere baden-württembergische Innenminister Herzog, hatte sich schon mit der Einführung der Chemischen Keule sowie einem Gesetzentwurf einen Namen gemacht, wonach Demonstranten in seinem Bundesland ihren eigenen Abtransport durch die Polizei bezahlen sollten. Bis zuletzt zeigte die siebenjährige Prozeßgeschichte auch den großen Einfluß des Springer-Verlags. Mein Karlsruher Anwalt, der den Erfolg vor dem Bundesgerichtshof miterstritten hatte, vertritt inzwischen als Anwalt den Springer-Konzern, unter anderem in Prozessen gegen den »Bild«-Rechtshilfefonds, der versucht, Opfern des Lügen- und Verleumdungsblatts zu helfen. Nachdem der Hamburger Richter Engelschall sämtliche Verbotsurteile für den Springer-Konzern gefällt hatte, wurde seine einzige Tochter als »Bild«-Redakteurin eingestellt. Die verkürzte Urteilswiedergabe durch die Pressestelle des Bundesverfassungsgerichts benutzte »Bild«, um sich unter der Überschrift »Sieg der Pressefreiheit« als Gewinner des Prozesses zu feiern. Tatsächlich bekam der Springer Verlag nur in einem von fünf strittigen

* »Der Aufmacher«, KiWi Bd. 2, »Zeugen der Anklage«, KiWi Bd. 17

Punkten recht: Den Ablauf einer durchschnittlichen Redaktionskonferenz hätte ich nicht schildern und veröffentlichen dürfen – es sei denn, ich hätte, über die alltäglichen Verbrechen des Blattes, über die gewöhnliche Verletzung der Gefühle seiner Leser, das Schüren von Haß gegen Minderheiten und die »normale« Herstellung und Verbreitung von Tatsachenverdrehungen und Lügen hinaus, die Planung einer kriminellen Tat – wie etwa eines Einbruchs, um so intime Informationen über einzelne Bürger zu beschaffen (geschehen im Frankfurter »Vampir-Fall«) – aufgedeckt.
Hier liegt die wesentliche Bedeutung des Karlsruher Richterspruchs, nicht nur für meine eigene Arbeit, sondern auch für die aller Kollegen, die sich wie ich der Wirklichkeit in einem bestimmten gesellschaftlichen Bereich aussetzen und darüber berichten wollen. Das Gericht bezieht zwar »die Verbreitung rechtswidrig beschaffener und erlangter Informationen«, wie es meine Arbeitsmethode charakterisiert, mit in den »Schutzbereich des Grundrechts der Meinungsfreiheit« ein. Aber »die Veröffentlichung einer durch Täuschung beschafften und zu einem Angriff gegen den Getäuschten verwendeten Information« hält es für unvereinbar mit dem »Schutz der Vertraulichkeit der gesamten Redaktionsarbeit«, dem »Schutz vor Indiskretion«. Es läßt nur eine Ausnahme gelten, »wenn die Bedeutung der Information für die Unterrichtung der Öffentlichkeit und für die öffentliche Meinungsbildung eindeutig die Nachteile überwiegt, welche der Rechtsbruch für den Betroffenen und die ... Geltung der Rechtsordnung nach sich ziehen muß.«
Das Bundesverfassungsgericht stellt somit die Enthüllung von Sensationen als legal und rechtmäßig hin. Die Aufdeckung von Skandalen, für die nach seiner Ansicht »ein überragendes öffentliches Interesse besteht«, kann indes nur Zufallsprodukt sein. Dagegen ist das alltägliche Unrecht, sind die alltäglichen Mißstände, die in das Leben eines jeden Menschen eingreifen, der öffentlichen Erörterung entzogen. Das Gericht hat besonders solche Bereiche unter verfassungsrechtlichen Schutz gestellt, wo – wie bei der »Bild«-Redaktion – Entscheidungen über ein Millionenpublikum getroffen werden. Seiner Tendenz nach schließt das Urteil genau dort die Öffentlichkeit aus, wo es um die Herrschaftsinteressen oberster Machtgruppen geht; als vertraulich und vor »widerrechtlicher« Indiskretion geschützt

würde demnach dann auch die Sitzung von Aufsichtsratsmitgliedern gelten, in denen die Standorte von Atomkraftwerken bestimmt werden; Spitzengespräche von Regierungsgremien, in denen Tricks ausgeheckt werden, den Abbau des Sozialstaats als fortschrittliche Rückkehr zur Eigeninitiative zu verkaufen; Treffen oberster Kirchenvertreter, deren Politik um den Abtreibungsparagraphen in jede Ehe einzugreifen versucht.
Mit anderen Worten: Durch das Urteil ist das Risiko für meine Arbeitsmethode größer geworden. Die rechtliche Absicherung muß noch genauer vorgenommen werden; noch mehr Anwälte müssen vor einer Veröffentlichung gegenlesen. All diese Rücksichten auf die eventuellen rechtlichen Schritte, die gegen die publizierten Schilderungen von tabuisierten und abgeschirmten gesellschaftlichen Bereichen vorgenommen werden können, erschweren die Arbeit. Auch jüngere Kollegen, die sich direkt der Wirklichkeit aussetzen, werden sicher größere Auseinandersetzungen einkalkulieren müssen.

2.
Die siebenjährige Prozeßgeschichte mit dem Springer-Verlag, so zermürbend sie im einzelnen auch war, ist für mich kein Anlaß zur Resignation. Sie ist vielmehr ein weiteres Dokument für die Wirkung meiner Reportagen. Es ist nicht das erste Mal gewesen, daß Firmen, in denen ich in einer bestimmten Rolle gearbeitet hatte, nach Veröffentlichung meiner Erfahrungen versuchten, Bücher über die Gerichte verbieten zu lassen. Es wurden Rufmordkampagnen gestartet, die häufig die Unterstützung von Unternehmensverbänden und anderen »Spitzengremien« erhielten.*
Andere Anzeichen der Wirkung zeigten sich dort, wo die von mir aufgedeckten Mißstände beseitigt wurden. Andererseits erzählten mir Arbeiter der Thyssen-Hütte soeben (Juni 84), daß sich in Sinter II** so gut wie nichts geändert habe. Sie bekämen zwar mehr Lohn, aber die Arbeitsbedingungen seien geblieben: Unfallgefahren, Gesundheitsschäden durch den mörderischen Sinterstaub, der zu Vergiftungen, Abszessen und Staublunge führt. Ich hatte es am eigenen Leib erfahren. In dieser Hinsicht sind die Reportagen nach wie vor aktuell. Ich

* z. B.: »Dichtung als Waffe im Klassenkampf am Beispiel Wallraff«, BDA 1974
** s. S. 132 »Sinter II«

könnte mir als eine bessere Bestätigung vorstellen, wenn sich Grundlegenderes geändert hätte. Aber Tatsache ist, daß bei Ford* die Bänder noch schneller laufen; ebenso, daß sich die Situation von Ausländern unter den Bedingungen der herrschenden Arbeitslosigkeit verschlechtert hat. Auch die »Bild«-Zeitung hatte nur vorübergehend Einbrüche in ihrer Auflage; als »billige« Zeitung wird sie wieder gekauft in einer Zeit, in der so mancher Arbeitslose mit dem Groschen rechnen muß.
Viele Leser meiner Reportagen haben mir mitgeteilt, daß sie zuvor die dort geschilderten Zustände nicht für möglich gehalten haben. Das hatte Folgen für die Berufswahl (wenn sie sich z. B. für einen sozialen Beruf entschieden), führte zu politischem Engagement, zumindest aber oft zu einer Änderung des Wahlverhaltens. Andere gaben mir Informationen über die Verhältnisse in ihrem Betrieb, wo vergleichbare Mißstände herrschten. Für viele schreibende Arbeiter waren die Reportagen Vorbilder, über ihren Betrieb, ihre Abteilung Texte zu verfassen; mancher begann überhaupt zu schreiben, indem er all die Erlebnisse und Erfahrungen festhielt, die ihn bewegten. Hier halfen die Reportagen, zur Arbeit der Werkkreise »Literatur der Arbeitswelt« anzuregen.

3.

Wirkung zeigte meine Arbeit auch im Schulbereich. Ende der 60er Jahre wurden die Texte in Sozialkunde-, Deutsch-, Religions- und Heimatkundebücher aufgenommen. Wie mir berichtet worden ist, berufen sich Schüler oft auf meine Methode, in eine Rolle zu schlüpfen und in einen Bereich zu dringen, der der Öffentlichkeit nicht zugänglich ist.
Mit dem »Großreinemachen« werden inzwischen auch meine Texte in Bayern und in CDU-regierten Bundesländern wieder aus Schulbüchern entfernt. Es ehrt mich, wenn ich zusammen mit anderen von mir geschätzten Kollegen (Erich Fried, Hubert Fichte, Wolf Biermann, Heinrich Heine) »verbannt« werde.
Der Frankfurter Hirschgraben Verlag teilte beunruhigten Lehrern, die die »Industriereportagen« in der Neuauflage des Lesebuchs vermißten, mit, er hätte sich dazu entschlossen, meine Reportagen aus Industriebetrieben herauszunehmen, weil die

* s. S. 68 »Am Fließband«

dort geschilderten Arbeitsbedingungen nicht mehr aktuell seien. Die Aktualität seines Unterrichtswerks hat der Verlag dann aufgebessert, indem er statt dessen die Lebenserfahrungen eines Landarbeiters aus dem vorigen Jahrhundert abdruckte.
Die Wende-Zeit wird auch daran deutlich, daß in letzter Zeit die Diffamierungen gegen meine Arbeit zugenommen haben. Trotz Nichtzugehörigkeit zu einer kommunistischen Partei wurde ich an Veranstaltungsorten von Vertretern der Jungen Union mit Transparenten empfangen:

Kommunisten raus aus unserer Stadt!
Wallraff raus aus unserer Stadt!

4.
Als ich mit meiner Arbeit anfing, herrschte noch ein anderes politisches und gesellschaftliches Klima. Die damalige Aufbruchstimmung, der Glaube daran, die Gesellschaft durchlässiger zu machen und zu demokratisieren, ist einer allgemeinen Resignation gewichen. Die große Parole ist heute wieder: Privatisierung, sich aus allem heraushalten. Das große Abstauben und die Statussymbole zählen wieder.
Meine erste Rolle hatte ich mir nicht ausgesucht, sie nicht bewußt gewählt, um auf diese Weise an mir selbst zu erfahren, welche Verhältnisse in Bereichen herrschen, die mir ganz und gar unvertraut waren. In meine Bundeswehr- und Kriegsdienstverweigerer-Rolle bin ich unfreiwillig geraten; aber sie hat mich ermutigt, meine Meinung zu sagen, wo ich mich betroffen fühlte, mich nicht herauszuhalten, wo Schwierigkeiten zu erwarten sind. Ich habe dadurch – und auch bei meinen weiteren Rollen – erfahren, daß meine eigenen Ängste nicht nur privater Ursache sind. Indem ich mich für andere einsetze, habe ich meine frühere Introvertiertheit und Isolation überwunden. Für mich ist meine Arbeit kein Aufopfern, kein Märtyrertum; es hat mir persönliche Befriedigung und geradezu sinnliche Freude gebracht, wenn ich mich als Schwächerer absolut mächtigeren Institutionen gegenüber behaupten konnte.
Andererseits ist meine einzelkämpferische Methode auch mit persönlichen Gefährdungen verbunden gewesen. Beziehungen waren gestört, behindert, manchmal unterbrochen; Rückzüge in Traumwelten, die Unfähigkeit, mit jemandem zu reden, weil mich die Arbeit erdrückte oder alles über mir zusammenzu-

schlagen drohte. Vor allem die Hans-Esser-Rolle bei »Bild« hat mich in Situationen gebracht, in der ich die totale Selbstverleugnung, die ich auf mich nehmen mußte, kaum noch aushielt. Das war eine Schmutzrolle, in der ich nicht mehr ich sagen konnte.
Ohne mich aus der Verantwortung stehlen zu wollen, muß ich doch anmerken, daß ich angesichts der sich verschlimmernden Zustände als *Einzelner* oft überfordert bin. Andere Kollegen sind aufgefordert, sich der Mühe zu unterziehen, die Zustände an sich selber zu erfahren. Ich habe keinen Alleinvertretungsanspruch, kein Patent auf meine Arbeitsmethode. Ich bin erleichtert, wenn andere in ihren Bereichen die Arbeit, die ich angefangen habe, ausbauen, erweitern und verbreiten helfen. Dabei rate ich jedem Jüngeren, der damit beginnt, das innerhalb einer Gruppe zu tun.
Im Rückblick – bei den Korrekturen an dieser Ausgabe – wurde mir noch einmal deutlich, daß die besten Reportagen dann entstehen, wenn man eine Rolle über einen sehr langen Zeitraum durchhält, wenn man in sie hineinwächst wie in eine zweite Haut und z. B. auch abends die Tarnkappe nicht einfach ablegen kann.

Mein Tagebuch aus der Bundeswehr
(1963/64)

(1. Rollenreportage – unfreiwillig –)

Aus dem Taschenbuch für Wehrpflichtige, 17. Auflage, das jedem Eingezogenen übergeben wird, die »Bibel des Soldaten«:

F 18: Um ein guter Soldat zu sein, muß man Selbstachtung haben, aufs Vaterland und seine Einheit stolz sein, Disziplin üben, über ein großes Maß an Pflicht- und Verantwortungsbewußtsein gegenüber Kameraden und Vorgesetzten verfügen.
F 24: Bestimmte, in allen Lagen wiederkehrende Tätigkeiten soll der Soldat auch automatisch ausführen können. Hierin muß er durch Gewöhnung geübt werden. Darüber hinaus kommt solchen Übungen keine erzieherische Bedeutung zu. Sie setzen vielmehr die Erziehung des sittlichen Willens und die Einsicht voraus.
F 25: Nahkampf. Im Nahkampf ficht der Soldat mit dem Feuer seines Sturmgewehres. Es kommt darauf an, daß der Soldat als erster schießt. Hat der Soldat sich verschossen, dreht er sein Gewehr um und schlägt mit der Schulterstütze zu. An folgenden Punkten kann er den Feind besonders wirksam mit der Schulterstütze treffen: Gesicht, Schädel, Schläfen, Genick, Nieren, Magengrube, Geschlechtsteile und Schienbein.
F 21: Vom jüngsten Soldaten aufwärts muß überall die Hingabe der ganzen geistigen und körperlichen Kraft gefordert werden.
F 23: Oberster Grundsatz! Wer schneller schießt und besser trifft, bleibt Sieger!
F 23: Wenn die Guten nicht kämpfen, siegen die Schlechten!
F 25: Es kommt besonders darauf an, daß der Soldat das Kampfmesser bei der Vorbereitung zum Nahkampf scharf schleift . . . (Das Kampfmesser ist ein kleines Klappmesser und wird auch als Eßbesteck benutzt – G. W.)
F 19: Das Vorhandensein einer Waffe, welche das ganze Volk bedroht, erfordert die Verteidigungsbereitschaft des ganzen Volkes!
F 29: Besser, für die Gerechtigkeit sterben als fliehen und ehrlos sterben!
C O 1, B 1: Was ist ein Befehl? Ein Befehl ist jede Anweisung zu einem bestimmten Verhalten.
C O 1: Der Soldat muß seinen Vorgesetzten gehorchen. Er

hat ihre Befehle nach besten Kräften vollständig, gewissenhaft und unverzüglich auszuführen!
C 20: *Gehorsamsverweigerung!* 1. Mit Gefängnis oder Einschließung oder mit Strafarrest nicht unter zwei Wochen wird bestraft:
1. wer die Befolgung eines Befehls dadurch verweigert, daß er sich mit Wort und Tat gegen ihn auflehnt, oder
2. wer darauf beharrt, einen Befehl nicht zu befolgen, nachdem dieser wiederholt worden ist.
F 65: Der Soldat muß widerstandsfähig und spannkräftig, entbehrungsbereit und hart gegen sich selbst sein.
F 25: Im Nahkampf führt der Soldat kräftige Stöße mit seinem Seitengewehr auf den Feind aus und wirft ihn hierbei um. Blitzschnell tritt er auf den stürzenden Feind, stößt kräftig nach und zieht die Waffe im Weiterlaufen wieder aus dem Körper des Feindes heraus. Ist der Feind in Stellung, muß der Soldat den Stoß von oben auf den Hals oder die Mundhöhle des Feindes führen.
F 70: Ungewiß ist das Element des Krieges, das Unerwartete ist die Regel!

Die Truppenführung

Meine Dienstgradbezeichnung ist »Schütze«, ich trage Uniform. Aber ich habe das Gewehr nicht genommen. Ich bin Kriegsdienstverweigerer.
»Wallraff hat sich trotzdem zur Stelle gemeldet!«
»Stehen Sie erst einmal stramm, wenn Sie mit mir reden, und melden Sie sich gefälligst richtig! Das heißt: Schütze Wallraff meldet sich zur Stelle, verstanden!«
»Ja, schon, aber wieso Schütze? Ich nehme doch kein Gewehr in die Hand und werde niemals schießen, auch nicht so zum Spaß.«
»Sind Sie blöde? Ihre Dienstgradbezeichnung ist Schütze, und so haben Sie sich ein für allemal zu melden, sonst werde ich Sie melden, und Sie kommen wegen Befehlsverweigerung in den Bau!«
»Ach so. Ein Schütze, der nicht schießt . . . aber wenn Sie Wert darauf legen: Schütze Wallraff meldet sich zur Stelle!«
So fing es an. Ich hatte meinen Antrag nicht früh genug gestellt. Bei der Musterung war mein Entschluß noch nicht fest gewesen. So stellte ich meinen Antrag auf Kriegsdienst-

verweigerung beim Kreiswehrersatzamt Köln zwei Monate vor der Einberufung und wies darauf hin, daß das Gewissen zu jeder Zeit wach werden kann und nicht an amtliche Fristen gebunden ist. Ich erhielt die Einberufung mit dem Zusatz: Wenn ich mich nicht zum anbefohlenen Zeitpunkt bei meiner Einheit einfände, gälte ich als fahnenflüchtig und würden strafrechtlich verfolgt. Mein Antrag würde an den zuständigen Prüfungsausschuß für Kriegsdienstverweigerer weitergeleitet. (. . .)

Am nächsten (vierten) Tag erscheine ich nicht zur Gewehrausteilung. Der Hauptmann sagt mir nachher vor Unteroffizieren und Mannschaft, ich sei nicht würdig und vertrauenerweckend genug, überhaupt eine Waffe zu tragen. Später bekomme ich von meinem Gruppenführer einen Stock mit Tragekordel. Ich schmücke ihn jeden Tag mit einer frischen Feldblume und stelle ihn jeden Abend in den Gewehrständer neben die blitzenden Flinten meiner Stubengefährten. Damit sie sich neben mir nicht zu schämen brauchen, pflanze ich ihren Gewehrmündungen ebenfalls Blumen auf. – Man verbot mir den Blumenzauber. Meinen Stecken durfte ich auch nicht mehr öffentlich tragen, weil er großes Aufsehen erregte und schon in anderen Standorten der Umgebung bekanntgeworden war. So stehe ich mit leeren Händen daneben, wenn die anderen schießen. (. . .)

23. 7. – Montag – 7 Uhr
Ich fahre auf einer Schubkarre Eisenträger zum Bauschuppen. Sie haben bisher friedlich im Kasernengelände gelegen und störten keinen. Nun müssen sie versteckt werden, weil der Kommandierende General erwartet wird.
Ich höre von weitem einen Pfiff. Das ist nichts Ungewöhnliches hier. (Trillerpfiffe und Brüllen sind die Hauptsignale und Verständigungsmittel im militärischen Leben.) Darum achte ich nicht sonderlich darauf.
Vor mir bleibt ein Soldat wie angewurzelt stehen, legt seine Hand zum Gruß an den Mützenrand und verharrt.
Ich denke, er verwechselt mich mit was Höherem, nicke ihm freundlich zu und rüttele mit meiner Schubkarre an ihm vorbei.
Jetzt sehe ich, daß überall im Umkreis einfache Soldaten,

Unteroffiziere und sogar zwei Leutnants wie versteinert dastehen, alle in der gleichen Richtung, mir zugewandt, die Hände zum Gruß angelegt.
Es ist merkwürdig. Ein LKW-Fahrer hat seinen Motor abgestellt, ein Zivilangestellter hält seinem Hund, der eben noch kräftig bellte, das Maul zu.
Ich mache mit meiner Karre einen Bogen um einen Unteroffizier, als dieser mir mit dem nicht grüßenden Arm zu verstehen gibt, ich solle ebenfalls stillstehen. Er ruft drohend »Flaggenparade«. Ich ahne schon was.
Plötzlich ein Pfiff. Der Spuk löst sich auf.
Der Hund bellt. Der Motor heult auf.
Der Unteroffizier kommt mir nach, baut sich vor mir auf, verlangt barsch Namen und Einheit von mir.
Er erklärt mir, das eben sei eine Flaggenparade gewesen. Die schwarzrotgoldene Fahne werde jeden Morgen gehißt und jeden Abend heruntergeholt. Man müsse ihr dann seine Ehrenbezeigung entrichten und sich so verhalten, wie ich es vorhin gesehen hätte.

26. 7. – Donnerstag – 9.30–10.30 Uhr
Kompaniebelehrung! Große Aufklärung! Gehalten von Hauptmann Staller. Heutiges Thema: ABC-Kriegführung. Schutzmaßnahmen des einzelnen Soldaten dagegen. – Wir kommen von einer harten Geländeausbildung zurück und sind müde. Die meisten schalten ab, kämpfen gegen den Schlaf an. Augenlider klappen herunter. Wer beim Schlafen erwischt wird, muß aufstehen, schläft vor Müdigkeit fast im Stehen weiter.
Als Soldat lernt man, überall und in der unbequemsten Stellung zu schlafen. Der Dienstplan ist so angesetzt, der Schlaf so knapp bemessen, daß sich das Bewußtsein ständig in halbwachem Zustand befindet. Die natürlichen geistigen Widerstandskräfte sind stark herabgesetzt. Der Soldat schluckt so alles leichter, er schluckt alles, was ihm vorgesetzt wird. »Der Soldat braucht nicht zu denken. Das besorgen wir für ihn. Nachdenken ist gefährlich und führt zu nichts«, hat Fahnenjunker Landmann treffend formuliert.
Typischer Ausdruck des Soldaten die völlige Ausdruckslosigkeit, während für ihn gedacht wird: leicht geöffneter Mund, entspanntes, schlaffes Gesicht; die Augen werden

hin und wieder vom verhangenen Zustand aus weit aufgerissen, der Mund weiter aufgesperrt, wenn ein besonders starker Brocken zu schlucken ist. Die Berieselung geht so glatt vonstatten, direkt ins Unterbewußtsein hinein, wo sie am wirkungsvollsten ansetzt.

»Warum sind in Hiroshima so viele Menschen umgekommen? – Die Bombe war völlig neu, unbekannt die Wirkung. – Noch keine Schutzmaßnahmen vorhanden. Panikstimmung aufgekommen. – Vor allen Dingen Ruhe bewahren! – In Japan sind die Häuserwände bekanntlich aus Papier, Stroh und Pappe. Schon ein ganz kleiner Mauervorsprung gewährt Schutz! Nicht bange machen lassen! Die verantwortungslosen Wissenschaftler! Warnen vor der Bombe. Spielen mit der Angst der Menschen! – Die Militärs sind sich da einig: jede neue Waffe hat auch wirkungsvolle Schutzmaßnahmen nach sich gezogen. – Jeder hat eine Chance, zu überleben! Vor allem der geschulte besonnene Soldat. Da haben wir den Zivilisten viel voraus. Ich sage immer: Ein gut ausgebildeter Soldat ist eine halbe Lebensversicherung!« (Hauptmann Staller war im Zivilberuf in der Versicherungsbranche tätig.)

»Wollen der Sache nüchtern ins Auge blicken und rein wissenschaftlich zu Leibe rücken. Aufräumen mit den verbreiteten Schauermärchen von den angeblich verheerenden Wirkungen von Megawasserstoffbomben. Großstädte könnten mit einem Schlag ausradiert werden. Glatter Unsinn. Typische Angstpsychosen!

Unsere Berechnungen und Schutzmaßnahmen gründen allein auf der Wirkung der bekannten 20-Kilotonnen-Bombe von Hiroshima. Diese Babybomben sind strategisch wirtschaftlich. Unterscheiden sich letzten Endes in der Sprengwirkung auch nicht von konventionellen Bomben. Nur, wo man früher ganzen Bombenteppich werfen mußte, genügt heute eine einzige A-Bombe. Also größere Produktivität. – Wenn der Russe bekanntgibt, er hätte heute A-Bomben mit hundertfacher Wirkung der Hiroshimabombe, so ist das nur psychologisch zu bewerten, in Wirklichkeit reiner Bluff! Was will der Feind mit einem Gebiet, das er vorher völlig verseucht hat, und mit einer Stadt, die total zerstört und verstrahlt ist. Er kann sie für Jahre hinaus nicht besetzen. Strategisch völlig unrentabel! Man wird die ABC-Waffen

schon aus diesen Gründen nie anwenden. Sie dienen lediglich der Abschreckung.
Wie verhält sich nun der Soldat, wenn eine Atomexplosion stattgefunden hat? Sie werden vielleicht lachen, lachen Sie jetzt ruhig darüber, wenn ich Ihnen sage, schon eine vorgehaltene Zeitung schützt. Von einem Erdloch ganz zu schweigen. Sie wissen ja gar nicht, wie gut Erde isoliert!« (Er rechnet es uns an Hand der »Halbwertzeit« vor.) »Vor allem: Flach hinschmeißen! Kopf in die Erde stecken! Ruhe bewahren und liegen bleiben, bis der Druck nachläßt. Langsam zählen, so die Entfernungen vom Explosionsnullpunkt zur eigenen Lage feststellen. Das geht alles sehr schnell vorüber.
Nun zur Strahlengefährdung. Wenn Sie sich nicht in unmittelbarer Nähe des Explosionsherdes befinden, haben Sie alle Aussichten, zu überleben. Der Mensch verträgt schon enorm hohe Dosen, ohne bleibende Schäden zu erlangen. Nichts Neues für uns. Wir sind alle schon geröntgt worden. Und die Leuchtziffern auf Ihren Armbanduhren speichern mit den Jahren eine beträchtliche Anzahl von Röntgeneinheiten in Ihrem Körper auf. Und Sie sind noch nicht daran gestorben, wie ich sehe! Vor ein paar Jahren noch erhielt jeder Soldat bei uns seinen eigenen Strahlungsmesser, damit er sich selbst überzeugen konnte, ab wann die Strahlung gefährlich für ihn wurde. Nun abgeschafft, da zu kostspielig. Dafür jetzt wirksame Schutzmittel: Die Schutzbrille gegen den Lichtblitz haben Sie ja bereits erhalten.« (Es ist eine Motorradbrille mit dunklen Gläsern.) »Dann die weiterentwickelte ABC-Schutzmaske. Der Filter ist nicht allein gegen Strahlen wirksam, auch gegen biologische und chemische Kampfstoffe. Muß allerdings alle drei Stunden erneuert werden. Das üben wir hier noch.
Ferner erhält in den nächsten Tagen jeder von Ihnen die ABC-Schutzplane. Sie ist zusammenfaltbar und muß ständig in der rechten Hosentasche vom Arbeitsanzug mitgeführt werden. Sozusagen ein Allzwecktuch. Bei radioaktivem Niederschlag auseinanderfalten und über den Kopf stülpen. Bei verstrahltem Gebiet vor sich ausbreiten, die Isolierschicht nach unten, und sich auf der Plane vorarbeiten. Jeweils nachziehen und wieder vor sich ausbreiten. Bei einem wichtigen Kampfauftrag ist für den erprobten Solda-

ten auch verseuchtes Gebiet kein Hindernis. Ferner erhalten Sie eine regelrechte ABC-Apotheke in einem strahlensicheren Behälter. Darin befindet sich eine Atropinspritze, die Sie sich bei Vergiftungen selbst setzen können, dann Tabletten zur Entgiftung und Neutralisierung. Und noch etwas ganz Besonderes: ein Plastikfläschchen mit einer Art Hautöl. Einreiben am ganzen Körper, wo Strahlung oder Giftgase hingedrungen sind. Schädliche Wirkung wird im Nu aufgehoben. Nur eine Stelle am Körper nicht damit einreiben. Die Eichel. Sie schrumpft sonst weg.
Sie sehen, wir haben für Sie an alles gedacht. Der Zukunft fest ins Auge blicken. Bange machen lassen gilt nicht.«

27. 7. – Freitag – 8 Uhr – Allendorf
Wir üben »Durchsagen von Parolen«. Hocken nebeneinander im Schützengraben.
Vorne gibt der Zugführer, Stabsunteroffizier (Stuffz.) Flach, die Parole aus. Einer flüstert sie dem andern weiter. Der letzte muß sie auf Papier notieren und wieder nach vorn zum Stuffz. bringen. Der Stuffz. überreicht sie dem Hauptmann. Der liest sie laut vor, sie muß mit der ausgegebenen genau übereinstimmen. Einzelne Zahlen werden schon mal falsch weitergegeben, und der Hauptmann regt sich jedesmal darüber auf. Er sagt, im Ernstfall könne das fahrlässige Tötung bedeuten, da könne das Leben einer ganzen Kompanie von abhängen.
Eine neue Parole wird mir von meinem Nebenmann zugeflüstert: »7 feindliche Panzer, 3 km aus SSO mit 25 km/h auf eigene Stellung zu bewegend. Fertigmachen zum Sturmangriff.«
Ich gebe weiter: »ABC-Alarm. Abwurf der A-Bombe 100 m östlich. Atomblitz von links! Kopf in den Sand! Zeitung drauf!«
Einer reicht dem andern mit der größten Selbstverständlichkeit die neue Parole durch. Der letzte notiert sie und eilt damit zum Stuffz.; dieser überreicht sie dem Hauptmann.
Der will zum Vorlesen ansetzen, wird ganz blaß, als er die Falschmeldung liest. Er schweigt und geht der Sache nicht nach.

29. 7. – 9.30 Uhr – Allendorf
»Antreten vor der Kaserne zur Sportausbildung!
Aufstellen in Marschordnung!
Abzählen!« – Einer stockt beim Zählen. – »Noch mal abzählen!
Zu leise! Verdammt, könnt ihr nicht brüllen! Wenn ihr was sagen dürft, kriegt ihr's Maul nicht auf! Von vorne!«
Jetzt klappt es.
Es ist schwül. Wir haben nur Turnhose, Turnhemd mit Bundesadler und Turnschuhe an.
Fahnenjunker Landmann geht durch die Reihen, sieht, ob auch keiner ein Kettchen oder seine Armbanduhr anbehalten hat (streng verboten).
Einer von uns hat eine besonders unförmige Turnhose abbekommen. Sie schlottert ihm fast bis an die Knie.
Fahnenjunker Landmann argwöhnt: »Hat der Kerl bei der Hitze etwa noch eine Unterhose drunter verborgen?« – Der wehrt ab. – Fahnenjunker: »Komm, dreh dich rum! Laß sehen!« – Zieht den Gummi von dessen Hose vor, läßt ihn zurückflitschen. – »Da hast du noch mal Glück gehabt, daß der blanke Arsch zum Vorschein kam!«
Inspiziert weiter nach Kettchen und Armbanduhren. Kasiert einige ein. »Gegen eine Spende für die Gruppenkasse nachher beim U. v. D. (Unteroffizier vom Dienst) wieder abzuholen!«
Stabsunteroffizier Flach kommandiert: »Rechts um! Einnehmen von Laufstellung!« Alle müssen daraufhin beide Hände gleichzeitig hochnehmen und in Brusthöhe anwinkeln. Dann heißt's erst: »Im Laufschritt! Marsch!«
Die meisten halten ihre Arme steif am Brustkorb angepreßt. Auf dem Sportplatz angelangt, beginnt der militärische Sport. Er wird meist einen Tag nach einem längeren Marsch angesetzt oder noch am gleichen Tag nach einer harten Geländeausbildung.
Gestern war ein »15-Kilometer-Gewöhnungsmarsch«. Die Knochen sind steif, die Muskeln verhärtet, viele von uns haben Blasen an den Füßen, die meisten Muskelkater.
Man ist davon überzeugt, die nun folgende »Hau-ruck-Gymnastik« diene der Auflockerung und Entspannung.
Stabsunteroffizier Flach vollzieht sie jeweils nach folgendem Ritus: Er pflanzt sich vor uns auf. »Antreten in Dreier-

reihe, Front zu mir!« – Es geht ihm nicht schnell genug. Er kehrt uns den Rücken zu. Wir müssen rechts um ihn herumlaufen und uns wieder vor ihm aufbauen. Dabei gibt's ein Geschiebe und Gestoße.

Stuffz. Flach macht noch mal große Kehrtwende um sich selbst, und wir müssen wieder in großem Bogen um ihn herumhetzen.

Dann läßt er uns stehen. Brüllt: »Abstand! Auf Armweite!« Fügt noch den beliebten Scherz der Ausbilder hinzu: »Mehr Abstand! Stehn da zusammen wie die Schwulen!« Brüllt: »Sportlerstellung!« – Alle haben hierbei ihre Füße zu spreizen und die Arme auf dem Rücken zu verschränken, wobei die rechte Hand den linken Unterarm umfaßt.

Flach beginnt dann mit der ersten Übung.

»Kopf rollen!« – Zuerst von links nach rechts, dann von rechts nach links, immer abwechselnd. Er macht's vor. Er dreht seinen Kopf wie einen Dilldopp, daß einem ganz schwindelig dabei werden kann. Hält ein, um unsere Köpfe rollen zu sehen. Brüllt: »Schneller! Schonen Sie Ihre Köpfe nicht! Was meint ihr, wozu eure Köpfe alles nutze sind! Man muß es knacken hören!«

Die nächste Übung: »Entengang einmal quer über den Platz!« Macht ein paar Schritte vor. Geht aufgerichtet vor uns her. Wir müssen runter in die Knie und hinter ihm herwatscheln. Das ist sehr anstrengend.

Flach macht kurz »quak, quak«, und wir sollen ihm laut quakend folgen. Die meisten quaken mit sichtlichem Vergnügen, einige, um nicht unangenehm aufzufallen.

Anschließend spielen wir noch »Häschen, hüpf«, müssen in der Hocke in großen Sätzen über den Platz setzen.

Flach: »Das diente der Auflockerung. Jetzt wollen wir als Training für den Heeressporttag alle 5000 Meter laufen.« Ausgepumpt schleppen sich die meisten über die Runden. Nachdem die letzten mehr kriechend als laufend durchs Ziel getorkelt sind, wird gesammelt.

Mit dem Lied » Oh, du schöner Westerwald« geht's zurück zur Kaserne.

Hier müssen wir noch mal mehrere Minuten im Stillgestanden verharren. Danach müssen alle auf einmal auf Kommando kräftig »hurra« brüllen, und weil der Spieß gerade am Fenster erscheint, noch mal lauter und zackiger »hurra«. Dann läßt man uns in die Kaserne.

7. 8. – Allendorf

Schütze Eberlein muß wieder mal pumpen.

Er hat vergessen, den Mündungsfeuerdämpfer auf sein Gewehr aufzuschrauben.

Er muß aus der Kompanie raustreten, drei Schritte vor die andern.

Fahnenjunker Landmann befiehlt: »Pumpen! Nieder zu meinen Füßen! Liegestütz einnehmen! Zehn fürs Vaterland!«

Fahnenjunker Landmann ist etwa dreiundzwanzig Jahre, auch nur wehrpflichtig, will sich aber weiterverpflichten, um zum Fähnrich aufzuklimmen und als Leutnant der Reserve »ruhmreich« abzugehen.

Schütze Eberlein geht schwerfällig in die Knie, nimmt Liegestütz ein. Schütze Eberlein fällt immer auf. Er ist die Karikatur des »schneidigen, harten Soldaten«, wie er auf Werbeplakaten der Bundeswehr zu »bewundern« ist.

Der Fahnenjunker befiehlt: »Hören auf mein Kommando! Auf mein Zählen gleichmäßig pumpen!«

Er fängt an, gleichmäßig und langsam, beginnt von hinten: »Zehn – zehn – – eins – zwei – drei – – neun – acht – sieben, noch mal zehn – und wieder zehn.« – Eberlein prustet, sackt ganz zu Boden. Protestiert: »Ich kann nicht mehr, Herr Fahnenjunker, die zehn sind voll.«

Fahnenjunker: »Was, auch noch die große Klappe riskieren! Liegt wie ein nasser Sack da! Soll ich dir wohl Beine machen!«

Eberlein geht wieder in Stellung.

Der Fahnenjunker hält seinen Fuß drohend über ihn, damit es ihm nicht einfällt, aufzustehen, zählt wieder: »Zehn – – elf – –, jetzt noch einen für unseren Spieß, zwölf – –, für unseren Hauptmann, dreizehn –, für deine Kameraden, vierzehn« – (Gelächter der anderen) – »für mich noch einen ganz besonders schönen, noch einmal von vorn, und eins ...«

Eberlein gibt auf und bleibt liegen.

Fahnenjunker: »Schlapper Hund! Scher dich weg! Ich will dich nicht mehr sehen! Auf, auf, marsch, marsch!« – Eberlein erhebt sich ächzend, begibt sich wieder in Reih und Glied.

21. 8. – Dienstag

Laut Dienstplan 9.00–9.50 Uhr »Lebenskundlicher Unterricht« (beim betreffenden Standortpfarrer). Das Kommando hat gelautet: »Kompanie raustreten! In Marschordnung antreten! Die Evangelischen links! Die Katholischen rechts!«

Die Kompanie ist vor der Kaserne angetreten, links die Protestanten, rechts die Katholiken. Ich stehe bei den Katholiken.

Der U. v. D. brüllt: »Katholiken stillgestanden! Richt't euch! Augen geradeaus! Rechts um! Im Gleichschritt, marsch!« Wir marschieren 30 Meter weiter zur nächsten Kaserne, die Ausbildungskompanie 5/2. Der U. v. D. kommandiert: »Links – links – links – zwo, drei vier – Links! Marschordnung! Abteilung halt! Rührt euch!«

Es wird durchgerührt, das heißt: alles hat die Hacken zusammengeschlagen und den Kopf um 90 Grad nach rechts bis zur Schulter zu verdrehen. Der rechte Flügelmann hat dann mit einem lauten Zischen zu explodieren, wobei alle Köpfe wieder geradeaus weisen müssen und das linke Bein einen halben Schritt vorgesetzt werden muß.

Das ist vorschriftsmäßig geschehen, und der U. v. D. brüllt wieder: »Katholiken, stillgestanden! Rottenweise, Reihe rechts, in den Lehrsaal einrücken!« – Die hinteren Plätze sind zuerst belegt, die vorderen Reihen bleiben leer.

Der U. v. D. brüllt: »Alles auf! Achtung!« Die Köpfe gehen ruckweise nach rechts zur Tür, wo der Pfarrer erscheint; er überblickt wohlwollend die angerückte Schar, sagt: »Setzt euch. Ihr sollt euch hier wie zu Hause fühlen. Ich darf mich als euer Standortpfarrer vorstellen; bin der Allerliebste, so heiße ich auch«, schreibt »Liebe« an die Tafel.

»Keine Angst! Ich frage euch nicht über Religion aus. Ich habe das Vergnügen, mit euch Probleme zu besprechen, die uns alle angehen. Besonders den jungen Menschen von heute und den Soldaten. Und das wollen wir doch alle werden, oder ist etwa jemand unter uns, so ein Wolf im Schafpelz, aber der wird sich bei uns schnell ändern. – Ich lasse es mir auch diesmal nicht nehmen, jeden einzelnen persönlich zu begrüßen und jedem kräftig die Hand zu drücken. Dabei soll mir jeder Namen und Beruf nennen!«

Er geht durch die Reihen, fragt hier zusätzlich nach dem

Heimatort, spricht dort jemanden in dessen Mundart an. Nachdem er auch dem letzten die Hand gereicht und zusätzlich noch auf die Schulter geklopft hat, kehrt er nach vorne zurück und kommt in temperamentvoller Gestikulation zum Thema und Zweck seiner Rede: »Es gibt auch unter euch vielleicht einige, die sich fragen, was hat der da als Pfarrer beim Kommiß zu suchen. Wo doch in der Bibel steht: ›Du sollst nicht töten‹ und wir doch das Schießen gelernt kriegen. Da sind wir gleich beim Hauptproblem angelangt. Ich will euch gleich sagen, ich bin stolz darauf, als Soldatenpfarrer eingesetzt zu sein. Ich weiß nicht, wie die derzeitigen Bestimmungen für den Geistlichen im Ernstfall lauten, aber ich würde es als meine verdammte Pflicht ansehen, mit dem Gewehr mit ins Feld zu ziehen. Ich unterstehe der Kirche, erhalte meine Besoldung aber von der Bundeswehr. Dienstrangmäßig etwa die Stufe eines Majors. War vorher lange Jahre Zuchthauspfarrer. Kenne mich hier aus. Aber zurück zum Gebot ›Du sollst nicht töten‹. Wie ist das nun gemeint? Sollen wir uns vor den Russen stellen und sagen: ›Hier, das 5. Gebot, ich tu dir nichts, du kannst mich abknallen‹? Ihr seht schon, daß das nicht von Gott gemeint sein kann. Mit dem Gebot wird ausgedrückt, daß wir zuerst mal unser eigenes Leben, das uns Gott geschenkt hat, achten und verteidigen müssen. Es ist also Sünde, wenn wir Selbstmord begehen!«
Einzelne werden bei der Auslegung dieses Gebotes unruhig und besprechen sich mit ihrem Nebenmann.
Der Pfarrer: »Wenn jemand Fragen dazu hat, kann er privat zu mir kommen, ich werde ihn schon darüber belehren; er kriegt dann auch einen Schnaps eingeschenkt, hier haben wir die nötige Zeit nicht dazu. Aber ich glaube, kein vernünftiger, gesunder junger Mann zerbricht sich darüber den Kopf. Ich weiß, es gibt welche, die sagen, ich kann keinen Menschen töten, und dabei auf die Bibel pochen, aber die sind in meinen Augen sowieso nicht normal. Ich möchte den unter euch sehen, der sich nicht gerne prügelt, wenn ihm jemand zu nahe tritt oder seine Mutter beleidigt wird; und das gehört sich auch so für junge Kerls, wie ihr es seid. Und ich sage: Auch Pfarrershände sind nicht allein zum Segnen da, sondern müssen auch prügeln können! Da dachte ich als junger Kaplan einmal anders: ich sagte mir, diese Hände

sind von Gott nur zum Segnen geschaffen. Heute halte ich jedem die Faust hin, der was will, und sage: ›Hier, riech mal!‹ Meint ihr, ich ließe mich noch mal von einem Dreckskommunisten die Treppe runterschmeißen, nur weil ich mich gütlich mit ihm auseinandersetzen wollte. Ich war so dumm und hab mich nicht gewehrt . . . Es kommt immer darauf an, was wir zu verteidigen haben. Wir haben die Pflicht, unser Privateigentum zu bewahren, und die Aufgabe, es zu vermehren. Wenn jemand kommt und will es uns abspenstig machen, müssen wir Gewalt anwenden. Ich hielt lange Jahre einen scharfen Schäferhund im Garten vor meinem Haus, und wehe dem Einbrecher! Wir haben die verdammte Pflicht, unser Vaterland, unsere Familie und vor allem, daß wir ungehindert unsere Religion ausüben können, daß wir das mit der Waffe verteidigen und nie preisgeben! Es ist die heilige Pflicht eines jeden Christen, das mit der Waffe zu verteidigen!« (Pause. Er scheint selbst etwas erschrocken über diese Formulierung. Besinnt sich. Lenkt ein.)
»Ich weiß, daß es manch einem schwerfällt, sich hier rumkommandieren und anbrüllen zu lassen. Aber er sollte sich unterordnen und fügen. So etwas wie Dank diesen Männern und der Regierung gegenüber empfinden, die die Verantwortung für ihn tragen. Ich will dafür ein Beispiel aus meiner Erfahrung bringen. Im letzten Krieg hatte ich einen schweren Bauchschuß abbekommen, das ganze Bauchgewebe war weggeschossen. Viele Ärzte hatten mich schon aufgegeben. Da fand ich einen Arzt, der die erforderliche, aber lebensgefährliche Operation riskierte. Er setzte für das fehlende Bauchgewebe eine Kunststoffmasse ein, wodurch ich mich wieder frei bewegen konnte. Es war für mich ganz selbstverständlich, daß ich mich nach der gelungenen Operation bei dem Mann bedankte für die große Verantwortung auf Leben und Tod, die er für mich übernommen hatte. Wie beschämend war es für mich, hören zu müssen, daß ich der erste Patient gewesen sei, der sich bei ihm bedankt hatte . . . Nun, bald findet eure Vereidigung statt. Beim nächsten Mal werde ich auf den tieferen und religiösen Sinn dieses Gelöbnisses noch näher eingehen. Ich hoffe jedenfalls, daß euch meine Worte eingeleuchtet haben und daß ihr das auch alles einseht. Wer dagegenmeckert, ist eigentlich gar nicht würdig, an der Diskussion teilgenommen zu haben.«

1. 9. – 13.30 Uhr
Unterwegs zur »Gaskammer«. Stabsunteroffizier Flach ist heute besonders gereizt. Er fühlt sich von allen »verarscht«. Sein Spezialausdruck. Sagt heute schon zum zehntenmal: »Sie wollen mich wohl verarschen, was?« Nachdem er festgestellt hat, daß er von uns »verarscht« wird, befiehlt er: »Der ganze Haufen nach rechts in den Wald, marsch, marsch!« Kurz darauf: »Deckung!« Wir müssen uns flach hinschmeißen, das Gesicht ins nasse Laub pressen. So läßt er uns fünf bis zehn Minuten lang liegen, danach wieder vor sich antanzen. Er ermahnt uns: »Dieser elende Sauhaufen! Ich lasse mich nicht verarschen! Es ist bald so weit, daß Sie mich zum Lachen gebracht haben! Wenn es einmal so weit gekommen ist, werden Sie Ihr Leben lang an mich denken! Dann werde ich Sie hinschleifen, daß Ihnen Ihre Beschwerdeschreiben nachher auch nichts mehr nützen!«
Ich habe ihn noch nie lachen sehen. Seine Gesichtsregungen beschränken sich aufs Zusammenpressen der Kinnladen. Auch wenn er selbst etwas Spaßiges gesagt hat oder einen militärischen Witz reißt, verzieht er sein Gesicht nicht.
Der Schütze Schwaiger lächelt ihn besänftigend an. Flach todernst: »Mann, wenn Sie Ihre Visage nicht im Zaum halten, ich haue Ihnen ein Ohr ab! Ich meine es ernst!«
Flachs Wut ist noch nicht verraucht. Beim Gesang entlädt sie sich von neuem: »Ihr singt wie die Eunuchen! Wenn ihr mich verarscht, dann verarsche ich euch! – Atomwarnung! Masken auf! Im Laufschritt, marsch! Mir macht das nichts aus. Ich habe Sportabzeichen.« Ihm macht das nichts aus! Er hat Sportabzeichen und keine Maske auf! Unter der Maske wird das Laufen schwer, man kann kaum atmen.
Nach einem Kilometer machen wir vor der »Gaskammer« halt. Man schickt uns in die »Gaskammer«, die wie eine Kapelle aussieht. Wir müssen im Kreis marschieren, laufen, hüpfen. Die Maske von einem ist undicht. Er hat sie sich heruntergerissen. Das Wasser läuft ihm aus den Augen. Er verschluckt sich prustend, stürzt zur Tür und trommelt dagegen. Man öffnet, beschimpft ihn und läßt ihn heraus. Wir wandern weiter im Kreis, der Ausbilder dirigiert in der Mitte. Wir müssen auf den Boden, Liegestütz machen, dann wieder im Kreis rennen. Jeder muß den Filter seiner Maske wechseln. Dabei schlucken die meisten Tränengas. Schließlich können wir wieder raus und und lüften . . .

Der Ausbilder, Gefreiter Duhn, führt unsere Gruppe zurück zur Kaserne. Unterwegs befiehlt er: »Masken auf! Singen! Ein Lied! Zwo, drei!«
Die meisten stimmen tatsächlich an: »Das Leben ist ein Würfelspiel . . .« Sie quetschen unter der Maske Mißtöne hervor. Der Ausbilder: »Lauter! Ich will mehr hören! Sonst heißt's: Gewehr in Vorhalte! Im Laufschritt marsch! Na, wird's bald!« – Die Laute scheppern stärker hervor, man erkennt etwas wie Melodie, verstümmelt und verzerrt. Mehr Geröchel als Gesang.
Die röcheln ihr Lied tatsächlich zu Ende. »Und noch beim Petrus wollen wir die Würfelbecher schwingen und hoch im himmlischen Revier Soldatenlieder singen.«
Spaziergänger in Sicht. Wir müssen nicht mehr singen. Wir geistern mit unseren Schnorcheln auf den Insektenköpfen an ihnen vorbei. Sie bleiben stehen und begaffen uns. Als sie außer Hörweite sind, wird das Lied weiter zerhackt. In der Nähe der Kaserne läßt der Ausbilder uns die Masken absetzen. Nase und Mund sind vom Kohlenstaub des Filters schwarz.

20. 9. – 16 Uhr
Die Mannschaft ist im Lehrsaal zusammengetrommelt worden, richtiger, zusammengepfiffen und -geschrien.
Die Namen der Rekruten werden dem Alphabet nach aufgerufen. Sie müssen einzeln vortreten und verschiedene Papiere unterschreiben. Fast alle unterschreiben, ohne zu lesen. Man weiß schließlich ungefähr, worum es geht. »Es geht um meinen Kopf«, sagt mein Nebenmann, der Schütze Hartlaub, als er aufgerufen wird. Er geht nach vorne und unterschreibt.
Das Gelöbnis des Wehrpflichtigen lautet: »Ich gelobe, der Bundesrepublik Deutschland treu zu dienen und das Recht und die Freiheit des deutschen Volkes tapfer zu verteidigen.« (Dieses »Gelöbnis« ist für den Soldaten unwiderruflich bindend. Im Ernstfall wird ein Eidbruch wie »Fahnenflucht«, »Befehlsverweigerung« und so weiter nach geltendem Kriegsrecht bestraft, in den letzten beiden Weltkriegen, wie bekannt, mit dem Tode.)
Mein Name fällt. Ich gehe nach vorn. Man tippt mit dem Finger ungeduldig auf den halbverdeckten Wisch. »Mach

endlich! Unterschreib schon!« brüllt der Gefreite Pollenberg. »Unterschreiben Sie gefälligst so schnell wie die andern! Sie können den Zettel später wieder zerreißen! Wo kämen wir hin, wenn alle sich alles vorher durchlesen«, sagt der andere Ausbilder unwirsch. Ich ändere den Spruch ab, bevor ich ihn unterschreibe. Will zwischen »Bundesrepublik Deutschland« und »treu zu dienen« »ohne Waffengewalt« einfügen.

Man reißt mir das »Dokument« aus der Hand, eilt zum Hauptmann. Schiebt mir den nächsten Wisch hin. Lese flüchtig was von »keine Reise in die Ostzone und nach Westberlin mehr« und »keine Schulden über DM 1000« und unterschreibe getrost.

Danach ruft man mich »zum Chef«. Hauptmann Staller steht lässig vor mir. »Warum wollen Sie das da nicht unterschreiben? Was ist dabei?« sagt der Hauptmann.

»So nicht«, sage ich, »ich wollte es abändern.« – »Das ist eine Urkunde und unabänderlich«, sagt der Hauptmann. »Lassen Sie die Unterschrift! Ändert an Ihren Pflichten als Soldat gar nichts! Wenn Sie nicht anerkannt werden, müssen Sie dann unterschreiben! Können sonst auch nicht befördert werden! Werden schon auf das Geld, das Sie mehr bekommen, angewiesen sein!« Ich sage, daß ich auf das Geld gerne verzichte. Der Hauptmann blitzt mich ärgerlich an. »Das glaube ich gern! Auf seinen Wehrsold erst großmütig verzichten, um sich dann hintenherum von seiner Freundin ständig Geld schicken zu lassen! Leugnen Sie nicht! Sie sind überführt! Die Polizei weiß alles!« (Mit »Polizei« bezeichnet er sich immer selbst.)

Ich sage, daß selbst die Polizei keine Briefe öffnen darf. (Er kontrolliert täglich die Post auf kommunistisches Propagandamaterial.) Der Hauptmann: »Das hat sich sogar am Lagerfeuer herumgesprochen, als ich Ihre Stubenkameraden über Sie ausfragte.« Die Stubenkameraden wissen von nichts.

21. 9. – 15 Uhr – Allendorf

Kompaniebelehrung

Wir sind im großen Lehrsaal. Hauptmann Staller ist noch nicht da. Die beiden Ausbilder lassen uns in Abständen aufstehen und wieder hinsetzen, um uns »auf Zack zu brin-

gen«. Der eine brüllt – wir sitzen gerade –: »Alles auf! Ein Lied!« Wir schmettern das Lied von den »grauen Soldaten«. Im Dritten Reich waren es noch die »braunen Soldaten«. »Braun wie die Erde ist unser Kleid.« Der andere Ausbilder befiehlt: »Lauter brüllen! Die Fensterscheiben müssen klirren! Ich laß euch so lange brüllen, bis der Kalk von den Wänden rieselt und die Decke runterstürzt!« Er läßt Fenster und Türen schließen.
Ein Ausbilder hat sich vor der Tür postiert, um rechtzeitig melden zu können, wenn der Hauptmann kommt.
Wir brüllen das Lied von den grauen »Chamäleon-Soldaten« zum zweitenmal, vom Ausbilder mit Zwischengebrüll angefeuert. Der Ausbilder hält sich manchmal die Ohren zu. Er rennt wie ein Kapellmeister durch die Reihen, bringt die »Instrumente« zum Brüllen und grinst. Er brüllt: »Brüllen! Treten auf der Stelle! Den ›Schönen Westerwald‹! Alle!«
Ich wundere mich, daß er nicht gleich darauf gekommen ist. Das militärische Singen im Raum wird meist mit angedeutetem Marschieren exerziert. Wir trampeln im Marsch auf der Stelle. 140 Paar Stiefel hacken auf der Stelle wie auf einer Riesentrommel. Wenn die Stelle im Lied kommt: »über deine Höhen pfeift der Wind so kalt«, müssen wir schrill mit den Fingern pfeifen. Weil es so gut geklappt hat, dürfen wir es jetzt im Sitzen noch mal brüllen und wieder trampeln.
Die Tür wird aufgerissen. Hauptmann Staller erscheint. Der Ausbilder steht stramm, brüllt: »Alles auf!«, legt die Hand an seine Schläfe und macht Meldung: »Kompanie beim Singen!« Der Hauptmann (jovial): »Gut, rührn.« Zu uns: »Setzen. Hab's draußen schon vernommen. Ganz kernig für den Anfang.«

Allendorf
Ein schriller Pfiff. »Türen auf! Schütze Wallraff zum Hauptmann«, brüllt der Unteroffizier vom Dienst.
Ich renne den Flur entlang. »Tempo, Tempo«, brüllt der U. v. D. Bin vor der Tür zum Geschäftszimmer. »Nicht anklopfen! Ich verpflichte mich weiter auf 12 Jahre!« steht an der Tür, ich öffne die Tür, stehe erst einmal still, einer der Schreiber blickt auf, zeigt mit dem Daumen auf die nächste Tür. »Nicht unaufgefordert eintreten! Melden mit Dienstgradbezeichnung und Namen!« steht dort, ich zögere. »Geh

schon rein«, sagt der Schreiber. Ich klopfe an und trete ein. »Schnell, schnell, zum Hauptmann«, sagt der Spieß. Ich klopfe an die letzte Tür. »Kommen Sie herein«, ruft der Hauptmann. Ich gehe hinein, sage »Guten Tag«. – »Setzen Sie sich dort«, sagt der Hauptmann.

Ich sitze ihm gegenüber, zwischen uns der Schreibtisch, darauf wenige Blatt Papier, wohlgeordnet. An der Wand ein Bild vom Alten Fritz.

»Sie machen einen auf religiös«, sagt der Hauptmann fest und entschlossen.

»Sie wissen von meinen Gründen«, sage ich, »ich habe Ihnen meinen Antrag gezeigt.«

Er: »Ich habe Sie gleich durchschaut. Jetzt versuchen Sie auch noch, Kameraden zu verhetzen. Drei meiner Leute haben einen Antrag auf Kriegsdienstverweigerung gestellt. So was ist noch nie dagewesen. Sie haben sie in diesem Sinn beeinflußt und überredet. Das ist Wehrkraftzersetzung. Einer hat gegen Sie ausgesagt. Wir können Sie jederzeit vor Gericht stellen. Ich habe genug Material gegen Sie in der Hand. Dem Schützen Peter zum Beispiel haben Sie geraten, er soll bei seinem Antrag auf religiös mimen. Er käme dann leichter durch. Leugnen Sie nicht, ein Zeuge hat das Gespräch mitbekommen. Die Aussage liegt sogar schriftlich vor.« (K. Peter hatte seinen Antrag auf Kriegsdienstverweigerung vor einigen Tagen gestellt.)

Ich: »Ich kann mir denken, wer mir die Worte im Mund herumgedreht hat. Ich kann mich an ein Gespräch mit Peter vor der Kantine erinnern, als der Gefreite Büller aus der Schreibstube vorbeiging und stutzte. Ich merkte, er hatte was aus unserem Gespräch aufgeschnappt. Den richtigen Wortlaut kann ich Ihnen wiederholen. Ich sagte zu Peter, der seinen Antrag bereits gestellt hatte, ohne religiöse Motive, daß er es schwerer haben würde, anerkannt zu werden, als ich. Er ist Freidenker und gehört im übrigen keiner Religionsgemeinschaft an. Ich verlange, daß ich dem Gefreiten Büller gegenübergestellt werde. In der Form kann er das nie gesagt haben.«

Er: »Ich werde Ihnen in meiner Beurteilung an den Prüfungsausschuß eines bescheinigen: daß Sie alles dransetzen, hier wegzukommen, und daß Ihnen dazu alle Mittel recht sind. Ich halte Ihre Gründe für fadenscheinig. Sie wissen ja,

was ich von Ihnen halte. In meinen Augen sind Sie ein Spinner. Das ist meine persönliche Meinung. Das habe ich auch Ihren Kameraden gegenüber geäußert. Sie werden zum katholischen Standortpfarrer geführt. Er weiß Bescheid.«
Er ruft den Gefreiten Braun aus dem Geschäftszimmer. »Bringen Sie den Mann zum katholischen Pfarrer.« Der Gefreite Braun sagt: »Folgen« und macht sich auf den Weg. Wir marschieren stumm an der Wache vorbei auf das Stabsgebäude zu. Es ist halb so groß wie eine Kaserne, hell und sauber verputzt, links ein Schild »Katholischer Standortpfarrer«, rechts ein Schild »Evangelischer Standortpfarrer«. Der Gefreite Braun duckt seinen Kopf etwas in die Schultern ein, murmelt undeutlich was von »hohe Offiziere« und »Pfarrer links«, macht kehrt. Drei Offiziere treten rechts heraus, ich gehe links hinein. An der ersten Tür links steht: »Katholischer Standortpfarrer Liebe. Anmeldung nächste Tür!« Ich klopfe an. Ein frisches »Herein« tönt heraus. »Ich bin zum Pfarrer bestellt.«
Die Tür vom Nebenraum öffnet sich, der Pfarrer erscheint. »Ich weiß schon Bescheid, bitte, kommen Sie herein«, er streckt mir seinen Arm spontan entgegen und drückt fest meine Hände. »Wallraff«, stelle ich mich vor und spüre unter dem festen Händedruck eine kleine weiche Hand. »Setzen Sie sich doch«, sagt eine freundliche, leicht quäkende Stimme. Ich sitze ihm im Sessel gegenüber. Im Hintergrund vor dem Fenster sein Schreibtisch, ein paar Papiere, wohlgeordnet. An der Wand ein Kruzifix und wieder der Alte Fritz, daneben der heilige Franziskus, wie er den Vögeln predigt.
Er sagt: »Ich will Ihnen gleich offen heraus sagen, daß ich Ihren Standpunkt ganz und gar nicht billige.« Ich: »Hat Hauptmann Staller Ihnen darüber berichtet?« Er: »Ich kenne im einzelnen nicht Ihre Beweggründe, aber wie sie auch sein mögen, Sie können sich nicht dabei auf die Kirche berufen. Die Moraltheologie der katholischen Kirche sagt ausdrücklich, daß jeder die Pflicht hat, sein Leben zu erhalten und zu verteidigen. Das andere ist Selbstmord und Sünde.«
Ich: »Ich berufe mich nicht auf die Kirche. Die Institution der Kirche hat in der Geschichte oft genug versagt, zum

Beispiel die Kreuzzüge und die Inquisition. Im Gegensatz zur Lehre Christi, er hat keine Gewalt angewendet, sondern beging Selbstmord am Kreuz, wie Sie es ausdrücken würden.«
Er: »Diese Vermessenheit! . . . Er war schließlich Gott! . . . Ihr Ideal vom Menschen ist viel zu hoch! . . . Ich bin Realist! . . . Die Grundschlechtigkeit des Menschen ist unverbesserlich! Ich höre jeden Sonnabend die Beichte ab. Jede Woche die gleichen Sünden! . . . Kriege hat es immer gegeben und wird es immer geben! . . . Wir müssen unsere freie Religionsausübung notfalls mit der Waffe gegen die Aggression des Kommunismus verteidigen! . . . Ich habe mich mit der kommunistischen Ideologie lange genug auseinandergesetzt. Sie ist auf Gewaltherrschaft und Eroberungskriege aus! . . . Wir wollen nur den Verteidigungskrieg!«
Seine Augen fixieren mich kalt und abschätzend. – Er sagt: »Sie sind nur nicht bereit zu dienen. Ich will Ihnen offen sagen, was ich von Ihnen denke. Sie stehen außerhalb der Gesellschaft! Sie sind ein Außenseiter, eigenbrötlerisch, ja, ich möchte sagen – es ist vielleicht etwas zu stark ausgedrückt, ich glaube, daß es nicht ganz . . .«
Ich falle ihm ins Wort: »Sie halten mich für asozial?«
Er: »Ja, so scharf wollte ich es Ihnen nicht unbedingt sagen, aber das ist es im abstrakten Sinne. Sie sind nicht bereit zu dienen, dort, wo Gott Sie hingestellt hat. Hand aufs Herz, es ist Ihnen zu hart? Das ist in den ersten Wochen . . .«
Ich (unterbreche): »Nein, das ist nicht wahr. Zwischen dienen und dienen ist ein Unterschied. Man kann auch dem Teufel dienen. Ich bin ja bereit, einen sozialen Ersatzdienst zu leisten. Dort verrichte ich dann wenigstens eine produktive Arbeit, hier bin ich . . .«
Pfarrer (unterbricht wieder): »Lassen Sie mal! Ich mache Ihnen ein großzügiges Angebot. Man wird Sie weiterhin nicht zwingen, die Waffe zu nehmen. Ich werde mich dafür einsetzen. Sie kommen zu den Sanis. Das ist doch was für Sie! Als Sanitäter können Sie auch den Führerschein erwerben. Sie ziehen morgen Ihren Antrag zurück! Sie schreiben der Prüfungskommission, daß sich Ihnen hier diese Möglichkeit bot. Sie können dann meiner vollen Unterstützung gewiß sein. Soll ich den Hauptmann von Ihrem Entschluß unterrichten?«

Ich sehe ihn verblüfft an. Er steht spontan auf, ich stehe auch auf. Er schaut auf seine Uhr. »Oh, ich bekomme noch einen Besucher, er wartet sicher schon auf mich.«
Er schüttelt mir herzhaft die Hand. »Überlegen Sie sich das gut und besuchen Sie mich recht bald wieder!« Reckt sich, legt mir seine Hände auf die Schultern und rüttelt an mir. »Sie sind doch ein Mann, ein ganzer Kerl« – ich blicke stumm –, »na also, wir werden's schon schaffen!«

26. 9. – Allendorf – Köln
Heute soll endlich über meinen Antrag entschieden werden. Die allgemein gefürchtete Grundausbildung ist in ein paar Tagen vorbei. Danach beginnt das »Gammelleben« des Soldaten. Bei der Prüfungskammer in Köln nahm man wahrscheinlich an, ich zöge meinen Antrag zurück, nachdem das Schwerste überstanden ist. So ließ man mich vier Monate warten, um mich mürbe zu machen.
Hauptmann Staller sagt: »Sie machen die Grundausbildung noch mal mit und diesmal mit Gewehr, wenn Sie nicht anerkannt werden. Und das will ich in Ihrer Situation annehmen. Sie sind Soldat, und damit haben Sie sich abzufinden. Ein Soldat als Kriegsdienstverweigerer, wo kämen wir da hin!«
Ich erfahre, daß aus der Kompanie zwei Zeugen ebenfalls zur Verhandlung nach Köln geladen sind. Der stellvertretende Kompaniechef, Leutnant Schreiber, und ein Stubenkamerad, der Schütze Schwaiger. Leutnant Schreiber fährt uns im Jeep nach Köln.
Vor der Abfahrt habe ich noch eine Kollision mit Hauptmann Staller. Ich habe Privatkleidung angezogen, um vor dem Prüfungsausschuß schon rein äußerlich als Zivilist zu erscheinen. Hauptmann Staller hat unserer Abfahrt aufgelauert und zwingt mich, Uniform anzuziehen. »Sie sind Soldat und haben als solcher zu erscheinen. Ihr Antrag ändert daran gar nichts!« Nach fünfstündiger Fahrt kommen wir um die Mittagszeit in Köln an.
Man läßt uns noch eine dreiviertel Stunde warten. Das hohe Gericht ist noch nicht vom Mittagessen zurückgekehrt. Der Prüfungsausschuß für Kriegsdienstverweigerer hat seinen Sitz in einem Kreiswehrersatzamt.
An einem großen Tisch, als Front mir gegenüber, sitzen zwei

reserviert blickende Herren. Der mit Brille richtet das Wort an mich und scheint der Vorsitzende zu sein. Sein Nebenmann scheint der Beisitzer zu sein.
Rechts und links von mir an den Schmalseiten des Tisches sitzen zwei ältere Männer. Sie machen beide einen abwesenden, müden Eindruck.
Im Hintergrund stenografiert eine Stenotypistin. Der Vorsitzende diktiert ihr: «Der Antragsteller erklärte zur Person: . . .« Immer, wenn er in der nun folgenden Verhandlung »der Antragsteller« diktiert, klingt es wie »der Angeklagte«.
Der Vorsitzende hält mir ganz plötzlich das Paßbild aus meinem Wehrstammbuch wie ein Indiz entgegen. Ich schneide darauf eine Grimasse und tippe unmißverständlich auf die Stirn. Er fragt, ob ich das bin und was ich damit ausdrücken will. Ich sage, daß ich mich wiedererkenne und daß es genau so gemeint ist, wie ich es zeige.
Er fragt nach den Gründen meiner Verweigerung. Ich nenne die Gründe, die ich schriftlich bereits eingereicht habe. Anschließend beginnt die eigentliche Verhandlung. Ein über vier Stunden lang dauerndes Verhör, das mir vorkommt wie eine Gehirnwäsche. Ich hatte mir eingebildet, vor einer neutralen Instanz meine Gründe vorbringen zu können. Statt dessen muß ich mir vom Vorsitzenden und seinem Beisitzer, der meistens die Rolle eines Staatsanwaltes an sich reißt, sagen lassen, daß Pazifismus »Feigheit, Lauheit und Laxheit« ist. Dann hält mir der Beisitzer die ungeheuren, verheerenden Folgen einer rein friedfertigen Welt vor. Er beschwört das »unaustilgbare Urböse im Menschen« herauf. Und das liegt seiner Ansicht nach im Osten. »Wenn ein Land radikal abrüstet, wird es vom Osten überrannt.« Prophetisch malt er mir den Untergang eines Volkes aus, das sich aus »Energielosigkeit und erloschenem Freiheitssinn« dem Pazifismus ergeben hat und so dem Feind willkommene Beute ist. »Es macht sich selbst zum Sklaven der Eroberer. Man wird es ausrotten, indem man seine Frauen sterilisiert. Der Verlust der geistigen Freiheit ist weitaus schlimmer als der leibliche Tod. Durch Strahlen wird man ihnen ihre geistigen Funktionen nehmen und sie zu willfährigen Werkzeugen für die niedersten Arbeiten degradieren. Sie wissen nicht, wozu ein totalitärer Staat fähig ist, wenn ihm keine schlagkräftige Armee entgegentritt!«

Ich antworte ihm, daß dies die Beschreibungen von Kriegsgreueln sind, die noch durch die Folgen eines künftigen Atomkrieges in den Schatten gestellt werden könnten. Er überhört meine Antwort mit einer unwirschen Handbewegung, lenkt über: »Im Osten könnten Sie Ihre Einstellung nicht vertreten, sondern landeten dafür im Zuchthaus. Der Osten mißbraucht diese Freiheit des Westens und unterwandert ihn mit Spionen und Agenten. Sie haben doch sicher schon das pazifistische Plakat mit der Friedenstaube gesehen?«

Ich weiß nicht, wovon er spricht, und verneine.

Er blickt mich mißtrauisch an, erklärt, daß es sich dabei um östliche, pazifistische Propaganda handelt. »Der Russe schreckt in seinen Mitteln vor nichts zurück.« Als schrecklichstes Beispiel führt er an, daß vom Osten aus Kommunisten in Priesterröcken in den Westen eingeschleust würden, sozusagen Wölfe im Schafpelz, um die Frommen auf diese Weise zum Kommunismus zu bekehren. Ich sage, daß es sogar in der DDR Kriegsdienstverweigerer gebe. Ich habe wörtlich gesagt: DDR, ohne Vorsatz oder Zusatz.

Damit löse ich die heftigsten Reaktionen aus. Vor- und Beisitzer starren mich entgeistert an, warten, daß ich mich verbessere oder widerrufe. Ich tue nichts dergleichen.

Vorsitzender: »Was haben Sie eben gesagt? Sagen Sie das noch mal!« Die beiden Statisten an den Schmalseiten sind durch mein Zauberwort aus ihrem Dösen in hellsten Wachzustand hochgeschreckt. Das erstemal, daß sie mich anblikken. Vorher schienen sie mich kaum zur Kenntnis zu nehmen. Jetzt mustern sie mich um so argwöhnischer.

Ich sage zum zweitenmal: «Ja, DDR, schon der Einfachheit wegen. In unserer Kompanie ist es üblich, wenn in der Kompaniebelehrung von der DDR die Rede ist, dreimal ›sogenannte‹ zu sagen, nämlich: ›die sogenannte deutsche, die sogenannte demokratische, die sogenannte Republik‹. Das erschwerte die Diskussion über dieses Thema doch erheblich. Hauptmann Staller erschöpfte sich in seinen Reden über sein Lieblingsthema im Hersagen dieses Zungenspiels. Es kam nie mehr dabei heraus.«

Damit bin ich vollends unten durch. Man sieht in mir einen östlich orientierten Menschen.

Die Zeugen werden hereingerufen und vernommen.

Mein stellvertetender Kompaniechef, Leutnant Schreiber, gibt eine sachliche und faire Beurteilung über mich ab. Der Vorsitzende entlockt ihm mit großer Mühe, daß ich mich geweigert habe, eine Testarbeit über wehrtechnische Fragen mitzuschreiben. Leutnant Schreiber muß es zugeben. Der Vorsitzende gibt der Stenotypistin zu Protokoll: »Der Antragsteller bereitete seiner Einheit in jedem Fall Schwierigkeiten, indem er sich zum Beispiel weigerte, an einer Testarbeit über Intelligenzfragen teilzunehmen.«
Ich kann ein Lachen nicht unterdrücken. Die Intelligenz wird demnach durch Fragen ermittelt wie: »Aus wieviel Teilen besteht das Gewehr und das MG, und wie heißen die einzelnen Teile?« und so weiter.
Leutnant Schreiber stellt später, als ihm seine Aussage vorgelesen wird, richtig, daß es sich bei der Testarbeit wirklich nicht um Intelligenzfragen gehandelt hat. Der Vorsitzende muß die Bemerkung aus dem Protokoll streichen lassen. Später beruft er sich in seinem schriftlichen Bescheid jedoch darauf.
Der aufgerufene Schütze Schwaiger erklärt auf Befragen: »Er hat von Anfang an das Gewehr nicht genommen.«
Vorsitzender: »Haben Sie ihn nie mit einem Gewehr gesehen?«
Schwaiger: »Doch, Herr Vorsitzender, ein paarmal hat er schon eins genommen.«
Vorsitzender: »Interessant! Erzählen Sie, wann war das?«
Schwaiger: »Ja, wissen Sie, Herr Vorsitzender, wenn mal einer von unserer Gruppe schlappgemacht hat, hat er dem seins getragen und . . .«
Vorsitzender (unterbricht enttäuscht): »Lassen Sie, das gehört nicht hierhin. Sie waren der Soldat Schwaiger. Jetzt schweigen Sie.«
Die Verhandlung ist beendet. Dauer über vier Stunden. Ich bin erledigt. Ich komme mir vor wie jemand, der wegen einer strafbaren Handlung ins Kreuzverhör genommen und abgeurteilt worden ist. Der Vorsitzende sagt, daß mir das Ergebnis in den nächsten Tagen schriftlich zugeht.
Einen Monat darauf erhalte ich den Ablehnungsbescheid meines Antrags, nachdem der Verband der Kriegsdienstverweigerer ein paar Tage vorher telegrafisch »gegen die Verschleppung der Angelegenheit« protestiert hatte.
Ich lege am selben Tag schriftlich Widerspruch ein.

November – Köln – Koblenz
Ich habe Wochenendurlaub und bin mit Freunden zu Besuch in einem fremden Haus. Es ist spät geworden, und ich habe ziemlich viel getrunken. Um den letzten Bus noch zu bekommen, muß ich mich beeilen. Es ist dunkel draußen. Ich renne los und stürze die Garageneinfahrt hinunter. Man holt einen Arzt. Im nächsten Krankenhaus wird eine Gehirnerschütterung festgestellt und meine aufgeplatzte Schläfe genäht.
Nach vier Tagen entläßt man mich nach Hause »zu weiterer Bettruhe«. Dort behandelt mich der zuständige Standortarzt Dr. Spillerborg.
Ein paar Wochen vergehen. Oberstabsarzt Spillerborg holt mich eines Morgens mit einem Militärauto ab, um in seiner Praxis die Fäden an meiner Schläfenwunde zu ziehen. Während der Fahrt kommt er auf meine Kriegsdienstverweigerung zu sprechen. Er meint, daß ich Zeuge Jehovas sein oder sonst einer Sekte angehören müsse. Als ich beides verneine, kommt er mit der üblichen Militärschablone: »Sagen Sie nur, Sie würden Ihre Mutter oder Braut nicht mit dem Gewehr verteidigen, wenn ein Russe sie vergewaltigen will?«
Ich sage: »Ein moderner Krieg wird nicht angezettelt, um Frauen zu vergewaltigen. Wenn es im Krieg soweit gekommen ist, sind die ›Beschützer‹ nicht in der Lage, ihre Familien zu verteidigen. Sie kämpfen an der Front – und mein persönliches Notwehrrecht steht mir in jedem Fall zu.«
Der Oberstabsarzt stoppt mich mit der Bemerkung (der Fahrer, ein Wehrpflichtiger, ist schon hellhörig geworden): »Das sprengt den Rahmen unseres heutigen Gesprächs. Das Thema gilt hiermit als beendet« und schweigt sich für den Rest der Fahrt aus.
Nachdem die Fäden gezogen sind, läßt er mich noch längere Zeit im Warteraum sitzen. Ich erwarte, daß er mir die Papiere für die Rückfahrt nach Koblenz fertigmacht. Ich habe über keine Beschwerden mehr geklagt. Er hat selbst gesagt, daß er die Gehirnerschütterung »als geheilt betrachtet«. Nun kommt er mit einem Überweisungsschein an den Psychiater. Ich gehe in die Praxis des Psychiaters Dr. Trompl. Ich komme bald an die Reihe. (. . .)
Dr. Trompl bitte mich persönlich herein. Ich muß mich

ausziehen, er kommt mit dem Hämmerchen und prüft die Reflexe. Anschließend will er sich mit mir »noch etwas unterhalten«.
Er kommt auf den Unfall zu sprechen. Ich muß ihn genau schildern. Er macht sich Notizen und fertigt eine Skizze an. Er stellt mehrere Fangfragen. Er spricht von »mysteriösen Umständen des Unfalls«. Dabei war es ein harmlos alltäglicher Sturz. Er fragt, ob in der Familie schon mal Geisteskrankheiten vorgekommen sind. Ob ich selbst schon von einer befallen worden bin. Ich verneine. Darauf blickt er mich nochmals durchdringend, fast stechend an und sagt: »Ja, der Trompl ist bei seinen Kollegen bekannt, daß er immer was findet.«
Er unterhält sich mit mir über Literatur. Notiert sich meine Lieblingsdichter. Zitiert selbst ein längeres Gedicht von Shelley auf englisch. Will wissen, was ich an pazifistischer Literatur lese. Dieses Gespräch dauert eine halbe Stunde. Dann schreibt er sein Gutachten. Einige Tage später schickt er mich mit einem Durchschlag davon zu einer Untersuchung. Nach ein paar Wochen werde ich nach Koblenz zurückgeschickt. Der Truppenarzt in Koblenz liest den Befund sehr eingehend, zündet sich umständlich eine Zigarette an, läßt mich vor sich stehen, während er sitzt und liest. Er schickt mich zur neurologisch-psychiatrischen Abteilung des Bundeswehrlazaretts.

Aus dem ärztlichen Gutachten:
». . . Zur psychiatrischen Situation erfuhr ich, Patient sei Einzelkind. Patient bemühe sich, als Wehrdienstverweigerer anerkannt zu werden. Dies sei ihm beim erstenmal nicht gelungen . . .
Der Patient fällt hier durch sein Äußeres auf. Er läßt sich gerade einen Backenbart wachsen und trägt eine getönte Brille . . .
Sonst macht bei der Untersuchung hier, neuro-psychiatrisch gesehen, der Patient einen ungeleiteten, vaterlosen Eindruck.
Man sollte der Persönlichkeit Gelegenheit geben, weiter zu reifen, Abitur und feste Ausbildung, und sei es als Journalist, sollte angestrebt werden. Von freiberuflicher Zeitschriftenmitarbeit sollte abgeraten werden.

Ich würde es nicht als gegen die guten Sitten verstoßend erachten, einstweilige Suspension vom weiteren Dienst von der Auflage abhängig zu machen, Veröffentlichungen gegen die Bundeswehr zu unterlassen . . .«

Ich werde mit dem Sanitätswagen ins Bundeswehrlazarett gefahren. Ein Sanitäter trägt meine Sachen und bringt mich zur Anmeldung. Man weist mir ein Zimmer zu. Die Kranken sehen ganz normal aus. Ich mustere sie verstohlen, um herauszubekommen, warum sie hier sind. Sie mich auch. Die meisten liegen »zur Beobachtung« hier. Sie beobachten sich gegenseitig am schärfsten. Jeder pocht darauf, daß er zu Unrecht hier ist, und legt andern die normalsten Reaktionen als »typisch neuro« aus.
Mit der Zeit komme ich dahinter, wo beim einzelnen was nicht stimmt. Bei meinem Nebenmann, der nachts von seiner Braut phantasiert, bricht der Eifersuchtswahn aus. Er war eingeliefert worden, weil er sich und die Familie seiner Braut mit der Pistole bedroht hatte, angeblich, weil man ihre Heirat hintertreiben wollte. Jetzt verdächtigt er willkürlich einen von uns, ihn mit seiner Braut hintergangen zu haben. Er durchwühlt dessen Schublade und Kleidung fieberhaft, bewahrt schließlich ein winziges Stoffstück von dessen Hose als »Beweismaterial« sorgsam auf. Er will seine Braut »zur Rede stellen«. Das Stoffstück stimme mit der Polsterung seines Rennwagens überein. Das Unheimliche ist, daß es ihm anfangs gelingt, einige von uns von seiner Wahnidee zu überzeugen, die daraufhin Partei gegen den Verdächtigen ergreifen.
Nach und nach wird mir klar, wo ich gelandet bin.
Ich komme mir vor wie der typische Irre, der sich als einzig Normaler unter lauter Irren vorkommt. Es ist fast unmöglich, in einer psychiatrischen Abteilung »auf Beobachtung« annähernd normal zu erscheinen.
Wir haben einen Obergefreiten, der fast vier Jahre bei der Bundeswehr ist und alles mögliche Getier imitiert, sich dann auch so fühlt. Er bellt, miaut, blökt und quakt oft, wenn man sich mit ihm unterhält. Er sagt, daß er sich das erst bei der Bundeswehr angewöhnt habe. Andere Fälle auf der Station: Ein Feldwebel trägt ständig sein Kopfkissen wie einen Säugling mit sich herum. Ein Patient fällt nach jeder Mahlzeit in

geistige Umnachtung. Ein Neueingelieferter rennt schreiend durch die Gänge: »Ich will endlich meine deutsche Uniform haben!« Er kriegt sie nicht. Man transportiert ihn kurz darauf in eine geschlossene zivile Anstalt ab. Einer hat seinem Spieß mit einem ausgerissenen Stuhlbein eins übergezogen und ihm seinen Stahlhelm hintendrein ins Kreuz geschmissen. Sein Spieß wird am selben Tag eingeliefert, zwei Stockwerke tiefer. Ein verstörter ehemaliger Unteroffizier rennt durch alle Räume. »Muß mich erst wieder an die Anscheißerei gewöhnen, sonst habe ich die Anschisse erteilt!« Einer läuft mit Zuckungen im Gesicht herum. Beim Zielen ist ihm ein Nerv gerissen. »Der große Meister«, so will ein anderer genannt sein, proklamiert, stark schwäbelnd, theatralisch laut seine Verse: »Ich lag unschuldig in der Bundesgruft.« (Er hatte drei Wochen im Bau gesessen.) »Einsam und verlassen in feuchter Luft. Und die deutsche Uniform, sie klebte an mir vom eignen Blut und nicht vom Bier.« Er schüttet über jeden, der sich mit ihm einläßt, seinen Haß gegen die Bundeswehr aus. Er sei wegen Befehlsverweigerung unschuldig zu drei Wochen Gefängnis verurteilt worden, die er im Bau habe absitzen müssen. An die Gerichte, bis zum Bundesgerichtshof, schickt er jetzt seine flammenden Protestschreiben. Er beschimpft die Richter: »Ihr Abschaum der Menschheit« oder: »Ihr Schmarotzer der menschlichen Zivilisation!«
Einmal werde ich zum Stationsarzt gerufen. Er will die Anamnese (die Vorgeschichte meiner »Krankheit«) aufnehmen. Ich frage, warum ich überhaupt hier bin. Er meint: »Wir müssen Sie beobachten, ob Sie noch zu gebrauchen sind!« Dann kommt er auf meine Kriegsdienstverweigerung. Ob es war sei, daß ich bisher kein Gewehr angerührt habe. Er erklärt mir, als Kriegsdienstverweigerer weiche man doch sehr stark von der Norm ab. Ich antworte, daß es mir inzwischen selbst aufgefallen ist. Er will wissen, wann mein Artikel erscheint. Ich soll ihm Auszüge daraus zeigen. Ich sage, daß ich nicht weiß, wann der Artikel erscheint, und kein Material hier habe.
In den nächsten Wochen fragt er wiederholt nach meinen Artikeln. Es interessiere ihn »rein als Arzt«. Ich zeige ihm einige Stellen aus meinem »Bundeswehrtagebuch«. Am gleichen Tag läßt er mich rufen, macht mir klar, daß er mich

für dienstuntauglich hält. »Sie stehen halt doch zu weit außerhalb der Norm.« Am folgenden Tag stellt er mich dem Oberfeldarzt (Oberstleutnantsrang), dem Chefarzt des Lazaretts, vor. Dieser fragt zum Schluß: «Gesetzt den Fall, wir entlassen Sie dienstunfähig, setzen Sie dann noch Ihre Kriegsdienstverweigerung fort? Damit könnte die Sache eigentlich für Sie erledigt sein!«
Ich antworte, daß es mir darauf ankommt, anerkannt zu werden.
Wie auf ein Stichwort erheben sich die beiden Ärzte, erklären, daß ich »dienstunfähig« bin und am gleichen Tag noch meine Sachen packen kann.
Ich erfahre auf Umwegen, daß im vorläufigen Entlassungsbericht die Diagnose auf »abnorme Persönlichkeit« gestellt ist: Tauglichkeitsgrad VI, »verwendungsunfähig auf Dauer« (für Frieden und Krieg).

Kasernenprotokolle. Soldaten berichten
(1967–1971)

»Der Spindappell war hart. Wir wohnten im zweiten Stock, und im ersten Stock hatte es schon bis Mittag gedauert. Und wir waren des Schreiens, Spindeauseinanderreißens und des Bettenzerstörens müde. Wir sollten zum Essen.
Wir stellten uns alle zum Essen auf. Manche waren sauer, weil sie in zehn oder mehr Sachen aufgefallen waren, andere, weil sie immer noch nicht kontrolliert waren. Der Kompaniechef war weg, und der Leutnant hatte das Feld mit den Unteroffizieren und den Hilfssheriffs für sich alleine. Lustlos, wie wir waren, gingen wir zum Essen. Für den U.v.D. (Unteroffizier vom Dienst) nicht schnell genug, darum läßt er uns zur Strafe singen: ›Mädel, draußen ist es so schön!‹ Es klappt natürlich nicht. Er läßt uns an der Kantine vorbeimarschieren. Die Meute fängt an wütend zu werden. Auf der Panzerstraße vor der Kantine bricht dann alles zusammen. Der U.v.D. befiehlt: ›Laufschritt!‹ Niemand läuft. Der U.v.D. befiehlt: ›Deckung! Atomblitz!‹ Niemand legt sich hin, außer den Übereifrigen, den Radfahrern vom 3. Zug. Der U.v.D. fängt vor Wut zu toben an. Als wir wieder, einer nach dem anderen, in den Block zurückkommen, glaubt jeder einzelne, er sähe weiße Mäuse. Die Ausbilder, vom allmächtigen Leutnant bis zum kleinsten Hibi (Hilfsausbilder), rennen alle mit Stahlhelm und Pistole herum. Die Tür zum Block wird abgeschlossen, es darf niemand mehr hinaus. Der große Tanz kann beginnen.
Auf den Fluren stehen Kameraden mit Helm, Kampfanzug und Gewehr. Wir alle müssen den Kampfanzug anziehen. Das Türenschlagen ist verboten. Man spricht von Meuterei und Ausnahmezustand. So langsam nähert sich unserer Stube eine Lärmwand von Gepolter und Gebrüll. Dann ist es soweit. Der Leutnant mit seinem Gefolge rennt in unsere Stube und fängt auch hier gleich zu brüllen an. Die Ausbilder verteilen sich, und jeder fängt an, einen Spind auseinanderzuziehen. Ich bin besonders schlimm dran und ›Friederchen‹. Ich falle in fünfzehn Sachen auf. Schlafsack, Trainingsanzug, Gasmaske, Schuhputzzeug, Stiefel, Butterdose, Zeltstäbe, Ausgehhose, Arbeitshose, der arme U.v.D. kann gar nicht so schnell mitschreiben, wie ihm die Wörter an den Kopf fliegen . . . Der ganze sorgsam eingeräumte Inhalt des Spindes ist auf den Boden geschmissen, meine Sachen mischen sich mit denen der anderen Kameraden. Ich beiße die

Zähne zusammen und beginne mit den Aufräumungsarbeiten . . .«
Ein Bericht von Hunderten. Ein alltägliches Ereignis, im Tagebuch festgehalten. Spindkontrollen zur Disziplinierung, Gesang als Strafe und Ausnahmezustand aus nichtigem Anlaß als Methode, den neuen Soldaten in das Schema von Befehl und Gehorsam zu pressen.
Aus demselben Tagebuch:
»Wir lagen auf dem Truppenübungsplatz Baumholder und übten ›Spähtrupps‹. Der dritte Zug bekam Befehl, das Wirtshaus ›Zum Adler‹ in Kirchenbollenbach anzulaufen. In dieser Kneipe war bereits großes Hallo. Ein Teil unserer Ausbilder saß seit frühem Morgen dort und soff. Dann kamen wir, die einfachen Rekruten, hinzu. Der Zugführer ging mit seinen Ausbildern und einem Rekruten in die nebenliegende Metzgerei. Dort klauten sie, ohne daß der Metzger es merkte, ein bratfertiges Hähnchen aus der Tiefkühltruhe. Am Abend wurde es am ›Ausbildungsfeuer‹ des dritten Zuges gebraten. Nun erlaubt sich der Rekrut, der es mitorganisiert hat, dem Hahn einen Flügel zu klauen und genüßlich zu verspeisen. Das paßt dem Zugführer natürlich nicht. Was muß der Rekrut tun? Er bekommt den Befehl, auf einen Baum zu klettern und zu rufen: ›Ich bin der größte Hahn des dritten Zuges und werde bald geschlachtet!‹
Hätte ich doch nur geschwiegen, doch mir kam die Idee, daß ein Hahn vorher ›kikeriki‹ schreien muß. Gedacht, gerufen. Doch nun kam die Reihe an mich. Ich mußte hinüberlaufen, noch ein Stückchen höher steigen als mein Kamerad und ihm ›kikeriki‹ hinüberrufen. Das ›Kikeriki‹ gefiel dann schließlich dem Zugführer so gut, daß ich jeden Morgen etwas früher geweckt wurde und den ganzen Zug mit ›kikeriki‹ wecken mußte . . .«

Derartige Methoden der Demütigung und des Lächerlichmachens sind bei den Ausbildern sehr beliebt. Sie sorgen für die richtige Mischung an devotem Untertanenverhalten und oft selbstquälerischem Spaß bei den Gemaßregelten und heben gleichzeitig die Stimmung innerhalb der gesamten Kompanie.
R. F., aus der Ausbildungskompanie 7/7, Dülmen:
»Hinter allen Äußerungen gegenüber Vorgesetzten steht in

diesen drei Monaten immer die Angst, am Wochenende nicht nach Hause in Urlaub zu dürfen. Die Urlaubssperre am Wochenende ist überhaupt das Hauptdrohmittel in der Bundeswehr, das bei jeder passenden und unpassenden Gelegenheit angewandt wird.«

J. M., aus der 4. Batterie des Feldartilleriebataillons 71, Dülmen:

»Die Leistungen, die man für ein freies Wochenende aufbringen muß, reichen vom unterwürfigen Grüßen über den Gang zum Truppenfriseur bis zum Holzhacken für den heimatlichen Herd des Waffenfeldwebels.«

Selbst (oder gerade) die Begrüßung wird als Mittel der Disziplinierung angewandt (J. F. aus Mittelharthausen/Straubing):

»Als der Gefreite Heitner einmal, beide Hände mit dem Abendessen beladen, von der Küche kam, wurde er vom Hauptmann von Zitzewitz (Kompaniechef AuklKp. Geb. 8) angehalten, ihn zu grüßen. Gefreiter Heitner gab zu verstehen, daß er diesen Befehl doch nur schlecht ausführen könne, und er grüßte dann auch nicht nach dem Reglement (fünf Schritte vor dem Vorgesetzten, exakte Haltung und so weiter). Darauf wurde er von Hauptmann Zitzewitz angewiesen, ihm so lange nachzulaufen, bis er ordentlich gegrüßt habe. Außerdem machte der Hauptmann Meldung (mit Forderung nach Bestrafung wegen Nichtbefolgung eines Befehls), die zu einer Arreststrafe von sechs Tagen führte . . .«

Das System der absoluten Befehlsgewalt funktioniert, indem dem Soldaten jede eigene Entscheidungsfreiheit abgenommen wird. Ein immer wieder zitierter Ausspruch als Zeichen der Entmündigung: »Sie haben hier nicht zu denken; das tun hier andere für Sie.«

Der Soldat F. R. aus dem Stuttgarter Raum berichtet:

»Beim Fotografieren der einzelnen Gruppen unserer Kompanie stellte der Gruppenführer die Frage: ›Wer ist für ein Foto mit Maschinengewehr im Vordergrund?‹ Als über die Hälfte dagegen war, mußte es jeder begründen. Ein Rekrut sagte unter anderem, er würde sowieso nie auf Menschen schießen. Die Antwort des Unteroffiziers: ›Dann wäre ich der erste, der Sie im Ernstfall umlegen würde.‹ Ferner sagte er abschließend: ›Nun weiß ich, was ihr für ein lascher Hau-

fen seid, ich werde euch schon noch ficken!‹ In der nächsten Woche wurden wir außerdienstplanmäßig zur Feuerwache eingeteilt. Begründung: Unsaubere Stube.
Einmal machten meine Nerven nicht mehr mit – sechsmal hintereinander war mein Spind kontrolliert worden –, und ich warf die Uniformen aus meinem Spind auf den Boden. Ich wurde von einem Feldwebel und einem Unteroffizier zum Hauptmann (Kompaniechef) gebracht, der mich anschrie, ich wolle wohl den ›Übergeschnappten‹ spielen. Auf der Stube befahl er mir, den Spind sofort wieder in Ordnung zu bringen. Ich sagte ihm: ›Wenn Sie mich für übergeschnappt halten, brauch' ich's ja nicht tun.‹ Zitternd vor Aufregung stand er vor mir und brüllte: ›Das ist ein Befehl!‹ Dann schlug er mir ins Gesicht. Blut floß sofort aus meiner Nase. – Jetzt behauptete er, ich wäre gegen ihn tätlich vorgegangen, was hundertprozentig nicht stimmt. Feldwebel und Unteroffizier, die dabeistanden, halten natürlich zu ihrem Chef. Die Stubenkameraden dürfen mit niemandem darüber sprechen.«

Der Neueingezogene verzichtet auf eine Beschwerde, sie scheint ihm unter solchen Umständen wenig Erfolg zu versprechen.
In den Schimpfworten der Vorgesetzten, die sich in vielem mit dem Henkervokabular der KZ-Mörder decken, kommt neben Menschenverachtung oft noch unverhohlener Sexualneid und Sadismus zum Vorschein. Hier eine Auswahl der gebräuchlicheren »Kraftausdrücke« aus dem Militärjargon: Sie stehen da wie eine französische Nutte in Rammelstellung – Querscheißer – Scheißhausfliege – Ich werde Ihnen den Arsch noch hochheben – (oder noch gebräuchlicher:) den Arsch aufreißen – die Eier schleifen (oft mit dem Zusatz:) bis die gelbe Rotze rauskommt – Sie hätten die Prügelstrafe verdient wie unter Hitler – Stehn da wie eine schwangere Jungfrau – Gehn auf wie die Schwulen – Dreckschwein – Scheißkerl – Idiotischer Bauerntrampel – Sie haben einen Verstand wie ein Schwein vom Arsch bis zur Erde – Wenn ich euch im Arsch hätte, würde ich euch nicht an die Wand scheißen, dafür seid ihr mir viel zu dreckig – Russenpack – lausige Zivilisten – Schlitzaugen – Hottentotten – Depp – homosexuelle Einstellstute – Graben Sie sich ein Loch und

lassen Sie sich erschießen – Hüpfen auf der Stelle, bis daß der Tod eintritt – Werde euch ficken, bis euch das Wasser im Arsch kocht – Rindvieh – Schlappschwanz – Schweine – Hornochsen – Lahmarschige Kojoten – Ihr Tiere.

»Tradition ist Überlieferung des gültigen Erbes der Vergangenheit. Traditionspflege ist Teil der soldatischen Erziehung. Sie erschließt den Zugang zu geschichtlichen Vorbildern, Erfahrungen und Symbolen; sie soll den Soldaten befähigen, den ihm in Gegenwart und Zukunft gestellten Auftrag besser zu verstehen und zu erfüllen ...

Rechte Traditionspflege ist nur möglich in Dankbarkeit und Ehrfurcht vor den Leistungen und Leiden der Vergangenheit ...

Es ist ein alter Brauch der Soldaten, auf dem Marsch, im Biwak, bei festlichen und auch bei ernsten Gelegenheiten zu singen. Die Bundeswehr setzt diese Tradition fort«, schreibt der Bundesverteidigungsminister als Grußwort im »Liederbuch der Bundeswehr«.

H. B. aus Ratingen schreibt:

»Schon in der Ausbildungszeit lernten wir Lieder, die eigentlich zu dem Geist der Hitlerschen Wehrmacht paßten, nicht aber zum Wohle einer demokratischen Armee.

In einem Grenadierlied heißt es: ›Und wie einst in Polen, Flandern und im heißen Wüstensand stürmen wir Bundeswehrgrenadiere das fremde Land‹; und im sogenannten Panzerlied: ›Voraus den Kameraden, im Kampfe ganz allein, so stoßen wir tief in die feindlichen Reihn.‹ – ›Und schießt uns der Iwan‹ (im ordentlichen Text heißt es das ›Schicksal‹, aber überall wird der ›Iwan‹ gesungen), dann ab, dann wird uns der Panzer zum stählernen Grab.‹

Im Kretalied singen die Soldaten der Luftwaffe: ›In Kreta bei Sturmwind und Regen, da hält ein Fallschirmjäger treu die Wacht.‹

Während in einem anderen Soldatenlied gesungen wird: ›Ist der Kampf auch noch so schwer, das macht uns gar nichts aus. Denn wir ziehen Schritt für Schritt in Feindesland hinaus.‹«

J. F. aus der 3./242 Kompanie Mitterharthausen/Straubing berichtet über die Liedgutpflege in seiner Kompanie:

»... wurden wir praktisch gezwungen, alte SS- und SA-Lieder zu singen (denn wer wollte schon gern über das Wochenende nicht heimfahren und wegen Nicht-Erfüllung der ›Solls‹ nachexerzieren). Dazu ein Hinweis von Leutnant Ullrich: ›Sind zwar alte Nazi-Lieder (Graue Kolonnen, Wie einst in Polen und in Flandern und so weiter), aber jede Armee hat ihre Tradition, die es gilt zu pflegen und zu erneuern.‹ Daß in feuchtfröhlichen Offiziersrunden Lieder wie ›Die Fahne hoch‹ zum beliebten Repertoire gehören, stimmt ebenfalls bedenklich.«

Auch die nicht direkt nazistischen Kampflieder der Bundeswehr huldigen dem gleichen Geist. In den Pioniereinheiten zählt zum festen Repertoire das »Pionierlied«:

»Wir sind Pioniere, der Stolz der Armee«, das den Schlußrefrain hat: »Noch sterbend rufen wir: Hurra, Pionier!«

Im offiziellen Liederbuch der Bundeswehr ist auch mit aufgenommen »Kamerad, nun laß dir sagen«. Was sich der Soldat sagen lassen muß: daß er sein bißchen Leben jederzeit wegzuschmeißen hat, wenn ihn »das Schicksal abruft«.

»Horch, die Trommel wird geschlagen: sei bereit, sei bereit! Aus ist der Traum, es heißt marschieren, heißt sein weniges Leben verlieren.«

Und zum Trost: »Ist ganz gleich, wer da muß sterben, :hat für immer seine Ruh:.«

Das »Fliegerlied« im Bundeswehrliederbuch treibt den gleichen Kult: Heroismus und Todesbereitschaft:

»Wir werden zum Kämpfen geboren . . . furchtlos in jeder Gefahr . . .«

Vorbeugend und in Anbetracht der beiden letzten verlorenen Weltkriege:

»Wir werden nicht immer gewinnen. Dennoch! Uns schreckt keine Not! Leben, Vergeh'n und Verrinnen, aber der Glaube tief innen ist stärker als Not und als Tod.«

Einen neuen »Führerkult« bereiten folgende Liedsentenzen vor (aus dem Bundeswehrliederbuch):

»Ich hab mich ergeben mit Herz und mit Hand . . . mein deutsches Vaterland . . . zu leben und zu sterben fürs heilge Vaterland!«

Oder, stramm antidemokratisch:

»Wir sind des Volkes Glieder, ein Leib sind wir, ein Geist . . .«

Und, ganz im Geist von »Führer, befiehl, wir folgen«:

»Jetzt müssen wir marschieren . . . Wissen wir auch nicht, wohin es geht, wenn nur die Fahne vor uns weht!«

Auch der folgende Sinnspruch in der gleichen Kaserne versteht sich keineswegs ironisch:
»Wer auf die Fahne schwört, hat nichts mehr, was ihm selber gehört.«
»Der Beste führt uns an, befiehlt, was zu gescheh'n. Und stürmt er kühn voran, bleibt keiner müßig steh'n«, dichtete Hauptmann Kurella und gewann einen Preis beim 1. Wettbewerb der Bundeswehr für neue Soldatenlieder und wurde somit ins Bundeswehrliederbuch aufgenommen. Zum Führer gehört die Fahne und die Gefolgschaft: ». . . in Not und in Gefahr, woll'n immer treu zur Fahne stehn als eine tapfre Schar.« Dann erfolgt prompt die Einteilung in Herrenmensch und Untermensch nach dem Auswahlprinzip: wer anderer Meinung ist, ist ein Feind. »Wer mitmarschiert, ist gut, wer bleibt, ein fauler Knecht.«
Wer sich weigert, so etwas mitzusingen, bekommt – wenn nicht Ausgangssperre oder andere Disziplinarstrafen – den Tip, ich solle doch mehr auf die Melodie als auf den Text hören und, auf ein Poleneroberungslied hin bezogen, »am aufopferungsvollen Einsatz der deutschen Soldaten auf dem Polenfeldzug sei doch einfach nicht zu zweifeln«. (M. S. aus einer Münchener Kompanie: Zitat seines Kp.-Chefs, Hauptmannsrang.)
Der »Traditionspflege« unterliegt auch das Nationalbewußtsein des Soldaten. Je stärker es entwickelt ist, um so ausgeprägter ist die Überzeugung von der Minderwertigkeit der anderen Völker, um so nachhaltiger entsteht ein »Feindbedürfnis«, und um so konkreter entsteht ein echtes »Feindbild«, ohne das eine Armee nicht maximal einsatzbereit ist.
»So spricht unser Spieß (Hauptfeldwebel): ›Soldaten, Kameraden! Wir müssen uns stets vor Augen halten, daß wir Deutsche sind, und ein Deutscher zu sein ist etwas Besonderes, wir haben zwei Weltkriege verloren, und wir haben daraus gelernt, und es wird wieder einmal der Tag kommen, wo wir Deutsche unser Land verteidigen werden.‹« (W. L. aus einer Münchener Panzergrenadierkaserne.)
G. K. aus der Rafflerkaserne, Regensburg, Fernmeldeausbildungskompanie 6/4:
»Bei der Sportausbildung ließ uns Stabsunteroffizier Fi. die Kniebeugen immer mit folgendem Begleittext ausführen: ›Kniebeugen auf, nieder, Kniebeugen auf, nieder, das deutsche Volk marschiert wieder!‹«

Derselbe Stabsunteroffizier beim Marsch zur Kantine:
»Ihr marschiert wie fußkranke Italiener. Zwanzig Jahre alt, nicht laufen können, aber jeder 'ne Alte haben!«
In derselben Kompanie, Unteroffizier Ro. bei der Formalausbildung:
»Geht nicht auf wie schwule Italiener, verdammt noch mal!«
Rede des Oberstleutnants Schaal (Schallmeßbatterie 7) vor versammelter Batterie vor der Abfahrt zum Truppenübungsplatz Grafenwöhr:
»›Wenn Sie sich dort (Lager Gr.) in die Betten legen, seien Sie vorsichtig, denn da haben vorher »Nigger« und anderes Gesindel gelegen.‹ Da dieser Offizier wegen seiner harten Maßnahmen gefürchtet war, wagte niemand etwas zu sagen«, schreibt der Informant G. S. aus der Ausbildungskompanie 7/7, Dülmen, dazu.
Unverkennbar tritt das Feindbild in den folgenden Berichten hervor:
»Als einmal unsere Stube mit fünf Mann verschlafen hatte, sagte unser Spieß: ›Ein Deutscher verschläft nie, ein Deutscher hat auch im Schlaf stets ein Auge offen, er ist stets bereit und immer in Lauerstellung, um einem Angriff aus dem Osten wirksam begegnen zu können.‹ – Hat der Spieß an jemandem was auszusetzen, drückt er seinen Unmut so aus: ›Und so was ist ein Deutscher!‹ Die Sowjetunion wird als verbrecherisches Volk dargestellt, Italiener und Griechen als undiszipliniert und wir Deutsche, ja nur wir sind gerecht, gehorchen, Sauberkeit und Ordnung, das ist unsere erste Pflicht!« (W. L., Münchener Panzergrenadierkaserne.)
F. N. aus der Scharnhorstkaserne Panzergrenadier-Bataillon 4/13, Northeim/Harz, schreibt:
»Beim politischen Unterricht fiel mir auf, daß der zu bekämpfende Feind ausschließlich im Osten gesucht wurde. Der barbarische, frauenvergewaltigende Russe, das Schreckgespenst des Bolschewismus wurde heraufbeschworen, unterschwellige Emotionen angesprochen. Der Feind wurde von unseren Ausbildern als ›Ruskis‹, ›Schlitzaugen‹, ›Zitronenscheißer‹ tituliert, und um uns von der Notwendigkeit schnellster Reaktionen im Nahkampf zu überzeugen, pflegte unser Stabsunteroffizier zu sagen: ›. . . dann sofort losballern, bevor euch die Schlitzaugen die Hodensäcke aufschlitzen . . .‹«

R. H. berichtet aus einer Münchener Kompanie:
»Mein Zugführer befiehlt uns in einem Zugunterricht folgendes: ›Und wenn ihr dann in den gegnerischen Schützengraben kommt und da liegt so ein Russensack und röchelt noch: ah, ah, ah . . ., dann haltet ihr kurz rein: ratatatata! Denn wenn ihr das nicht tut, dann kommen die Sanis und holen ihn, und drei Wochen später kommt er wieder!‹«
Der »Dienst an der Waffe«, das Töten ist theoretisch bereits so geläufig und eingeübt, daß es im »Ausnahmezustand« oder »Ernstfall«, also im Krieg, wo ohnehin »andere Gesetze gelten«, auch gegen den eigenen Kameraden angewandt werden kann, um »auf Nummer Sicher zu gehen«.
»Anlaß zum Nachdenken (des Informanten, der bei der Sicherungsstaffel der Schießplatzgruppe Sylt Dienst tut) gab ein Gespräch zwischen unserem Kompaniechef und einem Ausbilder während des Unterrichts ›Festnahme und Waffengebrauch‹. Im Verlauf dieses Gesprächs, bei dem es sich um die sehr schwierige rechtliche Lage im Fall eines Waffengebrauchs (in Friedenszeiten) handelte, fiel das fatale Wort ›Fangschuß‹. Niemand widersprach, die Mehrzahl setzte sich lebhaft dafür ein. Sehr präzis ausgedrückt besprach man das ›Wie‹ und nicht das ›Wider‹, daß nämlich eine durch einen Schuß verletzte Person unter allen Umständen daran gehindert werden müsse, vor Gericht auszusagen und dem unglücklichen Wachsoldaten einen Strick zu drehen. Ein Fangschuß, der unverfänglich aussehe, sei dann noch das risikoloseste. Der Kompaniechef widersprach nicht, meinte nur, es gehöre schon ›Mumm‹ dazu, einem verwundeten Menschen zwischen die Augen zu schießen, stellen Sie sich das nicht so einfach vor . . .«
Andererseits wird – neben dem Ruf nach eigener Militärgerichtsbarkeit – recht häufig der Ruf nach Todesstrafe bei Befehlsverweigerung im Kriegsfall laut:
»Die Einrichtung der Todesstrafe im Krieg wird – so hörte ich bei der Bundeswehr von Offizieren immer wieder – sehr befürwortet, um den kämpfenden Soldaten zu ihm nicht angenehmen Aufgaben zu zwingen. Als Beispiel wird immer der Spähtrupp oder das Exekutionskommando erwähnt, das heißt, ein Soldat kann nur dann wirksam zum gefährlichen Spähtrupp-Laufen oder ihn belastenden Erschießungen von zum Beispiel Zivilisten gezwungen werden, wenn ihm die

Todesstrafe droht.« (G. T., Panzerartilleriebat. bei Marburg.)
Von hier bis zum Erträumen neuer »Eliteeinheiten«, mit denen sich der nie aufgegebene Osten (»Nur die Sache ist verloren, die man aufgibt«: einer der Kernsprüche im Bundeswehrliederbuch) überrollen ließe, ist es nicht weit:
»Während des Wachdienstes tat der Oberfeldwebel Hans Sorge, Schirrmeister bei der 2./163 (Panzer-Grenadiere in Flensburg/Weiche), folgende Äußerung: Der ganze Streit um die Anerkennung der ›Ostzone‹ sei überflüssig, ebenso um die Oder-Neiße-Grenze. Man könne die Angelegenheit ganz schnell dadurch bereinigen, daß man eine SS-Division hinüberschicke. Ihm sei es unbegreiflich, daß man immer wieder Kontakt mit ›denen‹ suche. Eine militärische Aktion würde das ganze Problem im Handumdrehen lösen. (Diese Worte wurden von mehreren Soldaten mitgehört, keiner wagte zu widersprechen.)«
Daran schließt folgerichtig die Beobachtung (Jeder vierte Berufssoldat wählte NPD):
»Als Adolf von Thadden seine Wahlkundgebung in Flensburg abhielt, ging ich schon besonders früh hin. Ich bemerkte, daß schräg hinter mir in der vierten Reihe sechzig Prozent der Offiziere des Bataillons saßen. Es waren durchweg die jüngeren. Ich wußte, daß nur vier oder fünf regelmäßig die Nationalzeitung gelesen hatten, doch die Reaktion der Herren während der Veranstaltung belehrte mich eines Besseren. Bei den Passagen, bei denen am stärksten auf die SPD und die Gewerkschaften geschimpft wurde, bei denen vom ›nationalen Verrat‹ die Rede war, wurde von ihnen am meisten geklatscht.«
D. O. berichtet von Hauptmann Schrader, dem Chef der Fernmeldeausbildungskompanie 3/7, Hellweg-Kaserne, Unna, inzwischen befördert zum Major und stellvertretender Kommandeur des Fernmeldebat. 7 in Lippstadt:
»Während einer Kompaniebelehrung ließ er Einblicke in seine Traumwelt zu: ›Einer meiner Kameraden, Kompaniechef wie ich, erzählte mir einmal, seine Kompanie ginge begeistert mit ihm nach Vietnam. Ich wollte, ich könnte das auch sagen!‹«

Seit die Notstandsgesetze durch das Parlament gepaukt wurden, macht das Feindbedürfnis innerhalb der Bundeswehr Fortschritte im Sinne einer Umschichtung. Die ständig heraufbeschworene Gefahr aus dem Osten war zuletzt nur noch ein künstlich aufrechterhaltener Popanz. Das Feindbild geriet ins Wanken, als dem potentiellen Gegner einfach keine Aggressionsgelüste mehr unterstellt werden konnten. Es ist eine Erfahrung der Psychoanalyse, daß eine nicht abberufene Aggressionsbereitschaft nach innen unschlagen kann. Legale Handhabe dazu ist die Notstandsgesetzgebung Artikel 87a:

»Zur Abwehr einer drohenden Gefahr für den Bestand der freiheitlich-demokratischen Grundordnung des Bundes oder eines Landes kann die Bundesregierung ... Streitkräfte zur Unterstützung der Polizei und des Bundesgrenzschutzes beim Schutze von zivilen Objekten und bei der Bekämpfung organisierter und militärisch bewaffneter Aufständischer einsetzen.«

Der »Hauptfeind« steht seitdem innen. Oft schon erkennbar durch lapidare Äußerungen:

»Sanitäts-Oberfeldwebel Weltzien (Stabskompanie Panzerbrigade 21 in Augustdorf) nach dem Überfall auf das Munitionsdepot Lebach: ›Das war bestimmt der AStA!‹«

Planspiele und Einsatzübungen innerhalb der Bundeswehr erfahren eine Bereicherung (K. R. aus der Panzerjägerkompanie, Ernst-Moritz-Arndt-Kaserne, Neustadt/Marburg):

»Bei jeder Diskussion (bei Kompaniebelehrungen und im privaten Gespräch mit Offizieren) wurden immer wieder die gleichen Argumente vorgetragen. Demonstrationen sind lächerlich, die der Studenten kriminell dazu. Die Rädelsführer sind meistens keine Studenten, sondern bezahlte Agenten und Aufwiegler aus dem Osten, speziell der DDR. Die Studenten lassen sich von diesen Leuten nur ›verführen‹ und ›mißbrauchen‹. Besonders Rudi Dutschke erschien ihnen suspekt. Seine Flucht aus der DDR war keine Flucht, sondern eine ›getarnte Agenteneinschleusung‹. Diese Leute haben in erster Linie die Aufgabe, das Terrain für die späteren echten ›Agenten‹ und ›Aufwiegler‹ zu bereiten. Oberleutnant Pontow ließ sich zu der Bemerkung hinreißen, daß in der Kompanie vielleicht schon Agenten sitzen (damit meinte er mich).

Auf meine Frage, ob er das auch glaube, was er vor der Kompanie vertrete, meinte er, er sage das nicht, weil die Bundeswehr das so verlange, sondern weil es seine Überzeugung sei. Ihm bekannte Offiziere seien ähnlicher Meinung. Im übrigen beweise die Geschichte seine Theorie. Der Kommunismus wolle die Weltrevolution. Der Beweis, daß er dieses Ziel noch nicht aufgegeben habe, liege auf der Hand: Studenten rennen wie Geisteskranke mit ›Ho-Tschi-Minh‹-Rufen durch die Straßen, tragen Mao-Bilder und Vietcong-Fahnen durch die Gegend. Dies sei der 1. ›Beweis‹. Der 2. ›Beweis‹: Die Studenten revoltierten in der ganzen Welt. Darin spiegele sich hauptsächlich die Idee des Weltkommunismus und der Revolution wider. Von Unteroffizieren wurde noch argumentiert: Woher nehmen denn diese Leute das Geld für ihre Reisen, Vorträge, Flugblattaktionen und Raummieten? Studenten sind arm, also müssen sie ihre Gelder aus dem Osten beziehen.
Bei einer derartigen theoretischen Grundlage war es nicht schwer, die gestellten Forderungen zu realisieren. Um der praktischen Betätigung aber den Charakter von Notstandsübungen zu geben, wurden sie in allgemeine militärische Ausbildungen miteinbezogen.
Eine derartige Ausbildung war zum Beispiel ein vierzehntägiger Biwakaufenthalt in Holzhausen (Kreis Biedenkopf). Übungsthema waren Einzelkampf und Intensivierung der Infanterie-Gefechtsausbildung, zum Beispiel Verfolgung von Gruppen in unübersichtlichem Gelände, Abwehren von Angriffen aus Steinbrüchen heraus, schnelles Handhaben des Gewehres und anderer Handfeuerwaffen.
Bei Geländebeurteilungen, die während des ganzen Jahres regelmäßig durchgeführt wurden, erklärte man neben rein militärischen Angelegenheiten auch nebenbei, wie man am besten Ortseingänge und -ausgänge abriegelt. Diese Ausführungen haben mit einer Panzerausbildung nicht das geringste zu tun. Unsere eigentliche Aufgabe ist es, feindliche Panzer auf 2,5 bis 3,3 km zu bekämpfen.
Ab Sommer 1968 wurde das Werfen von Brandflaschen, Blend-Brand-Handgranaten und Handflammenpatronen geübt. Alle drei Methoden dienen der Panzer-Nahbekämpfung im Straßenkampf. Aber auch gegen andere ›Objekte‹ lassen sich diese Mittel (so Oberleutnant Pontow) anwenden.

Außerdem ist mir eine Übung in einer Bundeswehreinheit bekannt, die offiziell als Notstandsübung geplant war. Hierbei wurden die Schaufeln der Leopard-Berge-Panzer mit Strohballen verkleidet und gegen Demonstranten mimende Soldaten eingesetzt.«

Ein anderer Bericht. (D. O. aus der Panzerbrigade 21, »Generalfeldmarschall-Rommel-Kaserne« in Augustdorf):

»Für die Übung ›Schneesturm‹ (24. und 25. Januar 1969) hatte sich unser Oberst Renner etwas Besonderes ausgedacht: er ließ eine Kompanie des Panzergrenadierbataillons 212 den Aufstand proben. Die Soldaten mußten Zivilkleidung anziehen (möglichst gammelig), auf Transparente Sprüche malen, die den Linken, den Kriegsdienstgegnern, in den Mund gelegt wurden (zum Beispiel ›Lieber rot als tot‹). Er ließ dann durch eine Marschkolonne Panzerbataillone 213 und 214 durch ein Sit-in die Straße sperren.

Da die Aktion stillschweigend vorbereitet war, hielten diese Soldaten die Demonstration für echt. Was jetzt folgte, war also keine Übung mehr, sondern ›Ernstfall‹. Ein Hauptmann soll geschrien haben, als der erste Panzer stoppte: ›Warum fahren die Idioten nicht einfach weiter?‹ Soldaten sind mit Gewehrkolben gegen die ›Demonstranten‹ vorgegangen. Oberst Renner war des Lobes voll für den vorbildlichen Einsatz seiner Soldaten.«

J. K. berichtet aus der Straubinger Gegend:

»Als man nach dem politisch ›lauen‹ Frühling 1968 (Dubcek) keinen rechten Grund für verstärkte Wachbereitschaft mehr fand, setzte man das Gerücht in Umlauf, Studenten hätten die Absicht, gegen die Kaserne vorzugehen. Unsere Einheit (zusammen mit anderen etwa 2000 Soldaten) lag in Mitterharthausen – einem Dorf mitten im Feld –, der nächste Ort Straubing hat keine Studenten und ist 7 km entfernt. So übte man zum Beispiel am Pfingstsonntag 68 Notstand: Kampfanzug, aufgestellte MGs vor dem Haupttor, obwohl nicht einmal ein Passant zu sehen war (man übte auch ›Vorgehen gegen angreifende Demonstranten‹). Mitterharthausen besteht zu neunzig Prozent aus Kaserne und dazugehörigen Anlagen.

Als im August 1968 scharf aufgerüstet wurde, hörte man Äußerungen wie: ›Endlich geht's los, endlich können wir denen zeigen, was wir können.‹ (So Oberleutnant Paul, 5./242.)

Major Lang (stellvertretender Bataillonskommandeur 242) wollte gleich ›mit dem ganzen Haufen‹ in den Bayrischen Wald an die Grenze, um denen zu zeigen, daß man auch noch da ist, um auf den Tisch zu hauen, wenn's nötig ist‹. – Nachdem die Sache etwas abflaute, erfand man das Gerücht, tschechische Soldaten hätten einen Aufstand gemacht und seien – von den Russen verfolgt – über die Grenze geflohen. So konnte man wenigstens in der grenznahen Kaserne weiter Krieg spielen (erhöhte Alarmbereitschaft, Ausgehverbot und so weiter), die Offiziere und die meisten Feldwebel betraf das wenig, sie wohnen gleich vor der Kaserne. Allgemein wurden die Tschechen als ›Feiglinge‹ hingestellt, da sie keinen bewaffneten Widerstand geleistet hätten (besonders Leutnant Kawälde tat sich da dick hervor . . .).«

Auch folgende Übung, vor Verabschiedung der Notstandsgesetze durchgeführt, ist aufschlußreich für das neue Feindbild (durchgespielt am 11. März 68 an der Heeresoffiziersschule I [HOS I] in Hannover):

»Lageentwicklung am 11. März 1968:

Auf einer Konferenz von Studentenverbänden in Frankfurt vom 3.–9. März 68 wurden alle Soldaten, die an Kursen der Führungsakademie und so weiter teilnehmen, sowie die Lehrgangsteilnehmer aller Offiziersschulen der Bundeswehr zur Solidarität mit den Forderungen der Studenten nach einer Hochschulreform aufgerufen. Der Aufruf wurde an die Presse weitergeleitet und am 9. März 68 veröffentlicht.

Am 9. und 10. März bot sich den Bundesbürgern das gewohnte Bild der kritischen Lage: Demonstrationen von Bauern und Schülern, Protestumzüge von Studenten in Köln. Das Verteidigungsministerium behält sich weitere Schritte vor.

11. März 68, 9.45 Uhr: Fernschreiben des Bundesministeriums der Verteidigung: Der Verteidigungsminister nimmt Stellung zu der Aufforderung der Studenten und stellt fest, daß er keinerlei Ansätze zu Gesprächen zwischen Bundeswehrschulen und Studentenverbänden sieht und daß jeder Änderungsversuch der bestehenden Ordnung innerhalb der Bundeswehr auf Widerstand der zuständigen Stellen im Rahmen ihrer Gesetzesbefugnisse stoßen wird.

11. März 68, 11 Uhr: Vor dem Eingang der HOS III in München kam es zu einem Zwischenfall: jugendliche Demonstranten durchfuhren mit einem PKW die Wache und entrollten im Kasernenbereich Vietcong-Fahnen. Verbunden hiermit war eine Aufforderung zur Teilnahme am Ostermarsch.
Nur durch Zwangsausübung mit der Waffe konnte die Demonstration aufgelöst werden. Hierbei wurden mehrere Warnschüsse abgegeben.
Kommandeur der HOS I befiehlt daraufhin: Ausgabe der Handfeuerwaffen an die Soldaten, Sicherstellen und Bereithalten von scharfer Munition.
11. März 68, 13.30 Uhr: Befehl an alle Lehrgangsteilnehmer: Ab sofort wird der Dienstanzug getragen. Folgende Inspektion stellt Alarmzug . . . Anzug für Alarmzug Kampfanzug. Außerdem befehle ich für die . . . Inspektion Bereitschaft. Für die nicht zur Bereitschaft oder den Alarmzug eingeteilten Soldaten besteht Ausgangsbeschränkung bis 23.30 Uhr.
11. März 68, 14.30 Uhr: Im Laufe des Vormittags hat sich die Lage kritisch zugespitzt. MAD 2 meldet, daß Demonstranten ein ›go in‹ in der HOS I in Hannover vorhaben. Es muß angenommen werden, daß die Demonstranten von SED-hörigen Kontaktmännern unterstützt werden.
In mehreren Städten Deutschlands kommt es zum ersten Male zu schweren Zusammenstößen zwischen Polizei und Demonstranten. Aus Kassel wurden die schwersten Zusammenstöße gemeldet, da hier die Demonstranten die zuständigen Stellen völlig unerwartet und unvorbereitet trafen. Der gesamte Verkehr in und um Kassel ist zusammengebrochen. Das gesamte Ausmaß der Folgen ist noch nicht abzusehen.
Neben Kassel haben auch in Marburg und Göttingen weitere schwere Zusammenstöße stattgefunden.
In Köln legten die Arbeiter der Ford-Werke ihre Arbeit nieder und beteiligten sich an den Demonstrationszügen. Bei allen Umzügen wurden Plakate mit anti-amerikanischen Parolen mitgeführt. Fast überall wurde zum Kampf gegen die die Vietnam-Politik der Amerikaner unterstützende Regierung Kiesinger aufgerufen. (Ky = Kiesinger / Johnson = Mörder, Regierung der Großen Koalition = Regierung der großen Repressalien.)

Mit einer außenpolitischen Verschärfung der Lage ist ab sofort jederzeit zu rechnen.
12. März 68, 4.30 Uhr: Alarmstufe B / Alarmierung der HOS I
Die innenpolitische Krise in der BRD hat sich weiter verschärft. Nachdem die Demonstrationen bisher nur in Großstädten stattgefunden haben, sind sie mittlerweile auf alle Teile der Bundesrepublik ausgeweitet worden. Bürgerkriegsähnliche Zustände prägen das Bild der Stadt. In Stuttgart wurde bei einer Anti-Amerika-Demonstration ein US-Soldat erschossen. In Kassel herrschen katastrophale Zustände. Zwei Demonstranten wurden im Laufe einer Auseinandersetzung zwischen Polizei und Studenten getötet. Bei allen Demonstrationen wurden Lautsprecherwagen unbekannter Herkunft ausgemacht, die die Demonstranten zum Widerstand gegen das Bonner Regime aufwiegelten.
Parallel zu dem chaotischen innenpolitischen Zustand wurden in der Nacht Truppenbewegungen von Ost nach West festgestellt. SACEUR rechnet damit, daß in den Gewässern vor der Ostküste Amerikas starke U-Boot- Ansammlungen mit Atomwaffenträgern der Sowjets sich bewegen. Aus all den Vorgängen, die in einem engen Zusammenhang miteinander stehen, muß gefolgt werden, daß ein unmittelbarer Angriff der Staaten des Warschauer Pakts auf das Territorium der Bundesrepublik Deutschland bevorsteht.
Das Bundesministerium der Verteidigung befiehlt deshalb für die HOS I Beschleunigung der Alarmmaßnahmen.
Alarmstufe A
Ende der Übung.«

Dokument

(Jährlich öffentlich gehaltene »Vereidigungsrede«; Redner: Major Hansen, stellvertretender Bataillons-Kommandeur, Feldartilleriebataillon 71, Dülmen, St. Barbara-Kaserne.)

Herr Oberstleutnant!
Sehr geehrte Gäste! Bürger der Stadt Dülmen!
Soldaten des Feldartilleriebataillons 71 und der Ausbildungskompanie!
Rekruten!
Sie sind hier angetreten, um als Freiwillige den Eid und als Wehrpflich-

tige das feierliche Gelöbnis abzulegen, der Bundesrepublik Deutschland treu zu dienen und das Recht und die Freiheit des deutschen Volkes tapfer zu verteidigen.
Vor einem Jahr rückten die ersten Truppenteile in ihre neue Garnison Dülmen ein. Bisher war es üblich, die Vereidigungen der jungen Soldaten innerhalb der Kaserne vorzunehmen. Ab heute wird diese militärische Feierstunde in der Stadt nicht nur in Anwesenheit geladener Ehrengäste abgehalten. Erstmals in aller Öffentlichkeit, in Gegenwart eines Großteils der Bevölkerung, legen Sie den Eid und das Gelöbnis ab. Ich möchte an dieser Stelle dem Herrn Bürgermeister und dem Herrn Stadtdirektor herzlich danken, diesem feierlichen militärischen Akt hierdurch einen besonders würdigen Rahmen gegeben zu haben.
Soldaten!
Vor wenigen Tagen sind wir aus harten und anstrengenden Manövertagen auf dem Truppenübungsplatz Grafenwöhr zurückgekehrt. Auf dem Marsch dorthin wurde das Bataillon von einem folgenschweren Unglück getroffen. Kanonier Norbert Hanning von der ersten Batterie mußte bei einem Verkehrsunfall schicksalhafterweise sein junges Leben hingeben. In dieser Stunde, in der 150 junge Soldaten ihre Einsatz- und Opferbereitschaft für unser Land beeiden und geloben, wollen wir seiner gedenken.
Rekruten!
Sie stehen hier, weil das Gesetz es so befiehlt.
Ihr Dienst vollzieht sich über den Rahmen der täglichen Ausbildung hinaus in einer Gemeinschaft von Männern, die gleich Ihnen gerufen wurden, als Soldaten treu ihre Pflicht zu erfüllen . . .
Genußfrohes Gegenwartsdenken, losgelöst von den Bindungen an überlieferte Werte, Oberflächlichkeit und eine bis ins Groteske verzerrte Betrachtung der jüngsten Geschichte unseres Volkes sind die äußeren Merkmale zeitgenössischen Denkens. Darüber hinaus aber erhebt sich mitten unter uns, ja sogar verschärft innerhalb des Vorpostens der Freiheit, in Berlin, fortschreitend frecher, zügelloser die Hybris der Anarchie und des Nihilismus, teils geduldet, teils sogar gelenkt von Kräften, als deren hervortretender Wesenszug die Verantwortungslosigkeit erkennbar ist.
Rekruten! Dafür dienen Sie nicht; deswegen sind Sie nicht aus Ihrer Häuslichkeit, von Familie und Beruf weggeholt worden, um diese Umtriebe zu verteidigen. Das hat weder mit Freiheit noch mit Recht auch nur das Geringste zu tun.
Seit nahezu zwölf Jahren gibt es wieder deutsche Soldaten, Bundeswehrsoldaten sagen die einen, Bundeswehrangehörige die anderen. Lassen Sie mich das vor einer breiten Öffentlichkeit offen aussprechen. Wir alten Soldaten und die Mehrzahl der jungen empfinden das als eine bewußt oder unbewußt ausgesprochene Herabsetzung. Sowenig es früher Kaiser-, Reichswehr- oder Wehrmachtssoldaten gab, so unpassend

und unangebracht ist es, von Bundeswehrsoldaten zu sprechen. Abgesehen von Äußerlichkeiten unterscheidet sich unser Tun und Handeln durch nichts von dem, was Soldaten früherer Epochen auszeichnete: In Liebe und Verehrung schlagen unsere Herzen für unser deutsches Vaterland, wie dies seit eh und je gewesen war. Das, meine jungen Soldaten, mag in Zeiten innerer Bedrängnis, der Anfechtung und des Zweifels der Halt sein, an den Sie sich klammern mögen, wenn einmal um Sie herum nichts mehr sein sollte, wenn es scheint, als sei alles ins Wanken geraten: ein festes Gottvertrauen und eine unverbrüchliche Liebe und Treue zu unserem deutschen Vaterland.

... Strenge und Gerechtigkeit sind die Grundpfeiler der militärischen Erziehung und Ausbildung; Gehorsam, Pflichttreue und Kameradschaft sind die Fundamente erfolgreichen soldatischen Wirkens; hierauf gründen sich alle Tugenden des Soldaten, die in ihrer höchsten Vollendung zu Mut und Tapferkeit im Kampf führen.

Rekruten! Ich habe Ihnen eingangs dargelegt, daß der deutsche Soldat stets unübertrefflich war, wenn es galt, für sein deutsches Vaterland einzutreten. In zwei langen und schweren Kriegen hat er seine Liebe zu seinem Land und Volk in einer Weise dargetan, wie sie sich in Worten nicht ausdrücken läßt. Zweimal in diesem Jahrhundert gingen die deutschen Soldaten einen Opfergang ohnegleichen. Es waren Ihre Großväter und Ihre Väter, die sich die Achtung und Bewunderung der ganzen Welt erzwangen. Am Ende stand jeweils trotzdem die Niederlage. Was hernach über die Soldaten aus dem eigenen Volk hereinbrach, ist unfaßbar. Diesen Zusammenbruch menschlicher Gesittung und menschlichen Anstandes haben wir bis heute noch nicht voll überwunden. Unser Blick ist aber voraus gerichtet. Nicht die Vergangenheit, die Gegenwart müssen Sie bewältigen, um die Zukunft zu gewinnen. Ohne jedoch die Vergangenheit zu verstehen, können Sie das, was ist, nicht begreifen. Das Vorbild zweier Generationen deutscher Männer, die als Soldaten unverbrüchlich ihrem Vaterland die Treue hielten, soll bis in Ihren Alltag hinein leuchten, Ihnen Kraft und Zuversicht geben, auch in ausweglos erscheinenden Situationen nicht zu verzagen. Nicht dem Sieger allein gebührt Lorbeer, sagt ein Dichterwort, ebenso dem Besiegten, wenn er tatkräftig und ehrenhaft dem Stärkeren unterlag.

Rekruten!

Meine letzten Worte an diesem für Sie so bedeutungsvollen Tag widme ich unserem unglücklichen Vaterland, dem Sie in wenigen Augenblikken soldatische Treue geloben werden.

Nicht der persönliche Wohlstand des einzelnen oder auch breiter Kreise darf uns darüber hinwegtäuschen, daß Deutschland, das Herzland Europas, zerstückelt ist und wir Deutschen selbst seit mehr als zwei Jahrzehnten daran gehindert werden, als Volk gemeinsam innerhalb eines einzigen und gemeinsamen Staates zu leben. Solange dieser Zustand anhält, solange herrscht in Europa kein Frieden. Mitten durch unser

Land zieht sich eine Grenze, die den freien Teil Restdeutschlands von den Teilen unseres Vaterlandes trennt, in denen sich einerseits ein Völkerzuchthaus etabliert hat und wo andererseits etwa ein Fünftel unseres Volkes aus seiner seit fast tausendjährigen angestammten Heimat zugunsten einer landfremden Bevölkerung vertrieben wurde. Das, meine Soldaten, ist ein Tatbestand, der in der Mitte des zwanzigsten Jahrhunderts im Zeichen und im Namen der Menschlichkeit, der Freiheit, des Völkerrechts, der Menschenwürde und einer Anzahl weiterer hoher Ideale geschaffen wurde. Allerdings, in erster Linie durch eine Macht, deren beherrschende Ideologie und deren Untaten ein einziger Hohn auf diese soeben aufgezählten Postulate darstellt. Dieser aggressiven Macht stehen wir gegenüber; mit ihr befinden wir uns in einem zähen geistigen Ringen, dessen Ende nicht abzusehen ist.
Obwohl diese Macht, die sich Sowjetunion nennt, mehr als die Hälfte unseres Landes und Millionen Deutsche in ihren Fängen hält, versuchen sie, den noch verbliebenen Rest Deutschlands und des übrigen Europas unter ihre Botmäßigkeit zu bringen . . .
Rekruten!
Ich verpflichte Sie auf das Recht und die Freiheit des deutschen Volkes, das Sie in Not und Gefahr tapfer zu verteidigen haben. Möge Ihnen helfen, was sich dem gequälten Herzen eines deutschen Mannes in schwerer Zeit vor 150 Jahren entrang:

Über uns der Herrgott,
mit uns das Recht,
in uns die Pflicht
stets dafür einzustehen:
Für unser geliebtes Vaterland:
Deutschland!

Mit Ihrem Eid und Gelöbnis sind Sie nunmehr hineingestellt in die Gemeinschaft der deutschen Soldaten. Sie bilden jetzt das jüngste Glied einer unendlich langen Kette deutscher Soldatengenerationen und -geschlechter. Sittliche Grundlage dieser Männermannschaft war seit jeher der Dienst an Deutschland, unserem Vaterland. Unser Volk und wir älteren Soldaten erwarten, daß Sie Ihre Pflicht tun.
. . . Es möge Ihnen gelingen, Zuchtlosigkeit und leeres Geschwätz stets als solches zu erkennen. Das führt zu innerer Freiheit und rüstet Sie gegen alle Anfechtungen. Kaum einem von Ihnen werden Stunden der Vereinsamung und das Gefühl, verlassen zu sein, erspart bleiben. Dann möge Ihnen helfen, was echten Soldaten uralte Weisheit und stets neueste Erkenntnis zugleich bedeutet, gerade weil es dem Zeitgeist zuwiderläuft: »Größten Lohn und höchstes Glück findet der Soldat im Bewußtsein freudig erfüllter Pflicht!«

Industriereportagen (1963–1966)

Als Arbeiter in deutschen Großbetrieben

In den Jahren 1965–1968 arbeitete Günter Wallraff u. a. am Fließband einer Autofabrik, auf der Helling einer Werft, am Hebel einer Rohrschneidemaschine, in der Sinteranlage eines Stahlwerks, bei Ford in Köln, Blohm & Voss in Hamburg, Siemens in München, in einem Stahlrohrwerk bei Paderborn, in der August Thyssen-Hütte in Duisburg-Hamborn.

Am Fließband

»Für Angestellte oder für Lohnempfänger?« fragt das Fräulein vom Personalbüro am Telefon.
Ich bin nicht der einzige, der sich am nächsten Morgen bei G. bewirbt. In dem modern möblierten Raum sind alle fünfzig Plätze besetzt. Ein paar Männer lehnen an den Wänden. Die meisten Italiener, Griechen und Türken sind ärmlich angezogen.
Über der Tür zum Personalbüro hängt ein Schild, worauf in drei Sprachen steht: »Nur nach Aufforderung durch den Lautsprecher eintreten!«
Ich habe einen Fragebogen ausgefüllt und in den Schlitz an der Wand geworfen. Meine ›Personalien‹, ›bisherige Ausbildung‹, ob ich ›Schulden‹ habe, ›Pfändungen in Sicht‹ und ob ich ›vorbestraft‹ bin?
Der Lautsprecher ruft meinen Namen auf: »Kommen Sie bitte herein.«
Der Herr im Personalbüro begreift nicht, daß ich unbedingt ans Fließband will. Er bietet mir einen Schreibposten in der Betriebsprüfung an und telefoniert schon mit der zuständigen Stelle. Er ist gekränkt, als ich entschieden abwinke.
Ich sage ihm: »Ich hab den ganzen Bürokram satt. Möchte von unten anfangen wie mein verstorbener Vater, der auch am Band gearbeitet hat.« Er läßt nicht nach: »Sie wissen nicht, was Ihnen bevorsteht! Das Band hat's in sich! Und wollen Sie auf das Geld verzichten, das Sie im Büro mehr verdienen? Außerdem sind am Band fast nur noch ausländische Arbeiter beschäftigt.« Dieses ›nur ausländische Arbeiter‹ klingt wie ›zweitklassige Menschen‹.
Als er einsieht, daß er mich nicht überzeugen kann, entläßt er mich mit der Bemerkung: »Sie werden ganz bestimmt noch an mich denken. Wenn es zu spät ist. Wer einmal am Band ist, kommt so leicht nicht wieder davon weg.«
Der Betriebsarzt will wissen, in welche Abteilung ich möchte. Als ich sage, »ans Band«, schüttelt er den Kopf. »Freiwillig ans Band? Das gibt's doch nicht.« Auch hier muß ich einen Bogen ausfüllen, auf dem nach allen möglichen Krankheiten gefragt wird. Ob ich ›nachts schwitze‹? Ob

›Glieder fehlen‹? Ob ich ›in einer Heil- und Pflegeanstalt behandelt‹ worden bin?
Ich bin angenommen worden. Morgen geht's los.
Der erste ›Arbeitstag‹ ist mit Vorträgen ausgefüllt. Zwei Fremdarbeiter werden wieder fortgeschickt. Sie müssen erst zur Polizei und eine Aufenthaltsgenehmigung beibringen. Sie sagen, daß sie dort schon waren und erst eine Arbeitsstelle nachweisen müßten, um eine Aufenthaltsgenehmigung zu bekommen.
Die vortragenden Herren betonen, daß auch sie einmal ›von ganz unten angefangen‹ haben. »Sogar unser technischer Direktor hat als kleiner Facharbeiter begonnen. Hatte natürlich den Vorteil, daß er von USA rübergekommen ist. Typischer Selfmademan.« (Daß es so etwas auch nur in der Gründerzeit der G.-Werke gab, verschweigt man wohlweislich.)
Zuletzt erscheint jemand vom Betriebsrat. Einer von uns ruft ihm das Stichwort ›Kollege‹ zu, das er auch freudig aufgreift, seine Rede beginnt mit ›Liebe Kollegen‹.
Er erklärt, daß uns bei den G.-Werken nichts geschenkt wird. »Hier ist jeder zu 140 Prozent in die Produktion eingespannt. Acht-Stunden-Tag, schön und gut, aber wer seine acht Stunden auf dem Buckel hat, weiß auch, was er getan hat.« Wir erfahren von einem Rechtsstreit zwischen der IG Metall und dem Werk. Vom Beitritt des Werkes in den Arbeitgeberverband und von einem ›ominösen‹ Tarifvertrag. »Mehr darüber zu sagen erlaubt mir das Betriebsverfassungsgesetz nicht.« Er berichtet noch, daß der Betriebsrat zur Zeit einen innerbetrieblichen Kampf mit der Direktion führe. »In einer Halle ist die Entlüftung katastrophal. Bisher hat man unseren Antrag wegen zu hoher Kosten abgewimmelt, aber wir werden nicht lockerlassen.«
Er schließt seinen Vortrag mit der Aufforderung, der Gewerkschaft beizutreten. »Der organisierte Arbeiter hat mehr Rechte. Er läßt nicht über seinen Kopf hinweg bestimmen.«
Zwei Tage später beginne ich mit der Spätschicht. Mit einer Gruppe Italiener werde ich zur Y-Halle geführt. Ein Italiener bringt mich auch zu meinem künftigen Arbeitsplatz.
Manches ist ungewohnt für mich. Das Stempeln zum Beispiel. (Bei nur einer Minute Verspätung wird eine Viertel-

stunde vom Lohn einbehalten.) Oder das Öffnen und Vorzeigen der Aktentasche beim Passieren des Pförtners. (Bei verschärfter Kontrolle kann eine Art Leibesvisitation vorgenommen werden.)

»Das Band frißt Menschen und spuckt Autos aus«, hatte mir ein Werkstudent gesagt, der selbst lange Zeit am Band gearbeitet hatte. Wie das gemeint war, sollte ich bald erfahren. Alle anderthalb Minuten rollt ein fertiger Wagen vom Band. Ich bin am letzten Bandabschnitt eingesetzt. Muß kleinere Lackfehler ausbessern, die es an jedem Wagen noch gibt. ›Da ist weiter nichts dabei‹, denke ich anfangs, als ich sehe, wie langsam das Band vorwärtskriecht.

Eine Frau arbeitet mich ein. Sie ist schon vier Jahre am Band und verrichtet ihre Arbeit ›wie im Schlaf‹, wie sie selbst sagt. Ihre Gesichtszüge sind verhärtet.

Linke Wagentür öffnen. Scharniersäule nachstreichen. Das abgeschliffene Scharnier neu streichen. Griff für die Kühlerhaube herausziehen. (Er klemmt oft.) Kühlerhaube aufklappen. Wagennummer mit Lack auslegen. Rechte Wagentür wie bei der linken. Kofferraum öffnen und nach eventuellen Lackfehlern suchen. Zusätzlich noch auf sonstige Lackfehler achten, die bei sorgfältiger Prüfung immer zu finden sind. Mit zwei Pinseln arbeiten. Der große für die Scharniersäule, die von der Wagentür halb verdeckt ist und an die man schlecht herankommt; der kleine für feinste Lackfehler zum Auslegen, was besonders viel Zeit in Anspruch nimmt. Außerdem immer wieder zu den Lacktöpfen zurücklaufen, Pinsel säubern und Farbtöpfe wechseln, weil die Wagen auf dem Band in kunterbunter Reihe erscheinen. Zusätzlich auf den Laufzetteln der Wagen meine Kontrollnummer vermerken.

Noch arbeiten wir zu zweit. Ich begreife nicht, wie die Frau allein damit fertig geworden ist. Nach zwei Tagen Einarbeiten wird die Frau versetzt, zum Wagenwaschen. Damit ist sie nicht einverstanden. Sie fürchtet um ihre Hände, die vom Benzin ausgelaugt werden. Aber danach fragt keiner. Der Meister geht ihr aus dem Weg.

Ich frage sie, ob sie sich nicht an einen ›Vertrauensmann‹ wenden kann, aber von dessen Existenz weiß sie nichts.

Allein werde ich mit der Arbeit nicht fertig. Ich übersehe kleine Lackschäden, aber man ist nachsichtig. »Mit der Zeit haut das schon hin.«

Punkt 15.10 Uhr ruckt das Band an. Nach drei Stunden bin ich selbst nur noch Band. Ich spüre die fließende Bewegung des Bandes wie einen Sog in mir.
Wenn das Band einmal einen Augenblick stillsteht, ist das eine Erlösung. Aber um so heftiger, so scheint es, setzt es sich danach wieder in Gang. Wie um die verlorene Zeit aufzuholen.
Die Bandarbeit ist wie das Schwimmen gegen einen starken Strom. Man kann ein Stück dagegen anschwimmen. Das ist erforderlich, wenn man einmal zur Toilette muß oder im gegenüberliegenden Automaten einen Becher Cola oder heißen Kaffee ziehen will. Drei, vier Wagen kann man vorarbeiten. Dann wird man unweigerlich wieder abgetrieben.
J., vom Band nebenan, 49 Jahre alt, erinnert sich an frühere Zeiten: »Da war noch Luft drin. Wo früher an einem Band drei Fertigmacher standen, arbeiten heute an zwei Bändern vier. Hin und wieder kommt der Refa-Mann mit der Stoppuhr und beobachtet uns heimlich. Aber den kenne ich schon. Dann weiß ich: bald wird wieder jemand eingespart oder es kommt Arbeit dazu.«
Aber J. beklagt sich nicht. »Man gewöhnt sich daran. Hauptsache, ich bin noch gesund. Und jede Woche ein paar Flaschen Bier.«
Jeden Tag nach Schichtende, 23.40 Uhr, setzt er noch ein paar Überstunden dran und kehrt mit zwei andern unseren Hallenabschnitt aus. Ich bin nach acht Stunden erledigt. Die Frühschicht soll besser sein, hat man mir gesagt. »Man gewöhnt sich mit der Zeit an alles.«

Einer von meinem Bandabschnitt erzählt, wie der dauernde Schichtwechsel »langsam, aber sicher« seine Ehe kaputtmacht. Er ist jungverheiratet – ein Kind –, seit drei Monaten neu am Band. »Wenn ich nach Hause komme, bin ich so durchgedreht und fertig, daß mich jeder Muckser vom Kind aufregt. Für meine Frau bin ich kaum mehr ansprechbar. Ich sehe kommen, daß sie sich scheiden läßt. Bei der Spätschicht ist es am schlimmsten. Meine Frau ist jetzt für eine Zeitlang mit dem Kind zu ihrer Mutter gezogen. Das ist mir fast lieber so.«
Wer am Band mein Meister ist, weiß ich nicht. Es kam einmal jemand vorbei – an seinem hellbraunen Kittel ein

Schildchen: »Meister Soundso« – und fragte nach meinem Namen. Er sagte: »Ich weiß, Sie sind neu. Ich komme jeden Tag hier mal vorbei. Falls Sie was haben sollten, fragen Sie nur.« Von ihm erfahre ich auch, daß ich »Fertigmacher« werden soll. Was das ist, erfahre ich nicht. Und wie man so etwas wird und wie lange es dauert, verrät er auch nicht.
Die vor mir am Band arbeiten und die hinter mir, kenne ich nicht. Ich weiß auch nicht, was sie tun. Manchmal begegnen wir uns am Band im gleichen Wagen. Sie sind mit der Montage an ihrem Abschnitt nicht fertig geworden und in mein Revier abgetrieben – oder umgekehrt. Dann sind wir uns gegenseitig im Weg.
Da schlägt mir einer eine Wagentür ins Kreuz, oder ich beschütte einen mit Lack. Sich entschuldigen, ist hier nicht drin. Jeder wird so von seinen Handgriffen in Anspruch genommen, daß er den andern übersieht.

Das Zermürbende am Band ist das ewig Eintönige, das Nichthaltmachenkönnen, das Ausgeliefertsein. Die Zeit vergeht quälend langsam, weil sie nicht ausgefüllt ist. Sie erscheint leer, weil nichts geschieht, was mit dem wirklichen Leben zu tun hat.
Ungefähr alle zehn Minuten ein Blick auf die Hallenuhr. Wenn wenigstens jede Stunde das Band für einige Minuten stillstünde, man hätte etwas, worauf man hinarbeiten könnte. Die Zeit von 6.40 Uhr bis zur Mittagspause 12.00 Uhr und von 12.30 Uhr bis Schichtende 15.10 Uhr ist zu lang.

Man hat mir von einem Arbeiter erzählt, der sich auf seine Art gegen das Band zu wehren wußte. Er soll am vorderen Bandabschnitt eingesetzt gewesen sein. Um eine einzige Zigarette rauchen zu können, beging er Sabotage am Band. Statt seinen Preßluftbohrer an die vorgesehene immer gleiche Stelle der Karosserie zu halten, bohrte er kurz ins Band hinein, und alles stand augenblicklich still: Tausende Mark Ausfall für das Werk, für ihn drei bis fünf Minuten Pause, die er sich nahm, weil das Werk sie ihm nicht gab. Drei- oder viermal hatte er's innerhalb von zwei Wochen getan, dann kam's heraus, und er flog.

Donnerstag nachmittag findet für alle, die mit Lack arbeiten, eine Feuerwehrübung statt. Der Werkfeuerwehrmeister weist jeden einzeln in die Bedienung der Handfeuerlöscher ein. Er erklärt, daß jeder einen Brand bis zum Eintreffen der Werksfeuerwehr »beherzt und mutig, unter persönlichem Einsatz« zu bekämpfen habe, um die »kostbaren Maschinen« zu retten. Wie man unter Umständen sein Leben retten kann, erklärt er nicht. Vor einer »sehr wirkungsvollen, automatischen Löschanlage« warnt er uns: »Wenn in diesen Hallenabschnitten, wo die teuersten Maschinen montiert sind, Feuer ausbricht, schaltet sich automatisch die Lösch- und Warnanlage ein. Bei einem langanhaltenden Heulton müssen Sie innerhalb von 10 bis 15 Sekunden diesen Abschnitt verlassen haben. Sonst werden Sie durch die ausströmenden Chemikalien ohnmächtig und fallen den Flammen zum Opfer.«
Zum Schluß stellt er noch die Vollzähligkeit der Versammelten fest. Die Deutschen ruft er mit »Herr . . .« auf, bei den italienischen, griechischen und türkischen Arbeitern spart er sich die Anrede.

Gleich an zwei aufeinanderfolgenden Tagen stand das Band jeweils für längere Zeit still. Eine Viertelstunde vor Schichtwechsel betrete ich wie gewöhnlich die Y-Halle. Um diese Zeit beginnt immer der Endspurt. Die Männer versuchen, dem Band ein oder zwei Minuten zuvorzukommen, um den ersten Bus noch zu erreichen, der eine Minute nach Schichtende abfährt.
Heute ist es in der riesigen Halle ungewöhnlich still, so weit man sehen kann, fast menschenleer. Die Neonbeleuchtung ausgeschaltet. Das Band steht still. Fast unheimlich wirkt dieses ungewöhnliche Bild. In einem Wagen entdeckte ich Arbeiter und setze mich zu ihnen. Sie sind ebenso ratlos.
Unsere Schicht müßte längst begonnen haben, als wir den Grund für den ›Produktionsstillstand‹ erfahren. »Betriebsversammlung.« Nur zwei von uns haben zufällig davon gehört und teilgenommen. Die zwei Stunden, die sie dafür vorher erscheinen mußten, werden bezahlt. Die andern sind enttäuscht und wütend. »Warum hat man das nicht ausgehängt, wie man es sonst mit jedem Mist macht?« – »Das ging uns alle an. Da kommt manches zur Sprache, was man sonst

lieber totschweigt!« Oder: »Für Überstunden sind wir gut genug. Hier hätten wir mal unser Geld bekommen, ohne dafür schuften zu müssen.« Die beiden, die teilgenommen haben, sind früher weggegangen und berichten: »Schöne und salbungsvolle Reden der Direktoren. Aber geändert wird nichts. Jedes Jahr die gleichen Sprüche. ›Wollen Ihnen auch diesmal unseren besonderen Dank aussprechen für die geleistete Arbeit und die erneute Steigerung der Produktion‹, worauf einer dazwischenrief: ›Danke schön kostet nichts, wir wollen höheren Lohn, wenn das Band schon nicht langsamer läuft.‹ Das bekamen sogar unsere ›Amigos‹ am Ende vom Saal mit und trampelten Beifall. Man hat wieder die 10 Mark Urlaubsgeld pro Tag gefordert. Darauf die üblichen Versprechungen, daß man sehen will, was sich ändern läßt, tun will, was man kann, nichts als Vertröstungen.« Zum Schluß sagt noch einer in unserer privaten Versammlung das Wort »Streik«. Es bleibt in der Luft hängen, da die Beleuchtung plötzlich aufflammt und das Band ruckartig anläuft. Am nächsten Tag setzt das Band zum zweitenmal aus. Es lief auf vollen Touren, pausenlos, ein Wagen hinter dem anderen, ohne Lücke, wie um die verlorene Zeit von gestern wieder aufzuholen. Vielleicht ist es heißgelaufen?

Als ein paar Minuten vergangen sind und die Männer schon einige Wagen vorgearbeitet haben, lassen sie ihre Werkzeuge sinken und stehen erwartungsvoll da. Aber es tut sich nichts. Die Meister rennen aufgeregt umher. Langsam sikkert es durch: »Das Band ist defekt. Es muß repariert werden.«

Das ist eine Ewigkeit nicht mehr vorgekommen. Antonio, der mit dem Besen, erweist sich als Herr der neuen Lage. Er kehrt den Besen einfach um und vollführt mit ihm Balanceakte. Er muß sonst den ganzen Tag kehren, das Band und drumherum, hat aber noch die abwechslungsreichste Arbeit von uns. Er ist auch der einzige, der manchmal bei seiner Arbeit pfeift. Die Meister wissen nicht, wie sie ihre Leute beschäftigen sollen. Einer fordert mich auf: »Sitzen Sie nicht da herum. Tun Sie wenigstens so, als ob Sie was täten. Wie sieht das sonst aus!«

Die Frau, die mich in den ersten beiden Tagen eingearbeitet hat und deren Namen ich nicht weiß, beklagt sich: »Ich

arbeite ebensogut wie ein Mann. Kriege aber längst nicht den gleichen Stundenlohn. Wo bleibt da die Gleichberechtigung?« Sie erzählt noch, daß sie mehrmals krank war und man ihr trotz eines Attestes vom Vertrauensarzt mit der Kündigung drohte. »Der Arbeitsplatz ist schlecht gesichert. Ich bin fast fünf Jahre bei den G.-Werken, und innerhalb von 14 Tagen hätte man mich ohne Angabe eines Grundes raussetzen können.« Ihr Mann ist ebenfalls bei den G.-Werken als »Springer« beschäftigt. »Er ist überall und nirgends.« Sie sind beide in der gleichen Halle und sehen sich dort höchstens ein- bis zweimal im Jahr.
Ein anderer, Autoelektriker, will jetzt auf einer Abendschule die mittlere Reife nachholen, um aufs Büro zu kommen; weil das Bandtempo ihn ›kaputtmacht‹.
Es dauert etwa eine Stunde, bis das Band wieder instand gesetzt ist. Danach läuft es um so schneller und hält in den folgenden Tagen nicht mehr an.

Eine Gewöhnung an die Fließarbeit tritt auch nach den ersten vier Wochen nicht ein. Nach Schichtschluß bin ich jedesmal erledigt. In dem vollgepfropften Arbeiterbus schlafe ich fast im Stehen ein. Selbst die italienischen Arbeiter sind verstummt. Die Fracht Menschen im Bus ist still und apathisch.
Zu Hause brauche ich Stunden, um mich von der Arbeit auf die Freizeit umzustellen. Acht Stunden lang war ich Rädchen am Getriebe Band, jetzt will ich endlich wieder Mensch sein. Aber wenn ich nach drei Stunden halbwegs wieder zu mir gekommen bin, ist es zu spät, noch etwas mit dem ›Feierabend‹ anzufangen.
Die zwei Stunden von 19.00 bis 21.00 Uhr bedeuten auch nur ein Atemschöpfen, um für die Schicht am nächsten Morgen wieder fit zu sein. Den Schlaf von 21 bis 5 Uhr brauche ich dazu. Ich stumpfe bei der monotonen Arbeit mehr und mehr ab. Vielleicht ist das die Gewöhnung. Eingespannt in den Rhythmus der wechselnden Schichten, bin ich nur noch für die Arbeit da. Essen, trinken, schlafen zur Erhaltung der Arbeitskraft. Was darüber hinausreicht, ist Luxus, den man sich bei dieser Arbeit nicht oft leisten kann.
Einige Male sind größere Gruppen von Schülern und Studenten an unserem Bandabschnitt vorbeigeführt worden. Sie haben an einer Werkbesichtigung teilgenommen.

Mir ist der Zusammenhang des Produktionsablaufs fremd. Ich weiß, daß in der Y-Halle Tausende von Arbeitern beschäftigt sind. Wo und wie sie eingesetzt sind, weiß ich nicht. Ich weiß nicht einmal, was unmittelbar vor mir am Band geschieht. Durch Zufall habe ich jetzt denjenigen kennengelernt, von dem ein Teil meiner Arbeit abhängt. Er steht am Band 30 bis 50 Meter von mir und notiert auf den Laufzetteln der Wagen Lackschäden, die ich ausbessern muß. Er ist stolz darauf, daß er nicht mehr zur »Produktion« gehört, sondern zur »Inspektion«. Er muß die Wagen auf vier Bändern gleichzeitig kontrollieren. Er meint: »Praktisch ist das einfach nicht zu schaffen.« Darum übersieht er auch so viele Lackschäden, nach denen ich dann suchen muß, obwohl das seine Aufgabe wäre.
Er ist bereits sieben Jahre bei den G.-Werken. Er meint: »Lieber heute als morgen würde ich hier Schluß machen. Aber wenn du so lange Zeit bei einer großen Firma bist, traust du dich nicht mehr. Kündigungsschutz, erneutes Einarbeiten und so. Als ich anfing, wurde hier doppelt soviel bezahlt wie in anderen Werken. Heute ist es im Verhältnis zur geleisteten Arbeit weniger als anderswo.«
Viele wollen bei der nächsten Gelegenheit kündigen: »Noch ein Jahr, zwei Jahre, drei Jahre, dann bin ich drei Jahre, fünf Jahre oder zehn Jahre dabei. Dann mach ich Schluß hier, eh' es zu spät ist und ich mich kaputtgearbeitet habe.« So reden sie.
Alle setzen ihre Hoffnung aufs Lottospielen. »Wenn die sechs Richtigen kommen, bin ich am gleichen Tag hier weg.« An die Säule über dem Feuermelder hat jemand eine Karikatur geheftet: ein Arbeiter, der aufs Fließband pißt. Darunter steht: »Sechs Richtige. Ich kündige!!!«

Inzwischen bin ich dahintergekommen, was bei meiner Arbeit unbedingt zu tun ist und was sich umgehen läßt. Auf diese Schliche muß man kommen, wenn man mit seiner Arbeit fertig werden will. Die Lackierer an den Bändern neben mir haben mir Tips gegeben. Sie haben mich auch gewarnt: »Wenn du es machst, müssen wir es nachher alle machen.« Trotzdem, wenn das Band auf Hochtouren läuft, schaffe ich oft auch das Notwendigste nicht.
Ich weiß mit Sicherheit, daß das normale Bandtempo oft

noch beschleunigt wird. Kein Meister gibt das zu, aber wir merken es, wenn wir trotz größter Anstrengung unsere Stellung nicht halten können und immer wieder aus unserem Bandbereich abgetrieben werden.
Dann übersehe ich manches und werde dauernd vom Meister oder Inspekteur nach vorn gerufen. Dadurch gerate ich in noch größere Zeitnot. Das Band rollt weiter. Ich muß zu meinen Lacktöpfen zurück. Zwei, drei Wagen haben in der Zeit, wo ich vorn war, meine Stelle passiert, ich muß hinterher. Meine Arbeit wird immer flüchtiger und unsauberer. Auf jeden Laufzettel ist die Parole gedruckt: »Qualität ist unsere Zukunft!«
Wenn man mich jetzt noch mal nach vorn ruft, gerate ich in Panik. Vorn rollt schon der erste Wagen vom Band, an dem ich nichts gemacht habe. Ich fange an zu laufen, will ihn noch abfangen, ehe er an die Seite gefahren wird und die Reklamationen kommen. Der Lack schwappt über. Ich beklecke-re mich selbst, oder, was schlimmer ist, es kommen Kleckse an den Wagen. Ich muß mit einem Lappen Verdünnung hinterherlaufen und sie wegwischen. Wenn sie angetrocknet sind, ist es zu spät. Oder meine Handgriffe werden so mechanisch und zerfahren, daß zum Beispiel die roten Wagen einen weißen Tupfer abbekommen.
Wenn es soweit ist – es kommt mehrere Male am Tag vor –, springt der Meister ein. Obwohl er es den Vorschriften nach »nur bei unmittelbarer Gefahr« dürfte, stoppt er das Band für einen Augenblick. Wischt eigenhändig den verschütteten Lack auf oder bessert selbst die übersehenen Stellen aus. Ich habe Glück mit meinem Meister. Er schimpft nicht, sondern zeigt Verständnis.
Nicht alle haben dieses Glück. Einem Inspekteur scheint es Spaß zu machen, seine Lackierer auf Trab zu bringen. Wenn er scharf pfeift, dann weiß der Betroffene gleich, daß er anzutanzen hat. Auch andere Lackierer sind unzufrieden. Einer sagt: »Ich bin von den Launen der Inspekteure abhängig. Sind sie mal gut gelaunt, brauche ich einen ganzen Tag überhaupt nicht oder nur selten nach vorn. Aber wenn sie schlechte Laune haben, lassen sie die an mir aus. Dann hänge ich andauernd vorn. Zu finden ist immer was. Bei diesem Tempo kann man unmöglich alles machen. Und sie sind zu dritt, ich bin allein. Es müßte umgekehrt sein.«

Es fällt auf, daß die meisten am Band noch jung sind. Keiner ist über fünfzig (die meisten zwischen 20 und 35). Ich habe herumgefragt und keinen gefunden, der länger als fünfzehn Jahre am Band ist. Einige sind vom Band gezeichnet. Die Hände eines Türeinpassers fangen regelmäßig an zu zittern, wenn er nicht fertig wird und hinter den Wagen herlaufen muß. Ein anderer unterhält sich nur brüllend, auch wenn man dich neben ihm steht. Er war mehrere Jahre an einem Bandabschnitt eingesetzt, wo ein solcher Lärm war, daß man sich nur mit Brüllen verständigen konnte. Er hat dieses Brüllen beibehalten. Einer erzählt mir, daß ihm das Band sogar nachts keine Ruhe läßt. Er richte sich oft im Schlaf auf und vollführe mechanisch die Bewegungen der Handgriffe, die er tagsüber stereotyp verrichten muß. In der Versehrtenabteilung sollen sich zahlreiche ›Opfer vom Band‹ befinden. Aber wir haben keinen Grund, uns über unsere Arbeit zu beklagen, meint ein Arbeiter, der im Großlack, »Lackhölle« genannt, arbeitet. Kein Grund zur Klage, denn: unsere Arbeit sei »leicht und abwechslungsreich und vor allem nicht so gesundheitsschädlich«.

Ein paar Minuten vor Schichtwechsel.
Auf dem Band gibt's eine Lücke von zwanzig Metern. Jupp, der Entbeuler, nimmt seine Chance wahr. Er klirrt sein Werkzeug, Hammer und Klatsche, wild gegeneinander und trifft den Ton der elektrischen Klingel täuschend ähnlich.
»Feierabend, keinen Pinselstrich mehr«, atmet der Lackierer am Band neben mir auf und hört gleichzeitig mit der Arbeit auf. »Endlich! Geschafft!« ruft der Türeinpasser, »ich hab seit heut früh auf nichts andres gewartet«, und feuert sein Werkzeug im Vorbeilaufen in die Werkzeugkiste. Kaum einer führt den Handgriff, bei dem er gerade ist, zu Ende. Auch ich schmeiße augenblicklich alles hin. Vor der Stempeluhr stauen sich die Massen. Alle warten ungeduldig auf das endgültige Klingelzeichen. Aber die Stempeluhr hält uns noch fest. »Wir stehen hier wie die Bekloppten!« empört sich ein 20jähriger Arbeiter, für den das Stempeln noch ungewohnt ist.
Endlich schrillt die elektrische Klingel. Die Stechkarte wird in den Schlitz gesteckt und der Hebel heruntergedrückt; die von hinten schieben. Einer, der sich dazwischendrängt, um

an der Tafel seine Stempelkarte herauszufingern, stößt mich unsanft zur Seite. Draußen rennen schon die ersten dem Ausgang zu. Sie versuchen, die ersten Busse zu erreichen, die eine Minute nach Schichtende abfahren, meist leer. Im Strom der nach draußen drängenden Arbeiter werde ich durch einen schmalen Gang hinausgeschwemmt. Vorher noch die Kontrolle am Tor. Ich drücke den automatischen Kontrollknopf und halte dem Pförtner die geöffnete Aktentasche hin. Die automatische Kontrollampe leuchtet rot auf. Ich muß in eine Kabine, hinter dem Vorhang werde ich kurz abgetastet, »auf eine eventuell unter der Jacke verborgene Kurbelwelle oder auf dem Körper versteckte Motorteile hin«, wie mir der Mann vom Werkschutz dabei erklärt.
Im Bus stellt der Schaffner lakonisch fest: »Man behandelt euch wie die Verbrecher!«

Wer jetzt von »Freizeitplanung« redet, hat selbst noch nicht in Wechselschicht am Fließband gearbeitet. »Der Mensch läßt sich nicht in eine produzierende und eine konsumierende Hälfte aufspalten«, stellt der Soziologe Walter Dirks in seinem Beitrag zu der Schrift »Gibt es noch ein Proletariat?« fest. Läßt seine Arbeit ihn leer und unausgefüllt, so bringt er umgekehrt auch die Initiative nicht auf, seine Freizeit sinnvoll auszufüllen.
Was fangen die Arbeiter mit ihrer Freizeit an? Kennen sie sich auch am Abend noch? Am Band arbeiten alle nebeneinander und nicht zusammen. Man spricht zwar von »Teamwork« und »Kooperation«. Aber das besteht darin, daß eine Gruppe die Arbeit der anderen Gruppe kontrolliert und die kontrollierende Gruppe wiederum von einer darüberstehenden Instanz überprüft wird. Man weiß voneinander nicht mehr als den Vornamen und oft nicht mal den. »He, Schlosser! He, Lackierer! He, Fertigmacher!« ruft der Spitzenmann nur, wenn er einen Fehler entdeckt hat und der Betreffende nach vorn muß.
So unpersönlich und anonym der Kontakt am Arbeitsplatz ist, so kontaktarm ist man zwangsläufig auch in der Freizeit.

Während meiner dreimonatigen Zeit bei G. habe ich mir ein ziemlich genaues Bild über etwa fünfzig Arbeiter verschaffen können. Meist Arbeiter aus meinem Bandabschnitt, aber auch aus den angrenzenden, von meiner Schicht, zum Teil auch von der Gegenschicht. Ich unterhielt mich mit ihnen in der halbstündigen Pause oder vor und nach der Schicht.

Die Meister muß ich dabei ausklammern. Sie gehören nicht mehr zu den Arbeitern. Sie brauchen auch nicht zu stempeln. Sie kommen oft früher und gehen meist später. Sie spüren Verantwortung in ihrer Arbeit. Und wenn sie abends auch nur in das Produktionsbuch die Stückzahl der produzierten Wagen eintragen, die wieder erfüllt oder gar übertroffen wurde, dann sehen sie das als ihre Leistung an. Die Selbstbestätigung, die sie in ihrer Arbeit finden, überträgt sich auch auf ihre Freizeitbeschäftigung. Mein Meister zum Beispiel hat etliche Preise als Amateurfotograf erhalten. Obendrein sammelt er noch Briefmarken.

Der Superintendent, die rechte Hand des Hallenabschnittleiters, ist Mitglied im Werkschor und schreibt noch Operetten, wie er mir erzählt. Er wirft mir einmal vor, daß ich in meiner Reportage die Bandarbeit als »monoton und abstumpfend« bezeichnet habe. »Lieber Mann, ich übernehme Ihre Arbeit jederzeit und lerne noch sechs Sprachen dabei«, meint er. »Ich war früher selbst am Band und habe noch die Noten dabei gelernt. Bis ich dann in die Grube am Ende vom Band stürzte und aufs Büro versetzt wurde.« Da begann seine »Karriere« als Sänger und Komponist.

Unter den fünfzig Befragten habe ich keinen entdeckt, der einem ausgesprochenen »Hobby« nachging.

»Was heißt Hobby? Nach der Arbeit ein paar Flaschen Bier und Faulenzen, das ist mein Hobby«, antwortet mir ein Türeinpasser, 25 Jahre alt. Sonst nennt man mir einmal »Bierdeckelsammeln« und dreimal »Briefmarkensammeln«.

»Politik ist eine schmutzige Sache. Da soll man seine Finger davon lassen. Ich war früher in der Partei, und es hat mir nichts eingebracht«, antwortet ein 52jähriger Aussiedler aus Ostpreußen.

»Die Großen machen doch immer, was sie wollen. Wir werden extra dumm gehalten und wissen gar nicht, was da oben wirklich gespielt wird. Ich gehe auch nicht mehr wählen. Die stecken doch unter einer Decke«, sagt der 37jährige Fertigmacher F.

Allgemeines Desinteresse! Alle – ausgenommen der Vertrauensmann – läßt Politik ›völlig kalt‹. Einer sagt: »Das geht nicht mehr lange gut. Die Preise steigen und steigen, und die Löhne hinken immer mehr nach. Es dauert nicht mehr lange, und die Wirtschaft kracht zusammen. Dann haben wir den Kommunismus hier. Die haben im Osten schon den Tag vorausberechnet, wo das eintritt und sie uns in die Tasche stecken können.« Der Blechschlosser W. äußert sich ähnlich: »Die warten drüben nur drauf, bis bei uns die große Pleite kommt. Dann haben wir auch die Wiedervereinigung, nur anders, als wir es uns gedacht haben.«
Die so sprechen, sind keine Kommunisten. Auf meine Frage, ob sie die KPD wählen würden, falls sie erlaubt wäre, wehren sie ab. Aus ihren Worten spricht die große Unzufriedenheit mit ihrer jetzigen Lage. Insgeheim wünschen sie, daß alles anders wird, »egal wie«. Etwa 50 Prozent bezeichnen sich selbst als »Sportler«, fast alle von ihnen sind noch keine 30. Nur sechs davon betreiben auch aktiv Sport und gehören einem Verein an.
Der 22jährige Fertigmacher W.: »Früher spielte ich in der Kreisklasse Fußball. Jetzt reicht's nur noch für die Bezirksklasse. Die Wechselschicht erlaubt kein regelmäßiges Training, und am Feierabend steht mir der Sinn meist nicht nach sportlichem Ausgleich.«
Ein anderer Fußballer: »Ich würde auch lieber reiten oder Tennis spielen im Werksklub, aber das kann sich unsereins bei den hohen Beiträgen nicht leisten. Das ist ein ›Klub der höheren Angestellten‹.«
Manche möchten gern einen Volkshochschulkursus belegen. Aber auch hier macht ihnen die Wechselschicht einen Strich durch die Rechnung. Bei einzelnen zeichnet sich ein gewisser Bildungshunger ab.
Der Schlosser H. drückt es so aus: »Wenn ich bei der Arbeit bin und merke, wie ich dabei abstumpfe, nehme ich mir in dem Augenblick vor, zu Hause machst du das wett. Indem ich lese und mir Englisch selbst beibringe. Aber wenn dann Feierabend ist, habe ich nicht mehr die Energie dazu. Es fällt mir schon schwer, das aufzunehmen, was täglich in der Zeitung steht.«
Andere Aussprüche: »Wir sind letzten Endes nur für die Arbeit da.«
Oder: »Wir leben, um zu arbeiten.«

Ich kenne keine Arbeiter, die außerhalb ihres Arbeitsplatzes Verbindung zueinander hätten. Der 56jährige T., der an dem stillstehenden Reparaturband eingesetzt ist, erzählt: »Früher war das eine andere Zeit. Da kamen wir sonntags mit den Familien zusammen. Da haben wir zu fünf Mann ein ganzes Auto zusammengebaut. Wir hatten alle denselben ›Beruf‹ und waren noch was. Heute sind die Ungelernten gefragter. Die lassen alles mit sich machen.« Ich erkundigte mich, was er an seinem Feierabend macht, und er fängt an, von seinem Schrebergarten zu schwärmen: »Mein kleines Gärtchen möchte ich nicht mehr hergeben. Da arbeite ich jeden Abend drin und kann mich auf einer Bank ausruhen, wenn alles um mich herum blüht. Und ich bin nicht auf das teure Obst und Gemüse angewiesen. Den Urlaub verbring ich mit meiner Frau auch im Garten. Was soll ich denn groß verreisen?« Er verrät noch, daß er hin und wieder aus Leichtmetallresten, die ihm ein Arbeiter vom Schrott überläßt, Spielautos für seine Enkelkinder bastelt. »Weißt du, die ganz alten Modelle. ›Eifel‹ und noch früher. Als wir noch in einer Gruppe einen ganzen Wagen zusammenbauten.«
Von den fünzig machen fünfzehn keine Überstunden. Alle andern sind darauf erpicht und reißen sich regelrecht darum, wenn zusätzliche Arbeit anfällt. P., ein Spitzenmann, jungverheiratet, zwei Kinder, sagt: »Ich bin einfach gezwungen, regelmäßig Überstunden zu machen. Ich wohne in einer Werkswohnung, anderthalb Zimmer, 138 Mark. Jetzt soll die Miete auf 165 Mark erhöht werden. Hier nennt man das ›Sozialwohnung‹. Ich nenn es ›Ausnützung der Wohnungsnot‹. Ich kann es mir auch nicht leisten, in den Ferien zu verreisen.«
Von den 50 sind 28 »Campingfreunde«. 25 von ihnen sind unter 30 Jahre. Nur auf diese Weise ist es ihnen möglich, einmal aus ihrer gewohnten Umgebung herauszukommen und »etwas von der Welt zu sehen«. K., ein 23jähriger »Springer« (der nur auf dem Papier Springer ist, in Wirklichkeit fest in der Produktion eingesetzt ist und für keinen Kollegen mehr einspringen kann), sagt: »Ohne Zelt verreisen, wär mir schon angenehmer. Wenn das Urlaubsgeld durchkommt, können wir es uns leisten. Dann ist es auch Erholung.« Ich kenne einen Arbeiter des alten Schlages, der freitags einen großen Teil von seinem Lohn durch die Kehle

laufen läßt. Er sagt: »Dieses lumpige ›Trinkgeld‹ taugt allein zum Versaufen!« Ein einziger aus unserem Hallenabschnitt verkörpert den deutschen »Wirtschaftswunderarbeiter«. Er ist kinderlos, 45 Jahre und fährt jedes Jahr mit seiner Frau im eigenen Wagen nach Italien. Jedes Jahr, Mitte Juli, geht er zur Mülheimer Kreditbank und nimmt einen 2000-DM-Kredit auf, den er das Jahr über bis zum nächsten Urlaub abstottern muß.

Heute ist Freitag. 17 Uhr. Auf dem Parkplatz vor dem siebenstöckigen Hochhaus, das sämtliche Gebäude im Osten der Stadt überragt und von den Bewohnern der umliegenden Häuser »Wolkenkratzer« genannt wird, zähle ich einundzwanzig Wagen. Fast alles Wagen aus unserem Werk, dazwischen ein VW und zwei Kleinwagen.
Ein Paar Beine ragen unter einem Ford hervor. Auch nebenan repariert einer seinen Wagen. Ein anderer wienert an seiner uralten Karre herum. In einer Reihe hocken 20- bis 30jährige auf dem niedrigen Geländer vor dem Bürgersteig. Sie blicken den Vorübergehenden gelangweilt nach, starren anschließend wieder vor sich hin, nebeneinander, jeder für sich. Gesprochen wird nicht.
Draußen hängt ein Schild: »Jugendsozialwerk e. V.«, drinnen »Besucher bitte bei der Heimleitung anmelden«, außerdem: »Weibliche Besucher dürfen nur in dem dafür vorgesehenen Besucherraum im Parterre empfangen werden. Es ist unter keinen Umständen gestattet, sie mit aufs Zimmer zu nehmen.«
Ich war in letzter Zeit öfter hier zu Besuch. Der Heimleiter kennt mich: »Schon gut. Fahren Sie rauf. Ich sag Bescheid«, durch das Haustelefon meldet er mich im fünften Stock an.
Ein Fahrstuhl erspart das Treppensteigen. Auch sonst ist das Wohnheim mit allem möglichen Komfort ausgestattet. Müllschlucker auf jeder Etage. Im Heim wohnen 240 Unverheiratete, die meisten zwischen 20 und 30 Jahren. Sie sind zu dritt auf einem Zimmer untergebracht, bezahlen dafür wöchentlich 14,50 DM, die ihnen jeweils vom Lohn einbehalten werden. Einige Einzelzimmer stehen ebenfalls zur Verfügung, für 19 DM die Woche. Auf der fünften Etage wohnen 28 Personen, vier davon in Einzelzimmern. M., den ich besuche, wohnt mit zwei andern zusammen auf

einem Zimmer. Er lebt seit der Gründung des Ledigenheims vor drei Jahren hier und kennt sich aus. Durch ihn habe ich auch andere Heimbewohner kennengelernt. Das »Jugendsozialwerk e. V.« hat mit Zuschüssen der G.-Werke für die freie Zeit seiner Heiminsassen gründlich gesorgt. Es gibt einen Fernsehraum mit vierzig Plätzen, die meist alle besetzt sind. Im Keller kann Tischtennis gespielt werden. Viele tun es auch. Ein Heimschachklub hat nur wenige Mitglieder, aber immerhin. Eine feste Einrichtung ist der Filmabend freitags. Hier reichen die Plätze selten aus. Viele müssen stehen. Der Grund für die außergewöhnliche Anziehungskraft: Die gebotenen Filme sind »ausschließlich Western, Krimis und Kriegsfilme«.

Auf dem Zimmer von M. wird es jetzt problematisch, als der Mitbewohner K. zum viertenmal hintereinander die neueste Beatle-Platte auflegt. Sein Plattenspieler ist neu. Er besitzt noch kein Dutzend Platten, die er dafür aber den ganzen Nachmittag über auflegt und damit M. stört, der Operetten liebt. Darum weichen wir in die Kneipe an der Ecke aus, an der ersten Ecke. Hier ist an jeder Ecke eine Kneipe.
Drüben spuckt der Spielautomat, der die ganze Zeit von einem jungen Arbeiter gefüttert worden ist, seinen Gewinn aus. Mir fällt eine Stelle aus einem soziologischen Buch ein. Darin sind die Statistiken von Fragebogen an junge Arbeiter veröffentlicht. Auf die Frage »An wen wenden Sie sich, wenn Sie Sorgen oder größere Probleme haben?«, hat einer hingeschrieben »Ans Glas Bier«. Die meisten trinken am Wochenende mal ein paar Bier über den Durst. An den Arbeitstagen sind die Lokale an den Ecken kaum besucht.

Ebenso unpersönlich wie man nebeneinander an der Theke steht, so beziehungslos ist allgemein das Verhältnis zueinander. Es gibt im Heim keine Freundesgruppen, auch einzelne Freundschaften sind selten.
Wer an heißen Tagen ins gegenüberliegende Baggerloch zum Schwimmen geht, geht allein dorthin. In der Nähe liegen die »Vingster Alpen«, ein hügeliges Stück Naturgelände. Wer da hinauswandert, geht allein spazieren. Kaum jemand gehört einem Verein an. M. kennt keinen, der außer Tischtennis aktiv Sport treibt. Passiv um so mehr. Viele

»rennen zum Stadion, wenn der FC spielt«. Einige fahren regelmäßig zum Nürburgring, wenn dort ein »Rennen läuft«.
Von den 240 Heimbewohnern lesen ungefähr drei Viertel regelmäßig. Davon jedoch mindestens zwei Drittel Groschenhefte. Sie kursieren im Heim stark, man tauscht sie untereinander aus. Ich habe bei einem eine regelrechte Bibliothek davon gesehen. Er hat sie den Nummern nach geordnet in einem Regal untergebracht, drei Meterreihen prall gefüllt. Der Rest liest Bücher. In der Volksbücherei in der Nähe sind einige Mitglied. Abenteuerromane, aber auch populärwissenschaftliche Werke sind sehr gefragt.
Die meisten wissen mit ihrer Freizeit nichts anzufangen. Sie vertreiben sich die Zeit oder »schlagen sie tot«. Aber das sind nicht alle. Gerade die jungen Arbeiter dort besitzen oft genügend Widerstandskräfte, um sie der abstumpfenden Fließbandarbeit entgegenzusetzen. Einige nehmen an Fernkursen teil, um zum technischen Zeichner oder Diplom-Techniker zu avancieren. So wollen sie dem Fließband entkommen. Auch die x-beliebige Zerstreuung ist eine Konsequenz. Man sollte an das englische Sprichwort denken: »Nur Arbeit und kein Vergnügen macht die Kinder blöd, auch die erwachsenen Kinder.«

Von den 240 Heiminsassen verkehren ungefähr 10 bis 15 Prozent regelmäßig, ein weitaus höherer Prozentsatz unregelmäßig mit Prostituierten. Kaum jemand hat ein festes Verhältnis oder ist verlobt. M. erklärt das so: »Wenn hier jemand ein Mädchen kennenlernt und die erfährt, er ist aus dem Heim, läßt sie ihn laufen. Mit dem ist nichts los. Keine sturmfreie Bude. Aus diesem Grunde versuchen alle, so schnell wie möglich hier wieder rauszukommen und ein möbliertes Zimmer zu beziehen, wo dem nichts im Wege steht.«

Zu Schichtbeginn wird den Lackierern mitgeteilt: »Ein bedauerlicher Produktionsfehler hat sich irgendwo vorn am Band eingeschlichen. Der Fehler wird bereits wieder abgestellt. Aber für ein paar Stunden laufen noch die alten Wagen. Die Lackierer müssen die Schäden halt hier ausbügeln.

Läßt sich leider nicht anders machen. Ist auch nur am T-Modell und für einige Stunden.«
Das »Ausbügeln des Produktionsfehlers« besteht im zusätzlichen Streichen von zwei nicht lackierten und schlecht zugänglichen Stellen. Man muß dafür in jeden T reinkriechen. Erscheinen einige T's hintereinander auf dem Band – das kommt alle paar Minuten vor –, schlagen wir uns doppelt. Wir geraten ins »Schwimmen« und hängen dauernd vorn.
»Da heißt's Zähne zusammengebissen und durchhalten, ist ja bald wieder vorüber«, sagt J. nebenan und setzt zu einem Spurt an, um den ersten Wagen noch zu »packen«, der gleich vom Band rollt und an dem er noch nichts gemacht hat. Unsere Schicht geht zu Ende, und der Produktionsfehler läuft immer noch.
Auch am nächsten Tag hat er sich noch nicht wieder heraus»geschlichen«. Als er auch am dritten Tag noch da ist, glauben wir nicht mehr an einen »Fehler«.
Ein Wagen läuft vom Rohbau bis zu uns höchstens 16 Stunden und keine drei Tage. »Lack-Meier« neben mir an Band drei meint: »Die Gelackmeierten sind wieder mal wir.«
Auch bei den Fertigmachern ist »rationalisiert« worden. Man hat auf ihre Kosten zwei Inspekteure eingespart. Jetzt müssen sie deren Arbeit noch außer ihrer eigenen verrichten. »Elektrische Anlage überprüfen und Schlüssel einstekken. Ein halber Arbeitsgang dazu. Unsere Vorgabezeit war vorher schon knapp genug. Wir wußten oft nicht, wo uns der Kopf stand. Jetzt können wir's selbst mit Hängen und Würgen kaum schaffen.«
Die meisten Arbeiter sind unzufrieden. Ich kenne keinen, der seine Arbeit als »Beruf« ansieht und sich mit ihr identifiziert. Viele haben bei der Arbeit einen nervösen, gereizten Ausdruck im Gesicht. Oder einen starren Blick. Das sind diejenigen, die meist schon jahrelang dabei und inzwischen abgestumpft sind, die nicht mehr wahrnehmen, was um sie herum vorgeht.
Auch in der halbstündigen Pause ist Thema Nr. 1 die Unzufriedenheit mit der Arbeit. Und daß sich die Arbeiter betrogen fühlen. »Wir sind doch nur Handlanger der Maschine. Hauptsache, die Produktionszahlen stimmen!«
»Wer bedeutet hier schon mehr als seine siebenstellige Nummer?« (Je niedriger die Kontrollnummer, um so höher

ist der Besitzer eingestuft.) Jemand klagt: »Ich war über fünf Jahre bei G., ohne einmal krank gewesen zu sein, als ich einen Unfall hatte. Dann aber schickte man mir jeden dritten Tag eine neue Vorladung zum Vertrauensarzt. Bis es dem zu bunt wurde, und er sagte: ›Ob und wann Sie arbeitsfähig sind, das bestimme immer noch ich.‹ Es kam mir so vor, als ob diese Vorladungen schematisch von einer Maschine ausgestellt würden. Denn mein Meister kannte mich doch und wußte, daß ich nicht ohne Grund krank feierte.« Ein anderer: »Wer alt wird und das Tempo nicht mehr mithält, bekommt einen Tritt. Er hat ausgedient und seine Schuldigkeit getan. Er kann gehen oder bekommt eine schlechter bezahlte Arbeit.«
Ein dritter hat einen schweren Unfall gehabt. »Der Werksarzt bestimmte, daß ich für einige Monate in die Versehrtenabteilung kam. Er trug mir auf: ›Sagen Sie das Ihrem Meister.‹ Der Meister ließ mich aber nicht weg. In den ersten drei Tagen half mir noch jemand bei der Arbeit. Dann mußte ich sie allein wie vorher machen. Die Unfallfolgen waren noch längst nicht auskuriert.«
Wir haben ausgesprochene »Überstundenjäger«. Sie hängen jeden Tag noch einige Stunden an, arbeiten samstags und sogar sonntags. (Jeden Montag ist das volle Reparaturband von Freitag bis auf den letzten Wagen geleert.) Die meisten reißen sich um die Überstunden, da die wenigsten mit ihrem Lohn auskommen, wenn sie Familie haben. Viele stottern so ihre Ratenkäufe ab.
Ein bevorstehender Streik wird heiß diskutiert. Die Gewerkschaft ist sich einig: »Wenn G. nicht im letzten Augenblick noch verhandelt, müssen wir streiken.« Oder: »Wenn die Leute, die mit uns zusammenarbeiten und den Betrieb wirklich kennen, etwas zu sagen hätten, dann hätten wir längst ein Ergebnis erzielt.«
Andere zeigen sich resigniert: »Was kann groß geändert werden? Die Macht ist immer dort, wo das größte Kapital ist.« Oder: »Wenn es zum Streik kommt, halten wir es ein paar Wochen bei trocken Brot aus. Ein Sparkonto haben die wenigsten von uns. Dann müssen wir uns eben was anderes suchen. Gott sei Dank gibt es noch genug Stellen.«

Keiner hat gewußt, daß ich über meine Arbeit schreibe. Jetzt ist der Wirbel um so größer. Ich werde plötzlich von meinem Platz weggerufen. Mein Meister sagt: »Gehen Sie mit dem Herrn.« Der fragt: »Kennen Sie mich nicht?« Ich sehe ihn mir genauer an. »Wie, Sie wissen nicht, wer ich bin?« Ich kenne ihn nicht. Er nennt seinen Namen und sagt: »Ich bin der Leiter in Ihrem Hallenabschnitt.«
Er führt mich durch die riesige Y-Halle bis ans Ende, wir gehen stumm nebeneinander, eine Treppe hinauf, und plötzlich bin ich in einer anderen Welt. Der brandende Arbeitslärm wird von schalldichten Wänden geschluckt. Ein farbiger, freundlicher Raum, ein Konferenzsaal. »Nehmen Sie Platz.«
Mir gegenüber sitzt der »Hallengott«, Leiter der gesamten Halle, in der 10 000 Arbeiter beschäftigt sind. Der Mittvierziger wurde mehrere Jahre in den USA auf Manager trainiert. An den beiden Seiten des Konferenztisches haben noch einige würdig dreinschauende Herren Platz genommen. Das halbe »Refa-System« ist hier aufgefahren, der »A-Mann« und der »B-Mann«, wie ich später vom »C-Mann« erfahre, der nicht daran teilgenommen hat. Außerdem ist noch der Chef vom »A-Mann« da.
Die Namen all dieser Spitzenleute kennt kein Arbeiter. In meiner lackbespritzten Arbeitsschürze komme ich mir schmutzig und armselig vor gegenüber den blütenweißen Hemden.
»Lassen wir es kurz und schmerzlos über die Bühne gehen«, sagt mein Gegenüber, der »Hallengott«. Die blütenweißen Hemden nicken.
Mein Artikel paßt dem Werkleiter nicht. Er findet ihn »zumindest gewaltig übertrieben«. Die Arbeiter am Band waren anderer Ansicht. Sie sagten: »Sei erst mal ein Jahr hier, dann schreibst du noch ganz andere Dinger.« Der Werkleiter beginnt seinen Monolog mit einem Zugeständnis: »Ich weiß ja, der bestbezahlte deutsche Automobilarbeiter bekommt noch zuwenig im Verhältnis zu seiner Leistung.« Das sagt er »rein als Privatmann«, überhaupt will er sich mit mir »nur ein wenig privat unterhalten«. Sein Ton wird, als er das sagt, schärfer.
»Das Wertvollste, was wir bei G. haben, ist immer noch der Mensch. Seine Würde achten wir über alles, und Sie schrei-

ben solche Artikel«, stellt er fest. »Unser laufendes Modell hat noch nicht mal sein vorgeplantes Soll in den Produktionszahlen erreicht, und in Kürze läuft schon das übernächste Modell übers Band.« Ich versuche einzuwerfen, daß man das »Soll« eben zu hoch gesteckt hat. Er unterbricht mich und weiß einen besseren Grund: »Wenn ich sehe, wie alle ihren Arbeitsplatz verlassen, sobald der Getränkewagen vorfährt. Sehr blamabel, muß ich schon sagen!«
Seine »USA-Eindrücke« stellt er als Vorbild dagegen. »Dort steht und fällt die ganze Linie mit jedem einzelnen Mann. Und Krankfeiern gibt's dort auch nicht. Wenn ich daran denke, daß hier von den Krankgemeldeten über ein Drittel durchaus einsatzfähig wäre, raubt mir das nachts den Schlaf.« Und nun wird seine Stimme sehr laut: »Was Sie schreiben, ist diffamierende Lüge. Sie ziehen unser Firmen-Image in den Dreck. Ich werde Sie eigenhändig die Treppe runterschmeißen, als Privatmann, versteht sich.«
Diese Drohung stößt er noch ein paarmal aus. Ich überlege, ob ich gehen soll. Aber ich bleibe. Eine besondere Überraschung zum Schluß kommt noch. Der Leiter vom Werkschutz erscheint, trägt sehr sachlich etwas über den »Verstoß gegen die Arbeitsordnung« und »Hausfriedensbruch« vor. Vorausgegangen war, daß ich vor der Schicht am Werktor fotografiert hatte. Das verstößt gegen die Arbeitsordnung. Ich gebe den Film freiwillig zurück. Dann kann ich gehen.
Wie ideal alles vom grünen Tisch her aussieht und wie anders die Wirklichkeit ist, wird mir noch klar.
Als der »Hallengott« von Menschenwürde sprach, erwähnte er unter anderem die »Hitzeerleichterung«, die man den Arbeitern gestattet.
Ich berichte ihnen nachher davon. Die lachen mich aus. »Ja, zuletzt vor zwei Jahren haben wir mal davon ›profitiert‹. Das Band stand für 10 Minuten still. Dafür lief es nachher um so schneller. Hauptsache, die Stückzahl der produzierten Wagen stimmt. Solche Hitzepausen sind Mumpitz und reine Theorie«, sagen die Arbeiter.
Vorgesehen sind alle drei Stunden 10 Minuten Pause, wenn das Thermometer morgens um 9 Uhr 25 Grad im Schatten zeigt. Das zuständige Thermometer hängt am Haupttor neben dem Direktionsgebäude, wo ständig ein frischer Wind

vom Rhein her weht. Da sind 25 Grad auch bei der mörderischsten Hitze morgens nicht drin. Ich habe jetzt während der heißen Tage die Temperatur in unserem Hallenabschnitt gemessen. Wir arbeiten zwischen zwei Lacköfen. Temperatur: 38 Grad um die Mittagsstunden. Hierher dringt kein frischer Wind vom Rhein.

Auf der Werft

»Wir brauchen Dich!« locken die Plakate von Kron & Potz, und zwei stahlharte Männer mit Schutzhelmen blicken dich durchdringend an. An Litfaßsäulen, auf Reklamewänden und in den U- und S-Bahnen wirbt das Plakat für Arbeitskräfte.
»Wo man dich braucht«, sagte ich mir, »nimmt man dich freundlich auf«, und ich bewarb mich bei Kron & Potz.
»Du hast in der Zeit im Knast gesessen!« Der Angestellte im Arbeiterbüro zeigt auf meine Lohnsteuerkarte, auf der die letzte Arbeitseintragung zwei Monate zurückliegt. »Muß man als Arbeiter gleich gesessen haben, wenn man mal nicht arbeitet?« sage ich. »Was willst du denn in der Zeit gemacht haben, na?« hakt er nach. »Das ist meine Sache und nicht Ihre«, antworte ich. »Soll uns im übrigen auch egal sein, ob du im Knast warst«, läßt er nicht locker, »hier kannst du nicht groß was anstellen, da sorgen wir schon für! Im Moment hätten wir eigentlich genug Leute, höchstens . . .«, er tut, als überlege er, »auf den Helgen als Schiffsbauhelfer, vielleicht ist da noch was frei. Kannst es dir überlegen, sonst ist bei uns nichts zu machen, in den Hallen ist alles besetzt.«
Ich bin sicher, daß er lügt. Die Arbeiter auf den Helgen machen nur einen Bruchteil der gesamten Werftarbeiter aus, aber ihre Arbeit ist die härteste und unbeliebteste. Die Fluktuation bei ihnen ist folglich am höchsten.
Ich nehme an, frage gleich nach einer Unterkunft. Auf den Werbeplakaten werden werkseigene Heime angepriesen. »Nur für ausgesprochene Fachkräfte«, belehrt er mich. »Aber wo wohnen Sie denn im Augenblick? Dann kann ich Sie auf keinen Fall einstellen, wenn Sie keinen festen Wohnsitz haben.« Ich nenne schnell als Deckadresse die Wohnung eines Hamburger Freundes. (Später habe ich Hafenarbeiter, Schauerleute, kennengelernt, die im Tagelohn stehen. Keiner stellt sie fest ein, da sie keinen festen Wohnsitz nachweisen können. Sie übernachten im Hamburger Obdachlosenasyl. Um ein möbliertes Zimmer zu bekommen, müßten sie einen festen Arbeitsplatz nachweisen.)
Ein Sicherheitsingenieur hält den Neueingestellten einen

kurzen Vortrag: »Schutzhelme tragen ... und Spezialschuhe mit Stahlkuppen, das Werk gibt 5 DM dazu. Seitdem ist der Arbeitsausfall durch Zehenverletzungen erheblich zurückgegangen.« Und: »Immer auf der Hut sein. Zuerst die Sicherheit. Der ständig wechselnde Arbeitsplatz auf den Schiffen bringt immer neue, unbekannte Gefahren mit sich.« Er erwähnt mehrmals einen Film von Kron & Potz, der die Hauptgefahren auf einer Werft deutlich machen soll. Allerdings bekommen wir den Film nicht zu sehen.

Die ersten drei Tage sind noch Schonzeit für mich. In einer Maschinenhalle lerne ich E-Schweißen. Ich kann mir Zeit lassen. Nach Feierabend bin ich trotzdem wie erschlagen. Mein Kopf dröhnt von dem Lärm, der den Tag über auf mich einhämmerte. Das pausenlose Knattern der Preßluftmeißel. Ich versuche es abends mit Musik, wieder Ruhe in meinen Kopf zu bringen. Aber das ist, als wolle man einen starken Schnupfen mit Anisbonbons vertreiben. Schlagermusik, die ich sonst nicht übermäßig schätze, empfinde ich plötzlich als angenehm und ablenkend.

Am vierten Tag schickt man mich hinaus auf die Helgen. Ich frage mich durch zu dem Meister, der mir genannt wurde, dieser schickt mich zu einem anderen Meister, das wird nun der für mich zuständige Meister sein, denke ich mir. Dieser nennt auch seinen Namen, wie das so üblich ist, wenn man sich vorstellt. Das geht dann immer sehr schnell, der Name wird undeutlich ausgesprochen, daß ich ihn mir beim erstenmal meist nicht merke. Ich wußte bis zuletzt nicht den Namen meines Meisters. Einem Schiffsbauer werde ich als Helfer zugeteilt. Von ihm weiß ich nur den Vornamen. Er fragt am Anfang auch nicht »Wo kommst du her?« und »Was hast du vorher gemacht?« Meinen Namen hat er wohl vom Meister erfahren.

Ein Gespräch kam zwischen uns lange nicht auf, es beschränkte sich auf seine Anweisungen, auf die knappste Formel gebracht und meist hastig hervorgestoßen. »Knakken« und »Keil«, wobei er Knacken noch auf »Knkn« reduziert, er hat es raus, die Vokale auf seltsame Weise zu verschlucken, wodurch das Wort kürzer und dringlicher wird. Das sind in der ersten Zeit beinah ausschließlich die einzigen Worte, die ich von ihm zu hören bekomme. Dann muß ich ihm eins von beiden anreichen oder selbst anschweißen. Wir stehen im Akkord.

Es dauerte drei Wochen, bis wir das erste Mal näher ins Gespräch kamen. Das war, als uns der Kran im Stich ließ. Für Lasten, die irgendwie noch zu zweit oder zu dritt fortzubewegen sind, ist der Kran nicht zuständig. Vielleicht ist hier Körperkraft immer noch billiger als die Elektrizität, die den auf Schienen laufenden gigantischen Kran antreibt.
Wir hatten steuerbord einen Schlingerkiel anzubringen. Die acht Meter langen Eisenleisten lagen im Gelände gestapelt. Wir konnten mit Stemmeisen noch so daran herumbugsieren, wir bekamen sie nicht vom Boden hoch, geschweige denn bis auf die Schulter. Deshalb forderten wir beim Meister den Kran an. Der Kran ließ auf sich warten, einen ganzen Tag lang. Wir konnten nicht weiterarbeiten. Der Meister lief wütend herum und wußte nicht, womit er uns beschäftigen sollte. Die Arbeitsaufteilung ist bis ins letzte durchrationalisiert. Ich wollte mich in einem Schuppen unterstellen, draußen war Schneegestöber. Aber mein Kumpel hatte Bedenken. Er wollte den Ärger des Meisters nicht auf uns lenken, auch wenn wir nichts dafür konnten, untätig herumstehen zu müssen, außerdem froren wir. So schlichen wir den ganzen Tag ums Schiff herum und täuschten immer, wenn ein Meister in Sicht war, Arbeit vor.
An diesem Tag lernten wir uns etwas kennen. Ich erfuhr, daß er gelernter Bäcker war und seit fünf Jahren auf der Werft arbeitete. Täglich kam er von Lüneburg aus zur Arbeit.
Er wurde gesprächig an diesem Tag. Es war auch das erste Mal, daß ich ihn lachen sah. Ich hatte gedacht, er hätte es verlernt.
Die nächsten Tage arbeiteten wir noch schneller als sonst. Auf Gerüsten in zehn Meter Höhe. Von einer Gerüstetage zur anderen benutzten wir nicht den zeitraubenden Umweg über die Stahltreppe, sondern wir hangelten uns von Etage zu Etage. Der Meister kontrollierte uns diesmal besonders oft. Es war wohl seine Aufgabe, es fertigzubringen, daß wir die verlorengegangene Zeit wieder aufholten. Er stand da – weißes Hemd und Schlips blinkten aus der Lederjacke hervor, die Hände in den Hosentaschen vergraben – und sah zu, wie wir uns abrackerten. Der Schweiß lief mir über das Gesicht, der Schneematsch an den schweren Arbeitsschuhen gefror zu Klumpen.

Ich lag rücklings auf den Holzbrettern, um die Eisenleiste von unten an die Schiffshaut zu schweißen. Funken sprühten immer wieder ins Gesicht und stachen wie Nadeln. Man kann deswegen das Schweißen nicht einstellen. Krampfhaft bog ich den Kopf so weit seitlich wie möglich, um dem Funkenflug zu entgehen. Durch die unbequeme Haltung ist man schnell erschöpft. Fängt der ausgestreckte Arm an zu zittern, wird die Schweißnaht unsauber und kann später wieder aufplatzen. Ein paarmal wollte ich eine kurze Pause machen. Der Meister trieb mich dann an: »Immer im Fluß bleiben! Ist wie beim Motor, wenn der kalt wird, braucht er eine lange Anlaufzeit, bis er wieder warm ist.«
Mein Kumpel legte solches Arbeitstempo vor, daß er immer wieder vergaß, beim Brennen die dunkle Schutzbrille aufzusetzen. Blickt man oft in die Flamme, sind die Augen verblitzt. Die Folgen stellen sich erst nachts ein. Dann sind die Augen gequollen, und man schläft unruhig wie im Fieber. Oder man liegt wach und will sich »den Sand aus den Augen reiben« und reibt so lange, bis die Augen zu tränen anfangen.
Das Tempo brachte es mit sich, daß wir gegen die Sicherheitsvorschriften verstießen, als der Meister dabeistand. Wir nahmen uns nicht die Zeit, die Knacken langsam genug abzuschlagen. So fielen Knacken und Keile vom Gerüst. Zehn Meter tiefer gingen Arbeiter, die Glück hatten, daß sie nicht dort standen, wo die scharfkantigen Eisen aufschlugen.
Beim Abbrennen eines Bügels nahm mein Kumpel keine sonderliche Rücksicht auf den Arbeiter, der sich unter uns auf dem Gerüst zu schaffen machte. Glühendes Eisen tropfte ihm in den Nacken. Er schrie auf wie ein Tier und kam heraufgeklettert, uns beide zu verprügeln. Er wußte nicht, wer schuld war, und nahm noch an, es wäre mit Absicht geschehen. Es war ein ›Gastarbeiter‹, der von seinen ›Gastgebern‹ nicht gerade wie ein Gast behandelt worden war und darum gleich das Schlechteste von uns dachte. In der zehnminutigen Frühstückspause wechselte ich später einmal ein paar Worte mit ihm. Wir stehen dabei im Freien und trinken die von der Werft gespendete undefinierbare Muckefuckbrühe – ohne Milch und Zucker – aber heiß; manche füllen ihre Flaschen damit, um sich die klammen Finger zu wärmen, und schütten die Brühe dann weg.

In gebrochenem Deutsch machte er mir verständlich, wie er zu Kron & Potz gekommen ist. Er war Elektriker in Griechenland und wollte auch in Deutschland seinen erlernten Beruf ausüben. In Griechenland unterschrieb er einen Kontrakt, der ihm versprach, daß er in Deutschland ebenfalls in der Elektroindustrie tätig sein würde.
Als er in den Fremdarbeiterbaracken neben dem Werftgelände einquartiert wurde und die Schiffskolosse sah, ahnte er erst, daß hier keine Glühbirnen produziert würden. Er machte sich aber noch Hoffnungen. Auch auf Schiffen müssen elektrische Leitungen gelegt werden. Aber Elektriker hatte man genug. Schiffsbauhelfer sind immer Mangelware. So wurde er das, was er jetzt ist: Hilfsschwerarbeiter. Er erzählt von Landsleuten, denen es im ›Gelobten Land‹ ähnlich ergangen ist, die auch nicht wußten, wie ihnen geschah.

Kurz nach 6 Uhr früh im Hamburger Vergnügungsviertel St. Pauli: Die letzten übernächtigten Nutten verlassen ihre Stammplätze auf der Straße. Taxis befördern die letzten Kunden nach Hause. Nebel steigt vom Wasser hoch und hängt dick in den Straßen. Der Tag läßt noch lange auf sich warten.
Zuerst tropft da und dort ein Mensch auf die Straße, zehn Minuten später schon fließen Menschenscharen die Straßen hinunter. Ein grauer Strom, der an den Landungsbrücken von einer riesigen Senke geschluckt wird.
Im 50 Meter tiefen Schacht des Elbtunnels schaffen ›Förderkörbe‹ die Fracht nach unten. Zusammengepfercht, Kopf an Kopf, wer drinsteckt, empfindet die körperliche Nähe als Wärme. Neben den Förderkörben laufen zur Entlastung ›Förderbänder‹ – Fahrtreppen mit dreifacher Geschwindigkeit.
Wie eine Wand schiebt sich der Inhalt der Förderkörbe durch den etwa 800 Meter langen Tunnel.
Etwa 4000 Werftarbeiter von Kron & Potz werden hier täglich durchgeschleust. (Die anderen Werften im Freihafen schaukeln ihre Arbeiter in kleinen Barkassen über die Elbe. Oft quellen die Boote über von Menschen, und man hat sich daran gewöhnt, daß dabei schon mal einer über Bord geht.)
Falltüren gehen viel zu langsam hoch, die ersten ziehen die Köpfe ein, die hinteren drängeln schon, die Stempeluhren

drücken auch bei der geringsten Verspätung kein Auge zu, sie stempeln die Zeit automatisch.
Gedränge in den Umkleidesälen. Spinde, kaum schulterbreit. Warten, bis der Spindnachbar soweit ist. Gereiztheit, kleinliche Reibereien.
Vor den Helgen ein einziger Frühstücksstand, nur vor der Arbeit ist hier was zu haben. In einer langen Reihe stauen wir uns davor.
Ein italienischer Arbeiter besorgt Tagesproviant, »16 Brötchen, mit nix drauf«, das ist einem älteren Arbeiter zuviel: »Das kann der Kerl allein nie fressen! Der holt wieder für seine ganze Brigade mit. Wenn es nach mir ginge, hätten wir die Brüder längst rausgeprügelt. Wenn jeder deutsche Arbeiter täglich nur eine Stunde länger arbeitet, wären die da längst überflüssig. Das stand auch gestern in der Bildzeitung. Diese Vaterlandsverräter, wir haben den letzten Krieg verloren, weil uns diese Schweine in den Rücken gefallen sind!« Bei einem zweiten deutschen Arbeiter erwachen jetzt auch lange Jahre unterdrückte nationale Gefühle, und er pflichtet eifrig bei. Den meisten Arbeitern merkt man an, daß die Schimpftiraden nicht in ihrem Sinne sind, aber sie sagen nichts dagegen. Sie warten ja auch, und der Italiener hält wirklich den ganzen Laden auf.
Ein einziger Arbeiter verteidigt den Italiener, er sagt: »Halt endlich die Schnauze! Wenn wir die Ausländer nicht hätten, könnten wir noch mehr schuften. Oder willst du statt drei Überstunden jeden Tag vier dranhängen? Außerdem machen viele ausländische Arbeiter in puncto Fleiß uns Deutschen noch was vor.« Der die Hetzrede hielt, entgegnet ungerührt nur ein einziges Wort: »Kommunist!«
Schlangestehen vor den Stempeluhren, oft zehn Minuten warten, bis man an der Reihe ist. Wir können pünktlich am Arbeitsplatz sein und trotzdem zu spät kommen.
Sogar der sonst nicht eben zimperliche Obermeister findet, daß eine zusätzliche Stempeluhr angebracht wäre. Er hat Anträge an die Werksleitung gestellt, wiederholt, immer ohne Erfolg.
Ein wogender Andrang mittags vor der Kantine. Auf das Sirenensignal hin wird die Tür von innen aufgestoßen. (Man wundert sich, wie der Türöffner es fertigbringt, immer schnell genug fortzuspringen.) Wir gehen nicht mehr selbst,

wir werden hineingerissen. Sich dagegenzustemmen ist gefährlich, man wird um die eigene Achse gedreht und landet rückwärts vor der Treppe. Hinfallen ist nicht möglich.
Hier gab's bisher zwei Unfälle. Einem Arbeiter wurde der Arm ausgerenkt, einem zweiten gebrochen. Weitere Unfälle sind abzuwarten.
Die Werftleitung könnte leicht Abhilfe schaffen, indem sie das Essen schichtweise austeilte. In der Regel stehen wir zehn Minuten in der Schlange, bis wir unseren Klatsch auf den Teller bekommen.
»Der letzte Fraß«, hört man immer wieder. Oder: »Eine Mark ist zu teuer. Die Werft verdient damit noch an uns. Die Schnellküchen auf St. Pauli geben für dasselbe Geld ein besseres Essen.«
Das Kantinenessen ist nicht besonders. Berge von Kartoffeln, ein wenig Gemüse oder Salat, wenn Fleisch, dann meist so fett, daß kein Metzger es seinem Kunden anbietet, höchstens »als Abfall für den Hund«, aber Haustiere werden ja heute bereits diät ernährt.
Die Meister haben einen Speiseraum für sich. Auch den Angestellten mutet man es nicht zu, mit den Arbeitern zusammen zu essen. Sie sind nach unserer Abfütterung an der Reihe. Sie speisen an gedeckten Tischen, und das Essen wird ihnen serviert.
Nicht umsonst wird die auf eine fast hundertjährige Tradition zurückblickende Werft »die kaiserliche Werft« genannt. In früheren Zeiten, im wilhelminischen Obrigkeitsstaat, klang das respektvoll, fast ehrerbietig, heute sagt es der Arbeiter ironisch und verächtlich. Er will nicht mehr Untertan in einer kaiserlichen Hierarchie sein.
Der Meister bei Kron & Potz ist sein eigener kleiner König. (»Woran erkennt man den Meister?«: »Er kommandiert und hat die Hände in den Hosentaschen!«) Er steht aber noch nicht einmal auf der untersten Stufe der herrschenden Klasse bei K. & P. –
Der Kalfaktor auf der ›kaiserlichen Werft‹ ist ebenfalls noch ein kleiner Fürst, denn er ist im Besitz des meisterlichen Stempels. Er darf damit die Stempelkarten abstempeln, Urlaubsscheine, Materialscheine und was sonst so anfällt. Er ist was Besseres als die anderen Arbeiter und blickt von oben auf sie herab, auch wenn er schlechter bezahlt wird als sie.

Der für mich zuständige Kalfaktor auf den Helgen hat es besonders auf die ausländischen Arbeiter abgesehen. Er brüllt sie an, wenn sie sich nicht verständlich machen können, und sieht absichtlich weg, wenn sie ihm durch Abzählen an den Fingern eine bestimmte Stückzahl zeigen wollen. Am liebsten würde er sie vor sich strammstehen lassen.
An früheste kaiserliche Landsknecht- und spätere Kommißzeiten erinnert das »Organisieren« auf der Werft. Wenn es dem Kalfaktor nicht in den Kram paßt, Werkzeuge auszuteilen oder Reparaturscheine auszuschreiben, empfiehlt er einem: »Besorg's dir!«, was soviel heißt wie: »Klau es!«
Einer stöpselt dem andern das Schweißkabel aus, »organisiert« sich vom Kollegen die Druckpumpe, den Hammer oder was er sonst gerade braucht. Morgens schicken die Schiffsbauer dann ihre Helfer aus, um das verlorengegangene Werkzeug vom Vortag in irgendeiner Kammer des verschachtelten Schiffsbauchs wieder aufzutreiben oder neues zu »organisieren«. Der Schiffsbauer, mit dem ich zusammenarbeite, versteckt jeden Abend unser Werkzeug in einer Nische oder unter einer Plane, wobei er genau aufpaßt, daß ihn keiner dabei beobachtet.

Es gibt auf der »kaiserlichen Werft« Angestelltentoiletten und Arbeiterklos. Als Angestellter genießt man den »Luxus« verschließbarer Türen und Brillen auf den Toiletten. Die »Toiletten« für Arbeiter kann man nicht als sanitäre Anlage bezeichnen, selbst das Wort »Abtritt« ist dafür noch zu vornehm. Keine Türen und keine Brillen, Muckslöcher.
Warum die Türen fehlen, macht mir ein älterer Arbeiter klar: »Wir könnten uns ja mal ein paar Minuten ausruhen auf dem Scheißhaus, eine Zigarette rauchen, eben mal wegtreten. So hat man uns selbst dort unter Kontrolle. Das Ganze ist zwar Humbug. Schließlich machen wir ja Akkord und müssen uns die Zeit selbst einteilen. Aber wir sind eben nur Arbeiter!«
Er erzählt noch, wie es vor 1933 auf der »kaiserlichen Werft« war: »Da waren noch Türen vor. Wenn es dem Meister aber zu lang vorkam – nach drei Minuten in der Regel –, kam er mit dem Wasserschlauch und scheuchte uns raus!«
Dezember. Schnee. Die ganze Werft in Watte gepackt. Ein

mächtiger Weihnachtsbaum wirft kalten matten Glanz. Er erinnert daran, daß Weihnachten nicht mehr weit ist.
Vor der Arbeit im Umkleidesaal diskutieren einige Arbeiter, wann denn nun Heiligabend ist. »Mittwoch oder Donnerstag?« Sie werden sich nicht einig. Es ist der Montag vor Heiligabend. Auch mir ist nicht gerade weihnachtlich. Hamburg ist grau und die Arbeit schwer. Der Schnee macht uns auf dem Oberdeck viel zu schaffen. Jeden Morgen verlieren wir Stunden, bis wir die Schnee- und Eiskruste mit dem Schweißbrenner aufgetaut haben. Anschließend erst können wir mit der eigentlichen Arbeit anfangen.
Die Arbeiter feilschen mit ihren Vorarbeitern und Meistern um die Zeit, die ihnen dadurch verlorengeht und die sie extra verrechnet bekommen wollen. Der alte K. flucht: »Eine ganze Stunde einfach nicht angerechnet!«, und der neue Schweißer, der die Naht, die ich angeheftet habe, nachziehen muß, sagt resigniert: »Diese ewige Hökerei um den Akkord bin ich satt! Bin ich hier denn Bettler oder Arbeiter?«
Der Akkord auf der Werft ist äußerst fragwürdig. Es gibt keine genormten Arbeitsplätze auf einer Werft. Jedes Schiff wird nach den speziellen Wünschen seines Auftraggebers angefertigt. Für jeden Arbeitsgang muß der Akkord gesondert kalkuliert werden. Einzelne, schlauere Arbeiter verstehen es, Zeiten herauszuschlagen, die ihnen nicht zustehen. Es kommt darauf an, wie man sich mit seinem Vorarbeiter steht. Die Gutmütigen sind bei diesem System immer die Dummen.
Ich kenne einen 61jährigen Arbeiter – ein ehemaliger Seemann –, der trotz seines Alters noch im Akkord steht, auf eigenen Wunsch übrigens, er ist erst spät seßhaft geworden und hat eine Familie gegründet, hat jetzt drei Kinder im schulpflichtigen Alter und ist auf die Zulage angewiesen, um über die Runden zu kommen. Er ist Schweißer in einer Kolonne und steht im Gruppenakkord.
Nach der Schicht im Umkleidesaal haut er sich erst mal zehn Minuten hin und läßt Feierabend Feierabend sein, sogar den Schutzhelm behält er auf. »Geht nicht so schnell, die Umstellung, braucht seine Zeit«, sagte er einmal, als ihn sein Spindnachbar absichtlich schubste, um ihm zu verstehen zu geben, daß er im Weg sei. Er beklagt sich oft nach der

Arbeit, der ehemalige Seemann, und die Erschöpfung steht ihm noch im Gesicht geschrieben. Er leidet unter dem Akkord, denn er »blickt nicht durch und weiß nicht, was gespielt wird«.

»Ich weiß nie, ob ich mit meiner Zeit vor oder zurück bin. Wenn ich meinen Kolonnenführer frage, sagt der nur: ›Das wirst du schon auf deiner Monatsabrechnung merken, mußt dich halt ranhalten und rausholen, was drinsteckt!‹«

So holt er das Letzte aus sich heraus, denn er hat Angst, er könnte den Akkord nicht voll ausnützen. Bei seiner Arbeit treibt ihn der ständige Gedanke Geld; 70 Pfennig Höchstzulage pro Stunde, das peitscht ihn voran; kein Sklavenaufseher in früheren Zeiten hätte es besser gekonnt.

Oft fühlt er sich betrogen. Er merkt es erst an seiner Monatsabrechnung, wenn 30 bis 50 DM weniger als sonst in der Lohntüte sind. »Dabei hab ich mich abgerackert wie immer! Oft sogar noch unter schwierigeren Bedingungen. So, als ich im Seewasserkasten schweißen mußte, eingeklemmt in dem engen Loch. Nur auf dem Rücken liegend konnte ich arbeiten. Und der glühende Saft tropfte munter herunter; die Naht konnte ich nämlich nicht sehen.« Durch den sackleinenen Schutzanzug fraß sich die Glut, versengte die Arbeitshose darunter und noch die lange Unterhose und brannte bis auf die Haut. »Und der Witz daran ist, daß ich da meinen Meter genauso bezahlt bekomme wie in der bequemsten Lage auf Deck. Ebenso, wenn Luft beim Schweißen dazwischen ist. Ich muß doppelt so langsam und sorgfältig arbeiten, es ist mein Risiko, wenn die Naht wieder aufreißt. Aber Meter ist Meter für den Kalkulator am Schreibtisch.«

Durchschnittlich werden bei Kron & Potz 57 Stunden in der Woche gearbeitet. Freitags kommt der Vorarbeiter und fragt einen: »Nun, wie ist's? Samstag oder Sonntag? Oder beide?« Die meisten können dann nicht nein sagen, sie brauchen das Geld auch, entscheiden sich für den Samstag oder Sonntag oder auch für beide Tage. Lehnt jemand ab, kommt der Meister und spricht schon etwas deutlicher: »Sag nur, du kannst mit den paar Kröten auskommen. Meinst wohl, du hättest es nicht nötig! Warte nur ab, es kommen auch noch andere Zeiten! Dann sag *ich* nein!« Der Obermeister spricht es generell aus (als ich in der langen Reihe vor der Stempeluhr stehe, wir haben heute nur acht Stunden

gearbeitet): »Ab sofort hebe ich hiermit die blödsinnige 41-Stunden-Woche auf. Es ist die Pflicht eines jeden, täglich mindestens zehn Stunden zu arbeiten. Das ist wohl das mindeste, was wir von euch Brüdern verlangen können!«
Sogar Wochenarbeitszeiten von siebzig Stunden sind bei Kron & Potz keine Seltenheit.
Manchmal werden hier zwei Schichten hintereinander gearbeitet. Besonders die Nachtschicht haben, hängen oft noch die Frühschicht daran. Die reguläre Nachtschicht geht von abends 6 Uhr bis morgens 6 Uhr, da um diese Zeit der erste Bus fährt.
Die Arbeit ist hart und gefährlich. Wir zwängen uns durch enge Luken, um von einem Deck zum andern zu gelangen. Der Lärm im Schiffsbauch dröhnt doppelt stark. Die Eisenklammern sind Schalltrichter. Wenn der Hauer mit seinem Preßluftmeißel in derselben Kammer arbeitet, ist es kaum auszuhalten. Ich spüre, wie mein Trommelfell zittert, und habe Angst, es könnte platzen. Der Hauer hat seine Ohrlöcher mit Wachspfropfen verstopft, sonst wäre er längst taub. Wir stemmen die Decks hoch, die der Kran provisorisch eingesetzt hat. Wir hantieren mit 5-t-Öldruckpumpen, schweren Zugschrauben, Stemmeisen und schweren Hämmern. Auf schmalen Gerüsten und in niedrigen Löchern, in denen man nur mit eingezogenem Kopf stehen kann. Oft tagelang in gebückter Haltung.
Die Füße knatschen in den klobigen Arbeitsschuhen vor Nässe, die Asbesthandschuhe sind mit Feuchtigkeit vollgesogen. Feuchtigkeit erdet und schließt den Stromkreis. Wenn mein Kumpel ein schweres Eisenteil hochstemmt, damit ich es anschweiße, kann ich nicht lange überlegen. Auch wenn ich dabei unter Strom stehe und mein Arm von den Stromstößen geschüttelt wird. Es heißt auf die Zähne beißen, denn wenn ich loslasse, ist mein Kumpel am Ende seiner Kraft – er bricht unter dem schweren Knieeisen fast zusammen, länger als fünf, sechs Sekunden stemmt das keiner –, und die Prozedur muß von vorn beginnen. In den ersten Wochen, als ich auf die Stromstöße noch besonders empfindlich reagierte, mußten wir bei dieser Arbeit oft drei- oder viermal ansetzen, bis es endlich hinhaute. Einer bekam auf den andern eine sinnlose Wut, und bei den geringsten Kleinigkeiten brüllten wir uns an.

Oft halten die Pumpen nicht. Wir können sie noch so genau einsetzen, je nachdem, wie das Deck sich verzieht – wir sind schließlich keine Statiker –, springen sie wieder ab.
Einmal hatte ich großes Glück – ich pumpte auf einem schmalen Holzbrett, als die Pumpe mit einem trockenen Knall absprang, dicht an meinem Kopf vorbeisauste, der Schutzhelm wurde noch leicht gestreift und schepperte. Der Schreck saß mir in den Knochen – hier hätte der Schutzhelm gar nichts genützt – »das Genick gebrochen« oder »wie ein Bolzenschuß vors Gehirn« –, ich spürte ein schwaches Gefühl in den Kniekehlen, als ich daran dachte. Mein Kumpel war ungerührt. Ich hätte zumindest erwartet, daß er »Scheiße« sagen würde, wie er es immer tat, wenn etwas schief- oder gerade noch gutging, zum Beispiel, wenn ihm ein Stück Eisen auf den Schutzhelm fiel und daran abprallte, ohne ihn zu verletzen. Aber er tat nichts dergleichen, stellte nur die Pumpe zurück und sagte »noch mal«.
Im Durchschnitt verunglücken bei Kron & Potz drei Mann pro Tag. 1962 kamen auf 3362 Arbeiter 872 »anzeigepflichtige Betriebsunfälle«, zwei davon waren tödlich. Jeder vierte Arbeiter hatte in diesem Jahr seinen Unfall.
Ein Werkarzt und eine Krankenschwester leisten Erste Hilfe. Die Unfallstation ist auch für erkrankte Arbeiter gedacht. Ich war zweimal da. Vorher mußte ich mich bei meinem Meister abmelden. Vor dem Untersuchungszimmer ist eine Stempeluhr angebracht. Bevor der Arzt fragt, was man hat, legt man ihm das Stempelkärtchen vor; er fragt dann »Nummer?« und »bei welchem Meister?«. Er reicht einem den Kuli, und man muß beides auf der Karte vermerken. Dann fragte er mich: »Was ist?« Ich sagte: »Schnupfen und Husten. Vielleicht auch Fieber, weiß aber nicht, habe kein Thermometer zum Messen. Ich fühle mich ziemlich schlapp, und letzte Nacht hatte ich Schüttelfrost.«
Er sagte: »A sagen« und pinselte mir eine rote beißende Tinktur in den Hals. Dann gab er mir etwa 20 Tabletten und sagte: »Dreimal am Tag zwei Stück, bis es weg ist. Der nächste . . .«
Die Tabletten machten mich noch schlapper, ich war jetzt sicher, daß ich Fieber hatte, denn mein Herz pochte im Kopf, und der kalte Schweiß stand mir bei der geringsten Anstrengung auf der Stirn.

Am übernächsten Tag ging ich wieder hin, der Husten war jetzt weg, aber auch meine Stimme. Er erkannte mich zuerst nicht wieder, aber als ich ihm den Rest seiner Tabletten zeigte und kaum hörbar hervorkrächzte, »die haben nicht geholfen«, wußte er Bescheid. Er schüttelte den Kopf – etwas unwillig – und gab mir neue Tabletten, diesmal kleine graue, die schmeckten wie Lakritze, nur etwas schärfer. Dann konnte ich wieder gehen.
Über Weihnachten hatte ich hohes Fieber.
Ein Arzt kam noch am späten Nachmittag, sprach von »verschlepptem Grippeinfekt« und verordnete »strengste Bettruhe«.

Weil heute Heiligabend ist, hat die Werftleitung uns zwei Arbeitsstunden geschenkt. Ein Aushang an den Stempeluhren wünscht: »Gesegnete Festtage!« – Die Möwen schreien, weil sie Hunger haben. Im frisch gefallenen Schnee sind Spuren wie von einer Katze. Sie laufen ums Schiff herum und enden am Wasser, von wo aus sie nicht mehr zurückführen. »Wasserratten«, meint mein Kumpel, »in den kalten Wintern wagen sie sich in die Schiffe und suchen nach Brotresten. Im vorigen Jahr, während der Flutkatastrophe, als die halbe Werft unter Wasser stand, wimmelte es hier von Ratten. Wir mußten auch damals arbeiten, in hohen Gummistiefeln. Ob Überschwemmung, ob 30 Grad Frost, gearbeitet wird trotzdem. Die Arbeit auf dem Bau ist nicht so schwer wie bei uns, da gibt's aber Feierschichten und Schlechtwettergeld.«
Wir machen uns heute noch lustloser als sonst an die Arbeit. Es breitet sich so eine Art Weihnachtsstimmung bei den Arbeitern aus, die sich bei meinem Kumpel in dem Ausspruch kundtut: »Weihnachten vollaufen lassen bis hier« – er legt seine Hand waagerecht über seinen Schutzhelm –, »nichts mehr hören und nichts mehr sehen von der ganzen Sauarbeit!«
Gegen 12 Uhr liegt weihnachtliche Stille über den Schiffen. Eine halbe Stunde später grölen Schlager aus den Schiffsbäuchen. »Oh, Susanna, wie ist das Leben doch so schön« – »Es steht ein Soldat am Wolgastrand« und »Stille Nacht, heilige Nacht!«
Schichtschluß! – zwei Stunden vor der üblichen Zeit, weil

heute Heiligabend ist: die Glocken bimmeln es schon von der anderen Seite der Elbe herüber, und der kolossale Tannenbaum auf dem Werksgelände flimmerte es uns mit seinen elektrischen Lichtern ebenfalls vor.
Die meisten Arbeiter bewegen sich noch erstaunlich aufrecht zu den Umkleidesälen in Anbetracht der zahlreichen leeren Rum- und Schnapsflaschen, die auf den Helgen zurückgeblieben sind.
Der Riesenfahrstuhl im Tunnelschacht ist ganz von eng aneinandergedrängten Körpern angefüllt, so daß nur die Köpfe zu sehen sind, die kaum freien Raum zwischen sich lassen. Alle sind regungslos. Die Gesichter sind erstarrt und zeigen weder Ärger noch Ungeduld noch Freude noch Hoffnung.
Kurz vor Weihnachten ist auch Betriebsversammlung. Sie ist nur mäßig besucht. In der Schiffsbauhalle der ehemaligen Kiefer-Werft. Kron & Potz hat sie aufgekauft. Sie liegt ziemlich abseits von der übrigen Werft.
»Hier sollen in Zukunft Kriegsschiffe gebaut werden«, spricht mich ein Arbeiter neben mir an, »das soll keiner wissen, aber das weiß bald jeder.«
Es ist kalt in der weiträumigen demontierten Halle. Ein paar Fensterscheiben sind zerbrochen, und der Wind bläst herein. Der Arbeiter, der mich angesprochen hat, stapft von einem Fuß auf den andern. Ein anderer haut sich im Rhythmus die Arme um den Leib. Wir stehen und warten.
Uns gegenüber an einem langgestreckten Tisch haben Betriebsrat, ein Vorstandsmitglied und ein Funktionär der Gewerkschaft Platz genommen.
Man läßt uns auch nicht mehr allzulange warten, und die Betriebsversammlung geht über die Runden.
Schön der Reihe nach, zuerst der 1. Vorsitzende des Betriebsrates. Er liest hastig etwas von einem Blatt herunter, blickt einige Male auf dabei und seitwärts, wo Herr Vautier vom Vorstand seinen Platz einnimmt und anerkennend nickt.
Es kommt auch bald zu Ende mit seinem »Rechenschaftsbericht«. Lahmes Klatschen.
In der neuen Nummer der Werftzeitung von Kron & Potz können wir dann nachlesen, was er im einzelnen gesagt hat:
»Herr R. sprach über die zufriedenstellende Regelung der

Bezahlung bei Probefahrten, über die neue Parkplatzanlage für 160 Kraftwagen sowie über die Aufstellung von mehreren Heißgetränkeautomaten und über betriebliche Verbesserungen für die Betriebsangehörigen.« (»Was kann damit nur gemeint sein?« rätselt ein Arbeiter herum, der bei der Versammlung nicht da war, aber den Bericht darüber gelesen hat. Ich kann mich nicht erinnern und zwei weitere Arbeiter, die dabei waren, auch nicht.) Weiter steht in der Werftzeitung über die Rede des Betriebsrates: »Zwei schwierige Prozesse vor dem Sozialgericht konnten zugunsten der Hinterbliebenen tödlich verunglückter Betriebsangehöriger entschieden werden«, und in einem Atemzug, ohne Absatz: »Auch über die finanzielle Unterstützung, die Kron & Potz den Betriebssportlern gewährt, wurde gesprochen.«

Der Herr vom Vorstand, Direktor Vautier, richtet anschließend das Wort an uns. Er liest eine überaus lange Rede vom Blatt ab, findet noch weit schönere Worte als der nicht so redegewandte Betriebsrat, spricht auch mit mehr Vehemenz und Gestikulation und flicht in seine lange Rede ein paarmal geschickt ein, daß »er sich kurz fassen wolle« und »gleich zu Ende sei«, wodurch seine Rede an Dynamik gewinnt.

In seiner Rede verurteilt er unter anderem die starke Fluktuation (die bei Kron & Potz besonders stark ist) und wundert sich darüber. Er sagt wörtlich: »Wie Sie wissen, wird langjährige treue Zugehörigkeit zu uns belohnt, und anläßlich meiner Gespräche mit Jubilaren habe ich immer wieder gehört, wieviel mehr Sicherheit ein Arbeitsplatz bietet, den man so lange innehat. Manche haben sich in längerer Zugehörigkeit so gut eingearbeitet, daß ihr Verantwortungsbereich vergrößert werden konnte oder daß ihnen Auszeichnungen zuteil wurden.« Ein Arbeiter vor mir, bei dem das graue Haar unterm Schutzhelm zu sehen ist, schüttelt den Kopf.

Es stimmt in der Regel auch nicht. Wer alt wird und den Akkord nicht mehr mithält, wird ausrangiert und kommt aufs Abstellgleis. Wenn er es nicht vorzieht, sich vorzeitig pensionieren zu lassen, was weniger Rente für ihn bedeutet, steckt man ihn ins Lager oder in die Werkzeugausgabe, dann bekommt er an die 100 bis 250 DM weniger im Monat. Oder er muß bei jüngeren Arbeitern Handlanger spielen und bekommt ebenfalls viel weniger als zuvor.

Direktor Vautier macht seinen Arbeitern auch Mut. (Bekanntlich kann die deutsche Werftindustrie kaum noch auf dem Weltmarkt konkurrieren. Besonders die japanischen Werften produzieren billiger. Die Bild-Zeitung hat es in einer Schlagzeile einmal übertrieben formuliert: »In 10 Jahren kein deutscher Schiffbau mehr!« Manche Werftarbeiter fürchten, ihren Arbeitsplatz zu verlieren.) Die ruhm- und traditionsreiche kaiserliche Werft hat vorgesorgt. Direktor Vautier umschreibt es so: »Kron & Potz hat aus der seit Jahren schwierigen Situation der deutschen Schiffbauindustrie wohl als einziges Unternehmen rechtzeitig und schon vor Jahren die Folgerung gezogen, neben dem Schiffbau auch andere Fertigungen aufzunehmen, was uns für mindestens die nächsten fünf Jahre eine Menge Arbeit bringen wird.« Er spricht dunkel von »Wannenherstellung« und »Behälterbau«. Bis 1966 sollen etwa 50 Prozent des Umsatzes »nicht mehr schiffbaugebunden« sein.
Die wenigsten Arbeiter wissen, daß sich hinter der »Wannenherstellung« und dem »Behälterbau« Panzerteile verbergen.
Schon einmal war die kaiserliche Werft maßgeblich am deutschen Rüstungsgeschäft beteiligt. Ihr damaliger Besitzer Kron war Wehrwirtschaftsführer. Die großen Schlachtschiffe liefen hier vom Stapel. Mancher ältere Arbeiter, der damals daran mitgearbeitet hat und es vielleicht sogar später bereut haben mag, weiß nicht, daß es wieder soweit ist.
Er meint womöglich, daß er bei der Herstellung von merkwürdigen, aber immerhin friedlichen Badewannen mitwirke.
Die Werftleitung, zumal die zu 50 Prozent am Aktienkapital beteiligte »Gruppe Kron«, will heute von ihrer »ruhmreichen Rüstungstradition« nichts mehr wissen. In Nachrufen auf den kürzlich verstorbenen ehemaligen Wehrwirtschaftsführer wird von den Regionalzeitungen hervorgehoben, daß die kaiserliche Werft stets der »Christlichen Seefahrt« treu ergeben gewesen sei. Um so unverständlicher sei es darum auch, daß die Alliierten die kaiserliche Werft am Wiederaufbau noch hinderten, als andere deutsche Werften schon flott wieder verdienten.
Wie Hohn klingt es dann auch, als Direktor Vautier in seinen abschließenden Worten versichert: »Auf Grund die-

ser vorausschauenden Planung sind wir bei Kron & Potz heute in einer wesentlich besseren Situation als manch andere Werft auf der Welt.«
Zum Schluß dürfen sich noch Arbeiter melden, die was »auf dem Herzen haben«. Denn es ist schließlich eine Betriebsversammlung, wo es um die Belange der Arbeiter gehen soll, weniger um die des Unternehmens.
Aber keiner meldet sich zu Wort. Dabei hatten vorher welche groß geredet, daß »sie es denen mal sagen wollten, ohne ein Blatt vor den Mund zu nehmen!«.
Jetzt traut sich keiner.
Vielleicht hat man auch zuviel verlangt: »Wer was zur Diskussion vorzubringen hat, muß allerdings hier nach vorn kommen und durchs Mikrophon sprechen.« Nachdem das Mikrophon die vorher Mutigen eingeschüchtert hat, »sieht man sich leider gezwungen, die Versammlung zu beschließen«.
Was sollten die Arbeiter schon vorzubringen haben, für ihre Zukunft ist durch Wannen- und Behälterbau auf lange Zeit gesorgt.

Im Akkord

Da sitze ich und feile. Jedes Stahlplättchen hat vier Seiten, und an jeder Seite ist ein quadratischer Einschnitt. Immer rundherum. Die vorstehenden scharfen Kanten muß ich wegfeilen. Warum wohl? Damit sich keiner daran schneidet? Aber das kann nicht sein. Die hauchdünnen Plättchen werden später von keinem mehr angefaßt. Sie finden in irgendeinem Apparat ihren Platz.
An die 300 Plättchen habe ich schon befeilt. 500 warten noch darauf. Immer rundherum. Diese Arbeit verführt zum Nachdenken oder Träumen. Aber dann ist es mit der Arbeit aus und aus dem Akkord wird nichts. Ich befeile dasselbe Plättchen schon zum drittenmal. Man muß aufpassen dabei. Aber das kann man nur für kurze Zeit durchhalten. Dann läßt die Konzentration ganz von selbst wieder nach. Es ist paradox: ich kann nur aufpassen, wenn ich mich nicht auf meine Arbeit konzentriere.
Diese Arbeit würde sich hervorragend als Beschäftigungstherapie für Schwachsinnige eignen.
Ich habe Wut auf die blödsinnige Maschine, die diese Plättchen so unvollkommen gemacht hat, daß ich nun noch jedes einzelne Stück glattfeilen muß. Ich muß als Lückenbüßer für diese noch nicht durchautomatisierte Maschine herhalten. Auf dem Laufzettel steht unter Sorte: »5165 – 7042, Rel. bkg, 190, T 123«. Darunter kann ich mir nichts vorstellen.
Man hat mir bei der Einstellung gesagt, daß ich in die »Meßgerätefertigung« komme. Wer garantiert mir, daß diese simplen Plättchen nicht am Ende noch Teilstücke, zum Beispiel für Peilvorrichtungen an Kanonen oder Atomgeschützen sind? Die Arbeit erscheint mir fremd und sinnlos, weil ich das fertige »ganze Stück« nicht kenne.
Heute ist mein erster Arbeitstag. Ich bin froh, daß ich die Formalitäten bei der Einstellung hinter mir habe.
In der supermodern eingerichteten Empfangshalle des Einstellbüros für Arbeiter waren die lederbezogenen Bänke leer. Nur eine ältere Frau mit abgearbeiteten Händen und abgetragener Kleidung hockte spitz auf der vordersten Kan-

te der Bank, als ob sie sich vor dem pastellfarbenen Lederpolster fürchte. Der ältere, seriös wirkende Herr auf der Bewerbungsstelle für Arbeiter war außergewöhnlich freundlich zu mir. Er erhob sich, als ich von der Vorzimmerdame hereingeführt wurde, und auf mein »Guten Tag« hin begrüßte er mich mit Handschlag und »Grüß Gott«.
Mein vorgedrucktes Bewerbungsformular, worauf ich unter »die letzten vier Tätigkeiten? der Reihenfolge nach! von wann bis wann?« nur »Gelegenheitsarbeiten« quergeschrieben hatte, übersah er großzügig. Ja, ich fühlte mich so, als ob ob ich mich um einen höheren, ungemein wichtigen Posten bewerben würde, so zuvorkommend behandelte er mich. Der Herr erklärte noch, daß ich mich glücklich schätzen dürfte, bei einer renommierten und sozial einzigartig geführten Firma Mitarbeiter zu werden.
Als ich mich nach der Höhe des Stundenlohns erkundigte, wurde er schon etwas kühler. »2,35 als Garantielohn am Anfang. Nachher können Sie selbst im Akkord mehr daraus machen. Wir bezahlen nach Leistung. Die Stückzahl ist das Entscheidende.« – »Dann kann ich das Doppelte bekommen, wenn ich doppelt soviel leiste?« – »Wo denken Sie hin. 20 Prozent Akkordzuschlag ist bei uns die Grenze.« Ich sagte ihm, dieser Stundenlohn sei mir zu wenig, »woanders kann ich als ungelernter Arbeiter an die 4 Mark und sogar noch darüber bekommen«.
Er überlegte. Ja, er hätte noch eine besser bezahlte Arbeit für mich. »2,50 Grundlohn, aber das ist auch das Äußerste. Hier, in unserer Stadt, ist dafür das Leben ja auch viel billiger als in anderen Städten.« Ich nahm die Stelle an.
Wohnen mußte ich auch irgendwo. Die Firma hat eine Zimmervermittlungsstelle. Zimmer an »Hilfskräfte« werden aber hier üblicherweise nicht vermittelt. Die werden ins Junggesellenheim gesteckt – zu viert auf ein Zimmer. Trotzdem versuchte ich mein Glück. Ich sagte nicht, daß ich Arbeiter sei. Die Dame bot mir als »unterste Preisgrenze« ein möbliertes Zimmer zu 90 DM an.
Ich fuhr sofort hin, um es festzumachen. Die Vermieterin fragte zuerst, ob ich Ausländer wäre. An die vermiete sie grundsätzlich nicht. Dann wollte sie wissen, ob ich auch kein Arbeiter wäre? Sie hätte bisher nur an ›seriöse‹ Herren vermietet. Der letzte, ein Oberingenieur, habe sechs Jahre

bei ihr gewohnt. Ich mußte mich bei ihr als Angestellter ausgeben, um das »Ohne-fließend-Wasser-Zimmer« überhaupt zu bekommen.
Zum Glück ist mein erster Arbeitstag bald überstanden. Viel schlauer als heute morgen bin ich auch jetzt noch nicht. Man hat mir einen blauen Kittel in die Hand gedrückt, »rumdrehn, so, paßt«, und mir eine Kiste voll Werkzeug unter den Arm geklemmt, dafür mußte ich unterschreiben. Dann hat mich noch jemand vor Unfällen gewarnt, »nur ja uffjepaßt, daß nix Schlimmes passiert, von wegen Finger abquetschen und so an de Maschinen, wir müssen für jeden schweren Unfall 2000 Mark an die Berufsgenossenschaft zahlen«. Das nehme ich mir zu Herzen.
Ich entdecke einige, die einen Verband um den Finger oder die Hand gewickelt haben. Die an den Maschinen sehen weder rechts noch links. Ich glaube, es hat keiner bemerkt, daß ich neu bin. Nur der Italiener neben mir, der auch an Plättchen herumfeilt, hat Notiz von mir genommen. Er grinst zu mir herüber: »Arbeit nix schwer, Arbeit aber auch nix gut. Akkord is Scheiße!« Hastig hat er mir die Worte an den Kopf geschmissen, ohne dabei seine Arbeit zu unterbrechen.
Immer wenn er einen Kasten mit Plättchen fertig hat, rechnet er umständlich etwas aus, wobei er seine Finger zu Hilfe nimmt. Dann füllt er einen Zettel aus, überträgt das anschließend noch in ein kleines Heft. Das kostet ihn allerhand Zeit.
In der viertelstündigen Frühstückspause spricht er mich noch mal an. Ihn interessiert, ob ich schon eine Zeitkontrollmarke habe. Nicht? Das kann er sich denken, die warten immer eine Woche ab, weil viele in den ersten Tagen wieder gehen. Er will es auch nicht mehr lange machen. Die Arbeit wird ihm zuviel. »Für dieselbe Arbeit früher 20 Minuten, heute 9 Minuten Zeit«, gibt er mir zu verstehen, und »attenzione, Kalkulator, buh!« Wenn der kommt – an der Stoppuhr und an seinem weißen Kittel kann ich ihn erkennen –, soll ich nicht zu schnell arbeiten, sonst schindet er noch mehr Arbeit heraus.
Ein Arbeiter, der vorbeikommt und die Worte aufgeschnappt hat, bestätigt es und fügt noch hinzu: »Zuerst steigen die Preise. Dann müssen wir lange genug darum

kämpfen, um die Löhne anzugleichen. Ist das erreicht, schraubt die Werksleitung unser Arbeitspensum in die Höhe. Und steigert womöglich trotz der Lohnerhöhung noch ihren Gewinn. Die Dummen sind immer wir . . .«
Jeden Morgen um 6 Uhr, auf dem Weg zur Arbeit in der Straßenbahn, bietet sich mir das gleiche Bild. Die meisten lesen Bild-Zeitung.
Vor den Werkstoren haben sich Verkäufer des Groschenblatts postiert und rufen die Tagesschlagzeile aus: »Noch ein Mord, der Würger ist mitten unter uns!« und »Oben ohne« und »Geschändete Frauenleiche klagt an!« und »Goldwater schwer im Kommen; er verspricht uns Deutschen: Ich mach mit der Mauer kurzen Prozeß!« und »Strauß sagt: Hoppla, ich bin wieder da!«
Auf dem Werksgelände sind stumme Ausrufer aus Papier postiert, mit Selbstbedienungskästen vorm Bauch. In der Frühschichtspause lesen die meisten dann ›Bild‹.

Eine 17jährige Arbeiterin neben mir spricht mich während der Frühstückspause an. Ihre einzige Lektüre ist das Springer-Blatt. Sie meint: »Deutschland ist dem Ami doch haushoch überlegen und brauchte ihn nicht mehr, wenn es sich mit Frankreich zusammentäte; und mit Frankreich könnten wir dann auch den Russen kaltmachen. Und lynchen sollte man den Stücklen!« (›Bild‹ führt in diesen Tagen gerade seine Attacken wegen der Telefongebührenerhöhung gegen den Postminister.)
Die Arbeiterin, die höchstens wie eine 14- bis 15jährige aussieht, steht bereits voll im Akkord. Sie setzt alles daran, die Akkordspitze von 20 Prozent Mehrarbeit herauszuholen. Sie sagt: »Ich bin auf das Geld angewiesen. Wenn man einmal an die Zulage gewöhnt ist, kommt man ohne nicht mehr aus!« Oft schafft sie die Akkordspitze dennoch nicht: »Trotzdem daß der Meister mich gut leiden mag und mir schon die beste Arbeit zuteilt.«
Das war in den letzten beiden Wochen der Fall. Sie konnte nur mit halbem Akkordzuschlag abrechnen. Aber sie war an das Geld gewöhnt und darauf angewiesen und mußte Vorschuß nehmen. So steht sie jetzt mit 40 DM minus zu Buch. Beim nächsten »Lohnabschlag« muß das Defizit wieder ausgeglichen sein, und sie ist gezwungen, die Akkordspitze zu erreichen.

Wir verrichten beide die gleiche Arbeit, sie ist trotzdem zwei Lohngruppen tiefer als ich eingestuft. Sie erhält in Lohngruppe vier 2,18 DM Stundenlohn, ich in Lohngruppe sechs 2,51 DM. Macht in der Woche 13,20 DM Unterschied, im Monat 52,80 DM. Ein Betrag, der empfindlich spürbar ist bei nur 330 DM netto monatlich. Dabei unterscheidet sich unsere Arbeit in nichts, und sie dürfte ihr als Mädchen schwerer fallen als mir.
Sie bringt mir einen Trick beim Feilen bei, so komme ich mit der vorgeschriebenen Zeit wenigstens ungefähr hin, zuvor brauchte ich das Doppelte. Dem Meister war es nicht eingefallen, mir das zu erklären, es war ja nicht seine Zeit, die ich erreichen mußte.
Einmal zeigt mir das Mädchen in der Pause ein Foto und erklärt stolz: »Das ist mein Bub.« Ich bemühe mich, mir mein Erstaunen nicht anmerken zu lassen. Sie erzählt: »Böse reingefallen bin ich. Er wollte mich heiraten. Jetzt zahlt er nicht mal die Alimente und geht extra nicht arbeiten, damit man sie nicht vom Lohn pfänden kann.« Das Kind wird von ihrer Mutter aufgezogen. Sie zahlt ihr im Monat 60 DM dafür. (»Die hat selbst auch nur 180 Mark Rente im Monat.«)
Zuerst wohnte sie selbst noch mit dem Kind bei ihrer Mutter und kam jeden Tag als Pendlerin 130 km mit dem Zug in die Stadt. Da war sie dreizehn Stunden täglich unterwegs, acht Stunden Arbeit und fünf Stunden An- und Abreiseweg. Dann wurde ihr das Fahrgeld zuviel. Jetzt wohnt sie im Ledigenheim für 60 DM im Monat und fährt an jedem Wochenende nach Hause zu ihrem Sohn.
Von den weit über 10000 Werksangehörigen ist jeder sechste Pendler. Ihre Zahl wächst ständig. Anfangs waren es nur die umliegenden Dörfer im Umkreis von 50 Kilometern, die von den Werksbussen erfaßt wurden. Jetzt bemühen sich Werber, auch die abgelegensten Nester in über 100 Kilometern Entfernung zu erschließen, um an billige und willige Arbeitskräfte zu kommen. Die meisten Pendler waren zuvor in der Landwirtschaft beschäftigt. Sie sind im Sog der Landflucht zur Industrie gekommen. Im Verdienst haben sie sich kaum verbessert. Aber sie machen sich bei der Arbeit nicht mehr schmutzig, und die Arbeitszeit ist geregelter.
Trotzdem wandern viele von ihnen sehr bald wieder in ande-

re Berufszweige ab. Die Fluktuation gerade unter ihnen ist besonders stark. Ein ehemaliger Melker, jetzt drei Monate hier, sagt mir: »Ich kündige zum Ersten. Der Werber in unserem Dorf hatte versprochen, die 2,50 in der Stunde gälten nur als Einstellohn. Mein Verdienst würde sehr bald höherklettern. Jetzt glaube ich nicht mehr daran. Hier sind Arbeiter zehn und sogar fünfzehn Jahre dabei und bekommen nur ein paar Pfennige mehr. Außerdem müssen die Anfahrtswege bei der Arbeitszeit immer hinzugerechnet werden. Dann ist es kein Achtstundentag mehr, sondern ein Zwölfstundentag. Und diese Arbeit ist nichts. Immer dasselbe machen, was sogar mein kleiner Bruder schon könnte, der noch nicht zur Schule geht, man wird ja blöde dabei!«
Er will jetzt zum Straßenbau überwechseln. In der Nähe seines Dorfes wird eine neue Straße verlegt. Er verdient dort ein paar Groschen mehr. »Lieber da hart zupacken als hier noch kindisch werden!« So drückt er es aus. Es stimmt, es gibt langjährige »Mitarbeiter« des Werkes, die mit ihrem Stundenlohn gerade acht Pfennige über dem allgemeinen Einstellohn liegen.
In der pompös aufgemachten Betriebsordnung – mit echtem Ledereinband –, die jedem bei der Einstellung überreicht wird, kann man jedoch zu seiner Beruhigung lesen: »Wer sein Schicksal mit unserer Firma verbindet, kann damit rechnen, daß ihm die gleiche Verbundenheit bekundet wird, solange sein persönliches Verhalten, seine Arbeitsleistung und die wirtschaftlichen Verhältnisse der Firma es erlauben.«
Die wirtschaftlichen Verhältnisse des Riesenunternehmens dürften nicht gerade schlecht sein, wie die steigenden Aktienkurse in den letzten fünfzehn Jahren verraten. Trotzdem liegt ein Großteil der Löhne und Gehälter kaum über dem Existenzminimum. Ein 43jähriger Arbeiter, verheiratet, drei Kinder im schulpflichtigen Alter, bringt es mit Akkordzuschlag auf 480 DM netto im Monat. Er sagt: »Fällt der Akkord aus irgendeinem Grund einmal weg, ist es bitterste Armut!«
Nach zwei Wochen Feilen habe ich mich »lahmgefeilt«. Das rechte Handgelenk ist leicht angeschwollen, die Finger verlieren an Beweglichkeit, die vorgeschriebene Zeit reicht nicht mehr aus. Ich melde mich beim Meister.

Der schüttelt an meinem Handgelenk herum, beargwöhnt die Beweglichkeit meiner Finger und begutachtet schließlich mein Werkzeug »Hand«. »Ist immer noch zu was nutze, solang sie nicht ab ist. Da haben wir gleich ein Heilpflästerchen für.«

Er schiebt mir zwei Kästen hin, gefüllt bis zum Rand mit kleinen Messingringen. Ich folge ihm damit zu einer Bohrmaschine, er richtet den Bohrer ein, betätigt den Einstellknopf und führt mir schweigend drei Arbeitsgänge vor. Da gibt es nichts zu erklären, die Arbeit tut sich sozusagen von selbst, das sieht man auf den ersten Blick. Er überläßt mich mit den Tausenden von Messingringen meinem Schicksal.

Ich sehe mir zuerst den »Arbeits- und Lohnzettel« an, der jedem Arbeitsposten beiliegt. »Benennung: Hülse«, ist darauf vermerkt und »Stückzahl: 15000«, ferner steht da noch unter »Werkstoff-Bezeichn.: DK 5 DIN 1540, St VII, 32«, unter »Arbeitsgang: Bohrung ausdrehen« und »Arbeitsposition: 29«, das wird schon alles seine Richtigkeit haben, obwohl ich die Stückzahl bei dieser Menge nicht nachprüfen kann.

Auch die Zeit ist genormt und genau festgesetzt: »10%«, das ist die Verteilzeit, also muß ich 100 Hülsen in 10 Minuten schaffen, das sind bei 15000 Stück 1500 Minuten, das macht 25 Stunden. Ich nehme mir vor, die Akkordspitze zu erreichen, muß also 20 Prozent an Zeit herausholen. Statt in 25 Stunden muß ich nun in 20 Stunden fertig sein. Eine »Rüstzeit« von 15 Minuten ist mir als Vorgabe gegeben. Sie ist zum Einstellen der Maschine und für den Gang zur Toilette eingeplant worden. Es ist eine leichte Arbeit, eine saubere Arbeit, eine schöne Arbeit.

Die Hülse an den Bohrer halten, so wird der scharfkantige Grat weggeschliffen. Der Bohrer sirrt beruhigend und einschläfernd, der Metallstaub rieselt wie feinster Flitter über meine Hände. Um die angegebene Stückzahl nachzuprüfen und um meine Zeit zwischendurch kontrollieren zu können, zähle ich während der Arbeit die Hülsen. Jeweils bei Hundert ein Strich.

Beim fünften Strich sitze ich schon eine Stunde über meinen Hülsen, bin also schon 20 Minuten im Rückstand. Ich gehe zum Meister. Der kommt unwillig mit und führt es mir noch einmal vor. Genauso habe ich es auch gemacht. Ich frage den Meister, worauf es bei dieser Arbeit ankommt, vielleicht braucht der Grat nicht so tief geschliffen zu werden, dann ginge es mit der Zeit. Meine Frage hat den Meister verwirrt. Er weiß auch nicht, wo Sinn und Zweck dieser Arbeit liegen, und entgegnet: »So und nicht anders wird's gemacht. Es muß nämlich gut aussehen, basta!« Ein Arbeiter, der das mitbekommen hat, erklärt mir nachher, wie ich es anstellen muß. »Die Bohrung nur halb so tief ausdrehen. Sonst holt man unmöglich den Akkord. Die Revision läßt es auch so durchgehen.«

Nach vier Stunden »Bohrung ausdrehen« haben sich meine Hände eingespielt. Es läuft wie am Schnürchen, traumhaft sicher und schnell.

Auf einmal vergesse ich die Hülse an den Bohrer zu halten, dafür halte ich mechanisch meinen Finger hin. Ich bin ziemlich reingeratscht. Das Blut sickert aus der Fingerkuppe und vermischt sich mit dem Bohrstaub zu einer klebrigen Masse. Jetzt verlangte das »Arbeitsschutz-Merkblatt für Neueintretende« sowie der gesunde Menschenverstand, daß die Wunde desinfiziert wird. Das Merkblatt mahnt: »Vernachlässigen Sie auch kleine Verletzungen nicht. Selbst wenn diese noch so belanglos und ungefährlich erscheinen, können sie bei Verschmutzung zur Blutvergiftung führen. Gehen Sie deshalb bitte auch in diesen Fällen zum Verbandraum, und lassen Sie sich dort versorgen.« Aber wer versorgt indessen meine Arbeit? Ich würde 20 Minuten an Zeit verlieren, der Verbandraum liegt 5 Minuten entfernt. Ich gehe nicht hin. Das Akkordfieber hat mich gepackt.

Bei Schichtschluß drücke ich zufrieden auf den roten Abschaltknopf. Ich bin noch 20 Minuten unter der vorgenommenen äußersten Abrechnungszeit geblieben, morgen kann ich mir etwas Ruhe gönnen.

Als ich in der Trambahn dem Schaffner meine Knipskarte hinhalte, merke ich, daß meine Hand zittert. Nicht sehr stark, aber ich kann sie beim besten Willen nicht ruhig halten, ein leichtes Vibrieren, wie das Ausschlagen des Bohrers, wenn ich die Hülse dagegenpresse.

Am folgenden Tag läßt meine Konzentration merklich nach. Ich gerate wieder in Zeitrückstand. Es ist wie ein Wettlauf mit der Zeit, einmal liegt sie vorn, ein andermal ich, ich muß am Ende als Sieger aus dem Rennen hervorgehen, sonst verliere ich Geld.

Mir gegenüber, durch eine Glasscheibe getrennt, sitzt eine jüngere Arbeiterin an einer Maschine und »drückt« pausenlos Schweißwarzen in kleine Eisenplättchen. Jetzt, wo meine Konzentration nachläßt, nehme ich sie zum erstenmal richtig wahr. Sie ist sehr hübsch, schade, daß die Glaswand zwischen uns ist, ich würde sie sonst einmal ansprechen, könnte sie eventuell näher kennenlernen. Sie ist dermaßen in ihre Arbeit verbissen, daß sie nichts bemerkt.
Da blickt sie einmal von ihrer Arbeit auf, über mich hinweg auf die Hallenuhr und fährt noch hastiger in ihrer Arbeit fort.
Flirts oder ein Kennenlernen bei der gemeinsamen Arbeit kommen so gut wie nie vor, dafür sorgt der Akkord.
Am dritten Tag geht diese Arbeit ihrem Ende zu. Sämtliche Gedanken sind aus mir gewichen, ich bin selbst nur noch eine leere Hülse, wie die Metallhülsen, die ich bearbeiten muß.
Als ich fertig bin, habe ich das Rennen mit fünf Minuten Vorsprung gewonnen. Dafür sind die Fingerspitzen jetzt taub, die Fingernägel zum Teil eingerissen und einige Nägel bis aufs rohe Fleisch abgeschliffen.
Ich zähle die Striche und zähle sie noch einmal, es sind und bleiben 153, demnach habe ich nicht 15 000 Hülsen, wie auf dem »Arbeits- und Lohnzettel« angegeben, sondern 300 Stück mehr bearbeitet. Die 24 Minuten Mehrarbeit stehen mir zu, ich will sie verrechnet bekommen. Der Meister lehnt ab: »Wenn Sie's gemacht haben, ist das Ihre Sache. Berechnet wird grundsätzlich nur die angegebene Stückzahl, hier 15 000. Der Rest ist dann als Ausschußquote einkalkuliert.« – »Aber ich hatte überhaupt keinen Ausschuß!« – »Ist bei Ihrer Arbeit auch kaum drin. Beim nächsten, dem Gewindedreher, schon eher. Hätten die 300 ruhig liegenlassen können, hätt Ihnen keiner was sagen können, wär Ihr Recht gewesen, ist nun zu spät!«
Auf diese Weise leisten die meisten mehr Arbeit, als man ihnen verrechnet, denn wer macht sich schon die Mühe und zählt bei der Arbeit ununterbrochen?! Viele Arbeiter beklagen sich über die Ungerechtigkeit bei der Arbeitszuteilung.
Ein schon älterer und abgearbeiteter Arbeiter, der am längsten von uns hier ist, beschwert sich: »Unser Meister teilt mir grundsätzlich immer die schlechteste Arbeit zu, wo man

mit der Zeit unmöglich auskommen kann. Er kann mich nämlich nicht leiden, weil ich ihn von früher her kenne, als er noch Stellvertreter des Meisters war. Damals drückte er sich, wo er konnte, und schob anderen seine Arbeit zu. Er weiß, daß ich alles über ihn weiß, und das wurmt ihn, und er will es mir zeigen. Ich kann schon seit langem nur noch mit halbem Akkord abrechnen, weil er mir wirklich die sauigste Arbeit zuteilt. Er hat auch seine Lieblinge. Von denen läßt er sich nach Feierabend Schnäpse spendieren. Dafür gibt er denen dann auch die Vorzugsarbeit.«
Das gesamte Akkordsystem ist äußerst fragwürdig. Es gibt eine gesonderte Kalkulationsabteilung, dort sitzen Leute, die wir hier nie zu Gesicht bekommen, und tüfteln unsere Zeiten aus. Ein anderer Arbeiter sagt: »Es ist oft geradezu lächerlich, wie die die Zeiten veranschlagen. Man meint, die hätten keinen blassen Schimmer davon, wie hier die Arbeit läuft. Da kommt's gar nicht mal selten vor, daß sie den gleichen Arbeitsgang 20 oder 30 Prozent höher kalkulieren als vorher. Theoretisch hat man dann das Beschwerderecht. Aber lauf du mal zu denen aufs Büro und mach dich unbeliebt, wenn es um 20 Minuten geht. Immer besser ist: Schnauze halten! Es ist auch schon mal vorgekommen – ein einziges Mal zwar bisher nur –, daß sie sich um eine Stunde zu unseren Gunsten verkalkuliert haben. Das blieb schön geheim. Man ist ja nicht auf den Kopf gefallen!«
Noch aus einem weiteren Grund ist das ganze Akkordsystem hier illusorisch. Denn man zahlt nicht das volle Gehalt, sondern das verminderte Gehalt plus Akkordzuschlag, also Zwang zum Akkord. Man sollte angemessene Normallöhne für Normalleistungen zahlen. So aber ist es ein System des gegenseitigen Mißtrauens.
Nach sieben Wochen Akkordarbeit reiche ich meine Kündigung ein. Der Meister ist nicht besonders erstaunt darüber. Von den etwa 40 Arbeitern aus meiner Umgebung haben sechs in der kurzen Zeit ihre Stelle aufgegeben. Neue Gesichter sind hinzugekommen. An meinem letzten Arbeitstag teilt mir die Schreiberin mit, daß ich mich im Lohnbüro zu melden habe. Ich frage mich durch. Dort sitzt eine Dame. Sie erklärt mir, daß sie dazu da ist, herauszubekommen, »warum so viele neue Mitarbeiter das Werk so schnell wieder verlassen«.

Routinemäßig stellt sie an alle Ausscheidenden ihre Fragen, um die geheimen Gründe zu erforschen und sie statistisch auszuwerten. Die Fragen liest sie von einem Fragebogen ab: »Schwierigkeiten mit Ihren Kollegen?« – »Vom Meister benachteiligt?« – »Wie war das Kantinenessen?« – »Haben Sie familiäre Schwierigkeiten?« Und so weiter. Das Wesentliche aber vergißt sie zu fragen, und ich versuche, ihr die ungestellte Frage zu beantworten: »Es liegt an der Monotonie der Teilarbeit und an der schlechten Bezahlung.«

Im Stahlrohrwerk

Geht man das erste Mal die winklige Dorfstraße entlang, muß man dem Werbeprospekt des hiesigen Verkehrsvereins e. V. Glauben schenken: »Den Besucher grüßen schon von weitem die alte ehrwürdige Kirche und die markanten Türme der von dichten Baumkronen umgebenen Festung. Diese beiden sehenswerten Bauten bilden den Kern des Ortsbildes. Im Kreis um diese harmonische Einheit reihen sich behäbige Bürgerhäuser. Malerische Winkel und schöne alte Fachwerkhäuser ... Anlagen mit farbenfrohem Blumenschmuck ... Mächtige Kronen uralter Bäume ... Die fischreichen Wassergründe ... für Angler ein wahres Paradies. Die Wasserläufe des Kanuten beste Möglichkeiten ... Gepflegter Tennisplatz ... Waldbad ... Historische Wein-, altdeutsche Bierstube ... Rauschende Kiefernkronen ... Alte Bauernhöfe ... Weihe und Stille überm Ehrenhain ...«

Nur nachts schrickt man aus dem Schlaf hoch. Es sind seltsame Geräusche in der Luft, vom Regenprasseln bis zum fernen Donnergrollen. Aber es regnet nicht, und die Nacht ist sternklar. Trotzdem spukt's hier nicht, und es ist kein Traum: In den X-Werken wird Tag und Nacht gearbeitet, auch sonntags. Dann vermischt sich das mächtige Klatschen der vom Kran fallenden Stahlrohre mit dem frühen Glokkengebimmel vom hohen Kirchturm. Der Festung gegenüber liegt dies andere »Kernstück des Ortsbildes«, davon spricht der Prospekt nicht. Hinter geduckten Häusern verdeckt, erstrecken sich riesige Fabrikgebäude. Dreimal am Tag und in der Nacht saugen sie Menschenmassen in sich ein, um sie nach Schichtschluß wieder auszuspucken. Weit über 2000 Männer sind es pro Tag und Nacht, und ich gehöre zu ihnen.

Es begann wie üblich, sehr sittsam und human. Im freundlichen Zimmer des Personalchefs der X-Werke. »Mann, Sie sind jung, im Akkord sind geradezu Spitzenlöhne drin, wenn Sie auf Zack sind.« Ein älterer Mann im blauen Kittel schaut herein. Der Personalchef stellt uns vor: »Ein Neuer, unser Betriebsrat.« Der Betriebsrat reicht mir die Hand: »Stimmt, können schon 'ne Menge Geld bringen, wenn Sie sich ranhalten. Dürfen sich kein Beispiel an unseren Fremd . . ., hm, Gastarbeitern nehmen. Drücken sich fast alle vorm Akkord, die Brüder. Haben hier 'ne gerechte Arbeitsplatzbewertung. Müssen immer wieder sehen, daß Sie an die beste Maschine kommen. Macht enorm viel aus.« Personalchef: »Ha, der ewige Kampf um den besten Platz!« Betriebsrat: »Nicht lockerlassen. Immer wieder zum Meister gehen. Nach 'nem Jahr spätestens haben Sie's raus, an welcher Maschine Sie's meiste bringen.«

Ich bedanke mich für die guten Ratschläge. Kategorisch erklärt mir der Personalchef, daß mir in der ersten Woche 100 DM als »nicht zu verrechnender Vorschuß« in bar ausgezahlt werden. Eine Art Überbrückungsgeld für den Neueintretenden. Nur hat das einen Haken: Im Krankheitsfall werden die 100 DM wieder einbehalten. Also gerade dann, wenn der Arbeiter den unfreiwillig kassierten Vorschuß am wenigsten zurückzahlen kann. Das Krankengeld liegt sowieso weit unter dem normalen Akkordlohn. Bei der Gesundmeldung wird der aufgezwungene, verlockende Vorschuß erneut gewährt. Der Grund ist klar: Mißtrauen gegen kranke Arbeiter. »Wahrscheinlich ist er überhaupt nicht krank, sondern tut nur so. Das soll er zu spüren bekommen. Vielleicht überlegt er es sich dann noch mal.« Sollte er wirklich krank sein, schaffen die 100 DM, auf die er vielleicht schon sehr bald angewiesen ist, den Anreiz, sich so schnell wie möglich wieder hochzurappeln und zur Stelle zu melden. Auch dann, wenn er sich besser noch zu Hause kurieren sollte.

Mein erster Arbeitstag ist deprimierend. Ich finde mich zur Spätschicht kurz vor 14 Uhr beim Pförtner ein. Er überreicht mir einen Werksausweis, darauf ist eine Nummer vermerkt. Einen zufällig vorbeikommenden Arbeiter spricht der Pförtner an: »Der ist neu, kannst ihn in einem mitnehmen, ist derselbe Weg.« Der Arbeiter läßt mich in einer Fabrikhalle stehen, wo ohrenbetäubender Lärm ist. Hier soll irgendwo mein künftiger Arbeitsplatz sein. Der Arbeiter brüllt gegen das Getöse an: »Meld dich beim Meister!«, ehe er weitergeht. Ich spreche jemanden an, der wie ein Meister aussieht. »Nummer?« will er wissen. Ich zeige meinen Ausweis vor. »Nicht zuständig für die Nummer, ab 1600 alles im nächsten Revier.«

Ich frage mich durch. An wen ich gerate, ist mir nicht klar. Ist es ein Meister, Vorarbeiter oder was sonst? Man stellt mich zu einem Ausländer an eine Maschine. Ich soll zusehen, wie's gemacht wird, soviel habe ich begriffen. Der Ausländer – ich glaube, es ist ein Spanier – versteht kein Wort Deutsch. Er bemüht sich rührend, mir die Handgriffe an der Maschine beizubringen. Nach vier Stunden bediene ich bereits selbst eine Maschine, die zuvor nicht in Betrieb war. Ich schneide Rohre. Auf Unfallgefahren hat mich keiner aufmerksam gemacht. Da soll ich nach und nach noch selbst dahinterkommen, manchmal haarscharf an einem Unfall vorbei. Ich gerate gleich am ersten Tag mit einer Hand in die sich mit rasender Geschwindigkeit drehende Patrone, als ich ein klemmendes Rohr nachschieben will. Ich habe Glück, ein paar Kratzer, die nicht die einzigen bleiben, sind alles. Später erfahre ich, daß bei solchen Handgriffen schon Finger gebrochen und sogar abgerissen wurden.
Ich stehe an meiner Maschine, vor mir eine Wand, rechts und links von mir hochaufgetürmte Stapel von Rohren in allen Dicken und Längen. Die nächste Maschine mit dem Spanier in 20 bis 30 Meter Entfernung. In meiner Nähe ist noch eine leerstehende Maschine. Hin und wieder huschen Schatten wie von Riesenvögeln an der Wand vorüber. Dann weiß ich, daß über mir der Kran mit schwebenden Lasten vorbeigleitet. Zweimal am Tag tritt der Anschreiber hinter mich, dann erschrecke ich jedesmal, wenn er plötzlich wie aus dem Boden gewachsen an meinem Ohr steht und »Nummer?« und »Stückzahl?« fragt.
Während der achtstündigen Schicht gibt es eine einzige Pause von einer Viertelstunde, unbezahlt, versteht sich. Dann hockt sich der Spanier auf seine Rohre und ißt in dem Öldunst seine Brote. Zwei wacklige Tische mit vier Bänken, eine ohne Lehne, stehen in unserem Hallenabschnitt. Da sitzen sie dichtgedrängt zusammen, drüben wird weitergearbeitet, und wenn der Kran die Rohre herunterklatschen läßt, verstummt die Unterhaltung abrupt, die von einigen beinah schreiend geführt wird. Wenn die Sirene Punkt 9.15 Uhr wieder losheult, bleibt alles noch einige Sekunden wie gebannt hocken, nur zögernd sucht dann jeder wieder seinen Arbeitsplatz auf.
Es gibt eine Werkskantine. Dort kann man für nur 1 DM

reichlich, schmackhaft und auch abwechslungsreich zu Mittag essen. Von dieser Einrichtung erfahre ich jedoch erst nach anderthalb Wochen. Ein Arbeiter, bei dem ich mich danach erkundige, gibt mir zur Antwort: »Ich glaube nicht, daß es hier Kantinenessen gibt. Bin aber nicht sicher, bin erst sechs Wochen hier.«
Zufällig entdecke ich über einem Werkzeugschrank einen vergilbten Aushang der Werksleitung. Sie beklagt darin »die minimale Beteiligung am Kantinenessen« und droht mit der »Auflösung der Werksküche wegen Unrentabilität«. Nach den Gründen für die mangelnde Inanspruchnahme braucht man nicht lange zu suchen, für den »Akkordler« liegen sie offen auf der Hand. Seine Zeit ist Geld. Er geizt sowieso mit jeder Minute. Für den Gang zur Kantine, das Stehen in der Schlange und schließlich fürs Essen selbst braucht er eine halbe Stunde zusätzliche Zeit. So gerechnet, kostet ihn der Spaß nicht 1 DM, sondern 3 DM und mehr, je nach seiner Akkordleistung. Und die meisten im Werk stehen im Akkord. Darum verzichten sie lieber auf die warme Mahlzeit und stopfen in der kurzen Pause ihre Brotschnitten in sich hinein.
Ein anderer, bereits angeschmutzter Aushang daneben hat das gleiche Thema. Hier hat sich der Betriebsratsvorsitzende F., kraft seines nun schon fünfzehn Jahre währenden Amtes, mit seiner ganzen Autorität »zum wiederholten Male« mit einem »Erlaß und einer ernsten Warnung an alle Betriebsangehörigen« gewandt. Er droht, »in Zukunft bei Ertappung des Täters schärfstens einzuschreiten«. Worum geht's? Es gibt »Akkordler«, die sich den Gang zur Toilette einfach nicht leisten wollen oder können und ihre Notdurft hinter der Maschine oder zwischen den Bergen von Rohren verrichten. Bei diesem »ernstlichen Mißstand« – »es bringt mit der Zeit eine Belästigung der Kollegen durch schlechten Geruch mit sich«, schreibt Herr F. in seinem Erlaß – erwachen bei dem freigestellten Betriebsratsvorsitzenden sogleich seine vornehmlichsten Aufgaben und Pflichten. Er fühlt sich dazu berufen, gegen diese echte »Sauerei schärfstens einzuschreiten«. Wogegen er jedoch nicht einschreitet, was er im Gegenteil bei alldem stillschweigend duldet und mit seiner Unterschrift noch sanktioniert, ist der höher und höher geschraubte Akkord.

Der Akkord ist mit den Jahren – ähnlich wie beim Sport durch sich ständig überbietende Rekorde – hochgetrieben worden. Es hat vereinzelt Arbeiter gegeben – wahre »Hennecke«-Typen –, die holten das Letzte aus sich heraus, »brachten« einen Stundenlohn von 4,50 DM und darüber. Das darf aber nicht sein, denn ein Hilfsarbeiter verdient dann mehr als sein Meister und steckt das Gehalt eines mittleren Angestellten ein. Niemand hält diese Spitzenleistung lange durch, meist geht sie auf Kosten der Gesundheit. Nun müssen die nachfolgenden Arbeiter dafür büßen. Ihr »Soll« wird von der Werksleitung höhergesetzt, ihr Verdienst sinkt. Aber immer wieder gibt es von der Akkordwut Befallene, die ein neues »Übersoll« herausholen. Jetzt scheint an den meisten Maschinen die äußerste Leistungsgrenze erreicht. Man muß schon mehrere Jahre an derselben Maschine stehen, um eine Spitze von 4,20 bis 4,30 DM zu schaffen. Nur die Jüngeren können den Akkord schaffen. Die andern sind vorzeitig ausgebrannt.
Die Arbeiter machen sich nichts vor. Sie sagen: »Akkord ist langsamer Selbstmord!« Ein 38jähriger Arbeiter sagt: »Ich stehe nun schon acht Jahre im Akkord. Viel länger mache ich's nicht mehr. Noch ein paar Jährchen, und ich bin reif für die Versehrtenabteilung. Dann bekomme ich als Kontrolleur an die 200 Mark weniger im Monat. Wer hier den Akkord voll ausnutzen will – das wollen alle, der Grundlohn ist entsprechend niedrig angesetzt, wir sind auf die Zulage angewiesen –, ist zehn Jahre früher pensionsreif, ist zehn Jahre früher tot!«
Die Akkordhetze wirkt sich natürlich auf das Betriebsklima aus. Der Akkordler unterwirft sich während seiner Arbeit dem Rhythmus der Maschine und wird zum Roboter. Das Gesicht des Akkordlers ist reglos und grau, als wäre es nicht aus Fleisch.
Ein Meister sagte einmal scherzhaft zu einem Vorarbeiter: »Die haben hier alle das Sprechen verlernt.« Es stimmt. Die Maschine läßt nicht mit sich reden. Der Arbeiter an der Maschine schweigt. Jedes Wort, das er verliert, ist verlorene Zeit. Nach und nach vergißt er die menschliche Verständigung. Mißmutig stellt er sich morgens an die Maschine, trübsinnig läßt er nachmittags von ihr ab. Man kann sich mit ihm über nichts unterhalten. Er hört auf die Stimmen der

Maschine. Jede schreit auf ihre eigene Art, gegen ihren Lärm kommt er nicht an. Um ihn herum ist der Gestank heißen Öls.
Nie darf die Produktion stillstehen. Es fehlen Arbeitskräfte. Überstunden sind an der Tagesordnung. Regulär werden 43 Stunden in der Woche gearbeitet. Viele arbeiten jeden Samstag und Sonntag. Es gibt Produktionsabschnitte im Werk, wo man sich nicht freiwillig zur Sonntagsarbeit meldet, wo sie abverlangt wird. Ein Arbeiter, der davon betroffen ist, sagt: »Sonntag wäre der einzige Tag, wo ich für meine Familie Zeit hätte. Aber mir bleibt keine andere Wahl, als jeden Sonntag Überstunden zu schieben; allerhöchstens einmal im Monat kann ich mir einen Sonntag frei machen. Würde ich ablehnen, bekäme ich eine weitaus schlechter bezahlte Arbeit in einem anderen Produktionsabschnitt zugeteilt.«
Es gibt aber auch Arbeiter, die reißen sich um jede Überstunde. Ich kenne einen Italiener und einen Deutschen von der Walzstraße, die arbeiten Tag für Tag zwei Schichten hintereinander. Sie sind sechzehn Stunden im Werk, der Rest ist erschöpfter Schlaf.
Fragt man Werksleitung oder Betriebsrat, erhält man die Antwort: »Davon ist nichts bekannt. Falls so etwas bekannt würde, würde es selbstverständlich von der Werksleitung unterbunden. Erst einmal müßten aber die nötigen Beweise erbracht werden!« Viele im Werk wissen davon, aber kaum einer hat den Mut, offen darüber zu sprechen, unter vier Augen schon eher. Der Inhaber des Werkes, Direktor X., wurde einmal darauf und auf andere Mißstände angesprochen. Die lakonische Antwort: »Damit habe ich nichts zu tun; dafür habe ich meine Leute.«
Der Arbeiter von heute weiß, was eine Betriebsversammlung ist. Er weiß, daß sie laut Betriebsverfassungsgesetz vierteljährlich stattfinden muß. Fragt man einen Arbeiter von X., wann die letzte Betriebsversammlung abgehalten wurde, kann es einem passieren, daß man erstaunt angesehen wird: »Betriebsversammlung? Was ist das? Nie gehört!« Oder: »Du meinst wohl das Krippenspiel zu Weihnachten?« Man muß sich sehr genau umhören, um Näheres zu erfahren. »Betriebsappelle«, ob ich die meine, »die werden hier in der Regel ein- oder zweimal im Jahr durchge-

führt, meist zum 1. Mai oder zu Weihnachten«, wird mir mehrfach gesagt.
Endlich finde ich einen Arbeiter, der weiß, was gespielt wird. Er war früher, als er noch in einem anderen Werk arbeitete, in der Gewerkschaft. Nach zweimonatiger X-Betriebszugehörigkeit hielt er es für ratsamer, auszutreten. »Da ist der Alte dagegen. Wenn sich hier einer öffentlich zur Gewerkschaft bekennt, ist er für immer unten durch. Der Alte sagt: ›Ich dulde in meinem Betrieb keine Gewerkschaft. Wo ich sowieso den tarifmäßigen Lohn zahle.‹« So kommt es, daß keiner im Werk zugibt, wenn er »Metaller« ist. Man weiß nicht, ob überhaupt welche organisiert sind, und wenn ja, wie viele es sind. Es können zwei, aber auch fünfzig sein. (Es sind an die dreißig, wie ich später in der Ortsverwaltung erfahre.) Auch untereinander kennen sich die Organisierten nicht. Jeder zahlt heimlich seinen Beitrag. Einer mißtraut dem anderen.
Nachdem der ehemalige Gewerkschaftler sich einmal Luft gemacht hat, geht er auf meine Frage nach der Betriebsversammlung ein: »Doch, so etwas gibt's hier. Pro forma. Ein- oder auch zweimal im Jahr. Meist zum 1. Mai. Eine Art ›Anti-Mai-Kundgebung‹ vom Chef privat. Keiner weiß, was es eigentlich soll. Vom gesamten Betriebsrat ist nur unser guter alter F. bekannt, die rechte Hand vom Chef und Mitglied im Aufsichtsrat. Er verliest auch am Anfang schön brav seinen Rechenschaftsbericht, damit die ganz Schlauen nicht etwa auf den Gedanken kommen, daß es sich hierbei um etwas anderes als eine Betriebsversammlung handeln könnte. Er legt dann Rechenschaft davon ab, daß Weihnachtsfeiern stattgefunden haben, Kinder von Werksangehörigen beschert worden sind und in Ferien geschickt wurden. Bald schon reißt der Alte selbst das Wort an sich und läßt es sich bis zum Schluß nicht mehr nehmen. Er kommt immer mit denselben Schlagworten. Bedankt sich für die gute Zusammenarbeit, die eine erneute Produktionssteigerung mit sich brachte. Aber im gleichen Atemzug: ›Dem deutschen Arbeiter geht's viel zu gut. Wächst uns Unternehmern über den Kopf ... Denken Sie an unsere armen hungernden Brüder und Schwestern in der Zone ...‹ In einer halben Stunde ist der ganze Spuk vorbei. Wer Nachtschicht hat, kann nicht daran teilnehmen. Er hat aber auch bestimmt nichts versäumt.«

»Unfälle sind unvermeidlich.« – »Die bringt der Akkord so mit sich.« Und: »Wo gehobelt wird, fallen auch Späne.« Jede Woche hängt ein neuer Aushang im Schaukasten. Die Werksleitung beklagt darin die genaue Anzahl der Arbeitsstunden, die ihr »durch Unfälle verlorengingen«. Anhand der Unfallzahlen läßt es sich an fünf Fingern abzählen, daß man bei mehrjähriger Betriebszugehörigkeit bestimmt mindestens einmal anonym in der Statistik erscheint. Ob es sich jeweils um leichtere, mittlere oder schwere Unfälle handelt, gibt die Statistik nicht preis. Ausschlaggebend ist lediglich die Arbeitszeit, die der Werksleitung verlorengeht.

Ich habe viele Arbeiter nach Unfällen gefragt. Bei den Akkordlern war keiner von einem Unfall verschont geblieben. Einer hat seit acht Jahren jedes Jahr seinen Unfall gehabt. »Ich kann noch so aufpassen, einmal im Jahr erwischt's mich. Daran ist allein der Akkord schuld. Es ist bei der Hetze zeitlich einfach nicht möglich, alle Sicherheitsvorschriften zu beachten.«

Ein anderer, noch jüngerer Arbeiter hat innerhalb eines Jahres zwei schwere Unfälle an der Richtmaschine gehabt. Das eine Mal hat ihm ein Rohr eine Sehne an der Hand zerschlagen, »durch den Schutzhandschuh durch«, er kann seitdem den Daumen der linken Hand nicht mehr bewegen. Vier Monate später, beim zweitenmal, rutschte ein Stapel Rohre ab und quetschte ihm ein Stück vom großen Zeh weg. »Es hat lange gedauert, bis ich nicht mehr humpelte. Wenn ich schnell gehe, spüre ich's noch immer.«

Überall im Werk sind Warnschilder angebracht. Sie scheinen mehr als Dekoration gedacht. Über dem Schleifstein zum Beispiel mahnt folgendes Schild. »Was trägst Du lieber, eine Schutzbrille oder später ein Glasauge?!« Die Schutzbrille ist zwar auf dem Schild neben dem Glasauge abgebildet, aber nirgends aufzutreiben. Der Meister, den ich danach frage, hat nur ein Achselzucken dafür übrig. Bei schweren Unfällen ist man aufgeschmissen. Es gibt zwar einen Verbandsraum mit einem älteren Sanitäter darin, aber Medikamente und Verbandszeug sind Mangelware. Und es steht kein Krankenwagen zur Verfügung. Man muß ihn aus der fünf Kilometer entfernten Stadt anfordern. Der schafft den Schwerverletzten dann in das 800 Meter entfernte Unfallkrankenhaus, das weder einen Kranken- noch einen Unfallwagen hat.

Bei den Akkordlern kursiert der Spruch: »Hauptsache, die Produktionszahlen stimmen, Sicherheit kommt erst an zweiter Stelle!« Und die Unfallzahlen bestätigen das. Eine ständige Gefahrenquelle sind die überladenen Karren. Immer wenn was passiert ist – und es passiert mit den Karren dauernd was –, hängt die Werksleitung einen Anschlag aus: »Die Karren dürfen nur bis zu einer bestimmten Höhe beladen werden.« Acht bis vierzehn Tage nach dem letzten Aushang hält man sich bereits nicht mehr an die Bestimmung, und die Werksleitung toleriert das stillschweigend bis zum nächsten Unfall. Der Akkordler belädt seinen Karren in doppelter Höhe, spart dadurch einen Gang ein, spart so kostbare Zeit, die für ihn Geld ist. (Geld für das Werk ohnehin, denn von jeder Mehrarbeitsleistung kommt dem Arbeiter nur ein Bruchteil zugute.) So kippen akrobatisch aufgetürmte Stapel von Rohren nach wie vor von den Karren herunter, krachen auf Schädeldecken, Schulterblätter und Rippen, zerschlagen Schienbeine und zerbrechen Zehen. Das muß hingenommen werden, das bringt der Akkord eben mit sich.

Ein tödlicher Unfall ereignete sich vor wenigen Jahren. Ein Eisengerüst, auf dem Berge von Rohren gestapelt lagen, hatte sich aus seiner Verankerung gelöst. Die Rohre kamen ins Rutschen, das Gerüst kippte um, und die Rohre begruben unter sich einen Menschen, der zufällig daran zu arbeiten hatte. Die Angehörigen des Toten haben jahrelang gegen das Werk prozessiert, die Schuldfrage ließ sich nicht klären. »Höhere Gewalt, Berufs- und Künstlerpech!« Man hat das Eisengestell nach dem »tragischen Unfall« natürlich sofort sehr fest wieder einzementiert. Und es ist Gras über die Sache gewachsen. Inzwischen hat sich die Verankerung erneut gelockert und beim nächsten Rutsch können die Rohre wieder einen Menschen zerquetschen.
Auch Frauen arbeiten im Werk. Sie sind den Männern im Lohn bei weitem nicht gleichgestellt. Sie arbeiten alle im »Teamwork«. Eine jungverheiratete Frau erzählt mir, die Arbeit mache sie dermaßen fertig, daß sie nach der Arbeit zu Hause oft vor Erschöpfung heule. Ihr Mann bringt nicht das nötige Verständnis dafür auf, »er ist selber von seiner Arbeit genug durchgedreht«, und so leben sie in dauernden Spannungen und Reibereien.

Ein Großteil der Arbeiter besteht aus Pendlern. Sie werden täglich aus den entferntesten Dörfern mit Werksbussen zur Arbeitsstätte hin- und wieder zurückverfrachtet. Die in den abgelegenen Nestern wohnen, müssen bei Frühschicht nachts um 3.30 Uhr aus den Betten. Einige Busse sind überfüllt. Auf den Zweiersitzen hockt man dichtgedrängt zu dritt, und die später hinzusteigen, müssen im Gang stehen. Es gibt die gesetzliche Regelung, daß im Berufspendelverkehr jeder Anspruch auf einen Sitzplatz hat. Ein ehemaliger Schutzmann, der seit zwei Jahren Anschreiber bei den X-Werken ist, hielt es für seine Pflicht, den Busfahrer darauf aufmerksam zu machen. »Es kann bei plötzlichem Bremsen – die weite Strecke wird in hohem Tempo zurückgelegt – zu folgenschweren Unfällen kommen. Außerdem ist es für die Arbeiter eine Zumutung, bereits vom Stehen müde zur Arbeit zu gelangen.«
Diese Gründe brachte der ehemalige Schutzmann wiederholt vor, und als kein größerer Bus oder Zweitbus eingesetzt wurde, drohte er mit einer Anzeige. Der Busfahrer berief sich darauf, daß er im Auftrag der X-Werke fahre und man ihm für den Ausbau der Buslinie keine Geldmittel zur Verfügung stelle. Der Anschreiber erstattete Anzeige. Am nächsten Tag hatte er seine Kündigung in der Tasche. Das konnte er nicht begreifen, er hatte seine Arbeit immer gut gemacht und auch nie gefehlt. Ein Kündigungsgrund war auf dem Formular nicht vermerkt. Den wollte er doch wenigstens wissen. Vielleicht hatte das Werk inzwischen Arbeitskräfteüberschuß, er zählte ja nicht mehr zu den Jüngsten. Er ging mit dem Entlassungsschreiben zum Personalchef und fragte ihn nach dem Kündigungsgrund, der mußte es ja schließlich wissen, denn das Schreiben trug seine Unterschrift. Der Personalchef schaute ihn nur sehr ernst an und sagte: »Den Grund können Sie sich selbst ausdenken.« Da ging dem Mann, der zwei Jahre Anschreiber bei X. gewesen war, ein Licht auf, und er sagte, doch, jetzt verstehe er alles.
Am Rande sei noch vermerkt, daß auch der Betriebsratsvorsitzende F. diese Kündigung mit seiner Unterschrift versehen hatte. Um so erstaunlicher und sehr bezeichnend für F.s unermüdliches Pflichtbewußtsein ist die Tatsache, daß er in der betreffenden Woche krank zu Hause lag.

Diese Willkürmaßnahme steht nicht vereinzelt da. Drei Arbeiter an der großen Richtmaschine wurden auf ähnliche Weise »gegangen«, nur weil Obermeister K. sich Sporen verdienen wollte. Obermeister K. zerbrach sich seinen Kopf, wo man die Produktion noch steigern könnte. Er muß lange überlegt haben, bis sein Blick auf die Richtmaschine fiel. Die drei dort wirbelten mit den Armen nicht so in der Luft herum wie die an den anderen Maschinen, hier mochten noch unerschöpfte Reserven liegen. Er wurde mit seiner »Entdeckung« bei der Werksleitung vorstellig und legte einen Produktionssteigerungsantrag vor, den man ohne weiteres genehmigte. Die Maschine sollte von nun an zwei Gänge schneller laufen. Die drei Männer protestierten geschlossen: sie müßten ihre Maschine besser kennen und im Akkord schon das Höchstmögliche aus ihr herausholen. Im dritten Gang würde einmal das Material beschädigt, zum anderen steigerten sich die Unfallgefahren erheblich.
Obermeister K. blieb fest. (Sein üblicher Ausspruch: »Wenn ich schwarz sage und es ist weiß, dann ist es schwarz, sag ich!«) Er stellte den dreien anheim, entweder im dritten Gang zu arbeiten oder die Konsequenzen zu ziehen und zu gehen. Die drei zogen die Konsequenzen und gingen geschlossen. Obermeister K. erhielt von der Werksleitung eine Belobigung. Er brüstete sich später damit, daß er dank seines rigorosen Durchgreifens eine Betriebssabotage verhindert habe. Für kurze Zeit arbeitete nun an der Richtmaschine ein neues Team im dritten Gang. Nicht allzulange. Die Ausschußquote war enorm hoch, und die Maschine blockierte häufig, was lange Wartezeiten mit sich brachte. Inzwischen läuft die Richtmaschine wieder im ersten Gang – von der Werksleitung befohlen –, Obermeister K. verliert kein Wort mehr darüber.
Ich stehe an der Maschine. Vor mir die Wand. Mein linker Arm dreht an dem Rad, der Stahl frißt sich ins Rohr, meine rechte Hand packt zu und legt das geschnittene Rohr auf den Stapel. Meine beiden Hände arbeiten losgelöst von mir, sie werden kaum müde dabei, müde wird mein Kopf. Rot- und blauglühende Eisenspäne rollen sich vom Rohr ab und springen auf meine Hände. Ich sehe zu dabei. Der Schmerz geht nicht bis zum Kopf, und der Reflex bleibt aus. Bei der

nächsten Bewegung fällt der Span, erkaltet, wieder ab. Auf den Händen wachsen Blasen.
Um mich herum der tosende Lärm der klatschenden Rohre. »Ab 60 Phon treten Nervenschädigungen auf«, habe ich einmal gelesen; »so stark oder schwach sind die Geräusche in einem Büroraum mit 50 Personen ... Lautstärken von mehr als 120 Phon« – die gibt es hier beim Aufprall der Rohrstapel – »lösen im Ohr keine reinen Hörempfindungen aus, sondern sie erzeugen Schmerzgefühle«, hieß es da noch. Am Anfang war es auch so. Der Lärm tat weh. Jetzt betäubt er mich.
Über die Fabrikhalle das wohltuende Gesumm eines Flugzeugs. Es setzt zum Landen an. Das ist Unternehmer X. Er legt die Strecke von seinem Wohnort zum X-Werk jeweils im Privatflugzeug zurück. Wenn der Arbeitgeberverband seine Tagung hat, erscheint er im Flugzeug.
Ich habe noch tägliche Kündigungsfrist. Trotzdem sage ich schon drei Tage früher Bescheid, ich hätte vor aufzuhören. Ich halte es für korrekter, damit man eventuell noch Gelegenheit hat, einen Neuen einzustellen, den ich anlernen kann. Man ist sehr erbost über meine plötzliche Kündigung. Hier ist man gewohnt, daß der Arbeitgeber die Kündigung ausspricht, und nicht umgekehrt. Man kommt mir zuvor. Am gleichen Tag noch muß ich meine Sachen packen. Ich versuche einzuwenden, »wenn ich nun auf das Geld von den drei Tagen angewiesen bin? Es war ein Entgegenkommen von mir, daß ich Sie vor dem gesetzlichen Kündigungstermin von meinem Fortgehen in Kenntnis setzte. Zum Dank dieser Rausschmiß.« Man bleibt hart. »Sie gehen heute noch!« Ich erkundige mich im Lohnbüro, ob ich Urlaubsanspruch habe. Man verneint.
Am nächsten Morgen besorge ich mir in der Verwaltungsstelle der IG Metall den Text des amtlichen Tarifvertrages und lege den Passus dem Personalchef vor. »Hiernach habe ich Anspruch auf einen Tag bezahlten Urlaub.« Der Personalchef ist zuerst sehr unwirsch. Dann blättert er in dem Tarifvertrag herum und entdeckt den Stempel der IG-Metall-Verwaltungsstelle. Und sofort ändert sich sein Verhalten. »Aber selbstverständlich steht Ihnen der Urlaub zu. Wir gewähren in Härtefällen sogar den Urlaub, wenn er nach dem Gesetz nicht zusteht. Es muß sich da um ein

Versehen meines Angestellten handeln. Kann ich mir eigentlich aber auch nicht denken, der weiß doch genauestens Bescheid, vielleicht haben Sie sich verhört! Muß wohl so sein.«

»Sinter zwo« – im Stahlwerk

Eine Stadt aus Rauch und Ruß, und der graue Belag auf den Backsteinfassaden ist wirklicher als die Steine darunter. Die Äste der Bäume sind kahl und nebelhaft weiß, als wären sie mit Milben bedeckt. Farblos sind die Gesichter der Menschen.
Hier gibt es keinen richtigen Himmel, nur nachts das rötliche Zucken der Wolken.
Die Fabrik ist größer als die Stadt. Ein unersättlicher Polyp, der mit seinen Fangarmen in alle Straßen greift und sich zwischen Wohnblocks und Geschäftshäuser drängt.
Die Ankunft in einem düsteren Land.
Die Fabrikanlage, in der ich mich melden soll, besteht aus kilometerlangen fensterlosen Gebäuden, kastenförmig ohne Lücke aneinandergekoppelt und ineinander verschachtelt, mehrfach überragt von Schornsteinen, die wie stumme Wächter darüberstehen. Keine Fabrik, wie sie mir von früher her bekannt ist, keine hin und her laufenden Arbeiter, keine Höfe und Innenflächen, überhaupt keine Menschen. Nicht der übliche Arbeitslärm, wie er durch Menschenhand entsteht. Die Fabrik liegt gleichmütig summend da. Es klingt, als verschmelze die Arbeit dort drinnen zu einem einzigen gleichartigen Vorgang, der eigentlich kein Lärm ist, sondern eher ein Keuchen, ein lautes Stöhnen.
Ferngesteuert werden auf Gleisanlagen Waggons bewegt. Staubmassen ergießen sich hinein, dann ruckt die Reihe ein Stück weiter. Keine Lokomotive ist zu sehen, seitlich neben den Schienen laufen Drähte. »Tor 22« ist auf meinem Passierschein vermerkt, und als ich durchgehen will, verstellt mir ein Pförtner den Weg, prüft schweigend meinen Schein und weist mit dem linken Arm die Richtung. Der rechte Ärmel seiner schwarzen Werksuniform baumelt leer herunter.

»Sinteranlage II, Büro A« steht an der Stahltür, ich klopfe an, es meldet sich niemand, ich klopfe noch einmal, und als alles ruhig bleibt, trete ich ein. »Nicht unaufgefordert eintreten!« steht auf einem handgeschriebenen Zettel an einer

zweiten Tür, dicke Buchstaben, verspielt und säuberlich ausgemalt. »Wer ist denn da!« ruft jemand unwirsch.
Ich trete ein und halte meinen Zettel hin. Der Mann hinter dem Schreibtisch übersieht ihn und weist mit einer stummen Handbewegung auf den zweiten Stuhl im Raum. »Die schikken mir unaufgefordert Leute, und ich kann sehen, wo ich sie hintue. Eigentlich sind wir im Moment auf allen vier Schichten überbesetzt«, begrüßt er mich. »Wohin mit Ihnen nun? Die Anlage kommt jetzt schon mit zwölf Männern pro Schicht aus, und Sie wären der sechzehnte. Schon beim Werksarzt gewesen? Nun, da müssen Sie vorher hin, hier müssen Sie kerngesund sein. Etwa bisher im Pütt gewesen? Nicht? Das ist gut, die haben oft schon in Ihrem Alter was abbekommen. Kommen Sie wieder, wenn Sie beim Werksarzt waren, dann wollen wir mal sehen.«
Beim Werksarzt liest eine Sprechstundenhilfe in weißem Kittel mechanisch einen Katalog Krankheiten herunter. Nach den ersten höre ich schon nicht mehr hin und beeile mich, mit meinem jeweiligen Nein mitzuhalten. Anschließend muß ich unterschreiben. Der Werksarzt läßt mich in eine Art Sektglas urinieren, fühlt meinen Puls und horcht eingehend meine Lunge ab, und während er mit mir spricht, macht er sich an meinem Karteiblatt zu schaffen. »Sie müssen jetzt viel Obst und Traubenzucker essen und regelmäßig Milch trinken – ›zusätzliche Kalorien und Vitamine‹ – sag ich immer zu unseren Sinterstaubschluckern«, wendet er sich an mein Karteiblatt, »dann werde ich Sie auch so schnell hier nicht wiedersehen, hoffe ich. – Sagen Sie draußen, der nächste soll hereinkommen«, entläßt er mich, »und bleiben Sie sitzen, bis man Sie aufruft.«

Man hat mich für »uneingeschränkt verwendungsfähig« befunden, und der Betriebsleiter in Sinter II, darüber gar nicht so sehr erfreut, sagt, ich solle dann eben morgen mal zur Frühschicht erscheinen und mich bei Meister Z. melden, der werde schon irgendwas für mich haben.
Als ich sage: »Ich möchte meinen Arbeitsplatz ganz gerne mal sehen«, lächelt er nachsichtig: »Junger Mann, Sie haben noch Vorstellungen, Arbeitsplatz, wenn ich das höre, die Anlage arbeitet kontinuierlich; automatisch werden Erze gesiebt, gebrochen, und dann nachgeschaltet 'ne große Sin-

teranlage, da sind Sie überall und nirgends, werden das schon spitzkriegen, wie ich das meine, da gibt's nichts zu zeigen. Und noch eins: Disziplin und Pünktlichkeit sind hier oberstes Gebot. Wenn Sie das zu Ihrem Grundsatz machen, haben wir lange Freude aneinander.«
Ähnlich hatte man es mir vor zwei Tagen schon einmal gesagt, auf der Anmeldestelle des Bewerbungsbüros für Arbeiter: »Du warst doch sicher schon Soldat und weißt daher, wie wichtig Disziplin und Gehorsam sind. Beide sind auch in einer Fabrik von ausschlaggebender Bedeutung. Wir sind da sehr konsequent, wenn das nicht klappt, bist du sehr schnell wieder draußen! Die goldenen Zeiten für euch sind langsam vorbei, Gott sei Dank! Wir sind nicht mehr angewiesen auf euch, seit hier überall automatisiert wird. Allein heute habe ich einen Überführungstransport von dreißig Türken abgelehnt, Gastarbeiter sind bei uns schon passé. Und ihr sollt wieder merken, wer der Herr im Hause ist.«
Das geht mir in der Nacht vor meiner ersten Schicht durch den Kopf. Ich habe Angst, daß die Fabrik Ähnlichkeit mit dem Kommiß haben könnte. Ich wache mehrmals auf in der Nacht. Die Erzzüge rattern in endloser Kolonne durch die Nacht, durch mein Zimmer, durch meinen Kopf, und die Schreie der Loks wühlen sich tief in meinen Schlaf.
4.50 Uhr schrillt der Wecker. Noch taumelig, stehe ich auf. Auf dem Kopfkissen und auf der Fensterbank entdecke ich kleine schwarze Rußkörner. Das Fenster war während der Nacht auf. Einen bitteren Geschmack habe ich im Mund, und die Zahnpasta spült ihn nicht weg. Er sitzt tiefer. Mein täglich Brot wird von nun an diesen Geschmack haben. Das Brot, das die Arbeiter dieser Stadt Tag für Tag zu essen bekommen.
Ich klatsche mir den Waschlappen mit kaltem Wasser ins Gesicht und werde nicht wach davon; noch benommen vom Schlaf, mache ich mich auf den Weg zur Frühschicht.
5.30 Uhr, ein gespenstischer Zug bewegt sich durch die Straßen der Stadt. Milchige und gelbliche Lichter von Autos durchdringen kaum die graue, trübe, nieselnde Brühe. Ketten von Fahrrädern, schwankend, gekrümmte Gestalten, die sich gegen den böigen Wind anstemmen, und Fußgänger mit hochgeschlagenen Kragen, die Hände in den Hosen- oder Jackentaschen vergraben, unter den Arm die verschossene

Aktentasche geklemmt oder auch nur eine Tüte mit Broten. Alte Männer, abgehärmt, mit seltsam schnellen Schritten schlurfend wie aufgedreht, deren letzte Schicht nicht mehr fern ist. Und junge, mit weit ausholenden Schritten, dazwischen ein kurzes Stück im Lauf, die Schultern hochgezogen, die Gesichter oft schon zeitlos alt. Über der Straße ein Licht, das die Blätter der Hecken blau, die Gesichter der Menschen schwärzlich färbt und ihre Lippen violett – Negative eines schlecht belichteten Farbfilms.

In der Fabrik gibt es keinen Morgen, keinen Mittag und keinen Abend. Hier ist immer Nacht. Eine Nacht, auf die kein Tag folgt, neonerhellt.

In den Ziegelsteinmauern fehlen die Fenster. Gitterförmige Luftlöcher sind an einigen Stellen eingelassen. Dahinter schimmert ein Stück Himmel, wenn es draußen hell ist, und es glitzert und flimmert, wenn die Sonne dahintersteht.

Das ist der pulvrige Metallstaub – Sinter genannt –, der hier überall ist. Er wabert unter jedem Schritt, klebt auf der Haut, dringt in Nasenlöcher und Augen ein.

In der Staubschicht auf dem Boden verlaufen Fußstapfen. Da steht mit ungelenker Schrift in den Staub gekritzelt: ›Alles Scheiße‹. Darüber, auf dem Staubbelag eines Stahlträgers, hat jemand eine pornographische Darstellung versucht. Keine Rundungen, sondern kantige Formen.

Riesige eiserne Telefone hängen an den Wänden. In den langen Gängen haben die Treppen überdimensionale Stufen, wie für Riesen erbaut. Reptilienhaft langsam bewegen sich Schwenkarme an den Kesseln über dem Förderband. Hin und wieder öffnet sich eine Klappe, und ein orkanartiges Tosen füllt die Halle. Das ist »Rü II«, die Fabrikhalle, die ab heute mein Revier ist. Der Meister hat mir Besen und Schaufel in die Hand gegeben und gesagt: »Alles in kleine Häufchen fegen, dann in die Schubkarre schaufeln und raus in den Kübel fahren. Zügig, zügig alles. Wenn ich meinen Rundgang mache, will ich sehen, es ist Bewegung drin!«

Ich schwinge den Besen, von dichten Staubwolken umhüllt. Anfangs versuche ich, den aufgewirbelten Staubmassen zu entkommen, ich halte die Luft an und springe schnell zur Seite, wo noch kein Staub ist, hole tief Atem und fege schnell weiter, solange die Luft reicht, um dann wieder fortzuspringen. Aber so komme ich außer Atem. Es nützt nichts. Der Staub will geschluckt sein. Ihm entkommt hier keiner.

Auf der Haut bildet sich eine schmierige Kruste. Wenn ich ausspucke, erschrecke ich: Mein Auswurf ist schwarz. Nach der Schicht, unter der Dusche, schrubbt man sich die Haut fast von den Knochen, um die Poren sauber zu bekommen. Es nützt nicht viel, der Sinterarbeiter ist von seiner Arbeit gezeichnet; immer bleiben verräterische Spuren zurück. In den Augenbrauen, am Haaransatz, hinter den Ohren oder in den Nasenlöchern hat der Sinter sich festgefressen. Die Haare werden stumpf und strähnig, und die Haut wird mit der Zeit ausgelaugt, wird grau wie die Farbe des Sinters.

Wie viele wir auf der Schicht sind, weiß keiner.

»Das wechselt hier oft«, sagt einer, den meine Frage überrascht. »Mehr als ein Dutzend werden es kaum sein, ich persönlich kenne den Meister Z., den H., den P. und das Holzbein – der hat in Wirklichkeit kein Holzbein, der geht nur so, war früher im Pütt, hat unterm Bruch gelegen mit dem Bein, darum geht er so, und darum hat er seinen Spitznamen weg. Ja, dann kenne ich noch zwei andere, das heißt, sie selbst kenne ich nicht, aber ihre Stimmen, die kenn ich, von der Sprechanlage her. Ich glaube, der eine heißt S., und der andere brüllt immer so, daß ich ihn meist beim zweitenmal erst verstehe. Ja, das ist komisch, richtige Kumpels wie früher haste hier nicht. Das liegt an der verfluchten Anlage. Wenn du da alle Gänge durchgehen willst, brauchst du fast 'nen Tag. Ich hab mich mal richtig verlaufen; wenn es stark staubt, siehst du die Markierungen nicht mehr; ich habe schließlich eine Sprechanlage gefunden, und von dort hat man mir über den Zentralsteuerstand den Weg gewiesen. Da habe ich erst gemerkt, wie winzig wir doch neben der verdammten Anlage sind. Und das schönste ist: Die Anlage kommt bald ohne uns aus! Der Meister hat mal gesagt, sie könnten bereits jetzt mit der halben Mannschaft zurechtkommen, und wenn die Anlage erst richtig klappte, könnten wir alle gehen. Als ich den Betriebsingenieur wegen einer Staubzulage anging, hat er geantwortet, die Anlage wäre als garantiert staubfrei errichtet worden, und als ich das nicht kapierte – der Staub ist ja oft so dicht, daß du die Hand vor den Augen nicht sehen kannst – und nur den Kopf schüttelte, hat er gesagt, das könne ich von meiner Warte aus nicht beurteilen, es wären im übrigen auch Verbesserungen im Gange, aber da solle ich nur ja nicht drauf hoffen, denn dann würde ich ganz überflüssig. Ein Jahr, sieben Monate genau, soll meinetwegen noch alles so laufen, wie es läuft, dann hab ich's geschafft, dann krieg ich meine Rente.«

Sogar der Meister scheint nicht zu wissen, wieviel wir auf der Schicht sind. Er schlägt in seiner Sinterwarte das Buch auf und stellt fest, »16«, nachdem zuvor einer auf »11« getippt hat. Aber da fällt einem ein, daß zwei bereits vor drei oder vier Wochen gegangen sind. Der Meister glaubt sich zu erinnern und streicht sie aus dem Schichtbuch aus.
Wie die einzelnen Arbeiter innerhalb der Anlage verteilt sind, merke ich erst im Laufe der Zeit.
Von Anfang an ist mir ein sich immer wieder bewegender Punkt auf dem Dach neben dem Kühler aufgefallen. Wenn ich meine Staubfuhre ins Freie schiebe, entdecke ich auf dem einige hundert Meter entfernten Dach die Veränderung des Punktes, der sich deutlich von der riesigen geraden Fläche abhebt. Ich nehme den Punkt hin wie alles Fremdartige an der Anlage, selten sehe ich ihn in Bewegung, immer sehr ruhig und gleichmäßig. Nur einmal lief der Punkt hastig am Rand des rotierenden, etwa 30 Meter langen Kühlers hin und her. Seltsamerweise blieb der Kühler, der sich sonst unentwegt um sich selbst dreht, plötzlich stehen. Und der Punkt verschwand aus meinem Blickfeld.
Ich nahm an, daß es sich hier um eine auf Schienen laufende Transportlore handele, obwohl ich mir das auch wieder nicht erklären konnte, da der Rhythmus zu unregelmäßig war im Gegensatz zu den Bewegungen sonst in der Anlage, die gleichförmig verlaufen, wenn auch nicht unbedingt in gleichen Abständen, so doch zusammenhängend und aufeinanderfolgend.
Ich wundere mich sehr, als sich der Punkt einmal entgegen seiner sonstigen Gewohnheit nicht am Rande der Kühlers entlang bewegt, sondern auf den Rand des vorderen Daches zu. Ich laufe ihm entgegen, in gebührendem Abstand, um zu sehen, ob die Lore vielleicht aus den Gleisen geraten ist und nun abstürzen wird.
Aber nichts geschieht. Bis ein Stein vor mir aufschlägt, an dem mit Draht ein Zettel befestigt ist. Auf dem Papier steht: »Komm mal hier nach oben und trink einen Schluck aus der Pulle. Hinter Rü II geht die Leiter hoch.«

So lerne ich H. kennen. Wie ein Leuchtturmwärter hält er hoch oben seine Wache. Er muß aufpassen, daß der Kühler nicht überläuft. Meist braucht er nur alle paar Tage einmal einzugreifen, dann muß er die Stahlleiter hinunterklettern und über die Sprechanlage den Zentralsteuerstand informieren. Die wissen meist schon Bescheid. Ein Kontrollämpchen sagt es ihnen. H. ist nur als zweite Sicherung eingeplant. Er darf seinen Posten auf dem Dach nicht verlassen, darf auch nicht lesen und keinen Alkohol trinken.
Aber heute hält er sich nicht an die Vorschrift. »Ich hab Geburtstag, prost!« und gibt mir eine Flasche Bier, die er in der Aktentasche heraufgeschmuggelt hat. »Nett, daß du mich besuchst. Wenigstens an meinem Geburtstag will ich nicht allein sein. Hier oben seh ich tagelang keinen Kumpel, mit dem ich ein Wort sprechen könnte. Dich habe ich ausgemacht, wenn du deine Karre in den Kübel schmeißt. Dann gibt's immer eine Staubwolke. Einen Feldstecher müßte man haben. Das könnte ganz interessant sein. Meister Z., dieser Wurm, kontrolliert mich von unten schon mal mit dem Feldstecher, ob ich auch nicht lese oder mich verkrümele. Ich kann ja nicht immer auf den Kühler starren. Der dreht sich und dreht sich, und dann dreht's sich noch in meinem Kopp, wenn ich ständig draufglotze.« H. ist froh, wenn es nicht regnet und nicht zu kalt ist. Dann hockt er sich auf ein Brett, das er über seine Aktentasche gelegt hat, läßt sich von der Sonne bescheinen und ist zufrieden. Wenn es aber kalt ist, ist er in dauernder Bewegung, läuft oft nah an den Rand des Kühlers, wo glühende Sinterklumpen Hitze ausstrahlen. Schlecht ist, wenn Wind weht. Der bläst ihm die heißen Staubkörner ins Gesicht.
H. blinzelt dauernd und wischt sich mit seinem schmierigen Jackenärmel über die tränenden Augen. In seinem schwarzen Gesicht treten hellere Stellen hervor. Zahllose Falten zerfurchen wie weiße senkrechte Linien sein Gesicht. Sein Alter läßt sich nicht schätzen. Es könnte zwischen 55 und annähernd 70 liegen.
Als H. mir zuprostet und sagt: »Stoßen wir noch mal auf meinen Vierundvierzigsten an«, erschrecke ich. Das muß er gemerkt haben, denn er fügt hinzu: »Das hättest du nicht gedacht, was? Das denkt keiner. Man schätzt mich allgemein ein paar Jahre älter ein. Neulich in der Straßenbahn

stand doch tatsächlich so ein junger Witzbold vor mir auf und sagte: ›Setz dich, Opa.‹ Da hab ich aber doch lachen müssen.«

Ich sage: »Du bist so schwarz, als ob du frisch aus dem Pütt kämst und die ganze Schicht geschuftet hättest. Dabei ruhst du dich hier den ganzen Tag aus.« Das hätte ich besser nicht sagen sollen, denn auf das Stichwort Pütt braust H. auf: »Hör mir nur ja auf mit dem Pütt. Ich war 20 Jahre unter Tage. Weißt du, was das heißt? Dreimal habe ich unterm Bruch gelegen. Einmal hat man mich erst nach 22 Stunden rausgebuddelt. Ich dachte, ich hätte dran glauben müssen. Neben mir den Kumpel hat es erwischt. Ich brüllte immer nach ihm, und er gab keine Antwort, konnte er auch nicht, denn er war tot. Hier, das Stück vom Daumen ist auch im Pütt futsch, und mein Schienbein war zweimal gebrochen. Beim zweitenmal brach anschließend die schönste Zeit meines Lebens an, da ließen sie mich neun Wochen krankfeiern. Man war so großzügig, weil man den Unfall hätte melden müssen. Das wäre die Zeche dann hundertmal teurer gekommen als mein Krankfeiern. Ebenso war's bei schweren Unfällen unter Tage. Da kam's drauf an, den Schwerverletzten so schnell wie möglich über Tage zu schaffen, ob transportfähig oder sein Kopf am letzten Zipfel hing, spielte dabei keine Rolle. Sein Leben mußte er über Tage aushauchen. Denn jeder Tote unter Tage kostet die Zeche jedesmal eine Masse Geld an den Berufsverband. – Nee, mir kann keiner mehr was vormachen. – Als die Zeche vor zwei Jahren stillgelegt wurde, meldete ich mich beim Grubenarzt, um mir meine Staublunge bescheinigen zu lassen und Staublungenrente zu kriegen. 10 Prozent, sagte der Doktor, das kriegen wir schon wieder hin, und verschrieb Spülungen.«

Nachher bewarb er sich bei drei verschiedenen Firmen, keine nahm ihn. »70 Prozent Staublunge, hieß es da. Sie sind nicht arbeitsfähig und müssen sich frühinvalid schreiben lassen. Bis ich dann hier auf der Hütte mein Glück versuchte, und stell dir vor, der Doktor war Leutnant in Stalingrad gewesen, wo ich auch war. Als er sagte, er könne mich nicht nehmen, hab ich ihm gesagt, daß wir uns kennen. Da hat er sich gefreut und gesagt: Kerl, warum sagst du das nicht gleich, wir sind doch alte Kameraden! und schrieb 10 Prozent auf meine Karteikarte, das ist die zulässige Grenze.

Nachher hat er sich noch eine Zeitlang mit mir über Stalingrad unterhalten.«
Das tut H. jetzt auch. Aber er spricht nicht vom Dreck, von der Kälte und den Toten, er erzählt von etwas Angenehmem aus ferner Vergangenheit: »Das waren noch Zeiten, dauernd auf Reisen! Wann bin ich später noch mal ins Ausland gekommen?« Und: »Der deutsche Soldat kämpfte unerbittlich.«
Als ich frage: »Hast du das andere alles vergessen?« begreift H. zuerst nicht, meint dann: »Doch, es war schrecklich, aber der Pütt war noch schlimmer. Mensch, daß ich das all die Jahre mitgemacht habe – es war die Hölle. Das geht mir jetzt erst so richtig auf, wo ich hier bin. Zwanzig Jahre bei lebendigem Leib begraben! Dann ist das hier die Erlösung. Wenn ich geahnt hätte, daß es so eine Arbeit für mich gibt, hätte ich längst meine Sachen gepackt. Jetzt ist es zu spät. Mit so 'ner Silikose wirst du nicht alt.«
Dann sagt H. noch: »Wenn man mich heute zwingen wollte, wieder in den Pütt zu gehen, würde ich mich vorher aufhängen.«
H.'s Arbeit hier, wenn man überhaupt von Arbeit sprechen kann, ist in Wirklichkeit nicht so rosig, wie er es darstellt. Ein Stuhl mit Lehne auf dem Dach wäre für ihn ein Geschenk des Himmels. Er kauert mit krummem Rücken auf seinem Brett und muß alle paar Minuten aufstehen, sonst würde er bald lahm.
»Im Winter, als es so eisig kalt war«, erzählt H., »habe ich mir im Gelände Bretter zusammengesucht und einen Verschlag als Wind- und Schneeschutz gebaut. Schließlich auch noch einen kleinen eisernen Ofen organisiert und den ordentlich geheizt mit Koksbrocken, die ich von den Halden am Hafen herschaffte. Der Meister hat zuerst ein Auge zugedrückt. Bis eine Woche später der Hüttendirektor seinen Besuch ankündigte. Als ich an dem Morgen zur Frühschicht erschien, war meine Hütte abgerissen und mein Öfchen auch nicht mehr da. Der Meister sagte mir, das ginge einfach nicht, wie das denn aussähe, eine der modernsten Anlagen Europas und dann dieser vorsintflutliche Bretterverhau. Dann hab ich mich eben anders gegen die Kälte zu schützen versucht. Reinen Korn in meine Thermosflasche mit Tee geschüttet. Halb und halb. Das heizte auch. Aber

meine Frostbeulen an den Zehen hat es nicht verhindert. Mensch, wenn ich an den nächsten Winter denke! Da denke ich besser nicht dran.«

Mit der Zeit lerne ich noch andere von meiner Schicht kennen. Aber nur sehr flüchtig und oberflächlich. Rü II, mein Abschnitt in Sinter II, ist mir bald vertrauter als die paar Kumpels, die wie zufällig in der Anlage verstreut sind. Richtigen Kontakt habe ich bisher nur mit H. bekommen. Das liegt daran, daß H. im Pütt war und auch sonst viel hinter sich hat. Die Jüngeren haben nicht viel zu erzählen, sind an die Einsamkeit gewöhnt, mürrisch und wortkarg geworden.

Wenn schon mal welche zusammenkommen, um Hefte auszutauschen (Krimis und Western oder auch Mickey Mouse und andere Comics), dann werden Witze erzählt. (Das Lesen ist offiziell zwar verboten, aber heimlich tun es doch die meisten, besonders die Jüngeren; die Älteren sind mit den Jahren vorsichtiger geworden und befolgen die Vorschriften peinlich genau, aus Angst, ihre Stelle zu verlieren.)

Gespräche kommen selten zustande und wenn, drehen sie sich um nichtssagende Dinge, enden mit dem üblichen Witz, einer boshaften Bemerkung oder mit einem Ausbruch von Ärger oder Wut.

Vielleicht, daß es an den brüllenden Maschinen liegt. Es ist, als arbeite die ganze Fabrik wie ein einziger Motor. Keiner kann sich diesem Rhythmus entziehen. Jeder Widerstand ist zwecklos, der Fabriklärm reißt einen mit sich fort.

Zufällig lerne ich den Mann von der Mischtrommel kennen. Er hat mich über eine Stunde heimlich beobachtet, ehe er mich anspricht. In seinem Revier sind Staubmassen vom Transportband 7 übergelaufen, die ich mit der Schubkarre nach draußen in den Kübel schaffen muß. Zwei Tage Arbeit, überschlage ich, der Meister hat verlangt, daß ich es in einem Tag schaffen soll, das bedeutet zwei Tage Zeit, denn es ist bekannt, daß der Meister die Hälfte der benötigten Zeit veranschlagt und sich dann schließlich doch zufriedengibt, wenn man in der doppelten Zeit fertig wird.

Diese Arbeit macht direkt Spaß. Obwohl der matschige Sinter schwer wie Blei ist und die Schubkarre stark an den

Armen reißt und auf dem schwankenden Brett zum Kübel immer wieder umkippt. Es macht Spaß zu sehen, wie die Matschberge nach und nach weniger werden. Das ist bei dem irrsinnigen Fegen anders. Reine Beschäftigungstherapie, hat H. es genannt. In den riesigen Hallen, die wochenlang kein Mensch betritt, dünnsten Staubbelag aufwirbeln. Der Staub ist so fein, daß die Hälfte immer wieder wegfliegt und sich nach einigen Stunden erneut auf den Boden legt. Es lohnt nicht, die Arbeit ist so sinnlos, als ob man Flure und Treppenhäuser mit der Zahnbürste reinigen würde. Alle paar Monate einmal mit der Schaufel rangehen, das hätte einen Sinn. Aber der Meister sieht es eben nicht gern, wenn man herumsteht, und darum ist ihm jede Arbeit recht, »Hauptsache, es ist Bewegung drin«.
Jedenfalls, heute und morgen wird das anders sein. Ich teile mir meine Arbeit selbst ein, mache meine Pausen, wann ich es für richtig halte. Hauptsache, der Dreck ist nach zwei Tagen weg.
Es ist seltsam, die ganze Zeit schon fühle ich mich beobachtet. Dasselbe Gefühl, wenn man eine Straße entlanggeht, wie unter einem Zwang sich plötzlich umdreht und dann einen Bekannten entdeckt, der die ganze Zeit hinter einem hergegangen ist. Der Meister, den ich in der Nähe vermute, kommt aber nicht zum Vorschein. Aber er ist da. Vorgestern noch stand er eine halbe Stunde unbeweglich am Fenster vom Umlenkturm IV und blickte auf mich herab, wie ich den Staub unter dem Band hervorkratzte. Als ich ihn sah, tat ich, als hätte ich ihn nicht bemerkt, meine Arbeit wurde unwillkürlich schneller. Ich wehrte mich dagegen, konnte aber nicht verhindern, daß ich mir keine Pause gönnte. Als er vom Fenster verschwunden war, setzte ich mich erst mal hin und machte Frühstückspause. Gerade in der Zeit kam er dann vorbei und machte eine seiner Bemerkungen, die er immer von sich gibt, wenn er einen nicht arbeiten sieht. »Du machst auch mehr Pause, als du arbeitest; jedesmal, wenn ich vorbeikomme, sitzt oder stehst du herum. Denk an L., von dem wirst du sicher gehört haben. Wir haben ihm seine Papiere gegeben, weil er so oft Pause gemacht hat.«
Aber heute kann ich mich so oft umdrehen, wie ich will. Meister Z. liegt nicht auf der Lauer. Die Mischtrommel dreht sich unentwegt und macht einen Lärm, der das Trom-

melfell erzittern läßt. Vor der Mischtrommel steht eine primitiv zusammengezimmerte Bretterwand. Plötzlich ertönt im Raum eine mechanisch verzerrte Stimme: »Mischtrommel bitte melden, bitte melden.« Ein Brett vor der Mischtrommel löst sich, und heraus tritt ein Arbeiter, geht zu der Sprechanlage neben dem Feuermelder, drückt den Knopf und spricht hinein: »Hier Mischtrommel, was ist?« – »Mehr Wasser«, erfolgt die Anweisung. »Wird gemacht«, sagt der Mann von der Mischtrommel, rennt zu einer kleinen Schalttafel und betätigt einen Knopf. Zwei Brummtöne erfolgen, die Mischtrommel bleibt einen Moment stehen und setzt sich mit einem erneuten, kräftigeren Brummton wieder in Bewegung.

Der Mann von der Mischtrommel kommt auf mich zu und begrüßt mich. »Über eine Stunde hab ich dir bei der Arbeit zugeguckt. Du legst ein Tempo vor, daß mir übel wird. Nix zu lesen bei dir? Dann zieh wieder Leine. Nix los hier, wirst du schon gemerkt haben. Biste neu? Siehste, merkt man. Mußt sehen, daß du auch so 'nen Job kriegst. Hab mich hier zur Ruhe gesetzt. Das ist nix, was du machst. Wirst du ständig bei kontrolliert. Ich hab mein Guckloch und passe auf. Bis jetzt bin ich noch nicht beim Lesen geschnappt worden. Dann ist es nämlich aus mit dem Lenz, und ich muß wieder ran zum Fegen.«

Der Mann von der Mischtrommel mag etwa 23 sein. Er war zwei Jahre im Pütt, und als seine Zeche stillgelegt wurde, hat er sich hier beworben. »Da kriegt mich keiner mehr hin zurück.« Aber hier hält es ihn auch nicht. »Alt werd ich bestimmt nicht hier. Immer aufpassen, wenn der Alte kommt, das hältst du nicht lange aus. Ein paar Zeilen und dann wieder ein Blick durch die Ritze. Und wenn du mal döst oder bei Nachtschicht einpennst, steht er plötzlich vor dir und raunzt dich an. Ich werd hier total nervös. Und von der Mischtrommel über mir krieg ich neuerdings öfter Kopfschmerzen. Vor kurzem träumte ich sogar davon. Total meschugge. Ich stand oben auf der Trommel und mußte unaufhörlich dagegen anrennen, um nicht abzustürzen. Wie ein Meerschweinchen auf dem Laufrad. Da denke ich jetzt manchmal dran, wenn ich hier sitze. Komm doch schon mal vorbei, wenn du Zeit hast. Oder nee, besser nicht, wenn du doch keine Schmöker hast.«

Dann erzählt der Mann von der Mischtrommel noch von einem alten Arbeiter, der im »Tagesbunker oben« hocken soll. »Den haben sie außer Funktion gesetzt, ohne daß er es weiß. Er will es auch nicht wissen, wir haben es ihm schon öfters gesagt, er glaubt's nicht. In drei Monaten wird er pensioniert, und da konnte man ihn nicht vorher rausschmeißen, und 'ne andere Arbeit habense nicht für ihn. Sein Meßgerät – er hat die Feuchtigkeit auf dem Band zu kontrollieren – ist inzwischen an den Zentralsteuerstand angeschlossen, er will das nicht einsehen. Dabei lassen die am Steuerstand es ihn merken. Wenn er zwei-, dreimal am Tag hochruft, die Mischung stimme nicht, sagen die ihm, das wissen wir längst, Opa, aber du hast gut aufgepaßt. Es wird erzählt, er spreche manchmal mit sich. Einer will gehört haben, wie er leise gesprochen, halb gesungen habe ›ich bin der Meister vom ganzen Band und halte alle Zügel in meiner Hand‹ und noch so 'n Quatsch. Zutrauen würde ich's ihm.«
P. ist wieder ein Fall für sich. Er macht sich völlig überflüssigerweise seine Finger schmutzig. Dabei brauchte er nichts weiter zu tun, als hin und wieder nach dem Zeiger einer Schaltskala zu sehen und, wenn erforderlich, den Zentralsteuerstand zu informieren. Was er statt dessen macht, ist idiotisch: Mit seiner linken Hand greift er in kurzen Abständen in die matschige Mischung auf dem Band, läßt die klebrige Masse sachverständig durch seine Finger gleiten und freut sich, wenn das Ergebnis mit dem Zeigeranschlag auf der Skala übereinstimmt. Im Laufe der Zeit hat er sich ein brennendrotes Ekzem an seiner linken Hand zugezogen – durch die Chemikalien in der Mischung –, das nimmt er gern in Kauf.
Es muß eine einmalige Genugtuung für ihn sein, die komplizierte Apparatur zu überlisten, ihr zumindest gewachsen zu sein. Aber es nützt ihm nichts; und was sein sinnloses Tun noch sinnloser macht: Sein Arbeitsplatz soll bald eingespart werden. Im Zentralsteuerstand wird ihn dann ein kleines flirrendes Lämpchen ersetzen; Versuche damit sind schon im Gang. Wenn er voll Stolz seinen eigenhändig gefundenen Meßwert nach oben gibt, wird ihm in letzter Zeit oft gesagt: »Wir wissen schon Bescheid.«

Wenn keine Arbeit da ist, wird welche erfunden. Meister Z. ist da sehr erfinderisch. Er hat sich dem Betriebschef gegenüber zu verantworten. Nicht, daß die Anlage läuft – das ist Sache des Betriebsingenieurs –, er muß für seine Arbeiter geradestehen. Er ist sehr unsicher. Bei Spät- oder Nachtschicht, wenn der Betriebschef zu Hause ist, drückt er schon mal ein Auge zu, wenn er einen herumsitzen sieht. Bei Frühschicht rennt er meist nervös durch die Gänge, und wenn er einen beim Nichtstun erwischt, erfindet er schnell eine Arbeit. Fegen und noch mal fegen. Es ist ihm auch gleichgültig, ob das die Nachtschicht bereits gemacht hat. Genauso gleichgültig ist es ihm, ob man die Arbeit nur vortäuscht. Es genügt, einen Besen in der Hand zu haben und ein bißchen auf der Stelle zu fegen. Er hat sich dem Betriebschef gegenüber zu verantworten. Wenn der ihm sagt, wir würden nicht genug spuren, macht uns Z. die Hölle heiß. So neulich, als der Betriebschef den 17jährigen F. beim Pennen erwischt; er sitzt auf der obersten Stufe einer tausendstufigen Treppe, die er fegen soll, hat den Besen zwischen die Beine geklemmt, den Kopf vornüberhängen und schläft. Der Betriebschef weckt ihn nicht, beschwert sich statt dessen bei Meister Z. Dieser hat sogleich eine Spezialarbeit für F. parat. Er soll im Freien den mehrere Tonnen fassenden Kübel mit Sinter vollschaufeln. Und weil Meister Z. den Rüffel vom Betriebschef noch nicht geschluckt hat, stellt er F. ein Ultimatum: »Wenn der Kübel bis Schichtschluß nicht voll ist, fliegst du raus. Morgen kannst du dir dann die Papiere holen.«
Die Arbeit ist während einer Schicht kaum zu schaffen, besonders nicht von F., der ziemlich schmächtig gebaut ist. Der Eisenkübel ist an die zwei Meter hoch, F. reicht mit ausgestrecktem Arm eben bis zum Rand. Er muß die Schaufel bis über seinen Kopf ziehen. Meister Z. kommt alle Augenblicke nach ihm sehen, damit ihm keiner hilft. F. gibt sein Bestes. Er will nicht die Papiere bekommen. Er ist noch keine drei Monate hier. Vorher war er am Bau. Die Arbeit hier ist besser. Und wenn er so oft die Arbeit wechselt, nimmt ihn so schnell kein anderer mehr. Das dreckigste ist nur, daß die Arbeit total überflüssig ist. Es ist die Arbeit des Hubladers, der jeden Abend kommt und den Kübel mit drei, vier Ladungen innerhalb von fünf Minuten bis über den

Rand füllt. F. schaufelt, bis sein Hemd naß am Körper klebt. Dann zieht er sich das Hemd aus und wenig später auch das graue Unterhemd. Um 12 Uhr mittags hat er noch keine Pause gemacht, noch zwei Stunden sind es bis Schichtschluß, und der Kübel ist erst knapp über die Hälfte voll.
F. legt jetzt öfter kleinere Pausen ein, um anschließend noch schneller zu schaufeln. Meister Z. weicht nicht mehr von seiner Seite. Er will den aussichtslosen Kampf zu Ende verfolgen und bei der Niederlage dabeisein. Er feuert ihn noch an, damit F. nicht am Ende noch seine aussichtslose Lage erkennt und aufgibt. »Du kannst es noch schaffen. Du brauchst nicht bis zum obersten Rand. 10 Zentimeter darunter« – er mißt F. mit der Hand das gewonnene Stück vor –, »gebe ich mich mit zufrieden. Sonst ist es dein letzter Tag bei uns. Drückeberger und Schwächlinge füttern wir nicht mit durch.«
F. arbeitet jetzt, ohne abzusetzen. Er arbeitet wie im Fieber, schaufelt, um zu schaufeln, schaufelt um sein Leben, weiß nicht mehr, warum er schaufelt. Seine Bewegungen werden immer schneller, und der Sinter auf seiner Schaufel wird weniger. Zuletzt führt er nur noch die Bewegungen des Schaufelns aus, die Schaufel streift am Sinter vorbei und bleibt leer. F. weiß von dem nichts, wie er später erzählt; er glaubt, der Kübel fülle sich genauso rasend schnell, wie er sich in seiner Raserei ins Zeug legt. Vielleicht denkt er auch an zu Hause, an seinen Vater, der meist betrunken ist und ihn prügeln wird, wenn er mit den Papieren nach Hause kommt; der säuft regelmäßig, seit seine Zeche stillgelegt wurde. Der Vater ist Frühinvalide mit nicht anerkannter Staublunge. Stundenweise arbeitet er noch am Bau. Seine Mutter ist oft krank. Er muß für seine vier jüngeren Geschwister sorgen. Drei sind verheiratet und wohnen anderswo. Einer ist nach Kanada ausgewandert und schreibt meist zu Weihnachten einen Brief, daß es da auch nicht so rosig sei und er für die Rückfahrkarte spare. »Zu wieviel seid ihr eigentlich zu Hause, das heißt, wieviel Geschwister hast du noch«, hat ihn Meister Z. mal gefragt. Da wurde F. ziemlich verlegen, rechnete nach, die Lebenden wußte er, acht waren es; aber vier, fünf oder sechs waren jung gestorben. An den Tod von zweien konnte er sich erinnern, bei den anderen wußte er es nicht, und die wollte er nicht so mir nichts, dir

nichts unter den Tisch fallen lassen. Es mußten noch mehrere sein, mehr wußte er nicht. Seitdem ärgern ihn die andern damit, die es mitbekommen hatten. Zähl doch mal nach. Ihr seid ja die allerletzte Familie. Aber verzähl dich auch nicht. Eins wußte er. Für die vier Geschwister, die zu Hause wohnten, hatte er zu sorgen. Mitte und Ende des Monats hatte er das Geld auf den Tisch zu legen, und sein Vater gab ihm ein Taschengeld davon.
Meister Z. glaubt zuerst, F. habe aufgegeben und wolle ihn nun mit seinen leeren Schaufelbewegungen hochnehmen. Er brüllt ihn an: »Laß gefälligst diesen Unsinn. Das kannst du machen, wenn du nicht mehr hier bist. Noch hast du eine Chance.« Als F. nicht darauf reagiert, tritt Meister Z. von hinten an ihn heran, um ihm die Schaufel wegzureißen. Aber bei der ersten Berührung läßt F. die Schaufel fallen und sackt zusammen. Ganz lautlos. Z. nimmt immer noch an, er spiele ihm etwas vor, und will ihn hochreißen. Aber es geht nicht.
Das kann vorkommen. Die Hitze, und dann ist F. auch nicht der Stärkste. Meister Z. ist gnädig. F. darf bleiben. Nach einer Woche krankfeiern ist F. soweit wiederhergestellt. Er ist zwar noch etwas schwach auf den Beinen und sieht noch durchsichtiger als sonst aus; aber das wird schon wieder werden, sagt Meister Z. »Noch so einen ›Schwächeanfall‹ dürfen wir nicht wieder kriegen, ich werde dafür sorgen, daß du eine andere Arbeit kriegst. Wo du bei sitzen kannst.« So kommt es, daß F. einen der begehrtesten Plätze in der ganzen Anlage bekommt, die Verladung. Er sitzt in einem Glaskasten über der Gleisanlage, kann Radio hören und gut heimlich Zeitungen oder Schmöker lesen. Er überblickt das Gelände unter sich und sieht früh genug, wenn der Meister oder sonstwer kommt. Vor allem für den Winter ideal: Der Glaskasten ist heizbar, eine elektrische Heizung ist eingebaut.
Die gesamte Arbeit besteht in einem Knopfdruck. Zwei Knöpfe. Einer für das Beladen des Sinterwaggons, der andere, damit der Waggon ein Stück weiterfährt und der nächste beladen werden kann. In ganz gleichmäßigen Abständen, 30 bis 35 Waggons auf einer Schicht. Nach jedem Knopfdruck eine Viertelstunde Pause für F., während der hochofenfertige Sinter mit Getöse in den Waggon herunterstürzt. Es

staubt natürlich sehr. Aber wo in der Anlage staubt es nicht? F. kann das Fenster in seinem Glaskasten schließen, die Luft ist zwar schnell verbraucht auf dem engen Raum, aber F. kann das Fenster ja wieder öffnen. Er macht ausgiebig davon Gebrauch während seiner langen Schicht.
Über eine Sprechanlage kann F. mit dem Zentralsteuerstand in Verbindung treten. Er mißbraucht die Sprechanlage oft und macht sie zu seinem Spielzeug. Er kann sie nämlich auch als Lautsprecher benutzen, dann hallt seine Stimme Hunderte von Metern über die Gleisanlage. So singt oder pfeift er Schlager hinaus, wie über eine riesige Stereoanlage, aber für kein Ohr bestimmt. Er selbst hört drinnen seine Stimme normal. Oder wenn ein Arbeiter über die Gleise läuft, was verboten ist, aber gemacht wird, wenn jemand über den Zaun klettern will, um sich auf der anderen Straßenseite in der Angestelltenkantine etwas zum Trinken zu besorgen. Dann erschreckt ihn F. mit Sätzen wie: »Halt, stehenbleiben, oder ich schieße«, oder wenn er ihn kennt: »Komm mal rauf und bring mir was mit.«
Dreieinhalb Wochen tut F. Dienst in seinem Glaskasten. Er fehlt nie und löst seinen Vorgänger immer pünktlich ab. Bis es dann passiert.
Durch F.s Schuld kommt die gesamte Anlage für eine halbe Stunde zum Stillstand. F. hat wieder gepennt, sagt Meister Z. »Es wurde mir plötzlich schwarz vor den Augen, ich bin ohnmächtig geworden«, verteidigt sich F.
Jedenfalls eins steht fest: Der zweite Knopfdruck, der das Weiterrucken des Waggons verursacht und einen neuen Waggon füllt, wurde von F. unterlassen. Der Sinter stürzte herab, überschüttete einen großen Teil der Gleisanlage, türmte sich zu einem Berg auf und verstopfte schließlich die Öffnung, wodurch alle Bänder gleichzeitig stockten. Da erst wurde im Zentralsteuerstand die Panne bemerkt. Man telefonierte herum, und als von überallher alles klar gemeldet wurde, schickte man einen Mann los, der die Bescherung entdeckte und F. mit seinem Kopf auf dem Schaltpult liegen sah.
Alle Leute in der Anlage werden zusammengetrommelt, und während der Betriebsingenieur dabeisteht und alle Augenblicke auf seine Uhr schaut und uns antreibt, schaufeln wir die Gleise frei. Der Betriebsingenieur wird zusehends

nervöser, er rennt hierhin und dorthin, und man merkt ihm an, daß er am liebsten selbst mit anpackte, wenn es ihm sein Rang nicht verbieten würde. 800 bis 1000 DM Schaden in der Minute, man sieht dem Betriebsingenieur an, wie er die Zeit bis auf Sekunden zerlegt und den Schaden zusammenrechnet. Von 25 000 Mark Schaden ist nachher die Rede. F. ist schuld und muß dafür aufkommen, sagen die anderen Arbeiter. Besonders Meister Z. ist aufgebracht. »Habe ich ihm die Chance auf dem Vorzugsposten gegeben, und er mißbraucht mein Entgegenkommen, indem er wieder pennt. Es bleibt letzten Endes an mir hängen, ich habe ihn für diesen Posten vorgeschlagen.« »Ich hab nicht gepennt«, sagt F. »Es war mir den ganzen Tag schon so komisch. Seitdem ich damals zusammengebrochen bin, fühle ich mich öfter so.« »Dumme Ausreden«, sagt Meister Z., »ich an deiner Stelle würde ganz kusch sein, sonst kriegen wir dich ran für den Schaden.« F. macht eine Woche krank und muß sich dann beim Vertrauensarzt melden, der Betriebschef besteht darauf. F. muß sich wieder gesundmelden. Nur für leichtere, nicht verantwortungsvolle Tätigkeiten verwendbar, steht auf dem Attest. In einem hat der Vertrauensarzt festgestellt, daß bei dem Versagen F.s eine Ohnmacht nicht ausgeschlossen werden kann, da eine erhebliche Kreislaufschwäche bei ihm vorliege.

»Wir können dich leider nicht bei uns behalten«, sagt der Betriebschef. »Es ist in deinem und unserem Interesse, wenn du dir eine andere Stelle suchst. Wie leicht könnte wieder etwas passieren.« F. hat 14tägige Kündigungsfrist. In dieser Zeit gibt man ihm keine Arbeit, man sieht ihn oft auf den Gleisen bei der Verladung stehen und zum Glaskasten hinaufschauen, wo ein neuer Arbeiter jetzt durch Knopfdruck die Waggons in Bewegung setzt. Oder er läuft zu den anderen Arbeitern in der Anlage und erzählt allen vom Attest seiner erwiesenen Unschuld. Er ist glücklich, daß man ihn nicht zur Verantwortung zieht. Sein Vater hat ihm gedroht: »Du fliegst raus zu Hause, wenn du den Schaden aufgebrummt bekommst.«

Sein Vater versuchte nachher, als er von der Unschuld seines Sohnes erfuhr, bei der Hütte eine Kur für ihn zu beantragen. F. war noch nie im Urlaub verreist, mit 16 ein Jahr im Pütt, sein Geld immer für die Familie mit reingebuttert.

Ferien am Meer hat sich F. immer gewünscht, er sieht darin das große Gegenstück zum Pütt, er hat das Meer noch nie gesehen, er kann sich nichts Großartigeres vorstellen. Die Kur für seinen Sohn wird dem alten Kumpel ausgeredet, dafür ist er noch nicht lange genug auf der Hütte. Das kommt davon, wenn man seinen Arbeitsplatz so oft wechselt. Eine Kur soll eine Belohnung für langjährige treue Pflichterfüllung im Krankheitsfall eines älteren Mitarbeiters sein, hat der Betriebschef ihm klargemacht.
F. bekommt am 14. Tag seine Papiere und alle guten Wünsche mit auf den Weg. Er solle sich eine leichte Arbeit aussuchen und auf die paar Pfennige, die er dabei weniger verdiene, zugunsten seiner Gesundheit verzichten. F. will es beherzigen.
Eine Woche später fängt er wieder auf der Hütte an. Das heißt, nicht auf der eigentlichen Hütte, die nimmt ihn nicht mehr, weil er dort in der Kartei als arbeitsuntauglich eingetragen ist. – Aber ein freier Unternehmer, der im Auftrag der Hütte seine Leute an sie verkauft, stellt ihn ein, ohne lange zu fragen. F. ist jetzt Lastenträger in der Hütten-Transportabteilung. An- und abfahrende Laster hat er zu ent- oder beladen. H., der ihn nachher noch mal dort gesehen hat, erzählt, diese Arbeit sei eine schöne Schufterei und wie gut es der F. doch bei uns gehabt habe.

Meister Z. triumphiert. Er hat es ja gleich gesagt. Penner und Nichtstuer haben bei uns in der Anlage nichts zu suchen. Und F. war einer von jener Sorte, er hat ihn von vornherein durchschaut. Darum auch die Feuertaufe, so nennt Meister Z. das Kübelvollschaufeln auf Zeit seit dem Tag, als F. dabei zusammenbrach. Er macht seitdem eine Art Sport daraus. ›Komm, Feuertaufe‹, sagt er nur, wenn er wieder einen beim Pennen erwischt hat oder sich jemand allzulang auf die Toilette zurückzieht. Er macht's mit den Neuen, die noch keine drei Monate bei uns sind und die er noch ohne Angabe eines Kündigungsgrundes raussetzen kann.
Einmal, als B. sich weigerte, diese überflüssige Arbeit, wie er sie nannte, auszuführen, war Meister Z. konsequent. B. bekam drei Tage später seine Papiere, wegen schlechter Arbeitsmoral, wie der Betriebschef es ausdrückte. Sonst ist Meister Z. vorsichtiger geworden. Er setzt das Arbeitspen-

sum so an, daß es bei größter Anstrengung gerade zu schaffen ist. Wenn er merkt, daß jemand am Ende seiner Kräfte ist, erläßt er ihm oft sogar einen Teil der Arbeit.
Bis der Mann von der Mischtrommel auf den Trick mit den Brettern kam. Seitdem hat die Feuertaufe für uns ihre Schrecken verloren. Es ist zwar noch etwas aufregend, aber im Grunde genommen mehr Spaß als Strafe. Weil die Anlage für kurze Zeit stillstand – eine kleinere Reparatur mußte ausgeführt werden –, verließ der Mann von der Mischtrommel seinen Platz und stieg zu H. aufs Dach. Das ist verboten. Keiner darf seinen Posten verlassen, wenn er eine Kontrollfunktion innehat. Man weiß nie, wann die Anlage wieder anläuft. Dabei gibt es keinen Rhythmus. Zufällig und ganz unvorhergesehen sind die Pausen und ebenso überraschend auch wieder zu Ende. Nur der dreimalige Brumm- oder Heulton – je nachdem, in welchem Hallenabschnitt und Bandsystem – verkündet kurz vorher und nachher Beginn und Ende des Stillstands. Der Mann von der Mischtrommel jedenfalls war nicht früh genug wieder auf seinem Posten. Meister Z. befahl Feuertaufe. Der Mann von der Mischtrommel wußte, was ihn erwartete, und kam auf den Trick.
Als Meister Z. einmal nicht neben ihm stand, suchte er schnell ein paar größere Bretter im Gelände zusammen, legte erst mal eins quer in den Kübel, so daß ein Hohlraum entstand, und schaufelte Sinter darauf. Meister Z. merkte nichts. Mit den anderen Brettern machte er es ebenso und ersparte sich auf diese Art über die Hälfte der Arbeit. Immer wenn Z. hinzutrat, legte er sich schwer ins Zeug.
Später erzählte er H. seinen Trick. Der kam auf die Idee, ihn populär zu machen. Immer wenn von nun an jemandem die Feuertaufe bevorstand, nahm ihn sich H. vor und weihte ihn ein. Auch in die ganze Psychologie der Sache. Man darf keine zu großen Hohlräume entstehen lassen, muß Erschöpfung oder zumindest Anstrengung vortäuschen, damit Meister Z. seine Genugtuung hat.
Bis jetzt ist uns Meister Z. noch nicht auf die Schliche gekommen. Das ist der einzige Fall in Sinter zwo, wo sich Arbeiter geschlossen einer sinnlosen Arbeit zu erwehren wissen.
Seitdem ist H. auf seinem Dach fast zu einer legendären Gestalt in der Anlage geworden. Er hat den Trick zwar nicht

erfunden, aber sein Verdienst ist es, System in die Sache gebracht zu haben. Und das ist ungewöhnlich und einzigartig bei einem System, in dem Maschinen Maschinen regieren und wo der Mensch nur so lange nützlich ist, bis ihn die Maschine ersetzt hat, ein zweites System erfunden zu haben, wodurch ein Rest an Menschlichkeit erhalten bleibt...

Ganz so überflüssig, wie es scheinen mag, sind wir am Ende doch nicht. Es kommt vor, zwar nicht oft, aber es kommt vor, daß die Anlage uns ernsthaft braucht. Aus diesem Grund behält man uns hier. Aus diesem Grund schmeißt man die 0,07 Prozent der gesamten Betriebskosten für unsere Löhne heraus und bucht sie unter Reinigung und Wartung. Irgendwie ein beruhigendes Gefühl: Sinter zwo wäre ohne uns aufgeschmissen.
Wenn die Maschine versagt und kein Knopfdruck mehr hilft, springen wir ein. Als universeller Stoßtrupp und letztes Rollkommando. Wenn wir mit unseren Schippen, Stangen, Zangen oder den bloßen Händen nichts ausrichten können, bedeutet das gleich einen enormen Verlust für die Hütte. Dann muß die Anlage für eine oder mehrere Schichten außer Betrieb gesetzt werden, bis die Spezialingenieure der Herstellerfirma den Schaden ausfindig gemacht und behoben haben.
Zum Beispiel, das Schlackenband ist verstopft. Wenn die in schwindelnder Höhe die Bunker entleeren – Bunkerstoßen nennt es der Meister –, ist das Schlackenband im Nu verstopft. Die dicken Schlackenbrocken setzen sich im Kasten fest, und wenn dann noch ein Stoß Roste auf einmal hineinrutscht, ist alles blockiert. Da nützt der Mann nichts, den der Meister vorher an dem Kasten postiert, damit er die Roste rechtzeitig herausfischt, er müßte hundert Hände haben, um solche Stöße abzufangen.
Es kommt jetzt darauf an, früh genug die Reißleine zu ziehen, die alles ruckartig zum Stehen bringt. Geschieht es rechtzeitig – letzten Endes ist es Glückssache, je nachdem, wie groß die Brocken sind und wieviel Roste –, kann der Kasten mit einer Stange wieder freigestoßen werden. Ärger gibt es trotzdem. Jeder Stillstand, mag er noch so kurz sein, muß im Schichtbuch notiert werden, er geht aufs Konto des Meisters; der kommt heruntergelaufen, brüllt den Mann an,

warum er nicht aufpasse, und jeder Einwand und jede Erklärung der Sachlage ist zwecklos. Weitaus schlimmer ist es, wenn sich die Roste im Kasten verklemmt haben und mit der Stange nicht mehr lösen lassen. Das kann einige Zeit in Anspruch nehmen. Der Meister ist ein einziger stummer Vorwurf, brüllt diesmal auch nicht, holt seine Stabtaschenlampe und verschwindet mit dem Oberkörper in dem engen Kastenloch. Anschließend, wenn er sich von der Verzahnung der Roste überzeugt hat, trommelt er Leute zusammen, deren er im weiteren Umkreis habhaft werden kann. Eine große Unsicherheit befällt ihn in solchen Situationen. Vielleicht rührt daher auch sein nervöses Augenzucken. Es ist etwas geschehen, was nach dem Plan der Anlage nicht geschehen dürfte. Es bleibt seiner Erfindungsgabe überlassen, die Anlage wieder in Betrieb zu bekommen. Das ist leichter gesagt als getan. Wo ansetzen?

So steht Meister Z. erst einmal ratlos herum, und was ihn in so einem Moment außer sich geraten lassen kann: wenn er einen anderen herumstehen sieht, der ebenso ratlos ist wie er. Den H. hätte er kürzlich fast verprügelt, weil der ihm nicht zu helfen wußte. »Tu was, tu endlich was«, schrie er ihn an und packte ihn dabei am Arm, und als H. »Was?« fragte, ging er gar nicht darauf ein, schrie nur noch heftiger: »Tu was, verdammt, beweg dich«, und dann, fast weinerlich: »Es bleibt alles an mir hängen.«

So ist es, der Betriebschef wird ihm später jede Minute Stillstand vorrechnen, und Meister Z. wird dafür geradestehen müssen.

Es hilft nichts. Er schafft nur ein heilloses Durcheinander. Alle rennen nutzlos umher, um nicht untätig zu erscheinen. Mit Hämmern, Stangen und Schaufeln versehen sich die meisten – es sieht nach etwas aus – und schlagen mit den Hämmern, Schaufelstielen und einer sogar mit der bloßen Faust gegen die Kastenwand. Es bleibt zuletzt nichts anderes übrig: Es muß einer in den Kasten hineinkriechen, mit den bloßen Händen das Zeug rausbuddeln; Staub schlucken bis zum Erbrechen, und die Hände werden an den scharfen Rosten blutig gerissen. Meister Z. bestimmt das jeweilige Opfer. Er tut's nicht gern. Es ist eine zeitraubende Angelegenheit. Aber schneller läßt es sich in so einem Fall nicht machen.

Das ist noch harmlos gegen die Situation, wie wir sie neulich hatten. Als die Rutsche unterhalb des Schüttelrostes zu verstopfen drohte. Die Mischung hatte nicht gestimmt. Das kann normalerweise nicht passieren, alles ist elektronisch geregelt, elektronische Kontrollen und Gegenkontrollen sind eingebaut. Trotzdem stimmte die Mischung nicht, der Sinter war noch feucht, wo er hätte pulvrig und trocken sein müssen, und verkleisterte die Rutsche. Ein Ingenieur der Meß- und Regeltechnik war schnell zur Stelle, er ließ von zwei Arbeitern die gußeiserne Klappe an der Rutsche öffnen, mit schweren Hämmern und Stemmeisen bekamen sie die zentnerschwere Tür Spalt für Spalt auf. Als die Öffnung groß genug war, hielt der Ingenieur zuerst seine Taschenlampe hinein und zog den Kopf nach, zog ihn aber sehr schnell wieder heraus. Sein Gesicht war schwarz, und fluchend wischte er sich die heißen Staubkörner von Gesicht und Nacken. Er hatte genug gesehen, um Gegenmaßnahmen treffen zu können.
Es rutschte nicht mehr auf der Rutsche. Die unterste Schicht war feucht, darüber türmten sich die heißen Sinterbrocken und ließen die Rutsche mehr und mehr zuwachsen. Dadurch drohte der Schüttelrost zu verstopfen. Das wäre ein scheußliches Dilemma. Mit Spezialschweißgeräten hätte man dann den Schüttelrost öffnen müssen und die Sinterbrocken gleich tonnenweise daraus entfernen. Jetzt war es noch früh genug, jetzt zählte jede Minute, jetzt galt es zu handeln. Zuerst ließ der Ingenieur mit Preßluft arbeiten. Von außen mußte ein Arbeiter mit einem Stahlrohr in die Kruste bohren, damit die Preßluft den festgebackenen Sinter löste. Aber das half nichts. Man hätte schon einen Orkan entfachen müssen, so zäh klebte die Masse. Es wurde noch ein zweites Blasrohr herbeigeholt und ein drittes, es löste sich kaum etwas.
Mit langen Stangen ließ es der Ingenieur daraufhin versuchen. Das half ebensowenig. Höchstens zehn Meter reichte man mit den Stangen, die Arbeiter stocherten vorn an der Öffnung etwas los, aber das genügte längst nicht, die gesamte Kruste ins Rutschen zu bringen. Einmal waren die Stangen zu kurz, zum anderen hätte die Kraft der Arbeiter nicht ausgereicht, um bei längeren Stangen eine wirksame Hebelwirkung anzusetzen. Über 20 Meter ist die Rutsche breit. Was tun?

Es ist keine Zeit zu verlieren. Der Ingenieur telefoniert mit dem Betriebschef. Es wird hin und her geredet. Hastig. Der Ingenieur spricht mit Nachdruck. Er brüllt in die Sprechmuschel hinein. Es ist sehr laut. Das Schütteln des Rostes. Wir stehen in drei Meter Abstand und verstehen kein Wort. Eins merken wir: Der Ingenieur will etwas durchsetzen. Er hängt den Hörer ein und scheint zu überlegen. Er bestimmt drei Arbeiter, die Leitern holen sollen und Stemmeisen. Wir wissen nicht, was er vorhat. Die Arbeiter bringen das Verlangte. Dann stehen wir herum und warten.
Dann schrillt das Telefon an der Wand. Der Ingenieur stürzt darauf zu. Es muß wieder der Betriebschef sein, denn das Gesicht des Ingenieurs entspannt sich. Der Betriebschef wird sich Instruktionen bei der obersten Direktion geholt haben. Der Plan des Ingenieurs ist bewilligt.
Die Leitern werden schräg in die Öffnung geschoben, so daß sie an der Kante der gegenüberliegenden Seite aufliegen. »Freiwillige vor«, sagt der Ingenieur. »Es muß sein, sonst ist in der nächsten halben Stunde der ganze Kasten verstopft.« Betretenes Schweigen. Keiner meldet sich. Jeder weiß, was ihn in dem Glutkasten erwartet.
»Es muß sein«, sagt der Ingenieur diesmal mit Nachdruck. »Sonst können wir den ganzen Laden hier für einige Schichten zumachen. Wenn sich keiner freiwillig meldet, muß ich einen bestimmen.«
Einer blickt verstohlen zum andern. Keiner wagt, den Ingenieur auf die Gefährlichkeit und Unzumutbarkeit seines Vorhabens hinzuweisen.
»Das einzig Sinnvolle wäre gewesen«, sagt H. später, als es vorbei ist, »die Anlage zu stoppen und zu warten, bis der Kasten einigermaßen abgekühlt ist.« Das hätte allerdings Stunden gedauert. »Du«, sagt der Ingenieur und zeigt auf den Mann von der Mischtrommel, »du scheinst mir hier der Feuerfesteste zu sein.« Als der Mann von der Mischtrommel Einspruch erheben will – Angstschweiß perlt ihm auf der Stirn (oder liegt es lediglich an der Hitze, die der Schüttelrost ausstrahlt?) –, sagt der Ingenieur mit Nachdruck: »Es muß sein. Wenn du nicht willst, muß ich das als Arbeitsverweigerung auffassen. Überleg es dir gut. So einen Job bekommst du so schnell nicht wieder.«
Der Mann von der Mischtrommel geht hinein. Wir binden

ihm hastig nasse Lappen um Schuhe und Hände, er selbst klemmt sich einen nassen Aufnehmer unter den Schutzhelm, damit sein Nacken geschützt ist. Übers Gesicht will er auch einen legen und zwei Löcher hineinschlitzen, aber der Ingenieur verbietet es ihm. »Du behinderst dich selber damit. Es muß schnell gehen.«
Auf allen vieren kriecht der Mann von der Mischtrommel auf die Leiter. Wir stemmen uns an der Öffnung dagegen, damit sie nicht wackelt oder umkippt. Wir reichen ihm das Stemmeisen nach. Die Anlage läuft weiter. Ein Balanceakt für den Mann von der Mischtrommel. Wenn die Leiter durch allzu heftige Bewegungen umkippt, würde er über die steil abfallende Rutsche in den Kühler stürzen. Falls er nicht auf der Rutsche schon versengt würde, würde er spätestens dort geröstet. Der Ingenieur leuchtet mit seiner Stabtaschenlampe in die Öffnung hinein. Dichter, kaum durchdringbarer heißer Staub. An einigen Stellen sprühen glühende Sinterkörner.
Ein heißer Atem schlägt aus der Öffnung, und der Ingenieur läßt die Lampe von einem Arbeiter halten, während er sich ein feuchtes Tuch reichen läßt, womit er sich über die Stirn wischt. Nach einigen Minuten will der Mann von der Mischtrommel rücklings herauskriechen, er stöhnt: »Ich kriege keine Luft. Ich verbrenne hier noch.« Der Ingenieur versperrt ihm die Öffnung: »Das Mittelstück muß wenigstens frei sein, vorher kommst du mir hier nicht raus.« Er läßt ihm noch einmal nasse Lappen geben. Wir hören den Mann von der Mischtrommel drinnen fluchen und schließlich einen Schrei ausstoßen. Er ist wieder an die Öffnung gekrochen und wimmert, der Ingenieur solle ihn endlich herauslassen, er habe sich »Pfoten und Haxen« verbrannt. Zum Beweis streckt er ihm sein linkes Bein aus der Öffnung entgegen. Die Schuhsohle ist durchgeschmort.
Der Ingenieur bestimmt: »Neue, dickere Lappen«, aber der Mann von der Mischtrommel drängt mit Gewalt heraus. Der Ingenieur gibt nach.
Der Mann von der Mischtrommel schleicht leicht humpelnd zu seiner Kaue. Er sagt keinen Ton. Er entfernt auch den Aufnehmer nicht, der ihm jetzt in Fetzen und angesengt über den Nacken fällt.
Der Ingenieur sagt: »Ein neuer vor. Ruckzuck. Sonst ist es

zu spät.« Das gleiche betretene Schweigen wie zuerst, einer blickt am andern vorbei. Jeder bemüht sich, dem suchenden Blick des Ingenieurs auszuweichen. Als ich den Kopf schüttele, muß das für den Ingenieur eine Herausforderung sein, denn er zeigt auf mich und sagt: »Du da. Du scheinst von der Notwendigkeit unseres Sonderkommandos nicht sehr überzeugt zu sein. Rein in den Kasten mit dir. Und sei nicht so zimperlich wie dein Kumpel vorhin. Zehn Minuten mußt du mindestens durchhalten, und in der Zeit muß die Rutsche frei sein.«
Es hat keinen Zweck zu protestieren. Es wäre Arbeitsverweigerung, und auf Arbeitsverweigerung steht unweigerlich Entlassung, wenn man noch keine drei Monate hier ist. Sonst könnte man versuchen, mit Hilfe des Betriebsrats dagegen anzugehen, aber in diesem Fall braucht die Hütte die Kündigung nicht mal zu begründen.
Ich liege auf der Leiter, mit dem linken Arm umklammere ich die Sprosse, in der Rechten halte ich das Stemmeisen und schlage mit kurzen Stößen gegen die festgepappte Sinterkruste. Über mir tost der Schüttelrost, schräg unter mir rumort der Kühler. Kleinere Brocken schlage ich los, aber neue Brocken rollen herunter und setzen sich fest. Ich kann nicht fest genug schlagen, bei jedem stärkeren Stoß gerät die Leiter bedrohlich ins Schwanken. Die Taschenlampe vom Ingenieur ist ein kleiner Lichtpunkt, der bei der Staubdichte keine Helligkeit erzeugt. Es ist unerträglich heiß. Die Haare in der Nase glühen. Ich kann nicht durchatmen, weil ich dann das Gefühl habe, innerlich zu verbrennen. Das Stemmeisen ist glühend heiß geworden, durch die nassen Lappen hindurch, die jetzt dampfen, und durch die Asbesthandschuhe verbrenne ich mir die Finger. Ich schmeiße die Stange vor mir auf die Leiter. Die Stimme des Ingenieurs ahne ich nur: »Weiter. Mach weiter. Weiter. Weiter.« Oder bilde ich es mir nur ein. Das Tosen und Stampfen ist so stark, daß ich mein eigenes Gebrüll nicht höre, als ich zurückrufe: »Es geht nicht. Ist zwecklos. Ich komme wieder raus.« Die Stimme des Ingenieurs scheint keine Halluzination gewesen zu sein, denn es tönt kaum hörbar zurück: »Du bleibst drin. Beiß auf die Zähne. Wir müssen vorankommen«, und etwas lauter dann: »Tempo, weiter, mach endlich weiter.«
Die Stange ist nicht abgekühlt, aber es ist mir jetzt alles egal.

Ich haue drauflos, daß die Brocken fliegen und die Leiter schwankt. Den Schmerz spüre ich nicht. Es ist, als würde das Gehirn kochen. Den Kühler unter mir fürchte ich nicht. Er dreht sich, und das ist direkt beruhigend. Ein Sog entsteht. Wenn man auf einer hohen Brücke steht oder bei einer Turmbesteigung hinter einem niedrigen Geländer, dann ist es die Tiefe, die so lockt. Soll die Leiter umkippen. Meinetwegen. Ich haue sinnlos drauflos und habe jedes Gefühl verloren. Wenn ich in den Kühler stürze, soll mir das recht sein. Ich bin es nicht, der dann verglüht. Alles zischender, kochender, verglühender Sinter. Das hat alles nichts mehr mit mir zu tun.
Ich spüre plötzlich einen starken Druck an meinem Fuß. Mit einer Stange wird dagegengestoßen. Wie aus einer Betäubung wache ich auf. Dann höre ich wieder die schwache Stimme des Ingenieurs. »Laß endlich gut sein. Kannst jetzt herauskommen.« Rücklings krieche ich vorsichtig der Öffnung zu, reiche das Stemmeisen hinter mich und spüre plötzlich, wie glühend heiß es ist. Und stelle fest, daß die nassen Lappen, die ich um die Hände gewickelt hatte, nicht mehr da sind. Und am rechten Handschuh ist die Innenseite herausgebrannt, und die Hand ist rot und tut verdammt weh.
»Das hätten wir geschafft«, sagt der Ingenieur. »Eins begreife ich nicht, warum hast du noch drauflos gehauen, als die Rutsche längst frei war? Aber nichts für ungut. So eine Arbeitswut lob ich mir.«

Als ich bereits zwei Monate zu Sinter II gehöre, stelle ich fest, daß Staubmasken für uns da sind. Verschlossen in einem Werkzeugschrank liegen sie gestapelt, neu und unbenutzt. Von ihrer Existenz ahne ich, als eine Kommision von drei Herren einer anderen Hütte durch unsere Anlage geführt wird. Der Betriebschef geleitet sie persönlich, besonders durch die weniger staubigen Bereiche. Wir hatten drei Tage vorher schon alles staubfrei machen und staubfrei halten müssen, jedenfalls in den Abschnitten, wo sie herumgeführt wurden. Diese drei Herren, einschließlich Betriebschef, trugen Staubmasken vor den Gesichtern. Direktoren waren es bestimmt, der Betriebschef dienerte vor ihnen, legte ihnen eigenhändig Eisenstangen aus dem Weg, über die sie bequem hätten steigen können, und beliebte mit ihnen zu scherzen.

Nachher nahm unser Meister mit einer Verbeugung die Staubmasken in Empfang – und verschloß sie in dem Werkzeugschrank.
Mir sagt er, als ich ihn danach frage: »Das behindert euch mehr, als es nützen würde; darum werden sie nicht ausgeteilt«, und der Steuermann aus der Sinterwarte, der dabeisteht, sagt: »Früher war ich am Hochofen. Da sollten wir die Masken eigentlich aufsetzen. Aber das hätten wir während einer Schicht mindestens dreißigmal tun müssen. Da ließen wir es. Man will ja die Produktion nicht zu sehr aufhalten!«
Das Bunkerstoßen geschieht freischwebend in schwindelnder Höhe. Ein schmales, schwankendes Brett ohne Geländer. Es besteht auch kein Anlaß, ein Geländer hinzubauen, da das Reinigen der Bunker im Prinzip automatisch erfolgt. Sicherheitsgurte werden nicht ausgeteilt, damit keine Zeit verlorengeht. Alle paar Tage sind die Bunker verstopft. Eine mühselige Arbeit auf dem Brett, in zwanzig Meter Höhe. Ich wüßte gern, ob über den Betriebschef hinaus jemand von der Existenz dieser Arbeit weiß. Neulich lief das Gerücht, jemand von der Gegenschicht sei beim Bunkern abgestürzt.
Plötzlich wurden auch Sicherheitsgurte ausgeteilt. Keiner wußte etwas Genaues. Der Meister schien von dem Unfall zu wissen, denn als wir ihn fragten, sagte er, das ginge uns nichts an. Kurze Zeit darauf, als sich alle beruhigt hatten und nicht mehr darüber gesprochen wurde – vielleicht war es wirklich nur ein Gerücht –, wurden die Sicherheitsgurte nicht mehr ausgeteilt.
Stößt jemand beim Bunkerstoßen zu fest zu – und je fester man stößt, um so schneller geht die Arbeit voran –, gerät das Brett bedrohlich ins Schwanken. Wer jetzt schwindelfrei ist, und man wird es bei dieser Arbeit, kann das Schwingen mit seinem Körper ausbalancieren. Aber ein plötzliches Angst- oder Schwindelgefühl oder ein heftiges Danebenstoßen oder unerwartetes Nachgeben der Sinterbrocken kann zum Sturz in die Tiefe führen. Wenn bis jetzt noch nichts passiert ist, ist das reine Glückssache. Woher sollen wir wissen, ob schon einmal etwas passiert ist, denn immer nur einer führt diese Arbeit aus, im Umkreis von hundert Metern kein zweiter Arbeiter – man würde alles tun, damit wir nichts erfahren, damit dann keine Beunruhigung entstünde. So besorgt ist man um uns.

Es ist seltsam, der Mann von der Mischtrommel, der in Abständen zu dieser Arbeit herangezogen wird, meint, diese Arbeit mache er lieber, als den ganzen Tag stur dazusitzen und aufzupassen, daß man nicht vom Meister beim Lesen erwischt wird. Vielleicht ist es auch der Rausch des Artisten unter der Zirkuskuppel oder einfach die Bestätigung seiner selbst, wenn er es geschafft hat und die Sinterbrocken wieder durch das Rohr herunterdonnern – eine Arbeit, mit der die Anlage selbst nicht fertig wird, obwohl von allerhöchster Stelle eingeplant.
Trotzdem, es ist eine Übergangszeit, das wissen alle. Wie lange noch? »Wir sind die Lückenbüßer der Anlage, ohne uns geht's nicht«, sagt H. einmal weise. »Bilden wir uns aber nur nichts darauf ein, ein rein technisches Problem. Wenn es gelöst ist, dann schmeißt uns die Anlage mit Karacho.«

Dreimal täglich heulen von Sonntag bis Sonntag die Sirenen in der Fabrikstadt, bei jedem Schichtwechsel, um sechs Uhr früh, um zwei Uhr mittags und um zehn Uhr nachts.
Das Schreckliche ist, daß auch die freie Zeit im Grunde nichts anderes ist als eine zweite Fabrik. Wer acht Stunden bei einer Arbeit ausharren muß, die zu keinem Ziel führt, kann sein Leben nicht mehr in zwei Bereiche trennen. Er arbeitet, um die Voraussetzungen für seine Arbeit zu schaffen: Er lebt, um zu arbeiten.
Die meisten lassen die Fabrik über sich ergehen, sie sind sich des Zwangs nicht mehr bewußt, haben die Fabrik in ihr Leben aufgenommen. Die freien Tage sind nichts anderes als ein Warten auf die nächste Schicht.

Mehr als hunderttausend Männer und Frauen leben in der Rußstadt. Jeder Arbeiter besitzt seine Kennummer. Sie setzt sich aus römischen und arabischen Ziffern zusammen. Die römischen kennzeichnen die Abteilung, der er angehört: Hochöfen, Thomasstahlwerk, Drahtstraße, Walzstraße, Oxydenwerke, Gießereien, Kokerei, Halden, Erz-, Brech- und Siebanlage, Sinteranlage; die arabischen markieren seine Tätigkeit, von denen es mehr als tausend gibt: Entschlacker, Kokslader, Erzlader, Schrottlader, erster, zweiter und dritter Mann am Hochofen, Wagenkipper, Gichtreiniger, Sinterreiniger und Hunderte andere.

Auf ihren Rücken türmt sich die Hütte zur Pyramide. Hunderttausende Lebende und Tote dienten ihr als Fundament – und an ihrer Spitze thront ein einziger Mann, Baron von N., ehemaliger hoher Offizier und Träger des Bundesverdienstkreuzes. Er ist der eigentliche Herrscher über die Rußstadt. Er selbst lebt anderswo. In südlichen Ländern hat er seine verschiedenen Wohnsitze. Er war in der glücklichen Lage, seiner letzten geschiedenen Frau als Abfindung unter anderem eine Insel im Mittelmeer zu vermachen. Die meisten Arbeiter haben ihn noch nie zu Gesicht bekommen. Sein letzter Besuch der Werkhallen liegt mehrere Jahre zurück. Wenn seine Arbeiter von ihm sprechen, klingt Hochachtung und zuweilen Ehrfurcht aus ihrer Rede. Einerseits lieben und verehren sie jenes allmächtige Wesen, andererseits fürchten sie es. Sie sind ihm ausgeliefert und von ihm abhängig.

Seine Allmacht bekommen sie zu spüren, wenn sie innerhalb der Fabrikstadt ihren Arbeitsplatz wechseln wollen. Wenn sie dann bei einem anderen Großbetrieb um Arbeit bitten, wird ihnen gesagt, sie sollen bleiben, wo sie sind. Hinter ihren Rücken sind Abmachungen getroffen worden, damit sie nicht von einer Hütte zur nächsten Hütte abwandern. Umgekehrt ist es auch für Kumpels, deren Zeche noch in Betrieb ist, nicht möglich, auf der Hütte anzufangen. Die Gründe für diese heimlichen Absprachen sind für den Arbeiter schwer durchschaubar. Er weiß in den seltensten Fällen von den immer stärker werdenden Kapitalverflechtungen.

Auch wissen Arbeiter von kleineren Unternehmen oft nicht, wie ihnen geschieht, wenn sie plötzlich bei der Großhütte im Lohn stehen. Sie sind aufgekauft worden und mit ihnen ihr vormaliger Betrieb. Meist sind es finanziell schwache Unternehmen mit möglichst zahlreicher Belegschaft. Diese Unternehmen werden dann stillgelegt und die Arbeiter von der Großhütte absorbiert. Sie kauft und bezahlt den Schutt des abgewirtschafteten Unternehmens und bekommt als Dreingabe die Leistungskraft der Arbeiter. Kein Arbeiter wird deswegen gefragt. Es ist nicht seine Sache, die da verhandelt wird. Im übrigen interessiert es ihn am Ende nicht einmal. Die Großhütte zahlt ihm womöglich einen Groschen mehr pro Stunde. Und was kann er mehr verlangen?

Als ich H. wieder mal auf seinem Dach besuche, zeigt er zum Himmel und sagt: »Da. Das ist er!« Er springt auf und läuft an den äußersten Rand des Daches und fängt an zu winken. Er lacht und freut sich wie ein Kind.
Plötzlich schlägt seine Stimmung um. Er ballt die Faust und droht theatralisch zum Himmel. Gleichmäßig und sehr niedrig kreist ein Flugzeug über der Rußstadt.
»Das war er«, sagt H. dann wieder gelassen, als das Flugzeug aus unserem Blickfeld verschwunden ist. »Alle paar Monate kommt er und sieht sich sein Reich von oben an. An den hellen Streifen unter den Flügeln erkennst du ihn. Und weil er so niedrig fliegt. Er hat eine Sondergenehmigung.«
Von oben betrachtet, täuscht die Anlage über das Labyrinth in ihrem Innern hinweg. Schon wenn man bei H. auf dem Dach steht, hat man diese klaren und imposanten Flächen vor sich. Einer Raumstation ähnlicher als einer Fabrik. Von der Hitze über den Stahldächern zittert die Luft. Ein schwaches Licht, das die Anlage in den warmen Nächten ausschwitzt. Punkt 21 Uhr gleiten die Planierraupen über das Gelände. Sie schwenken vom Haupttor herein, vier Stück, dicht hintereinander, und stecken ihre Scheinwerfer wie Fühler in die Nacht.
Geräusche dringen aus einem Abgrund, das gleichmäßige Rattern von Rädern auf Schienen und langgezogene und kurze Pfiffe, gedehnt klagende und spitz schrille, die Trillersignale der Erzwagenfahrer und Entlader. Dazwischen die eigene Sprache der Anlage, die verschiedenen Brumm- und Heultöne, mehrmals am Tag und in der Nacht übertönt von dem Geheul der Sirenen, das durch die ganze Stadt brandet.

Es gibt Gänge in Sinter zwo, die monatelang kein Arbeiter betritt. Der Staub liegt dort so hoch, daß man annehmen könnte, seit Bestehen der Anlage habe noch kein menschlicher Fuß diese Staubschichten in Bewegung gebracht. Die Geländer sind zentimeterhoch mit Staub bedeckt, und sogar auf der dünnen Reißleine hat sich ein winziger Staubsteg gebildet. In diesen schmalen Gängen sickert das Neonlicht schwärzlich. Wer gezwungen ist, durch diese Staubkanäle zu waten, hat bereits nach kurzer Zeit keine saubere Stelle mehr an seiner Arbeitskleidung. Wenn er sich die staubigen

Hände am Drillichanzug oder am Arbeitshemd darunter abwischen will, werden seine Hände nur noch schmutziger. Er atmet den Sinter ein, schwitzt und spuckt ihn aus, saugt mit jedem Atemzug neuen Sinter ein, pumpt sich die Lungen damit voll. Nach der Schicht spült kein Bier es weg. Der Kranführer an den Halden, der sechs Jahre in der alten Sinteranlage gearbeitet hat, wo es auch nicht schlimmer als bei uns staubt, ist bekannt für seine schwarze Spucke. Seit einem halben Jahr sitzt er in frischer Luft in seinem Krankasten und gleitet über die Halden. Seine Spucke hat immer noch die graue Farbe des Sinters. Er erhielt seinen luftigen Posten zugeteilt, weil er sich ein Lungenleiden zugezogen hat. »Schwarzrotzer« wurde er von einigen genannt, aber dieser Spitzname will sich nicht so recht durchsetzen. Denn die Spucke der anderen Sinterarbeiter ist nach Feierabend genauso, aber sie haben die Hoffnung, daß es sich gibt, wenn sie erst mal für immer aus dem Dreck heraus sind.

In die Gänge, wo uns der Staub bis an die Knie reicht, schickt uns Meister Z. in Abständen hinein. Bei jedem Schritt rieselt der Staub von Wänden und Decke. Hier sind wir mit unseren Schubkarren und Schippen machtlos. Wir schieben den Staub mit Brettern vor uns her und lassen ihn von Etage zu Etage hinunterstürzen. Parterre schippen wir ihn dann in die Karren und fahren ihn in den Kübel. Bei jedem Staubsturz rennen wir die Stahltreppe hinauf zur obersten Etage und klettern von dort durch den Notausstieg aufs Dach. Denn der aufgewirbelte Staub füllt die Halle so dicht, daß man puren Staub einzuatmen glaubt. Obwohl das Betreten des Dachs verboten ist, tun wir es doch. Anschließend gönnen wir uns eine Pause. Wir sitzen mit dem Rücken an den Kamin gelehnt; zuerst ist die Hitze angenehm, aber bald verbrennt man sich. Unter uns liegt die Rußstadt ausgebreitet. Die Fabrikhallen mit ihren kalten Lichtern. Und nachts der grelle Schein der Kohlenfeuer über dem Fabrikhallenmeer.

Von hier oben sieht alles geordnet aus, ein erhabener Anblick, von hier aus betrachtet, ist der Arbeiter Herr über die ganze Stadt, spielerisch und eins auf das andere eingerichtet sieht es von oben aus. Die Autos, Radfahrer, Fußgänger da unten auf den Zufahrtsstraßen zu den einzelnen Toren verkörpern trotz des Gewimmels eine beinah magische Ordnung, wie Mikroben unterm Mikroskop.

In den engen Gängen sieht das anders aus. Der Staub erdrückt uns, hüllt uns ein, lullt uns ein. – S. zum Beispiel, dieser schwarze Mehlwurm, rennt längst nicht mehr weg, wenn wir die Staubexplosion entfachen. Wenn alle sich aufs Dach flüchten, bleibt er zum Trotz. Er schluckt den Staub bis zum Zerbersten, er läuft nicht weg, er nicht. Voller Verachtung empfängt er uns, wenn sich die Staubschwaden verziehen und wir unsere Frischluftpause auf dem Dach beendet haben. Er steht dann da, noch einen Schimmer schwärzer als wir im Gesicht, und lacht uns aus, daß seine weißen Augen in dem schwarzen Gesicht blitzen.
»Ihr Feiglinge, ihr Affenschwänze, stiftengehen könnt ihr«, empfängt er uns. »Seht mich dagegen an, mir kann nichts mehr, ich bin gefeit.«

S. ist allen etwas unheimlich. Ich habe direkt Angst, wenn mich Meister Z. mit S. zusammen einteilt und uns in die Staubkanäle schickt. Dann macht es S. nämlich einen Mordsspaß, den Staub zu entfesseln. Ein paar Schritte hält er sich immer hinter mir, und dann plötzlich schlägt er mit der Schippe gegen die Wände, das Geländer und die Decke, daß der Staub uns einhüllt, jede Sicht nimmt und uns dem Ersticken nahebringt. Sein Gelächter hallt durch die Gänge, und ich möchte wissen, was er daran zum Lachen findet. Er ist ebenso der Dumme, er rotzt und röchelt anschließend genauso den Staub heraus, er ist »gesintert« bis in die letzte Pore hinein.
S. ist blöde, sagen die andern. »S. nimmt seinen Dienst ernst«, sagt Meister Z. »Ihr könnt mich alle mal«, sagt S., »meint ihr, der Sinter kann mir was?« – »S., Vorarbeiter, haha«, sagen die anderen. »Ja, Vorarbeiter«, sagt S. ernst, und zur Bestätigung hat er sich mit Lassoband einen gelben Streifen um seinen Schutzhelm gewunden.
S., 17 Jahre, will es zu etwas bringen bei uns. »Meister, wie wird man Meister«, fragte er kürzlich. »Immer dein Bestes geben und nie unangenehm auffallen, diese Voraussetzungen müssen dasein«, belehrte ihn Z. »Wenn du dir dann die Sporen verdient hast, ergibt sich das Weitere von selbst.« S. glaubt es, und Meister Z. läßt ihm gern die Illusion. Auch seinen Vorarbeiterfimmel redet er ihm nicht aus, im Gegenteil, er unterstützt ihn darin.

Als die beiden Alten vom Hochofen zu uns versetzt werden, setzt ihn Z. in aller Form zum »Vorarbeiter« über sie ein. Sie nehmen seinen Rang tatsächlich ernst und lassen sich von ihm herumkommandieren. Er gibt ihnen die Anweisungen, wie und was sie zu fegen haben, und damit die Arbeit auch nach etwas aussieht, falls der Meister vorbeikommen sollte, schlägt er gegen die Wände und gegen die Decke, daß die Staubschwaden alles einhüllen.
Jeden Tag lege ich meine Brote an eine sichere Stelle. In einen Plastikbeutel verpackt und mit mehreren Gummis fest umwickelt, damit der Staub nicht eindringt. Je nachdem, wo ich zu tun habe, suche ich den Platz aus. Am liebsten lege ich den Beutel ins Freie unter den Kübel, dort staubt es am wenigsten. Sonst suche ich mir einen Stahlträger aus, wo die Brote vor dem dicksten Staub sicher sind, eine Ecke mit Brettern oder eine Treppe. Gegessen werden sie meist an Ort und Stelle. Nach drei Stunden Arbeit frühestens, vorher besser nicht, das sieht der Meister nicht gern. Es gibt zwar keine ausdrückliche Vorschrift darüber, aber es hat sich stillschweigend so eingebürgert, ist zum ungeschriebenen Gesetz geworden. Meistens setzen sich welche zusammen, um zu »dubbeln«, gesprochen wird kaum dabei, aber man fühlt sich nicht mehr allein. An Sonn- und Feiertagsschichten oder auch schon mal bei Nachtschichten gestattet uns der Meister, die Dubbelpause in der Sinterwarte abzuhalten.
Mit dem Fahrstuhl geht's fünf Stockwerke hoch, die Aufschrift »Sinterwarte« neben dem Knopf hat jemand weggekratzt und mit Kugelschreiber »Sternwarte« danebengekritzelt. In der Sinterwarte ist die Luft heiß und stickig, und es riecht nach Schweiß. Auf die drei fahrbaren Stühle stürzen sich alle, die anderen machen es sich auf dem Boden bequem. Die Stahlwand ist senkrecht und eine gute Rückenlehne. Einige haben Bier in ihren Aktentaschen hereingeschmuggelt, teils in Thermosflaschen umgefüllt, und wenn der Meister nicht im Raum ist, trinken sie hastig in großen Schlucken.

Der Ofenmann, der neben dem Steuermann ständig in der Sinterwarte zu tun hat, trinkt sein täglich Bier literweise. Mangels eines besseren Verstecks hat er die Flaschen gleich neben seinem Ofen gestapelt. Er trinkt das Bier warm, und wenn es länger gelagert liegt, heiß. Zehn Flaschen sind seine übliche Schichtration. Sein Gesicht ist aufgedunsen. Mit einem öligen Lappen, mit dem er sich auch die Hände abreibt und den er zum Anfassen der glühenden Ofentür gebraucht, wischt er sich ständig über sein feuchtes Gesicht. Sein Gang ist schwerfällig und schleppend, darum wird er vom Steuermann Seemann genannt. Der Steuermann nimmt ihn wegen seines Saufens in Schutz. Er sagt: »Eine nüchterne Rechnung. Am Ofen schwitzt er täglich an die zehn Liter aus. Die muß er wieder auftanken.« An heißen Tagen, wenn die Hitze in der Anlage unerträglich ist, ist das Gesicht des Ofenmannes blau gedunsen. Er hat zuletzt über zwei Wochen krankgemacht, und als er sich wieder gesundmeldete, war von einem Leberschaden die Rede.

Der Steuermann ist auch nicht zu beneiden in seinem Verlies. Obwohl die Luft in der Sinterwarte einigermaßen staubfrei ist und er viel sitzen kann bei seiner Arbeit, ist er hochgradig nervös. Ein falscher Knopfdruck von ihm kann die Produktion augenblicklich stillegen. Er ist für das Beschicken des Bandes verantwortlich. Läßt er es zu schnell laufen, werden die Erze nur unzureichend gesintert, und am Hochofen kann eine Panne passieren. Läuft das Band zu langsam, kann es ebenfalls unangenehme Folgen haben. Die Mischung der Erze ist nicht immer gleich. Er muß es auskalkulieren. Er hat eine bestimmte Tonnenzahl am Tag zu fahren, wenn er sie nicht erreicht, gibt es Krach mit dem Betriebsingenieur. Er muß seine Augen überall haben. Die flirrenden Lämpchen irritieren ihn. Wenn er auch nur einmal eins übersieht, kann das unabsehbare Folgen haben: für die Anlage und für ihn. Falls man ihm eine Nachlässigkeit oder gar eine grobe Fahrlässigkeit nachweist, wird er für den eventuellen Schaden geradestehen müssen.

Wenn er zwischendurch Zeitung liest, was verboten ist, beschränkt er sich auf die Schlagzeilen und die Fotos, das andere streift er flüchtig. Er hat besondere Fertigkeit entwickelt, die Schlagzeilen in sich aufzusaugen und gleichzeitig mit den Ohren zu sehen: Das Knacken der Relais verrät ihm das jeweilige Aufzucken der Lämpchen. Er ist der Weichensteller der Anlage. Eine falsch gestellte Weiche kann zur Katastrophe führen. Das weiß er genau, und darum drückt ihn die Verantwortung. »Ich möchte oft lieber wieder in den Sinterdreck zurück und auf die drei Groschen mehr in der Stunde verzichten und dafür wieder meine Ruhe haben«, sagt er. Er hat sich vor kurzem auf Magengeschwüre untersuchen lassen. Der Betriebsarzt hat eine fast schon chronische Magenschleimhautgeschichte entdeckt. Weniger rauchen und weniger trinken, hat er ihm angeraten.

Manchmal taucht ein Mann in der Sinterwarte auf, der die gleiche Arbeitskleidung anhat wie unser Meister, aber wesentlich älter ist. In der Anlage habe ich ihn erst ein- oder zweimal gesehen. Wenn er in die Sinterwarte kommt, setzt er sich meist vor das Schichtbuch und macht einige Eintragungen. Er sieht niemanden an und sagt zu niemandem etwas. Nur ein einziges Mal sah ich ihn das Wort an den Meister richten, es war eine kurze Mitteilung, die er zusätzlich noch schriftlich abgab. Er soll unser Obermeister sein. Welche Aufgaben er hier zu erfüllen hat, ob und wo er ein Büro hat, weiß keiner.
Ein Mann im weißen Kittel erscheint täglich und bestimmt einen Arbeiter, der ihm vom Band Sintermischung in ein Reagenzglas füllen muß. Sein tägliches Erscheinen gehört zur Anlage wie die Sirenenklänge. Wir nehmen an, daß er die Sintermischung auf ihre richtige Zusammensetzung hin zu überprüfen hat.

In unregelmäßigen Abständen kommen Herren in Anzug und Krawatte zu uns in die Anlage und geben uns unterschiedliche Anweisungen, die wir zu befolgen haben. Mir wurde zuletzt von solch einem Herrn aufgetragen, den Schieber an einem Rohr zu betätigen, ihn auf- und zuzuschieben, wenn er mich dazu aufforderte. Er hatte sich mir nicht vorgestellt, benahm sich aber korrekt und höflich. Mit einem weißen Taschentuch wischte er eine bestimmte Stelle am Rohr vom Staub frei, die er vorher durch Abklopfen ausfindig gemacht hatte. Dann hielt er sein Ohr an das Rohr und lauschte. Ich hatte auf sein Kommando hin den Schieber zu betätigen. Ich mußte an einen Arzt denken, der bei seinem Patienten die Herztöne kontrolliert.
Ein andermal mußte ich einen gut gekleideten Herrn durch die Anlage begleiten. Den Weg kannte er. Ich hatte nichts

weiter zu tun, als ihm die Eisentüren zu öffnen, auf deren Türgriffen dicker Staub lag.
Häufig gehen auch Herren durch die Anlage, die uns nicht in Anspruch nehmen. Sie gehen meist sehr schnell, wie auf ein bestimmtes Ziel zu, das wir nicht kennen. Sie finden sich in den verschachtelten Gängen gut zurecht, fragen nie nach dem Weg, als ob sie den Schlüssel zum Labyrinth besäßen. Ich weiß nie, wie ich mich verhalten soll, wenn ich einem von ihnen begegne. Soll ich sie grüßen oder so tun, als ob ich sie nicht bemerke? Normalerweise grüßt man sich, wenn man sich in einer einsamen Gegend trifft, auch wenn man sich nicht kennt. Ich habe anfangs auch gegrüßt, sagte guten Tag und nickte ihnen freundlich zu. Ich wurde aber nicht wiedergegrüßt. Ein einziger ließ sich auf mein »guten Tag« hin zu einem flüchtigen Kopfnicken herab. Dann habe ich nicht mehr gegrüßt. Bis mich dann plötzlich wieder einer grüßte, so freundlich, daß ich verblüfft war. Was soll ich davon halten? Ich habe mich beeilt wiederzugrüßen, an mir soll es nicht liegen. Das schien der Herr nicht erwartet zu haben, er schaute mich leicht verwundert an, und um seine Mundwinkel zuckte es. Das bilde ich mir womöglich nur ein, man wird überempfindlich hier, aber nachdem der nächste Herr meinen Gruß wieder ignorierte, bin ich völlig irritiert. Ich versuche fortan, ihnen rechtzeitig aus dem Weg zu gehen, oder wende meinen Blick einfach ab.

Vor nicht allzulanger Zeit wurde eine Dame durch unsere Anlage geführt. Das erregte Aufsehen. H. kam sogar von seinem Dach heruntergeklettert, um sie näher in Augenschein zu nehmen, wurde aber sogleich von Meister Z., der sich neben dem Betriebschef und dem Ingenieur in ihrer Gefolgschaft befand, auf seinen Dachposten zurückgeschickt. Die Dame trug Filzpantoffeln, wie sie auch bei Schloß- und Museumsführungen ausgeteilt werden, und war in ein Plastikcape gehüllt, das sie vor Staub schützen sollte. Trotz des unförmigen Umhangs und der breiten Filzpantoffeln war sie eine elegante Erscheinung. Der Rundgang schien ihr sichtliches Vergnügen zu bereiten. Sie lächelte charmant, wenn ihr unser Betriebschef mit großen Handbewegungen etwas erklärte, zierte sich ein wenig vor ihm und kokettierte einmal sogar mit unserem

Meister, als dieser sich anschickte, ihr ein Brett aus dem Weg zu räumen. Sie trat absichtlich mit dem Fuß auf das Brett, als sich der Meister schon gebückt hatte und es in der Hand hielt. Als sie ihn dann noch anlächelte, wußte unser Meister dieses Sphinxlächeln nicht zu deuten: Stotternd entschuldigte er sich.

Die Dame mußte eine Direktorengattin sein, oder sie war im Auftrag einer staatlichen Behörde oder einer sozialen Institution bei uns. Ihr Alter ließ sich nicht schätzen. Es könnte zwischen Anfang 30 und annähernd 50 gelegen haben. Sie gehörte zu den Frauen, deren Make-up eine genaue Altersbestimmung nicht zuläßt. Wahrscheinlich war sie wesentlich älter, als sie sich den Anschein gab. Ihre gepflegten Hände machten einen welken Eindruck, und das stand im Widerspruch zu ihrem glatten Gesicht.

Der junge S. konnte es sich nicht verkneifen, ihr in gebührendem Abstand nachzugehen und sie, hinter Pfeilern versteckt, zu beobachten. Nachher machte er anzügliche Bemerkungen über sie. Noch Tage später beschäftigte sie ihn stark. Er malte uns aus, wie er »so eine am liebsten aufs Kreuz legen und vergewaltigen würde, falls ihm so was alleine begegnen sollte«.

Die Dame stieß kleine Entzückungsschreie aus, als sie in der Anlage die Sinterkatze entdeckte. Dieses bemitleidenswerte Vieh ist einmal von einem Arbeiter mitgebracht worden. Er muß die Anlage inzwischen verlassen haben oder kümmert sich aus irgendwelchen Gründen nicht mehr um das Tier. Die Katze gehört keinem. Keiner erhebt Anspruch auf sie. Sie ist auf die Gnade der Arbeiter angewiesen, die ihr schon mal etwas von ihren Broten abgeben. Mäuse findet sie bestimmt nicht in den Staubmassen. Bei Nachtschicht erschreckt sie mich manchmal, wenn sie plötzlich hinter einer Staubwolke auftaucht und nach imaginären Mäusen jagt. Sie ist sehr scheu und läßt sich von niemandem anfassen. Ihr Fell hat die Farbe des Sinters angenommen. Die Dame konnte sich gar nicht beruhigen und brachte die Führung ins Stocken, so erstaunt war sie, eine Katze hier vorzufinden. Sie wollte das »Kätzchen« unbedingt streicheln, aber als sie näher kam, sprang das Tier mit einem Satz in eine dunkle Ecke.

Sie versuchte es mit Schokolade hervorzulocken, aber die

Katze kam nicht zum Vorschein. Der Meister begab sich hierauf in die Ecke und griff ins Dunkle, wo er die Katze vermutete. Er sah es wohl als seine dienstliche und menschliche Pflicht an, der Dame die heißersehnte Katze herbeizuschaffen. Er bekam sie zu packen, und wie ein Beutestück hielt er das miauende Tier der Dame hin. Diese hielt ihre Hand hin, um sie endlich zu streicheln. Die Katze biß sie, und vor Schreck ließ sie der Meister fallen. Wütend rief ihr die Dame nach: »Elendes Vieh«, und der Rundgang wurde fortgesetzt. Was die Dame zu sehen bekam, waren die Maschinen oder vielmehr die Auswirkungen der Maschinen, die zahllosen Bewegungen der Anlage, deren Sinn wir nicht kennen. Ich vermute, daß sie außer H. keinen zweiten Arbeiter zu Gesicht bekam, wir jedenfalls haben sie beobachtet und lange nach ihrem Besuch noch die Schlurfspur ihrer Filzpantoffeln gesehen. Am stärksten muß die Katze sie beeindruckt haben. Uns ist die Katze egal.

Wir müssen uns mit den Gegebenheiten abfinden. Das Erfinden und Vortäuschen von Arbeit verlangt Phantasie, ist oft mühseliger und lästiger, als wirklich zu arbeiten. Besonders bei Nachtschicht. Die Früh- und die Spätschicht haben meist die Arbeit schon getan, wir müssen uns nur in Bereitschaft halten, falls etwas schiefläuft. Wenn wir das nur dem Meister beibringen könnten, der müßte es dem Betriebsingenieur beibringen, der dem Betriebschef, der seinem Vorgesetzten und so fort, ich weiß nicht, bis wohin diese Kette geht, womöglich bis zum lieben Gott, womit dann wieder mal bewiesen wäre, daß alles seine gottgewollte Ordnung hat, woran nicht zu rütteln ist. Das sinnvollste bei Nachtschicht wäre, zu schlafen und sich wecken zu lassen, falls etwas schiefgeht. So zerfällt meine Arbeit bei Nacht in drei Phasen: Bis gegen ein Uhr kämpfe ich gegen den Schlaf an. Ich fege nur wenig Staub zusammen und verteile ihn wieder, wenn ich den Meister in der Nähe vermute. So brauche ich nicht so weit zu laufen.

Die »Arbeit« bleibt in meiner Nähe und ist überschaubar. Ungefähr um zwei Uhr mache ich mich auf den Weg zur Toilette und bleibe eine Viertelstunde dort. Ich döse leicht, und es ist ein angenehmes Gefühl, mit sauberen Händen dazusitzen. Ich habe immer ein Stück Seife bei mir. Ich wasche mir die Hände vor und nach der Toilettenpause. Nach der Pause wasche ich mir mehrmals die Hände und das Gesicht, obwohl ich weiß, daß das unsinnig ist, in kürzester Zeit bin ich wieder genauso schmutzig. Aber das Waschen selbst ist angenehm, ich könnte mich hier immerfort waschen.

Ich muß dabei an den Arbeiter von der Koksmühle denken, der den Tick mit der stark parfümierten Seife und den vielen Duftwassern hat. Wenn man sich seinem Arbeitsplatz nähert, riecht man ihn, noch bevor man ihn sieht. Nach der Arbeit unter der Dusche reibt er sich mit seinen diversen Wässerchen ein. Als ich einmal nach dem Grund seiner Einparfümierung fragte, sagte er: »Anders bekommst du den Geruch der Dreckarbeit nicht aus dir raus.«

So ähnlich muß das auch mit meinem Waschzwang sein. Je größer der Dreck, um so stärker der Reinlichkeitsfimmel. Nach diesem Waschritual begebe ich mich in den Abschnitt, der mir angewiesen worden ist. Ich arbeite jetzt sehr schnell, um nicht einzuschlafen. Wenn ich mich hinsetze, ist es aus. In kurzer Zeit schlafe ich ein. Eine Zeitlang habe ich mir zu helfen versucht, indem ich mich gegen ein Geländer lehnte und den Besen in der Hand behielt. Das sieht dann nur nach einem Augenblick des Ausruhens aus, und der Meister hat keine Handhabe, wenn er vorbeikommt. Aber der Besen entgleitet mir gerade in dem Moment, als er seinen Kontrollgang macht. »Sogar im Stehen schläfst du, das ist die Höhe«, sagt er. Er läßt mich die Sinterwarte putzen, mit Schrubber ohne Stiel und Aufnehmer, das besorgen sonst die Putzfrauen auf der Frühschicht.

Gegen vier Uhr früh ist ein Stadium erreicht, wo man vergeblich gegen den Schlaf ankämpft. Dann ist es mir oft egal, wenn mich der Meister vermißt. Ich suche mir eine Stelle zum Schlafen aus. Der Lärm kann noch so stark sein, er stört mich nicht mehr, wie er einen Ohnmächtigen nicht aus seiner Ohnmacht weckt. In kalten Nächten lege ich mich unter den Schüttelrost. Die Hitze von oben strahlt herunter, und die Eisenplatten sind angenehm warm. Hier vermutet mich der Meister nie. Dieses ohrenbetäubende Gestampfe und Schütteln ist normalerweise nicht die rechte Nachtmusik. Es ist nicht so, daß sich meine Ohren im Schlaf schalldicht

verschließen, ich nehme den Lärm auf in meinen Schlaf. Aber er ist gemildert, und in den Träumen verwandelt er sich zuweilen in Musik. In beängstigende elektronische Klänge, die mich oft aufschrecken lassen, aber dann weiß ich, es ist nur ein Traum, und ich kann weiterschlafen. Der Staub rieselt wie Schnee und deckt einen zu. Die Nasenlöcher verkleben, und die eingeatmete Luft knirscht zwischen den Zähnen.
Nicht der Lärm stört diesen Schlaf; wenn die Anlage einmal stockt, macht mich die plötzliche Stille wach. Es ist eine Stille, die noch von einem ununterbrochenen fernen Geräusch angefüllt ist, ein sanftes Summen wie von einer Turbine. Diese Nächte scheinen nie enden zu wollen.
In den wärmeren Nächten schlafe ich lieber im Freien. Da kann ich durchatmen, und die ausgebrannte Schlackenerde ist weich wie ein Daunenbett im Gegensatz zu den harten Eisenplatten.
Es ist trotzdem ein unruhiger Schlaf. Die Allgegenwart des Meisters verfolgt einen bis in den Traum. Wenn er mich entdeckt, bekomme ich die Papiere. So ist es L. ergangen, der neben dem Kratzband eingeschlafen ist und nicht mal wach wurde, als Z. mit dem Fuß auf ihn trat. Leichtfertiges und grob fahrlässiges Verhalten, stand in dem Kündigungsschreiben. Es soll uns zur Warnung dienen, ließ uns der Betriebschef nach L.s Kündigung durch Z. ausrichten, und Z. faßte dabei diejenigen scharf ins Auge, die in den Morgenstunden öfter unauffindbar sind. Aber solange er einen nicht beim Schlafen entdeckt, kann er nichts machen. Das ist das Gute an dem Labyrinth. Wenn man will, ist man unauffindbar. Ich war eben mal an der frischen Luft oder auf der Toilette oder habe den Mann von der Verladung abgelöst, weil er zur Toilette mußte. Gegen solche Ausreden ist Z. machtlos. Um so eifriger bemüht er sich, einen zu überführen. Seine ausgedehnten Patrouillen verlegt er in die frühen Morgenstunden. Zu immer wechselnden Zeiten und an unvorhergesehener Stelle taucht er auf. Ich habe jetzt vorgebeugt. Mit dem Nachtschichtarbeiter halte ich Wache. Auf H.s Dach beziehen wir abwechselnd Stellung. H. hat abgelehnt, sich an der Wache zu beteiligen: »Das ist zu gefährlich. Ich säg doch nicht am eigenen Ast, auf dem ich sitze.« Man muß ihn verstehen. Er hat viel durchgemacht, ist immer

geduckt worden und zwangsläufig übervorsichtig. Der Nachtschichtarbeiter hat da weniger Bedenken. Seine Idee war es auch mit dem Wacheschieben auf dem Dach. Er ist noch sehr jung. Höchstens 25. Er arbeitet immer auf Nachtschicht und springt von Schicht zu Schicht. Warum er nur nachts arbeitet, verrät er mir einmal: Er arbeitet tagsüber anderswo. Bei einem freien Unternehmer sechs Stunden täglich. Er kommt mit fünf Stunden Schlaf aus. Der freie Unternehmer weiß von seiner Doppelarbeit, auf der Hütte muß er es geheimhalten. Er steht häufig unter Alkohol. »Sonst hältst du diese doppelte Maloche auf die Dauer nicht durch. Am Wochenende besauf ich mich regelmäßig. Sekt laß ich dann wie Wasser durch die Kehle rinnen, und es macht mir gar nichts aus, einen Hunderter auf den Kopp zu hauen. Und wenn ich 'ne flotte Alte dabeihab, wo ich weiß, bei der kannst du später 'ne Nummer schieben, laß ich auch noch ein paar Scheinchen mehr springen.« Der Nachtschichtarbeiter ist unverheiratet und hat für keinen zu sorgen. Er schindet sich doppelt für seinen Suff und die flotten Alten. Oder steckt mehr dahinter? »Die feinsten Bars sind gerade gut genug für mich. Und längst nicht mit jeder Alten geb ich mich ab. Du kannst mir glauben, wenn du mich da picobello und groß in Schale die Runden schmeißen siehst, erkennst du deinen Kumpel von Sinter zwo nicht wieder«, gibt er an.

»Nicht mehr vom Unternehmer zu unterscheiden«, will ich ihn aufziehen. Aber er geht ernst darauf ein. »Stimmt. Diese Zeiten sind vorbei. Meinen Chef vom Bau, dem der ganze Laden gehört, hab ich mal mitgeschleppt. Der hat den Weibern auch keinen Deut mehr imponiert. Wenn ich daran denke, wie sich mein seliger Alter jeden Freitag mit seinem Fusel besoffen hat und dann in der Gosse lag. Nee, da haben wir goldene Zeiten dagegen. Wer heute noch von ausgebeuteter Klasse spricht, den möcht ich am liebsten in die Fresse schlagen. Wer von den Industriebossen kann sich schon so'n lockeres Leben leisten wie unsereins. Die krepieren doch alle am Managertod. Wenn wer wen ausbeutet, dann machen wir's mit den Industriebossen. Die können uns ja bald keine Löhne mehr zahlen, weil wir nicht maßhalten«, so der Nachtschichtarbeiter.

Ein älterer Arbeiter, der sich an unserer Wache hin und wieder beteiligt, meist in den warmen Nächten – »meine Pumpe macht nicht mehr so mit« –, hält ihm entgegen: »Bei uns zu Hause sieht das anders aus. Bei uns ist am Ersten oft schon Ultimo. Meine Alte braucht 'nen Kühlschrank, 'ne Waschmaschine, Fernseher sowieso, und neulich ließ sie sich von so 'nen Vertreterfritzen sogar 'ne Spülmaschine aufschwätzen. Und alles vom Neuesten. Die neueste Fernsehtruhe mit drittem Programm, der alte Kasten wurde in Zahlung gegeben, und was die in dem Kasten dann anpreisen, muß sie auch haben: die Waschmaschine automatisch und den Kühlschrank mit enormem Fassungsvermögen. Dabei haben wir oft nichts zum Reinstellen. Wir leben von der Hand in den Mund. Dann sind die Raten am Ersten fällig, und dann warten wir schon auf den nächsten Ersten. Ich weiß nicht, wie ich's anstellen soll, daß die Kohlen stimmen. Weil die Nachbarin es hat, muß meine Alte es auch haben und möglichst noch 'nen Typ neuer. Ich bin nur fürs Geldranschaffen da. Wenn ich von Nachtschicht komm, raunzt sie mich an, ich soll leise machen, die Kinder würden wach. Meinen Ältesten – der jetzt auch noch auf die höhere Schule soll, weil meine Alte sich das in den Kopf gesetzt hat, meine Kinder sollen mal was Besseres werden –, den seh ich nur jede dritte Woche, wenn ich von Frühschicht nach Haus komm. Dann darf ich ihn nicht stören, weil er Schulaufgaben macht. Er kriegt Nachhilfeunterricht, damit er die Aufnahmeprüfung besteht, unsereins kann ihm da nicht helfen. Ich möcht manchmal, daß wir noch mal vor der Währungsreform lebten, das war hart, aber normal. So leben wir auf Pump, als ob wir uns das alles leisten könnten, was uns da angedreht wird. Ich schlag meine Alte tot und zieh in 'nen Wohnwagen. Dann kann ich mich wenigstens satt essen.«

H., der auf dem Dach dabeisteht, wendet ein: »Immer noch besser so 'ne Alte als so 'ne, wie ich hab. Bei Nachtschicht betrügt sie mich mit 'nem jüngeren Kumpel von der Gegenschicht. Am liebsten würd ich sie zum Teufel jagen, aber find mal in meinem Alter eine Dumme, die dir den Fraß aufwärmt und die Klamotten in Ordnung hält. Da halt ich lieber die Schnauze und laß drei gerade sein. Die bringt's fertig und brennt noch mit dem durch.« Dann streiten sich die beiden, welche der beiden Alten das kleinere Übel ist. Jeder meint, die des andern.

Um sechs Uhr früh heulen die Sirenen. Die lange Nacht ist überstanden. H., der vor Übermüdung zittert, wäscht sich erst gar nicht, sondern steigt auf sein altes Rad und stakst, in der Kolonne der anderen Räder, nach Haus. Werksomnibusse öffnen sich und nehmen ausgelaugte Gestalten auf. Jüngere darunter, mit grauen Schläfen schon und fahlen Gesichtern. Ausgekotzt von der Nacht. Die neue Schicht rückt heran. Die gleichen Gestalten, jetzt schon müde, bereits jetzt erschöpft, drei Stunden vorzeitig aus den Betten gerissen, mit schlafwandlerischen Bewegungen. Die Blicke der An- und Abrückenden treffen sich nicht.
Die Stadt erwacht. Kolonnen von Autos durchqueren die Rauchstadt. Ein wirres Knäuel von Scheinwerferschlangen, die sich vor einem der fünfzig Tore der Fabrikstadt wieder entwirren. Proviantwagen schaffen alles heran, was zum Leben gebraucht wird. Brotwagen, Fleischerwagen, Milchwagen, Kohlenwagen, Wagen, die die großen Warenhäuser mit dem lebensnotwendigen Kleinkram anfüllen. Dann Müllwagen wie Leichenwagen, die Platz schaffen für neue Konsumgüter und neue Arbeiter.

Im Ledigenheim habe ich Quartier bezogen. Dort schlafe ich mir die Müdigkeit aus den Knochen wie einen schweren Rausch. Ein schmaler Raum. Zwei Schritte von der Tür zu meinem Bett. Das Bett aus Stahlrohr. Auch der Schrank aus Stahl, mit einem Vorhängeschloß daran. Ein viereckiger Tisch und drei Stühle. Ein Bild an der Wand. Das Bett habe ich mir so eingerichtet, daß mein Kopf am Fenster liegt. Dadurch erspare ich mir den Anblick der Ziegelsteinfassade der Fabrikhalle. An der Wand mir gegenüber hängt das Bild ohne Rahmen. Eine Stiftung der Hütte. Eine automatische Walzstraße. Bunt.
Zwei weitere Betten stehen noch im Raum. Wenn ich von Nachtschicht komme, ist eins davon besetzt. Von dem Arbeiter, der Spätschicht hat. Ein Bett steht leer. Der dazugehörende Arbeiter hat Frühschicht. Der schlafende Arbeiter wird kurz wach, wenn ich eintrete. Er dreht sich auf die andere Seite und schläft weiter. Ich ziehe einen Stuhl an mein Bett heran, ziehe mich aus und lege meine Sachen über den Stuhl. Ich lege mich ins Bett, drehe mich zur Wand und schlafe sofort ein. Eine Stunde später wird der Stuhl aus dem

Raum gerückt, und eine elektronische Säuberungsmaschine wird durch den Raum gefahren. Zwei Putzfrauen rücken den Tisch einmal in die eine Seite des Raums und einige Minuten später in die andere. Sie bemühen sich, keine lauten Geräusche zu machen, und sprechen nur leise miteinander.

Ich werde kurz wach davon und nehme den Reinigungsvorgang im Halbschlaf wahr. Das zweite Mal werde ich wach, wenn der Arbeiter, der Spätschicht hat, aufsteht. Er läßt einen elektrischen Rasierapparat surren und nimmt nicht so viel Rücksicht wie die Putzfrauen. Er knallt das Fenster auf oder zu, je nachdem wie das Wetter ist und wie der Wind sich gedreht hat. Bei Ostwind ist der Raum voll Qualm.

Das dritte Mal werde ich wach, wenn Post unter der Tür durchgeschoben wird. Nicht immer werde ich davon wach. Wenn der Hausmeister die Tür aufmacht, um ein dickeres Kuvert oder ein Päckchen ins Zimmer zu legen, fahre ich aus dem Schlaf hoch.

Kurz nach zwei Uhr mittags kommt der Arbeiter ins Zimmer, dessen Bett leer war, als ich kam. Oft legt er sich ins Bett, oder setzt sich an den Tisch, ißt etwas und hört Radio dabei. Auch er weckt mich für kurze Zeit.

Vor vier Uhr nachmittags stehe ich selten auf. Dann gehe ich in den Waschraum. Dort stehen noch andere Arbeiter, die auch Nachtschicht haben.

Danach gehe ich in die Kantine, frage, ob Brötchen vom Morgen übriggeblieben sind, wenn nicht, kaufe ich geschnittenes Brot. Als Belag nehme ich Rahmkäse, immer dieselbe Sorte, weil keine andere geführt wird, die Leberwurst mit den dicken Speckstücken mag ich nicht. Ein oder zwei Flaschen Bier kaufe ich meist noch dazu und manchmal eine Flasche Trauben- oder Johannisbeersaft. Die trinke ich dann auf einmal, weil ich glaube, daß es gesund ist. Dann gehe ich wieder ins Zimmer hoch, esse und trinke das Bier aus der Flasche. Dazu höre ich Radio.

Oft macht das Bier mich müde. Ich lege mich dann aufs Bett und versuche zu lesen. Die werkseigene Zeitung »Unsere Hütte« oder eine andere Lektüre. Dabei schlafe ich manchmal ein.

Spätestens um neun Uhr abends muß ich wieder wach sein. Ich schmiere mir ein paar Brote zum Mitnehmen. Wenn ich zu spät wach geworden bin, wickele ich die Brotschnitten trocken ein oder lasse es. Um zehn Uhr abends muß ich auf Nachtschicht sein.

Der Arbeiter, der auf Frühschicht ist, wenn ich von Nachtschicht komme, redet gern. Es stört ihn nicht, wenn ihm niemand zuhört. Er erwartet auch keine Antwort. Er ist Vollwaise und noch keine einundzwanzig. In Heimen aufgewachsen, wollte er Elektriker werden. Der Staat bezahlte seine Ausbildung. Bei der Gesellenprüfung fiel er durch. Er hätte es gern noch mal versucht, aber der Staat ist in solchen Fällen hart. Der muß mit fremden Steuergeldern sorgfältig haushalten, das versteht er. Er mußte die Lehre ohne Gesellenprüfung abbrechen, man verschaffte ihm eine Stelle als Hilfsarbeiter. Es tut ihm jetzt leid, daß er die Prüfung nicht beim erstenmal geschafft hat. Elektriker findet er interessant, und so kann er leichter mehr Geld verdienen. Er bedauert, daß er keine Eltern hat, die hätten ihn sicher noch ein Jahr Lehre nachmachen lassen, immerhin fallen dreißig Prozent bei der Prüfung durch. Jetzt redet er viel über die technischen Daten von neuen Autos und welchen Wagen er sich kaufen würde, wenn er das Geld hätte. Er redet selten von etwas anderm, und er merkt nicht, daß ich ihm schon lange nicht mehr zuhöre.

Der dritte in unserem Zimmer redet kaum. Unter seinem Bett steht meist eine Flasche Korn. Als er sie einmal leergetrunken hat, erzählt er mir von seiner Frau, die ihm eines Morgens, er kam gerade von Nachtschicht, »wie aus heiterem Himmel« klarmachte, daß sie sich scheiden lassen wollte. »Es war nichts gewesen vorher. Unsere Ehe lief gut. Sie schüttete gerade Kaffee auf, als sie es mir sagte. Ich wollte nicht, aber sie bestand darauf. Beim dritten Gerichtstermin habe ich schließlich nachgegeben.« Das Kind wurde seiner Frau zugesprochen. Er hat noch drei Monate in der gemeinsamen Wohnung gewohnt und ist dann ins Ledigenheim gezogen. Er weiß bis heute nicht, warum sie sich von ihm getrennt hat. »Vielleicht, weil sie diesen Alltagstrott mit einem Arbeiter satt war. Sie hatte immer gedacht, ich hätte auf Abendkursen meine Facharbeiterprüfung gemacht und wäre dann noch Ingenieur geworden. Ich weiß noch, sie

sagte oft: ›In Wirklichkeit bist du nicht mit mir, sondern mit der Fabrik verheiratet. Du kommst nur nach Hause, um zu essen und zu schlafen, und deine Kollegen kennst du besser als deine eigene Frau.‹ Sie ist verrückt, anders kann ich mir das nicht erklären. Heiraten werde ich bestimmt nicht mehr. Ich hab gehört, sie soll jetzt oft Besuch von einem Meister aus der Kokerei bekommen. Der hat selbst Frau und Kinder. Mein Junge tut mir leid.«
In den freien Tagen zwischen dem Wechsel der Schichtwochen besäuft er sich regelmäßig und bleibt oft den ganzen Tag im Bett liegen. Der andere geht an diesen Tagen oft tanzen. Er war bereits zweimal verlobt. Mit seiner zweiten Verlobten ging es auseinander, weil sie immer in Heimat- und Liebesfilme gehen wollte, die er nicht mag. Denn er steht auf Krimis.
Auch das Ledigenheim gehört mit zur Fabrik, steckt mit in der Umklammerung. Die Stahlwerke brüllen in der Finsternis, und der Qualm bläht den qualligen Himmel auf. Die im Wind wehenden Handtücher vor den vielen Fenstern saugen sich voll Kohlenstaub.

Unter den unzähligen Fabrikgeräuschen ist die Stimme der Sinteranlage unverkennbar. Ein dreimaliger Sirenenschwellton, zunächst laut, dann leiser und wieder laut, ruft uns wie ein Warnsignal in die Anlage. In der Anlage selbst warnt uns niemand vor Gefahren. Als der Staubberg in zwanzig Meter Entfernung von mir hinunterstürzte, kam das völlig überraschend. Ich hörte es klatschen, so, als wenn ein plötzlicher Wolkenbruch niedergeht. Dann sah ich nichts mehr, und als die Staubwolken sich in dem zugigen Gang etwas gelichtet hatten, türmte sich der Berg vor mir auf. Zwanzig Meter weiter, und ich wäre verschüttet worden. Wir hatten drei Tage zu schippen.
Im Hochbunker drei unter dem Fallrost läßt man uns ohne vorherige Warnung arbeiten. Immer wenn sich dort ein Haufen Steine angesammelt hat, wird ein Arbeiter mit Schubkarre hingeschickt, um die schweren Brocken wegzutransportieren. Die Anlage wird deswegen nicht zum Stillstand gebracht. Das kann keiner verlangen. Man braucht nur zu rechnen, um das einzusehen. Mindestens eine Viertelstunde benötigt man für diese Arbeit. Das bedeutete für

das Werk ca. 12000 Mark Ausfall. Eine Unsumme für diese lächerliche Arbeit.
Ein Unfall ist auch nicht wahrscheinlich. Höchstens alle zwei bis drei Stunden stürzt ein Steinbrocken herab. Und längst nicht immer ist es ein so großer, der gleich einen Arbeiter erschlägt. Die Arbeiter tragen schließlich nicht umsonst ihre Schutzhelme. Bis jetzt ist jedenfalls noch nichts passiert. Einmal fiel zwar einem Arbeiter ein kleinerer Brocken auf den Schutzhelm und schlug ein Loch hinein. Aber der Arbeiter bekam anstandslos einen neuen Helm.
Im Hochbunker drei sitzt der Arbeiter, der mit dem Zentralsteuerstand in Sprechverbindung steht. Ich war dabei, als sich die beiden Arbeiter zum erstenmal gegenüberstanden, die sich nur als Stimme kannten. Über ein Jahr standen die beiden in Sprechverbindung, jetzt sahen sie sich das erste Mal und erkannten sich nicht. »Du bist der, der schon mal Schlager übers Radio durchspielt?« – »Nein, das macht mein Kumpel.« – »Dann geh wieder, dann interessierst du mich auch nicht.«
Im Außengelände von Sinter zwo, wo gebaut wird, fährt täglich ein Tieflader Eisenteile an. Mit dem Fahrer komme ich ins Gespräch, als er seine dritte Flasche Coca-Cola hinuntergestürzt hat und mit zittrigen Händen seine Brote auswickelt. Ich erfahre, daß er seit fast einem Jahr sechzehn Stunden pro Tag einen Tieflader fährt. Er hält mir seine zitternden Hände hin und sagt: »Diese Woche sind's wieder 96 Stunden. Zu Hause sacke ich oft vor Müdigkeit mit dem Kopf in den Teller. Und dabei arbeite ich nur fürs Finanzamt. In der letzten Lohnwoche gingen 65 Mark allein für Lohnsteuer weg. Den Reibach macht der Unternehmer.«
Der freie Unternehmer läßt im Auftrag der Hütte drei Tieflader fahren. Die Hütte zahlt ihm pro Wagen und pro Stunde 60 Mark. Sein monatliches Bruttoeinkommen beträgt demnach mehr als 80000 Mark. Höchstens sieben Prozent gibt er für Löhne aus. Der Rest fließt zu einem Großteil in seine eigene Tasche. Dafür tut er nicht viel. Das Geschäft läuft sozusagen von selbst. Das Kapital für die Tieflader mußte erst mal dasein und dann Beziehungen zur Hüttendirektion, alles Weitere läuft von selbst bis in alle Ewigkeit.
Der Fahrer sagt: »Ich habe die Arbeit nur bekommen, indem ich mich schriftlich einverstanden erklärt habe, die

Doppelschicht zu fahren. Da verdient der Unternehmer noch mehr bei. Außerdem kriegt er schlecht Leute. Lange halt ich das nicht mehr durch. Dann hab ich einen Knacks weg.«

Als ich vier Monate in Sinter zwo arbeite, lese ich in der Zeitung, daß ein verregneter Sommer ist. Das ist mir bisher nicht aufgefallen. Auch daß Sommer ist, ist mir nicht aufgefallen. Der Rhythmus des Schichtwechsels läuft konträr zu jedem natürlichen Rhythmus. Tag, Nacht, Sommer, Winter sind nur noch Erinnerungen an eine vergangene Zeit. Einschlafen und Aufwachen zu immer wechselnden Zeiten, das ist unser Rhythmus. Ich weiß manchmal nicht, was der wirkliche Schlaf und das wirkliche Leben ist. Die Zeit in der Fabrik erscheint mir manchmal wie der Schlaf und die Zeit außerhalb der Fabrik wie der Traum davon.

Seit kurzem verändert sich manches in der Anlage. Die Roste auf dem Band, die bisher von einem Arbeiter mit einer Stange freigestoßen wurden, werden jetzt von einer Klopfmaschine gereinigt. Dem Arbeiter wurde gekündigt. Auch der Mann von der Mischtrommel bangt um seinen Posten. Er wir jetzt öfter zum Fegen herangezogen und die Mischtrommel von der Sinterwarte aus reguliert.
H. sagt doch neulich: »Ich weiche hier nicht. Jede Handbreit auf meinem Dach werd ich verteidigen. Oder die sollen mir eine neue Stelle besorgen. Hier, genau unter uns, laufen noch Stollen der Hüttenzeche. Ich bin froh, daß ich da raus bin. Und jetzt soll ich diese Arbeit verlieren.«
Der Betriebschef läßt uns zu sich rufen, spricht von »neuer technischer Revolution« und vom »letzten Schritt der Automatisierung« und daß wir uns »so langsam nach einer neuen Stelle umsehen sollen«. »Die Anlage wird im nächsten Vierteljahr mit der halben Mannschaft auskommen. Bereits jetzt halten wir euch mehr aus Luxus hier.«
Diese Worte des Betriebschefs bringen einige Unruhe unter die Arbeiter.
»Man kann nichts machen«, sagt der Mann von der Mischtrommel. »Wir werden alle noch Frührentner wider Willen«, sagt ein anderer.
Abends treffen wir uns ausnahmsweise in einer Kneipe, um

zu überlegen, ob sich etwas tun läßt. Nach den ersten Bieren haben wir vergessen, warum wir zusammengekommen sind. Wir sprechen weder über die Arbeit noch über die Anlage. Wir reden kaum etwas. Wir trinken und rauchen und blicken zu den anderen Tischen. Dort sitzen Arbeiter und warten auf ihre Schicht. Sie rauchen und blicken hinaus. Sie sind genauso gekleidet wie wir. Sauber und nicht zerlumpt. Einer trägt sogar einen Hut auf dem Kopf.

Anmerkungen

Die erste Reaktion auf diese Reportagen war eine Vorladung des Verfassers zur politischen Polizei in Köln. Grund: die Berichte hatten nicht nur in der inländischen Presse Aufsehen erregt, sondern auch im Ausland. Auszüge erschienen in Frankreich, Schweden usw., aber auch in der DDR, ČSSR, UdSSR und Jugoslawien, meist ohne Wissen des Verfassers. Der Dienststellenleiter ließ ihn wissen, daß hier der Verdacht landesverräterischer Beziehungen vorliege, und verlangte eine schriftliche Erklärung, daß der Autor auch künftighin keine Kontakte zu Ostblockorganen pflegen würde. Als der Verfasser, der damals noch unter Pseudonym veröffentlichte, sich gegen diese Form der Nötigung verwahrte und mit Veröffentlichung drohte, erhielt er innerhalb einer Woche den Bescheid über die Einstellung des Verfahrens.

Die Industrie versuchte, den »neuen sprachlichen Realismus« dieser Reportagen, den *Wirtschaft und Erziehung* am 15. November 1967 eine »scharfe Waffe« nannte, zum Beispiel so zu unterlaufen:

»Gerade die Behandlung wirtschafts- und sozialpolitischer Themen unter dem Rubrum ›Gesellschaftskritik‹ bietet immer wieder Anlaß zu kritischen Stellungnahmen. G. W.s Reportagen aus der industriellen Arbeitswelt sind ein klassisches Beispiel für die unsachgemäße Behandlung des *Sachbereichs Wirtschaft.* Gesellschaftskritische Reportagen ohne Korrektur durch sachliche Information können verhängnisvoll wirken in einer Zeit, in der die Mehrheit der Bevölkerung sorgenvoll nach der weiteren wirtschaftlichen Entwicklung fragt, und in der die geistigen Schichten sich für den ihnen fremden Lebensbereich Betrieb und Wirtschaft interessieren.«

Das schrieb Günter Triesch, Leiter der Abteilung »Verbände, Parteien, Recht« des Deutschen Industrieinstituts in der Industriellen-Festschrift *Immer auf der Brücke.*

Triesch bezog sich auf eine Sendung des WDR aus den Industriereportagen, die von Arbeitgeberseite attackiert worden war und den Programmbeirat auf den Plan rief. Man

beschloß, solche Beiträge, »die einseitig Arbeitnehmerinteressen wahrnehmen«, in Zukunft nicht mehr zuzulassen. Eine weitere Reportagenfolge im Hessischen Rundfunk, die ein außergewöhnliches Hörerecho fand, stieß gleichfalls auf Mißbilligung. Unter der Überschrift *›Klassenkampf im Abendstudio‹* warnte der *Rundfunkspiegel* des Deutschen Industrieinstituts am 28. Juli 1966:
»Seit dem 14. Juli sendet das Abendstudio . . . in wöchentlichem Abstand im zweiten Frankfurter Hörfunkprogramm in bester Programmzeit um 20 Uhr die vierteilige Reihe *›Die Betriebsreportage‹* von G. W.«
Hauptargument:
»Der ›Erfahrungsbericht‹ dieses jungen ›Arbeiterliteraten‹ verrät in jeder Zeile eine tiefe Abneigung gegen die Arbeit und eine gesteigerte Empörung gegen einen gesellschaftlichen Zustand . . .
Es wäre für den Hessischen Rundfunk ein leichtes gewesen, die unwahrscheinlichsten dieser Unglaubwürdigkeiten seines Autors zu prüfen, etwa in Informationsgesprächen mit Betriebsräten und Werksleitungen. Dies wäre sogar redaktionelle Pflicht gewesen, bevor der Rundfunk dazu mißbraucht wurde, solche sozialpolitische Hetze . . . auszustrahlen.«
Auch auf »Sozialpartner«-Ebene gelang es den Mächtigeren, die Wirkung der Reportagen einzuschränken. Zum Beispiel das Zwei-Millionen-Blatt der IG Metall, das die Berichte des Verfassers seit einiger Zeit abdruckte, wurde durch gezielte Beeinflussung davon abgebracht. Der 3. Vorsitzende der IG Metall erhielt ein Schreiben des Duzfreundes aus dem Vorstand der August-Thyssen-Hütte AG Duisburg:
». . . konnte ich Dir bereits mündlich kurz über die Unruhe und Empörung, die über die oben genannte Artikelserie im Hamborner Bereich der ATH herrschen, berichten. Ich möchte dies heute schriftlich ergänzen, ohne dabei auf Einzelheiten einzugehen . . . Die Tendenz der Artikelserie ist absolut negativ und herabsetzend . . .
Hier werden bis heute anständige Leute in ein Zwielicht gebracht, die es m. E. niemals verdient haben . . . Wenn zu mir leitende Angestellte kommen, die . . . mir ihre Zweifel an dem Inhalt eines offiziellen Organs des Vorstandes der

IG Metall offenbaren und mich fragen, ob das die wirkliche Meinung des Vorstandes in Frankfurt ist, dann gebe ich die Frage hiermit weiter ...
Wie kann man die Dinge aus der Welt schaffen? ... Auf keinen Fall möchte ich durch diesen Brief erreichen, daß eine Diskussion über die Artikelserie in *Metall* stattfindet ...
Ich wage daber kaum zu hoffen, daß durch meinen persönlichen Brief die Fortsetzungsreihe gestoppt werden kann.«
Er täuschte sich. Sie wurde sofort gestoppt.

Gegen einige Reportagen, die damals noch mit Namensnennungen der jeweiligen Firmen erschienen, wurden einstweilige Verfügungen erlassen, Schadenersatzforderungen und Prozesse angestrengt.
So versuchten etwa die X-Werke (*Im Stahlrohrwerk*) für das Durchbrechen der Informationssperre eine Entschädigung in Höhe von 100000 DM durchzusetzen. Die IG Metall, in dem feudalistisch geführten Betrieb damals nicht geduldet, hatte zusammen mit dem Verfasser vor den Werktoren eine Flugblattaktion durchgeführt, wobei die Reportage verteilt und weitere Kampfmaßnahmen angekündigt wurden. In Werksnähe war ein Aktionsbüro eingerichtet worden, das fast ein Jahr lang die Arbeiter dieses Schwerpunktbetriebs mobilisierte; so lange, bis ein starker Gegenbetriebsrat im Werk die Interessen der Arbeiterschaft wahrzunehmen wagte.
Die X-Werke erwirkten über das örtliche Gericht eine einstweilige Verfügung gegen den Verfasser, die Zeitschrift *Metall* und den verantwortlichen Chefredakteur »aus dem Gesichtspunkt der Geschäftsschädigung wie auch aus dem Gesichtspunkt der Ehrverletzung heraus«, die untersagte, »die verleumderischen Attacken, die gegen die Antragstellerin geritten würden, um den bestehenden *Betriebsfrieden* zu stören«, fortzusetzen.
Dem Inhaber der X-Werke, der eine maßgebliche Rolle im regionalen Arbeitgeberverband spielt, kam es allem Anschein nach darauf an, den Verfasser wirtschaftlich zu ruinieren. Wurde der »erlittene Schaden« anfangs noch auf 100000 DM bemessen, wuchs er anläßlich eines neuen Antrags bereits ins Unermeßliche.

»Der Umfang des der Klägerin durch die schuldhaften und rechtswidrigen Handlungen der Beklagten entstandenen und noch entstehenden Schadens ist im gegenwärtigen Zeitpunkt noch nicht konkret zu ermitteln. Die Klägerin hat daher ein berechtigtes Interesse i. S. des § 256 ZPO an der alsbaldigen Feststellung der Schadensersatzpflicht der Beklagten.
Der Schaden der Klägerin besteht einmal darin, daß durch die Verbreitung der verleumderischen Behauptungen in Arbeitnehmerkreisen der Eindruck erweckt wird, als ob die Klägerin ein Arbeitgeber sei, der seine Arbeitnehmer ausbeute, terrorisiere und sie nicht einmal vor Unfallgefahren schütze. Es bedarf keines Beweises, daß derartige Behauptungen in einer Zeit der Vollbeschäftigung negative Auswirkungen auf ein Unternehmen zwangsläufig haben müssen.
Durch den nachbenannten Zeugen wird unter Beweis gestellt, daß das Angebot der Arbeitskräfte um 50 % zurückgegangen ist.
Beweis: Zeugnis des Personalleiters P., zu laden bei der Klägerin.
Der Schaden der Klägerin besteht weiter darin, daß ihre mit Mühen und Kosten aufgebauten Beziehungen zu Abnehmern im Gebiet der sogenannten DDR gestört sind. Die sowjetzonale Presse und der sowjetzonale Rundfunk haben begehrlich die Veröffentlichungen der Beklagten aufgegriffen und verbreitet. Der Name der Klägerin war seit dem Erscheinen der bösartigen Artikel der Beklagten in der DDR nahezu täglich in der Presse und im Rundfunk. Das hat die Geschäftsverbindungen zwangsläufig empfindlich gestört. Der Klägerin sind zahlreiche Mitteilungen zugegangen, die beinhalten, daß man mit einem solchen Unternehmen, das angeblich nach dem ›Führer-Prinzip‹ regiert werde und bei dem Zustände herrschten, wie sie im einzelnen Gegenstand der Unterlassungsansprüche der Klage sind, keine Geschäftsverbindung mehr aufrechterhalten könne.
Beweis: Zeugnis des Prokuristen J., zu laden bei der Klägerin.
Auch dieser Schaden ist z. Zt. nicht annähernd meßbar.«

In eigener Sache wandte sich der Firmeninhaber mit einem Aushang am Schwarzen Brett an seine »Lieben Mitarbeiter und Mitarbeiterinnen!«

»Nun haben Sie die 3 Nummern der IG Metall-Zeitung mit den famosen Artikeln des Herrn Günter Wallmann erhalten [damaliges Pseudonym des Verfassers]. Die meisten von Ihnen werden sie als das erkannt und eingeschätzt haben, was sie sind und was sie bezwecken: eine auf vielfachen Unwahrheiten und Entstellungen fußende Hetze, um Unruhe in unserem Betrieb zu stiften.
Ich will nicht auf das Niveau dieser Hetzartikel heruntersteigen, insbesondere versage ich es mir, auf die mich persönlich betreffenden Gehässigkeiten einzugehen.
Ich will Ihnen nur einige wenige Tatsachen vor Augen führen und bitte Sie, daraus sich selbst ein Urteil zu bilden.
Herr Günter Wallmann, der verantwortlich für die Artikel zeichnet, hat sich unter dem Namen Günter Wallraff, geb. am 1. 10. 1942 in Burscheid, als Arbeitssuchender in unserem Personalbüro gemeldet und ist in der Adjustage unseres Werkes als Hilfsarbeiter tätig gewesen. Halten Sie es für ehrlich und anständig, wenn sich jemand unter falschem Namen in einen Betrieb einschleicht mit dem geheimen Auftrag, Material für eine Hetze gegen Betriebsleitung und Betriebsrat zu sammeln? . . . In vertrauensvoller Zusammenarbeit mit dem von Ihnen gewählten Betriebsrat sind beachtliche Leistungen in unserem Betrieb Jahr für Jahr unseren Betriebsangehörigen zugeflossen. Das soll auch in Zukunft ohne fremde Einmischung – auch nicht der IG Metall – geschehen.
Mit der über die Grenzen des Landes hinausgetragenen Hetze wird der Erfolg unserer gemeinsamen Arbeit gefährdet. Wollen Sie es hinnehmen, daß damit letzten Endes auch Ihr Verdienst, Ihr Arbeitsplatz gefährdet wird? Und wollen Sie es sich gefallen lassen, daß ein junger Mann, der ohne fachliche Kenntnisse einmal in einen Betrieb hineinriecht, auch Sie, die Sie zum größten Teil schon jahrelang bei uns treu und redlich Ihre Pflicht erfüllen, als dumm und zum Teil verantwortungslos hinstellt und beleidigt.
Geben Sie diesen Störenfrieden die rechte Antwort, indem Sie sie mit Verachtung strafen.
Ich vertraue auf Ihre Einsicht und die weitere verantwortungsbewußte Mitarbeit aller, die guten Willens sind.«

Zwei Arbeiter – H. und M. –, die nicht »guten Willens« waren – sie hatten im Werk für die Gewerkschaft geworben –, wurden von X. fristlos entlassen.
Der Arbeiter S. kam mit einer Verwarnung davon:
»Wir erhielten davon Kenntnis, daß Sie während der Arbeitszeit in der Abtlg. Sitzgestellfertigung versucht haben, andere Kollegen für den Beitritt zur Gewerkschaft zu werben. Es erübrigt sich eigentlich, darauf aufmerksam zu machen, daß diese Haltung unzulässig ist. Für den Fall, daß sich entsprechende Vorkommnisse wiederholen, sehen wir uns gezwungen, Sie zu entlassen. Gez. X.«
Vom Arbeiter T. liegt eine eidesstattliche Erklärung vor:
»Ich erkläre hiermit an Eides Statt, daß mir bei meiner Einstellung bei den X-Werken von dem Personalchef W. die Frage gestellt wurde, ob ich gewerkschaftlich organisiert sei. Ich habe die Frage bejaht, worauf W. mir erklärte, dann könne eine Einstellung im Betrieb nicht erfolgen. Da ich aber auf Arbeit dringend angewiesen war, habe ich gegenüber W. erklärt, dann müsse ich eben aus der Gewerkschaft austreten. Daraufhin bin ich eingestellt worden.«
Der ehemalige Polizist L., der bei X. als Anschreiber angestellt war und die überfüllten Pendlerbusse beanstandet hatte, wurde mit folgender Begründung gekündigt:
». . . da es uns unzumutbar ist, einen Arbeitnehmer zu beschäftigen, der durch eine ungerechtfertigte Strafanzeige seinem Arbeitgeber gegenüber grob treuwidrig handelt.«
Wie es um den *Betriebsfrieden* in den X-Werken – auf den sich Unternehmer X. so oft beruft – bestellt ist, geht aus folgender Aktennotiz des Aktionsbüros hervor:
»Meister P. trieb seine Kollegen ständig an. Wenn er einmal selbst mit Hand anlegte, dann ging es von Zeit zu Zeit wild her. Es passierte dann auch häufig, daß Werkzeuge, wie Brechstange, Schaufel und Besen usw. durch die Gegend flogen . . . Meist fing er an zu treiben und zu schreien. Seine Schlagwörter waren und sind auch heute noch: laß gehen, beeil dich, ich reiße dir den Arsch auf. Sein letzter Schrei ist seit ca. 3 Jahren eine Trillerpfeife. Wenn man P. nicht sieht, kann man ihn von weither hören. Sein Benehmen ist meist tobend, vor allem dann, wenn ein Ingenieur oder Meister in der Nähe ist.«
Der 17jährige Lehrling H. berichtet, wie es zu seiner Kündigung kam:

»Wie bereits bekannt, bin ich von Meister P. wiederholt getreten worden (mindestens 6mal). Einmal hat er mich ins Gesicht geschlagen. Diese Vorfälle hatte ich bei der Industrie-Gewerkschaft Metall gemeldet. Als P. das erfahren hatte, wurde ich von ihm besonders scharf beobachtet. Am 28. 7. bin ich dreimal zur Kantine gegangen. Darauf wurde ich von P. angesprochen. Er zitierte mich mit einem Pfiff zu sich. P. sagte mir, ich solle nicht immer in der Gegend umherlaufen und andere Leute von der Arbeit abhalten. Zum Einkaufen von Sprudel und dergleichen ist ein älterer, nicht mehr ganz arbeitsfähiger Kollege zuständig. Diesen habe ich an dem Tage aber nicht einmal zu Gesicht bekommen. Das ist der Grund, warum ich für mich und andere Kollegen zur Kantine ging. Am 29. 7. morgens 5.50 Uhr nahm ich pünktlich die Arbeit auf. Wir säuberten Regale und Ersatzteile im Lager, die durch das Hochwasser stark verschlammt waren. Um 9.00 Uhr machten wir unsere Frühstückspause. Nachdem ich mit dem Essen fertig war, spielte ich ein Liedchen auf meiner Mundharmonika. Um 10.30 Uhr spielte ich nochmals ca. 3 Minuten. Um 10.45 Uhr kam P. zu mir und verlangte meine Mundharmonika. Er erklärte, meine Kollegen seien bei ihm gewesen und hätten sich über mich beschwert. Das kann aber nicht stimmen, denn von 10.30–10.45 Uhr waren meine Kollegen alle am Arbeitsplatz. P. nahm mich dann zu Diplom-Ing. H. mit und trug ihm vor, daß ich Mundharmonika gespielt und somit die Leute von der Arbeit abgehalten habe. H. sagte, so gehe es nicht weiter ... Er sagte P., er solle diesen Fall Diplom-Ing. S. vortragen. Wir gingen dann zu S. Doch P. wiederholte nur das, was er bereits zu H. gesagt hatte. Die erste Reaktion von S. war, daß er Personalchef P. anrief und ihm sagte, er möge meine Papiere fertig machen. Wörtlich hat S. gesagt: ›Herr P., ich habe hier einen Mann, der taugt nicht für die Arbeit, machen Sie bitte die Papiere fertig.‹ Anschließend sagte mir S., wir müssen das Arbeitsverhältnis kündigen. ›Oder‹, so fragte er dann, ›kündigen Sie selbst?‹ Ich war in diesem Augenblick sehr erregt, weil ich mir keiner Schuld bewußt war. Ich sagte das auch zu S. und fügte hinzu: ›Ich habe doch immer die gleiche Leistung gebracht wie meine Kollegen.‹ Nachdem noch mal die Frage gestellt wurde, ob ich nun kündigen wolle oder nicht, sagte ich ja. Ich hatte die

ganze Zeit versucht, auf die Vorwürfe zu antworten, wurde aber überhaupt nicht angehört.«
Der Arbeitgeberverband teilt der IG Metall zu diesem Vorfall lakonisch mit:
»Namens der Geschäftsleitung der X-Werke weisen wir den gegen Herrn P. erhobenen Vorwurf zurück. Es bestand und besteht damit auch keine Veranlassung für Ihre im letzten Satz Ihres Schreibens an die Geschäftsleitung gerichtete Bitte, dafür Sorge zu tragen, daß in Zukunft von Vorgesetzten gegenüber Untergebenen weder Körperverletzungen noch Beleidigungen erfolgen. Im Betrieb unserer Mitgliedsfirma werden Vorgesetzte, die sich gegenüber Untergebenen derartiger Entgleisungen schuldig machen, nicht beschäftigt.«
Damit war der »Betriebsfrieden« wiederhergestellt.
Alles, was den Betriebsfrieden stören könnte, möchte Herr X. verbieten lassen – das zeigt der Bericht eines Gewerkschaftssekretärs über ein Gespräch mit diesem Unternehmer:
»Meinen Hinweis, das Streikrecht sei im Grundgesetz verankert und deshalb legitim, beantwortete Herr X. damit, dann müsse das Grundgesetz eben geändert werden. Streiks dürften nicht durchgeführt werden, da doch Unternehmer und Arbeiter in einem Boot säßen. Seine Belegschaft habe das erkannt, und deshalb bestehe zwischen ihm, dem Betriebsrat und der Belegschaft ein gutes Verhältnis. Er habe auch jedem Belegschaftsmitglied vor Weihnachten ein diesbezügliches Schreiben ins Haus geschickt.«
In einer »Weihnachtsbotschaft« des Unternehmers X., der sich in einem Kündigungsschreiben an einen Untergebenen einmal selbst als »Brotherr« bezeichnete, hieß es:
»Liebe Mitarbeiter und Mitarbeiterinnen!
Zum bevorstehenden Weihnachtsfest und aus Anlaß des zu Ende gehenden Jahres möchte ich mich auf diesem Wege an Sie und Ihre Familie wenden. Es ist doch recht so und durchaus üblich, nach einem abgeschlossenen Jahr Rückblick zu halten, um aus dem vergangenen zu lernen, die Fehler auszuschalten und sich mit guten Gedanken und Überlegungen für das neue Jahr zu rüsten . . .
Nachdenklich sollten wir werden, wenn wir feststellen, daß wir heute in der Welt die geringste Arbeitszeit haben. Das

deutsche Volk, das früher als eines der fleißigsten und arbeitsamsten in der Welt galt, verfügt heute über die meiste Freizeit. So haben wir im kommenden Jahr 238 Arbeitstage gegenüber 127 Ruhetagen. Das bedeutet, daß noch nicht einmal zwei Arbeitstagen ein Ruhetag gegenübersteht. Ob sich unser Volk auf die Dauer dieses leisten kann, ist eine große Frage besonders dann, wenn man bedenkt, wieviel Not es noch in der übrigen Welt gibt ... Wenn Sie bedenken, was alles nach zwei verlorenen Weltkriegen geschaffen worden ist und daß alles das auch in erster Linie dem ständig vorwärtsstrebenden Unternehmertum, unseren Erfindern und Wissenschaftlern zu danken ist, sollten wir bestrebt sein, uns diesen Stand in der Welt zu erhalten. Trotzdem müssen wir leider sehr oft feststellen, daß durch Neid und Mißgunst diese Kreise in Mißkredit gebracht und verleumdet werden.
Nachdem wir uns einen beachtlichen Wohlstand in Deutschland geschaffen haben, sollten wir aber sehen und erkennen, daß es neben den materiellen Dingen auch noch andere gibt und darauf bedacht sein, daß unsere Seele durch eine zu große egoistische Einstellung und durch einseitiges Wohlstandsdenken nicht zu kurz kommt. Viel zu weit haben uns diese Anschauungen schon vom wahren Christentum entfernt. Wir alle sollten mehr Achtung und Respekt vor der Arbeit des anderen haben und unserem Nachbarn mit mehr Verständnis und Nächstenliebe begegnen, unseren Mitarbeitern und Vorgesetzten mit menschlicher Achtung.
Wenn wir uns alle Mühe geben, dieses zu beherzigen, wird das Zusammenleben im neuen Jahr noch besser sein, und ein tieferes Glück und Zufriedenheit die Menschen erfüllen. Ihnen und Ihren Familien wünsche ich aufrichtig ein gesegnetes, frohes Weihnachtsfest und – anknüpfend an die vorherigen Gedanken – ein gutes neues Jahr in einer echten Verinnerlichung.«

Ketten aus Kalthof (1968)

Thiele-Werke. Raum Iserlohn, Schwerte, Hagen, Schwerpunktindustrie. An der Nahtstelle Ruhrgebiet–Sauerland. Thiele hat Vollbeschäftigung.
»Seine Fabriken mit insgesamt 1300 Beschäftigten repräsentieren heute die modernsten Rundstahlkettenwerke in Europa.« (Aus der Repräsentationsschrift der August-Thiele-Werke: »Ein Leben. Des Mannes höchste Feier ist die Tat«)
Thiele annonciert in Ruhrgebietszeitungen, Hoffnung für arbeitslose Ruhrkumpels. Thiele bietet Wohnungen. »Seine Bau GmbH als Organunternehmen besitzt inzwischen nahezu 500 Wohnungen, ein ganzes Industriedorf für Belegschaftsmitglieder der Thiele-Werke.« (Repräsentationsschrift)
Das Dorf Kalthof: früher ein paar einsame Gehöfte, Thiele investierte, das Dorf wächst, soll später in Thiele-Stadt umbenannt werden. August Thiele, »ein wagemutiger und risikofreudiger Unternehmer, ein zielstrebiger und beständiger Charakter und ein energischer, willensstarker Führer, der selbstlos vorangeht und vorlebt, im wahrsten Sinne des Wortes ein ›Self-made man‹, hat sich auf seinem Lebensweg alles, was ihn jetzt umgibt, selbst erarbeiten müssen«. (Repräsentationsschrift)

Die Thiele-Werke

Kettenfabrik Kalthof, August Thiele, Kalthof ü. Schwerte/Ruhr; August Thiele GmbH, Fabrik für Ketten und Kettenförderung; August Thiele Bau GmbH und zum fünzigjährigen Berufsjubiläum hinzuerworben: die Kettenwerke Schlieper GmbH, Lethmathe-Grüne.
Doppeljubiläum am 31. Juli 1968: fünfzigjähriges Berufsjubiläum und fünfundsechzigster Geburtstag des Gründers der Thiele-Werke Herrn August Thiele. »Der persönliche Einsatz des Inhabers war für die Mitarbeiter auch in Zeiten allgemein wirtschaftlichen Rückgangs Beispiel genug, so daß es seit zwei Jahren bei Thiele keinen Stillstand, sondern nur noch Aufstieg gibt.« (»Westfalenpost«)
»›Dies ist einer meiner schönsten Tage meines Lebens‹, sagte August Thiele gestern vormittag beim großen Emp-

fang im Verwaltungsgebäude seiner Firma und fügte hinzu: ›Halten Sie meinem Werk die Treue, auch wenn ich ihm eines Tages nicht mehr vorstehen kann.‹« (»Westfälische Rundschau«)
»Unter den Gratulationen, in die wir auch uns einreihen, sind Gruß- und Glückwünsche vieler Freunde und Geschäftspartner, angeführt von einer Grußadresse des Bundeswirtschaftsministers Prof. Karl Schiller.« (»Iserlohner Kreisanzeiger«)
»Wille zur Leistung, Vertrauen zum Unternehmer und hundertfach bewiesene Treue zum Arbeitsplatz haben diese Werke geschaffen. Sozialeinrichtungen, wie sie heute keinesfalls alltäglich sind, geben dem Arbeitnehmer Sicherheit.« (Werbeanzeige der August-Thiele-Werke zum dreißigjährigen Jubiläum)
»Gefolgschaftshilfe der Firma Kettenfabrik August Thiele, Kalthof:

§ 2

Ausschließlicher Zweck der Gefolgschaftshilfe ist die freiwillige Unterstützung von Gefolgschaftsmitgliedern und ehemaligen Gefolgschaftsmitgliedern der Firma sowie deren Angehörigen bei Hilfebedürftigkeit, Berufsunfähigkeit und im Alter.«

Leistungen

»Die Firma würde es begrüßen, wenn Familienangehörige, die ein Beschäftigungsverhältnis ausüben, nach Möglichkeit in unserem Werk die Arbeit aufnehmen.« (Aus dem Einstellungsvertrag der Thiele-Werke)

Eine Großfamilie. August Thiele: »Wir sind eine große Familie, die Thiele-Familie, als deren Familienvorstand ich mich betrachte, und ich werde väterlich über meine Kinder wachen.«
Die Frauen in den Thiele-Werken sind beinah gleichberechtigt in den Produktionsablauf eingegliedert. Der Lohn liegt bei ihnen nur niedriger: sie arbeiten im Akkord, an den

gleichen Maschinen wie die Männer, zu gleichen Bedingungen, erhalten für die gleiche Arbeitsleistung fünfzehn Prozent weniger, damit die familiäre Rangordnung gewahrt bleibt. (Betriebsleiter Clement: »Haupternährer in der Familie war und ist immer noch der Mann.«) Zum Ausgleich hierfür gewährt man den Frauen Nachtschichten, Sonn- und Feiertagsschichten und Überstunden. Selbst wenn sie schwanger sind, läßt man sie Schwerarbeit im Akkord leisten, damit sie ihren Lohn halten können. Verzichten sie auf Akkord, verlieren sie bis zu 1 DM pro Stunde.

Bei einem Werkrundgang wurde August Thiele auf eine Arbeiterin aufmerksam, die draußen an der Hallenwand angelehnt stand und sich offensichtlich vor der Arbeit drückte. Thiele: »Was stehen Sie hier rum? Haben Sie keine Arbeit?« Die Arbeiterin wies darauf hin, daß sie schwanger sei – was jeder sehen konnte – und daß ihr schlecht geworden sei, weshalb sie draußen frische Luft schnappe. Sie verwies auf das Mutterschutzgesetz. Thiele gab ihr zu verstehen, wenn ihr die Arbeit bei ihm zu schwer sei, solle sie sich doch nach etwas anderem umsehen. Im übrigen: »Hier in meinem Hause gibt es nur ein Gesetz, und dieses Gesetz bin ich.«

»Landrat Toelle würdigte in der Glückwunschadresse, die er im Namen des Landkreises an August Thiele richtete, das unternehmerische Können des Hausherrn ebenso wie sein soziales Verhalten seinen Mitarbeitern gegenüber . . . Der Gemeindebürgermeister pries die Steuergelder, die aus dem Thiele-Werk in den Säckel der Gemeinde fließen und die Gemeinde dazu befähigen, ihre Aufgaben zu erfüllen.« (»Westfalenpost«)

Der italienische Arbeiter Francesco Giordano war der Firmenleitung durch besonderen Fleiß aufgefallen, so daß er – für einen Ausländer ein einmaliger Fall – in Ausnahmefällen sogar einen Schichtführer vertreten durfte. Als Anerkennung forderte die Firmenleitung Francesco auf, seine Familie, die erfahrungsgemäß nicht minder fleißig sein würde, herüberzuholen. Francesco, vier Jahre von seiner Familie getrennt, holte von seinen Ersparnissen seine Frau und drei Kinder, Schwager und Schwägerin und Schwiegervater nach Kalthof zu Thiele. Fürs erste bekam die Großfamilie zwei Mansardenzimmer für 120 DM durch die August-

Thiele-Wohnungs-Bau-GmbH zugewiesen. Die zwei kleinen Räume erwiesen sich als zu klein, die Firmenleitung sah das ein, sie berief sich auf ein Gesetz, wonach einer bestimmten Personenzahl eine bestimmte Quadratmeterfläche zur Verfügung zu stehen hat. Genau drei Personen wären zuviel. Francesco Giordano wurde nahegelegt, seine drei Kinder, die noch nicht arbeitsfähig waren, vorerst nach Hause zu der Großmutter zurückzuschicken. Francesco wies darauf hin, daß ihm die Firma eine größere Wohnung versprochen habe, worin er, ohne mit dem Gesetz in Schwierigkeiten zu kommen, mit der ganzen Familie unterkommen könne. Personalchef Krollmann versicherte ihm das Wohlwollen der Firmenleitung. Eine größere Wohnung sei vorgemerkt, jetzt müsse man sich an die gesetzlichen Bestimmungen halten, schon im Interesse der Kinder solle er sie in die Heimat zurückschicken. Drei Monate soll er sich noch gedulden, dann seien sie alle wieder vereint.
Für Hin- und Rückfahrt seiner Familie zahlte Francesco 600 DM, fast einen Monatslohn.
Nach drei Monaten bedauerten die August-Thiele-Werke mitteilen zu müssen, daß noch keine geeignete Wohnung zur Verfügung stehe. Die Wohnungsfrage erledigte sich: Francescos Frau erkrankte. Der Arzt diagnostizierte eine Schwangerschaft. Die Frau bekam die Arbeitspapiere zurück, damit sie in Italien entbinden konnte. Sie solle sich Zeit lassen und frische Kräfte sammeln, den Bambino bei der Großmutter lassen, Papa Thiele werde sie dann wieder bei sich aufnehmen.
Mutterschutzgesetz: »§ 9 (1) Die Kündigung einer Frau während der Schwangerschaft und bis zum Ablauf von 4 Monaten nach der Entbindung ist unzulässig.«
»Persönlich anspruchslos, sparsam und getrieben von Ehrgeiz und unermüdlichem Schaffensdrang, baute August Thiele das kleine Unternehmen immer weiter aus. Das war eine schwere Aufgabe, zumal das Kapital hierfür erst erarbeitet werden mußte.« (Repräsentationsschrift)

Fürsorge

Kettenfabrik Kalthof
August Thiele

Sehr geehrte Frau Oeser!
Es wird Ihnen sicher verständlich sein, daß Ihr Arbeitsplatz täglich besetzt sein muß. Sie haben aber in diesem Jahr so oft krank gefeiert, daß ich zu der Auffassung gekommen bin, daß Ihnen die Arbeit zu schwer ist.
Ich möchte gesundheitliche Schäden durch die Tätigkeit bei mir vermeiden. Aus diesem Grunde muß ich, falls sich Ihre körperliche Verfassung nicht bessert, den Arbeitsplatz kündigen.

Hochachtungsvoll
Kettenfabrik Kalthof
August Thiele
i. A. Clarfeld i. A. Krollmann

»Jedes Jahr steht in italienischer und griechischer Sprache am Schwarzen Brett: Wer länger als sieben bis acht Tage krank ist im Jahr, wird mit einer Kündigung rechnen müssen. Thiele schickte an Ausländer, die krank waren, einen Brief. Darin stand, falls sie im selben Jahr noch einmal krank würden, würden sie entlassen«, berichtet der italienische Arbeiter O. L.

Zufriedenheit

August Thiele
Herrn E. Wagner und Frau
Kalthof
Südholz

Sehr geehrte Familie Wagner!
Am 1. 6. 1963 haben Sie eine große und schöne Wohnung von mir zum Preis von DM 148,-, ohne irgendwelche Aufschläge, pro Monat gemietet.
Nachdem Sie, Frau Wagner, Ihr Arbeitsverhältnis gekündigt haben, erklärten Sie, daß Sie ca. DM 180,- Miete bezah-

len und Sie praktisch für die Miete arbeiten müssen. Wir möchten Ihnen an dieser Stelle sagen, daß Sie monatlich nicht DM 180,-, sondern DM 148,- für Miete und durchschnittlich im Monat DM 10,- für Hausnebenkosten (Strom, Flurlicht, Müllabfuhr, Schornsteinfeger und Wassergeld) bezahlen.
Sie hatten für Ihre Halbtagsbeschäftigung einen Bruttoverdienst von DM 265,-.
Aus Ihrem Gespräch und Ihrem Verhalten muß ich entnehmen, daß Sie sich in der Wohnung nicht wohl fühlen.
Meiner Meinung nach habe ich bei Ihnen, wie bei allen anderen Mitarbeitern, stets großen Wert darauf gelegt, freundschaftlich zusammenzuarbeiten.
Ich möchte von Ihnen erfahren, wer Sie in meinem Betrieb so behandelt, daß Sie unzufrieden sein müssen.
Wenn Sie mir das nicht sagen können und nur Unzufriedenheit machen und dieses auch, wie das im obigen Gespräch ist, nach außen bekunden, fügen Sie meinem Unternehmen und mir persönlich Schaden zu. Es ist dann doch besser, wenn Sie die Wohnung räumen und sich um eine andere Tätigkeit bekümmern. Mir fehlt es nicht an genügend Bewerbern für die Wohnung, und Sie haben auch keine Schwierigkeit, einen anderen Arbeitsplatz zu finden.

Hochachtungsvoll
August Thiele

Firmentreue

August Thiele: »Jeder bewährte Mitarbeiter hat Anspruch auf eine Werkswohnung.«
Das Ehepaar Klama, beide bei Thiele beschäftigt, war Mieter einer Werkswohnung. Der Mann war Kettenschweißer, die Frau Verkäuferin im Sparmarkt Thiele. Die Frau erkrankte während der Schwangerschaft und wurde arbeitsunfähig geschrieben. Ihr Mann hatte zuvor sein Arbeitsverhältnis gekündigt. Die Wohnung sollte geräumt werden, doch die Firmenleitung gab der Frau die Chance: Falls Frau Klama ihre Arbeit trotz Krankheit wiederaufnähme, wollte man ihnen die Wohnung lassen. Die Frau arbeitete wieder im Sparmarkt, bis sieben Tage vor der Niederkunft (zuletzt

konnte sie nicht mehr stehen – sie hatte Wasser in den Beinen – und mußte ins Krankenhaus). Die Wohnung mußte sie räumen. Die August-Thiele-Werke, im Besitz eines Räumungsbeschlusses, schickten einen offenen Firmenlaster. An einem regnerischen Sonnabendvormittag wurden die Möbel auf den Lastwagen verladen und zu einer firmeneigenen Notwohnung (zwei bis drei Familien in einer Wohnung) transportiert. Da war es dann nicht mehr so tragisch, daß die Möbel beim Transport ramponiert worden waren.
»Sozialeinrichtungen, wie sie auch heute keinesfalls alltäglich sind, geben den Arbeitnehmern Sicherheit.« (Repräsentationsschrift)
Der Arbeiter Siegfried Stein war als Baggerführer bei der Thiele Bau GmbH beschäftigt.
Als er wegen einer eitrigen Mandelentzündung, verbunden mit hohem Fieber, krankgeschrieben wurde, sollte er trotzdem arbeiten. Die Firmenleitung ließ ihn wissen, daß die Termine drängten und sein Ausfall zu diesem Zeitpunkt firmenschädigend sei. Als Anreiz versprach ihm die Firma: Falls sein Krankengeld gestrichen werden sollte, würde man es ihm für die Zeit seines Krankseins noch zusätzlich zu seinem Lohn zahlen. Der Arbeiter Stein nahm die Arbeit trotz hohen Fiebers wieder auf.
»EINE GLANZVOLLE KARRIERE DURCH HARTE ARBEIT: Die Westfälische Rundschau wünscht dem tatkräftigen Unternehmer, der von seinen Mitarbeitern viel, aber nicht mehr als von sich selbst verlangt, daß er noch recht lange in seinen Betrieben als führender Kopf tätig sein kann.« (»Westfälische Rundschau«)
Die Belegschaft der Thiele-Werke ist angehalten, im werkseigenen Thiele-Sparmarkt einzukaufen. (»Wenn ein Teil der Lohnkosten in die Kassen unseres Sparmarktes zurückfließt, trägt das mit zur Stabilität der Firma und somit wiederum Ihres Lohnes bei« – Direktor Grote auf einer Weihnachtsfeier.)
Es ist vorgekommen, daß ein Meister seinen Arbeiter aus einem Konkurrenzgeschäft herausholte. In den Werkspausen postierten anfangs Firmenaufseher vor dem Konkurrenzgeschäft.
Wer im Sparmarkt stiehlt, bekommt Thieles Großmut zu spüren. Wenn der Dieb sich verpflichtet, künftig nur noch bei Thiele zu kaufen, geht er straffrei aus.

In den Hallen der August-Thiele-Werke gibt es dreierlei Arten von Toiletten. Auf ca. dreihundert Beschäftigte entfallen vier Toiletten. Acht Meister teilen sich die erste, die zweite wird von fünfzehn Meisteranwärtern (Maschinenstellern) in Besitz genommen. Toilette drei und vier stehen den restlichen zweihundertfünfundsiebzig Arbeitern zur Verfügung. Die vier Toiletten liegen nebeneinander. Toilette eins und zwei sind von außen verschließbar. Meister und Meisteranwärter sind im Besitz von je einem Spezialschlüssel. Die beiden übrigen Toiletten sind selten frei. In den Akkordpausen stehen die Arbeiter Schlange davor, jeder wird zur schnellstmöglichen Erledigung seiner Notdurft getrieben.

»Unter der erfahrenen und sicheren Leitung des Seniors August Thiele verfolgt die Werksleitung eine weitsichtige Geschäftspolitik, mit dem Ziel, jederzeit auf alle Tendenzen in den Absatzmärkten reagieren zu können, den Unternehmern und Mitarbeitern eine gesunde Arbeitsbasis zu erhalten und weiter auszubauen, nach den Vorstellungen und Maßstäben, welche die großen Wirtschaftsräume der Welt setzen.« (Repräsentationsschrift)

August Thiele investiert nicht nur auf wirtschaftlichem Sektor: so stiftete er der protestantischen Gemeinde Kalthof den Altarbereich, 6000 DM gegen Quittung, von der Steuer absetzbar; seiner katholischen Pfarrkirche eine neue Kanzel.
»Vertreter von Städten und Gemeinden, Wirtschaftsvereinigungen, Interessengruppen und von der katholischen Kirche entboten Grüße und Glückwünsche.« (»Iserlohner Kreisanzeiger«)

August Thiele kümmert sich persönlich um seine Gastarbeiter. Der Italiener A. T. berichtet: »Einen Sonntagvormittag waren wir zu Hause und spielten Karten. Da kam Signor Thiele mit seinem Sohn. Er fragte, warum seid ihr nicht in der Kirche? Wir antworteten, daß wir keine Zeit hätten zum Kirchengehen. Denn wir müßten gleich den Boden aufwischen, Essen kochen und Klamotten waschen. Die Putzfrau war schon drei Wochen nicht mehr gekommen. Signor Thiele fragte weiter, warum seid ihr nicht in der Kirche, seid ihr Kommunisten? Ich habe geantwortet, daß das doch wohl meine eigene Sache sei.«

Jahr für Jahr zur Weihnachtszeit schüttet der Fabrikant an seine Arbeiter eine »Weihnachtsgeld-Gewinnbeteiligung« aus. Sie kann bis zu 250 DM betragen. Gesundheit wird zum Weihnachtsfest belohnt. Pro Krankheitstag werden 2 DM abgezogen. Oft geht leer aus, wer sich einer längeren Kur unterziehen mußte; das bewirkt, daß mancher auf die verordnete Kur verzichtet. Auch Fehlzeiten durch Arbeitsunfälle werden entsprechend verrechnet; so beim Jubilar Fritz Schulte, der dreißig Jahre der Firma angehörte – genauso lange wie sein Chef –, als er sich bei einem Betriebsunfall die Zehen brach und lange Zeit ausfiel. 25 DM war bei ihm die Weihnachtsgeld-Gewinnbeteiligung.
»Arbeitseifer der Belegschaft paarte sich mit dem Wagemut eines risikofreudigen Unternehmers, die Bereitschaft eines bewährten Mitarbeiters zur absoluten Leistung mit dem starken unbeugsamen Willen einer patriarchalischen Führernatur.« (»Iserlohner Kreisanzeiger«)
Jugendliche, die arbeitswillig sind, können bei August Thiele ihren geringen Lohn beträchtlich aufbessern. Ihren Tageslohn, 18,70 DM bei Achtstundentag (mehr Stunden erlaubt das Jugendschutzgesetz nicht), können sie fast verdoppeln. Um den Jugendlichen Schwierigkeiten mit dem Gewerbeaufsichtsamt zu ersparen, hat die Werksleitung eine großzügige Regelung getroffen.
Alles, was über acht Stunden hinausgeht, wird nicht auf der Stempelkarte vermerkt. Zwei jugendliche Italiener, die Geschwister Simeone – er sechzehn, sie siebzehn –, ließ man von dieser Regelung profitieren. Liane Simeone war zum Beispiel beim »großen Rußlandauftrag« sechzehn Stunden hintereinander auf den Beinen und montierte Schneeketten. Der Italiener T. C. berichtet: »Im Oktober 1967 wurde der sechzehnjährige Bello vom Gewerbeaufsichtsamt erwischt, als er Nachtarbeit machte. Er hatte laufend vierzehn, fünfzehn und sechzehn Stunden gearbeitet. Seitdem wurden Frauen und Jugendliche von den Meistern und Abteilungsleitern auf die Toiletten und in die Waschräume geschickt, wenn das Gewerbeaufsichtsamt kontrollierte. Ein Arbeiter,

der nach vierzehnstündiger Arbeit in der Härterei einschlief, wurde von Thiele entlassen. Beim großen Rußlandauftrag wurde die äußerste Akkordgrenze aufgehoben, jeder wollte eine maximale Leistung bringen, die nur für kurze Zeit durchgehalten werden konnte und manchmal zum Zusammenbruch führte. War der Auftrag erledigt, kam die Firmenleitung und sagte: ›Ihr habt uns gezeigt, daß ihr's könnt, wenn ihr nur wollt' – und setzte den neuen Rekord als Richtsatz fest. Wir haben keinen richtigen Abstopper, der Akkord wird einfach festgesetzt. Früher, 1964, mußten noch neunzig Stränge auf einer Schicht geschweißt werden, um den vollen Akkord zu erreichen, 1966 mußten wir hundertzweiundzwanzig Stränge machen, und jetzt werden für den gleichen Lohn hundertfünfzig Stränge verlangt.«
Der italienische Arbeiter A. F. erzählt: »Da ist eine Sache, die mir am Herzen liegt: Wir sind nach der Arbeit sehr verdreckt, und so über die Straße zu gehen, trauen wir uns nicht, dann heißt's wieder: ›Seht die dreckigen Italiener, sind alles Schweine.‹ Aber wir müssen oft stundenlang warten, wenn wir duschen wollen, sechs bis zehn Duschen für zweihundert bis vierhundert Personen, wenn Feierabend ist. Die Frauen haben überhaupt keine Duschen . . . Die Fabrik ist größer geworden, und mehr Leute sind gekommen. Als ich vor fünf Jahren kam, waren ungefähr fünfhundert Mann da, heute sind es tausend. Aber Klos, Duschen und Wasserhähne blieben immer egal.«
Der italienische Arbeiter C. B.: »Voriges Jahr habe ich vierundzwanzig und fünfundzwanzig Stunden hintereinander gearbeitet und konnte nicht einmal zwischendurch nach Hause zum Essen. Im selben Jahr, als wir die vielen Stunden machten, hat Thiele die Konkurrenzfirma Schlieper aufgekauft.«
Seinen Gastarbeitern bietet August Thiele in werkseigenen Heimen Unterkunft. Zur Zeit der Hochkonjunktur nahm er über dreihundert Griechen und Italiener bei sich auf. Da die Fremdarbeiter, die von ihren Familien getrennt leben – so Thiele –, »ohnehin nur aufs Geldverdienen aus sind und möglichst viele Überstunden machen wollen« und folglich ihre Wohnstätten nur zum Schlafen benutzen, beanspruchen sie auch keinen sonderlichen Wohnkomfort. Um möglichst vielen ausländischen Arbeitskräften die Gelegenheit

zu geben, bei ihm zu arbeiten, rationalisiert August Thiele seine Wohnheime für seine ausländischen Gäste: Bis zu siebzehn Personen in einer Dreieinhalbzimmerwohnung. Ein Raum vier mal vier Meter groß, möbliert mit vier oder fünf Feldbetten, zwei Spinden. Für Tisch und Stühle bietet der Raum keinen Platz. Da es kein Wohnraum ist, fehlen Gardinen. Zur Unkostendeckung stellt August Thiele in Rechnung: pro Bett bis 1966 45 DM im Monat, ab dann 55 DM. Für eine Dreieinhalbzimmerwohnung vereinnahmt die August Thiele Bau GmbH somit ca. 700 DM. Arbeiter, die ihren Urlaub in ihrem Heimatland verbringen, verlieren den Anspruch auf die Bettstelle nicht. Die Firma behält die Miete pro Urlaubsmonat vom Lohn ein; viele legen den Urlaub von zwei Jahren zusammen, damit sich die Fahrt für sie lohnt. Manche erlebten bei ihrer Rückkehr, daß ihre Schlafstellen von neuen Kollegen belegt waren.
»August Thiele hat sich auf seinem Lebensweg alles, was ihn umgibt, selbst erarbeiten müssen.« (Repräsentationsschrift)

Betriebsferien oder Fall Kemper

In den Jahren 1964 bis Anfang 1967 trat in den August-Thiele-Werken ein Betriebsrat auf, der versuchte, sich den Forderungen und Anordnungen des Firmenbesitzers zu widersetzen. Dieser Mann, namens Kemper, ging auf eine Art und Weise vor, die, so Thiele, »den Betriebsfrieden empfindlich störte«. Gleich zu Anfang seiner Amtszeit brüskierte der neugewählte Betriebsrat das angesehene Unternehmen mit einer Enthüllung in der Öffentlichkeit. Es ging um Grundkapital und Leistungen der »Gefolgschaftshilfekasse«, von deren Existenz bis dahin kein Belegschaftsmitglied wußte.
Zum dreißigjährigen Firmenjubiläum hatte August Thiele in einem Zeitungsinterview auf die Existenz einer solchen Kasse hingewiesen und den Kassenbestand mit 250 000 DM angegeben. Kemper wies nach, daß bisher kein Arbeiter von dieser Kasse, die steuerfrei war, profitiert hatte.
Außerdem stellte Kemper den Antrag, daß alkoholische Getränke, die von der Firmenleitung zu Betriebsratssitzungen gestiftet wurden und für gute Stimmung sorgten, künftig

nicht mehr vor, sondern erst nach der Sitzung ausgegeben werden sollten.
Seitdem gab Thiele für die Betriebsratssitzungen keinen Alkohol mehr aus.
Kemper setzte sich für die Interessen der Gastarbeiter ein, trat auch für die Freizügigkeit bei Werkswohnungen ein und maß die Zustände im Werk am Betriebsverfassungsgesetz.
Er hielt Betriebsratssitzungen ab, ohne sie vorher mit den Interessen Thieles abzustimmen, und forderte damit den Widerstand des Firmeninhabers heraus. Als Kemper eine Betriebsratssitzung anmelden wollte, empfing ihn Thiele: »Was ist schon wieder los, haben Sie nichts zu tun; ich will, daß die Maschinen laufen, alles andere interessiert mich nicht; wenn Sie Ihren Kameraden und dem Betrieb helfen wollen, arbeiten Sie gefälligst. In meinem Hause bestimme ich über Recht und Unrecht. Ich habe noch immer für meine Belegschaft gesorgt, und sie brauchte bis heute nicht zu hungern!«
Durch seinen Anwalt läßt der Unternehmer seinem Betriebsrat mitteilen: »Sie benutzen Ihre eigenmächtige Freizeit, um im Betrieb von Mann zu Mann zu gehen und sich nach den Lohnverhältnissen, den Wünschen und Meinungen der Kollegen zu erkundigen. Dadurch haben Sie in allen Betriebsabteilungen Unruhe hervorgerufen.«
August Thiele in einem Schreiben an den Betriebsrat: »... lehne ich es ab, mich mit diesem Mitglied des Betriebsrates an einen Tisch zu setzen ... Ich will hoffen, daß der Betriebsrat in Zukunft im Interesse des Betriebsfriedens seine Tätigkeit durchführt und daß Vorkommnisse ..., die ich in den dreißig Jahren meiner Tätigkeit bisher nicht gekannt habe, unterbleiben.«
Kemper: »Nachtzuschläge und Feiertagsaufschläge wurden willkürlich festgesetzt. Der eine bekam einen Groschen pro Stunde, der andere zwei, bei Eilaufträgen wurden in seltenen Fällen drei Groschen bewilligt. Wenn zum Beispiel die Nachtschicht von Ausländern bestritten wurde, entfiel meistens jeglicher Zuschlag.« Als Kemper dagegen protestierte, erhielt er zur Antwort: »Die Aufschläge gewähren wir freiwillig, da sich genug Leute melden, die für jede Arbeit dankbar sind.«
Durch Kempers Initiative kam es immer häufiger vor, daß

Arbeiter gegen ungerechtfertigte Entlassungen, Lohnkürzungen, gegen Verstöße gegen das Jugendschutzgesetz, Mutterschutzgesetz oder Schwerbeschädigtengesetz angingen.
Kemper wurde firmenschädigendes Verhalten vorgeworfen. Thiele ließ über Betriebsleiter Clement ausrichten: »Sie kosten uns im Jahr 180000 DM.«
Thiele: »Wenn Sie die Initiative, die Sie für Ihre Gewerkschaft ergreifen, meinen Aufgaben unterstellten, könnten Sie bei mir etwas Großes werden und viel Geld machen.«
Nächster Schritt: »Da Sie die Fähigkeiten dazu haben, werde ich Sie auf meine Kosten ausbilden lassen, ich werde Sie formen wie glühendes Eisen.«
Kemper ging auf diese Angebote nicht ein.
Schon einmal hatte ein Betriebsratsvorsitzender, Kurt Winterpacht, gegen die Interessen von August Thiele gehandelt. Ihm war fristlos gekündigt worden.

Begründung:

»Das in Ihre Mitarbeit gesetzte Vertrauen haben Sie in einer für mich unerklärlichen Weise mißbraucht. Ihr Verhalten hat den von mir stets geförderten Betriebsfrieden auf das empfindlichste gestört ... Mir kann niemand zumuten, daß das Arbeitsverhältnis mit Ihnen fortgesetzt wird. Ich kündige Ihnen daher hiermit das Arbeitsverhältnis fristlos und untersage Ihnen das Betreten des Fabrikgeländes ab sofort. Ihre Unterlagen werden Ihnen mit der Lohnabrechnung am kommenden Montag zugestellt.

Hochachtungsvoll
August Thiele«

Nächste Abfindungsangebote an Kemper vor Gericht: Kemper, zum Betriebsratsvorsitzenden gewählt, war von Thiele fristlos gekündigt worden. Die Kündigung war in zwei Instanzen als ungerechtfertigt zurückgewiesen worden, da verhandelte Thiele erneut; er bot 14000 DM, später 20000 DM, falls Kemper auf seine Rechte verzichten und nicht mehr in den Betrieb zurückkehren würde. Für Kemper, der zu der Zeit Schulden hatte, dessen Frau nach Weih-

nachten das vierte Kind erwartete und der mit seiner Familie in seiner elfjährigen Ehe noch nie in Urlaub war, ein nicht so leicht zu ignorierendes Angebot. Doch er verzichtete.
Ein Intermezzo vor Gericht (»Westfalenpost«, Iserlohn): »Er, Thiele, der verdiente Mitarbeiter seines Unternehmens auf Borkum im gleichen Bett Urlaub zu machen läßt, in dem er seine Ferien zu verbringen pflegt, wehrt sich vor allem gegen die Unterstellung, ihm ermangele es an der notwendigen sozialen Großzügigkeit. Dabei verweise er auf die vierhundertvierzig Wohnungen, die er für seine Beschäftigten erbauen ließ, und auf viele andere Maßnahmen. Ihm sei wiederholt bestätigt worden, daß sein Betrieb der sozialste im Kreis sei. Und das könne er beweisen.«
Beweisen konnte ihm Kempers Verteidiger vor Gericht, daß er die Plätze in seinem Feriendomizil erst nach Anberaumung dieses Prozesses vergeben hatte. Ein Auserwählter, der Kettenschweißer Mengedott, lehnte das Angebot ab, da es vom Chef mit der Auflage verbunden war, bereits Ferien vom kommenden Jahr für diesen Zweck vorwegzunehmen.
Der Fabrikant nach verlorenem Prozeß zu seinem Betriebsrat: »An den Ofen kann er zurück, aber nicht in den Betriebsrat.«
Der Unternehmer entwirft ein an sich gerichtetes Entschuldigungsschreiben:

»Sehr geehrter Herr Thiele!
Für alle Häßlichkeiten und Beleidigungen, die ich Ihnen während meiner Betriebsratstätigkeit entgegengebracht habe, bitte ich aufrichtig um Entschuldigung.«

Kemper unterschreibt nicht.
Thiele: »Dann habe ich ihn fertiggemacht.« Die Betriebsratskollegen – die bis zuletzt zu Kemper standen – habe er sich einzeln vorgenommen. »Das ist jetzt eure Sache . . . Die haben ihm das Leben zur Hölle gemacht.« (Thiele gab im Werk bekannt, solange Kemper da sei, zahle er kein Weihnachtsgeld mehr.) Kemper wurde von Kollegen Prügel angedroht. Kemper kündigte. Er bewarb sich bei einundzwanzig Firmen im Raum Iserlohn, umsonst.
»Der Absatz der Thiele-Erzeugnisse ist von Jahr zu Jahr gestiegen. In fast allen Ländern der Erde findet man heute

Ketten aus Kalthof. Schiffe auf allen Meeren sind mit Thiele-Ketten ausgerüstet. Der Schöpfer dieser Werke ist immer der gleiche geblieben; anspruchslos für seine Person, einfach in Umgang und Lebensart, unermüdlich tätig von früh bis spät und nach wie vor erfüllt von mutigem Tatendrang und zäher Energie.« (Repräsentationsschrift)
»August Thiele, von Jugend an daran gewöhnt, hart anzupacken und nur auf eigene Kraft zu vertrauen, wollte dieses Stück Erde, einmal gesehen, nicht mehr aus den Händen lassen und beteuerte damals schon, ›lebend gehe ich hier nicht mehr fort!‹« (Repräsentationsschrift)

Neue Reportagen, Untersuchungen und Lehrbeispiele (1970–1972)

Brauner Sud im Filterwerk Melitta-Report

»Hygienische und saubere Fabrikations- und Verwaltungstrakte rufen immer wieder bei den Besuchern aus dem In- und Ausland Erstaunen hervor. ›Das hätten wir hinter dem Namen Melitta nicht erwartet!‹ hören wir immer wieder. Der Satz ›außen hui, innen pfui‹ trifft bestimmt nicht zu.« (aus der Melitta-Werkzeitschrift »Rund um Melitta«, Dezember 69)

Davon wollte ich mich überzeugen, jedoch nicht als »Besucher«. Ich borgte mir von einem Arbeiter die Arbeitspapiere und fuhr nach Minden. Auf einem Schild vor den Werkstoren waren zwar nur »Nachtwächter«-Stellen ausgeschrieben, ich versuchte es trotzdem.

Der Melitta-Konzern zählt mit seinen insgesamt 8500 Beschäftigten zu den 100 größten Firmengiganten der Bundesrepublik. Die »Melitta-Gruppe« im Inland: Hauptwerk Minden, Zweigniederlassungen Rahling und Uchte; Carl Ronning, Bremen; August Blase GmbH, Lübbecke; Gustav Geber GmbH, Hamburg; D. Hansen & Co, Hamburg; Deutsche Granini GmbH & Co, Bielefeld; Altländer Gold in Buxtehude, Krefeld, Bissingen; Wein Ellermann; Faber-Kaffee, Bremen; Vox-Kaffee, Münster; – im Ausland: Schweden, Dänemark, Holland, Belgien, Frankreich, Schweiz, Österreich, Großbritannien, Kanada, USA, Brasilien, Kolumbien, Mexiko. In über 90 Länder wird exportiert. Der Jahresumsatz der »Melitta-Gruppe« liegt bei 650 Millionen DM. Das Firmengebäude macht von außen nicht den Eindruck einer düsteren Industrielandschaft, der übermannshohe Drahtzaun führt nur um die Produktionsstätte herum, den Angestelltentrakt umfriedet eine gepflegte Hecke. Von außen entsteht auf den ersten Blick nicht unbedingt der Eindruck einer Fabrik, eine Altenheimstätte einer Großstadt oder der neugebaute Teil des »Heims zum guten Hirten« in Aachen etwa (ein Heim für sogenannte schwererziehbare Mädchen), könnte es ebenfalls sein.

Als ich den Werkschutzmann an der Pforte nach der Personalabteilung frage, versteht er mich nicht. Als ich sage, daß ich mich als Arbeiter bewerben will, schickt er mich zur

»Sozialabteilung«. Der Dame auf der Sozialabteilung sage ich, daß ich eine Stelle als Arbeiter suche. Sie sagt, daß es am einfachsten sei, als »Hilfswerker« anzufangen, um dann nach 10jähriger Melitta-Zugehörigkeit »Stammarbeiter« zu werden.

Bevor sie mich einstellen könne, müsse ich am nächsten Tag zum Vertragsarzt des Werkes, gesund müsse ich sein, dann könne man weitersehen. Der Vertragsarzt untersucht mich, als ob er im Akkord arbeite. Er schaut mir ins Maul, befühlt die Festigkeit der Muskulatur und sucht das Knochengerüst in einer durchgehenden Bewegung nach schadhaften Stellen ab. Dann quetscht er mich in ein Durchleuchtungsgerät. Innerhalb weniger Minuten hat er meine Verwendungsfähigkeit herausgefunden. »Keine Bedenken«, sagt er und schickt mich wieder zur »Sozialabteilung«.

Die Dame in der Sozialabteilung sagt, »50 Mark« koste das Werk die Untersuchung, im Versand sei noch was frei. Der Leiter des Versands, ein Herr Ostermeyer, wird über Lautsprecher herbeigerufen, um mich in »Augenschein zu nehmen«. Er will wissen, was ich vorher gemacht habe, und als ich die Ausrede vorbringe, ich hätte bisher Kunst studiert, könnte davon jedoch nicht meine Familie ernähren und wolle nun auf einen soliden Beruf umsatteln, schüttelt er nur bedenklich den Kopf. »Das kenn ich, das kenn ich. Die Maler, Maurer und Seeleute sind die schlimmsten. Die kommen und versprechen, daß sie bleiben wollen, und im Frühjahr, wenn's wärmer wird, türmen sie wieder.« Er hat ernsthafte Bedenken gegen meine Einstellung. Ich muß ihm versprechen, daß ich hier wirklich eine Lebensstellung antreten will, dann will er's mit mir versuchen. Stundenlohn »4,71« sagt er noch und »morgen Beginn mit Frühschicht 6.00 Uhr«.

Wer bei »Melitta« arbeitet, unterwirft sich einem Gesetz, das mit »Block und Blei« überschrieben ist.

Der Verfasser dieses Gesetzes verkündet darin vorweg, daß es »nach eigenen, besonderen Grundsätzen aufgebaut« sei, um alles »noch straffer zu gestalten«. Er »verlangt«, daß »alle« jenes Gesetz »restlos beherrschen und immer danach handeln«. »Ordnung und Disziplin« schreibt dieses Gesetz in der Einleitung vor, und später in den Ausführungsbestimmungen ist von »Erziehung« und »gründlichem General-

räumen« die Rede, von »Anmarsch« und »Anmarschwegen« und von einem »besonderen Appell«, den man den Neueinrückenden angedeihen läßt.
Von Tätigkeitsworten kommt »zwingen« besonders häufig vor, ebenso wie »kontrollieren«, jedoch auch die Kombination »zwingende Kontrolle« wird einige Male verwandt.
»Melden« kommt in vielen Variationen vor; wie z. B. »sich melden müssen«, »Meldung erstatten«, bis hin zur Forderung: »Nichts selbst einführen, sondern melden.«
Weiter im Sprachgebrauch dieses Gesetzes sind: »scharf prüfen«, »Ruhe gebieten«, »ohne Rücksicht«, »kein Kompromiß«, »kameradschaftlich«, »tadellos«, »unantastbar«, »sauber«, »gründlich«, »ordentlich«, »streng«, »Arbeitseinsatz«, »Abkommandierung«, »überwachen«, (auch gebräuchlich mit der Verstärkung: »laufend überwachen«), »bestraft werden«.
Verlangt wird: »Alles strikt befolgen, bis anders angewiesen«, und noch unmißverständlicher: »Jede Anweisung ist strikt zu befolgen! Niemand darf von sich aus Anweisungen ändern, selbst wenn sie ihm völlig sinnlos erscheinen.«
Das Gesetz gebietet: »Jeder soll immer auf seinem Platz sein«, und wenn das einmal nicht der Fall ist, fragt der Vorgesetzte Untergebene, »die er unterwegs, d. h. nicht an ihrem Platz antrifft, nach ihrem Weg und Auftrag«.
Ansonsten sorgen Lautsprecher dafür, daß jeder jederzeit überall auffindbar ist: »Wir legen Lautsprecher in alle Arbeitsräume, in Gemeinschaftsräume, auf die Grünplätze, auf die Höfe«, um so alles »innen und außen besprechen zu können«.
Die »Führung« des Territoriums macht die ihr Unterstellten ausdrücklich darauf aufmerksam: »Wie alles überwachen wir auch das Telefonieren. Es geschieht durch Mithörer, die an einigen Plätzen angebracht sind. Vorurteile hiergegen sind vollkommen unberechtigt«.
Mehrmals weist die »Leitung« die Untergebenen darauf hin, daß die Anordnungen des Gesetzes dazu da sind, die »Schlagfertigkeit« der Organisation zu »erhöhen«.
»Ein Passierschein kontrolliert, so daß keinerlei Lücken in der Kontrolle aller Beschäftigten entstehen können.«
Darüber hinaus »muß der Pförtner mit aufpassen . . ., wenn wir unabgemeldet zu ›türmen‹ versuchen«.

Die Betriebsordnung, Ausgabe Mai 1970, ist gültig für die 8500 Beschäftigten des Melitta-Konzerns, Minden. Verantwortlich: Konzernherr Horst Bentz, 66, Alleinherrscher der Unternehmensgruppe.

»Wir alle können stolz darauf sein, durch diese Organisationsanweisung (»Block und Blei«) nicht nur eine so ausgezeichnete Ordnung in unserem Betrieb erreicht zu haben, sondern auch eine außerordentliche Schlagkraft. Damit verdanken wir ›Block und Blei‹ einen erheblichen Teil unseres wirtschaftlichen Erfolges.« (Horst Bentz in der hauseigenen Zeitschrift »Rund um Melitta«, 15. Oktober 1970).

Die ersten 14 Tage transportierte ich mit zwei anderen Arbeitern mit Hubwagen Lagerbestände aus dem Keller in den Versand. Nach einer Woche wird mir bewußt, daß unsere Arbeit mit den Preissteigerungen zu tun hat, die Melitta für Anfang des neuen Jahres angekündigt hat und die mit gestiegenen Produktions- und Lohnkosten motiviert werden. Wir müssen die zu alten Produktions- und Lohnbedingungen hergestellte Ware zu einem Sammelplatz befördern, wo die Packungen einzeln mit neuen Preisen versehen werden, um dann wieder auf Lager zu kommen.

Lange Zeit warb Bentz für sein ständig in der Expansion befindliches Unternehmen neue Beschäftigte mit scheinbar verlockenden Angeboten, verlangte dafür allerdings auch überdurchschnittliche Leistungen. Durch ein besonderes Punktsystem animierte er zu besonders hohen Arbeitsleistungen, forderte zu besonders niedrigen Fehlerquoten heraus und drückte außerdem noch beträchtlich den Krankheitsstand. Er machte seine Arbeiter glauben, sie seien am Gewinn beteiligt und der Mehrwert, den sie erarbeiteten, käme ihnen selbst zugute, was indirekt sogar zutraf, allerdings nur zu einem mikroskopisch kleinen Teil. Den Bärenanteil des Gewinns der so herausgeforderten Mehrarbeit schluckte er, und Arbeiter, die krank wurden, überlegten sich, ob sie sich nicht dennoch gesundmelden sollten: bei Erkrankung entfiel die Ertragsbeteiligung, die im Monat bis zu 150 DM betragen konnte. Damit nicht genug, mußte die gleiche Zeit, die man gewagt hatte, krank zu sein, auch noch ohne Ertragsbeteiligung gearbeitet werden. »Nach Fehlzeiten infolge Erkrankung muß eine gleichlange Zeit gearbeitet werden, in der keine Stundenpunktzahlen gutgeschrieben werden.« (Aus: »Unsere Ertragsbeteiligung«) »Jeder Deutsche, gleich ob Mann oder Frau, hat die Pflicht, gesund zu bleiben.« (Aus »Melitta-Echo« 1940). »Nur stärkste Selbstdisziplin bei Dir, Deinen Angehörigen, Deinen Mitarbeitern kann Erhöhung der Beiträge oder Minderung der Leistungen vermeiden.« (Beilage zu »Rund um Melitta« 1965). Folglich kann Kranksein für »Melittaner« eine Art Strafe bedeuten. »Der Arzt schrieb mich krank. Das tun Sie mal nicht, sagte ich«, berichtet eine Arbeiterin. Weil man ihr zuvor unbezahlten Urlaub verweigert hatte, befürchtete sie, Arbeitsunfähigkeit könne ihr als »Bummeln« ausgelegt werden. Aber der Arzt schrieb die Frau dennoch krank; und was sie befürchtet hatte, trat ein.

»Ich komme jetzt nicht als Krankenbesucher«, erklärte der Werkskontrolleur der Arbeiterin bei seiner Visite, »sondern von Ihrem Schichtbüro. Sie haben keinen Urlaub gekriegt, und jetzt ist man der Meinung, daß Sie bummeln.« Der schlechte Gesundheitszustand der Frau ist jedoch so offensichtlich, daß selbst der Kontrolleur einräumt: »Ich glaube, daß Sie krank sind; aber wenn ich denen in der Firma das mal klarmachen könnte . . .«

Als die Arbeiterin ihre Tätigkeit wiederaufnimmt, fühlt sie sich von ihrem Schichtleiter schikaniert. Von sitzender Arbeit an der Maschine wird sie – kaum zurück und von der Krankheit noch geschwächt – in Akkord ans Packband versetzt, wo sie stehen muß. »Als es hieß, die sortieren schon wieder aus im Büro, die schmeißen die raus, die viel krank gewesen sind«, erzählt die Arbeiterin, »konnte ich mir denken, jetzt bist du auch dabei, falls du nicht vorher selbst kündigst.« Sie war dabei. »Aus betrieblichen Gründen«, hieß es im Entlassungsbescheid.

»Das Ende der Arbeitsunfähigkeit sollte nicht davon abhängen, daß einem etwa das ›Krankfeiern‹ auf die Dauer schließlich zu langweilig wird . . . Die Lohnfortzahlung kann und darf nicht dazu führen, die Zügel schleifen zu lassen.« (Aus »Rund um Melitta« – Beilage »Der Krankenbesucher bittet um Aufmerksamkeit«).

Da es ein patriarchalisch geführtes Unternehmen ist, erhalten die im Konzern beschäftigten ca. 70 Prozent Frauen häufig für die gleiche Arbeit weniger Lohn als die Männer, – bis zu 50 Pfennig weniger pro Stunde. Dafür gestattete man den Frauen 12-Stunden-Nachtschichten von abends 6 bis morgens 6, auch 17jährige Mädchen darunter und ältere Frauen, die bis zu drei Wochen hintereinander nach diesem Marathonrhythmus schufteten. (Das Gesetz, das Frauen vor Nachtarbeit schützt, wurde umgangen, und erst nach mehrmaliger Beschwerde der Gewerkschaft schritt das Gewerbeaufsichtsamt ein und verhängte eine »Ordnungsverfügung mit der Androhung eines Zwangsgeldes bei erneutem Verstoß«.)

Nicht selten tut sich Melittachef Bentz als Mäzen hervor. Als ehemaliger Fußballspieler unterstützt er Sportvereine und hat aktive Sportler unter besonders günstigen Bedingungen bei sich eingestellt. So wurde bei einem aktiven Fußballspieler, der nur als Hilfsarbeiter bei ihm arbeitete, ein Lohnstreifen mit der beachtlichen Monatsabrechnung von 1750 DM gefunden.

Handballnationalspieler Lübking, prominentester Torjäger des von Bentz geförderten Bundesligahandballvereins Grünweiß Dankersen, arbeitete bis vor einigen Monaten bei Melitta. Als er es wagte, aus beruflichen Gründen den Verein zu wechseln, verzieh ihm das Bentz nicht. Er »beurlaubte« ihn fristlos und verhängte Hausverbot über ihn, obwohl sich Lübking auf seiner Arbeitsstelle nichts hatte zuschulden kommen lassen.

Unter dem Motto »Einer für alle, alle für einen« erwartet er von seinen Getreuen Opfersinn, wenn es ihm nützlich erscheint. Als das »Melitta-Bad« gebaut wurde, sollte sich jeder Arbeiter mit einer »Spende« in Form eines Stundeslohnes daran beteiligen. Wer sich ausschließen wollte, hatte das schriftlich zu begründen. Der Arbeiter Wilhelm P., der nichts spendete, weil er gerade sein Haus baute und mit dem Pfennig rechnen mußte, bekam sein »unsoziales Verhalten« sehr bald zurückgezahlt. Als er 25jähriges Jubiläum hatte, war der Jubel nur noch halb so groß. Das zu diesem Anlaß übliche Firmengeschenk in Höhe von 700 DM wurde bei ihm um die Hälfte gekürzt.

». . . innerhalb des Werkgrundstückes, im Freien und in allen Räumen einschließlich Toilette ist das Rauchen grundsätzlich streng verboten. Jede Übertretung dieses Verbots wird mit sofortiger fristloser Entlassung ohne Ansehen der

Person geahndet.« (Aus der erweiterten »Melitta-Hausordnung«). Selbst auf den Toiletten des Werks hat der passionierte Nichtraucher Bentz Schilder anbringen lassen: »Auch hier ist das Rauchen verboten!«, was nicht mehr mit »Feuergefährdung« zu motivieren sein dürfte. In »Rund um Melitta«, Oktober 1970, missioniert der Firmenchef denn auch zu dem Thema: »Abgesehen davon weiß ich, von Dutzenden, vielleicht Hunderten von passionierten Rauchern, die dankbar sind, durch das Rauchverbot im Betrieb vom Rauchen abgekommen zu sein.« ». . . als leidenschaftlicher Nichtraucher griff der Melittachef zur Zigarre. Das war 1965. Erstaunen in der Branche. Bentz kaufte die Zigarrenfabrik August Blase (Hauptmarke: Erntekrone), baute in Lübbecke die modernste Tabakaufbereitungsanlage des Kontinents, wurde fast über Nacht auf jenem schwierigen Feld unserer Wirtschaft zum drittgrößten Hersteller.« (Aus »Die Westdeutsche Wirtschaft und ihre führenden Männer«, Bd. I; in dem Band können sich Industrielle für 2400 DM pro Seite entsprechend würdigen; Bentz-Würdigung = 6 Seiten). »Ebenso sind viele Nichtraucher (bei Melitta) dankbar, nicht vom Rauch der anderen belästigt zu werden.« (Aus »Rund um Melitta«, Okt. 1970, »Horst Bentz nimmt Stellung«). »Blase-Zigarren mögen eben auch Nichtraucher gern. Ihr Rauch bezaubert.« (Werbespruch aus dem »Melitta-Kundenkalender 1971«).
Die Arbeit ist körperlich ziemlich anstrengend. Es kommt vor, daß bei allzu heftigem Ziehen ein Podest mit Filtern oder Filterpapier umkippt; da ist ein Spanier, mit dem ich zusammenarbeite, der sagt, »ist mir am Anfang auch schon passiert« und mir beim Aufstapeln hilft. Er macht mich auch auf die Unfallgefahren, die die Karren mit den Eisenrädern mit sich bringen, aufmerksam.
Ich hole mir einige Prellungen an den Füßen; und die meisten hier haben schon Fußverletzungen gehabt, wenn ihnen ein schwer beladener Hubwagen über den Fuß gerollt ist. Sicherheitsschuhe mit Eisenkappen, die das Verhindern würden, werden vom Werk nicht gestellt, darum trägt sie auch keiner hier. Dafür hängt jedoch ein Aushang aus, in dem die Firma die steigende Unfallquote beklagt: »Bei Verstößen gegen die allgemeinen Unfallverhütungsvorschriften durch Unternehmer oder Versicherte, werden die Strafbe-

stimmungen des § 710 RVO angewendet. Die Ordnungsstrafen können bis 10000 DM betragen ... Die Berufsgenossenschaft Druck und Papier hat in zwei Schreiben auf das Tragen von Sicherheitsschuhen hingewiesen. Es darf zumindest erwartet werden, daß festes Schuhwerk grundsätzlich bei der Arbeit getragen wird.« Die Praxis beweist, daß »festes Schuhwerk« kein Ersatz für Sicherheitsschuhe ist.
Der Spanier, von einigen »Amigo«, von anderen »Ganove« genannt, ist sieben Jahre bei Melitta. Seine Frau auch. Sie bewohnen zwar dieselbe Wohnung, sind aber nur sonntags wirklich zusammen. Wenn er Frühschicht hat, macht seine Frau Spätschicht. Wenn er nachts um halb zwölf von der Spätschicht kommt, muß er leise sein, um seine Frau nicht zu wecken. Sie muß vor 5 Uhr aufstehen, um pünktlich zur Frühschicht zu erscheinen. Ihr Problem: sie finden für ihr Kleinkind keinen Kindergarten und müssen darum in Wechselschicht selber darauf aufpassen.
Viele, vor allem die jüngeren Arbeiter, sind zu dem Spanier nicht anders als zu ihren deutschen Kollegen. Andere wieder suchen jede Gelegenheit, ihn anzupöbeln. Einige bringen ihre eigene ungesicherte Existenz zum Ausdruck, indem sie ihm frohlockend erklären: »Bald kommt der Tag, da schiebt euch Bentz von einem über den andern Tag alle nach Hause ab.« (Vor einigen Jahren hatte der oberste Chef seinen Arbeitern ins Gewissen geredet: Wenn jeder deutsche Arbeiter wöchentlich 2 Stunden mehr arbeiten würde, könnte von der Beschäftigung der Ausländer Abstand genommen werden). Andere werden ihre Aggressionen los, indem sie den »Amigo« mit »Kommunist« beschimpfen, obwohl der Spanier den Papst verehrt. Ein älterer »Stammarbeiter« von Melitta deutet ihm während der Arbeit einmal genüßlich die Geste des Halsabschneidens an, während er sagt: »Alle werden wir euch killen, wenn ihr unserm Konsul auch nur ein Haar krümmt.« (In Spanien hatten revolutionäre Basken gerade den deutschen Konsul entführt.)
Der Spanier versucht in solchen Situationen meistens mit einer scherzhaften Bemerkung, den Kontrahenten milde zu stimmen. Wenn es gelingt, lachen beide, wenn die Anfeindung weitergeht, kommt es vor, daß sich der Spanier – im Bewußtsein seiner Ohnmacht und seines Ausgeliefertseins –

zwischen die Podeste verkriecht, die Zähne aufeinanderbeißt und am ganzen Körper zittert. Der Spanier ist sehr nervös. Er schreibt es dem wenigen Schlaf zu – 5 Stunden in der Regel –, dem monatlichen »Pflichtsamstag« und den Sonnabenden, an denen häufig auch noch Überstunden gemacht werden.

Auf allen Werkstoiletten für Arbeiter sind Pappschilder angebracht: dort steht in sechs Sprachen: »Nach Benutzung der Toilette bitte unbedingt die Hände waschen.« Auf einer Toilette hat jemand das »unbedingt« durchgestrichen und mit rot eine Deutung daruntergeschrieben: ». . . nicht nötig, wir sind schon Schweine . . .« – Auf einem anderen obligatorischen Toilettenwandspruch »Auch hier ist das Rauchen verboten« hat jemand das »Rauchen« durch »Denken« ersetzt.

»Pflicht« wird groß geschrieben bei »Melitta«. Der militärische Leitsatz: »Ein guter Soldat vergißt über seinen Pflichten seine Rechte« scheint hier verinnerlicht.

Ein älterer Arbeiter an der Ballenpresse z. B. erscheint täglich eine Stunde früher zum Dienst, um durch Säuberung und Wartung seine Maschine in den Bestzustand zu versetzen: das macht er ohne Bezahlung. 1970 zahlte Bentz seinen »Melittanern« ca. 230 DM Weihnachtsgeld bar aus. Angeblich soll ein weiterer Teil des Weihnachts-, ebenso wie Urlaubsgeldes, im normalen Lohn versteckt sein, der von diesen angeblichen Extras befreit, jedoch äußerst kläglich wäre. Arbeiter, die längere Zeit durch Krankheit ausgefallen waren, büßten dafür an Weihnachtsgeld ein. Besonders ältere, die einige Monate krank oder zur Kur verschickt waren, mußten mit ca. 50 DM Weihnachtsgeld vorliebnehmen.

»Wie sagte doch Hans Keil bei seinem Vortrag auf der KD-Großkonferenz anläßlich des Ronning-Jubiläums in Bremen: ›Fußkranke, Lahme und ängstliche Marschierer sind unerwünscht‹.« (Aus: »Rund um Melitta«, 12/69).

»Urlaub habe ich nie gekannt. Während meiner 50jährigen Tätigkeit – die nur durch meinen Wehrdienst unterbrochen war, habe ich nicht einen einzigen Tag gefehlt«, und mit einem Augenzwinkern fügte er hinzu: »Ich will mal ehrlich sein, einen halben Tag habe ich mir einmal frei genommen. Das war der Tag, an dem ich heiratete.«

(Aus: »Rund um Melitta«, August 1970, Aufmacher S. 1

zum 50jährigen Betriebsjubiläum des Arbeiters Friedrich Dirksmeier.)
Was dem Arbeiter durch Gesetz zusteht, wird auch bei »Melitta« noch unter »sozialen« Gesichtspunkten gesehen. Wer das Werk verlassen will, kündigt nicht einfach, wie es üblich ist, sondern hier läßt man ihn erst einen »Kündigungsantrag« stellen. Die Abteilung, die woanders Personal- oder Einstellungsabteilung genannt wird, wird bei »Melitta« unter »Sozialabteilung« geführt. Dafür wird man im Einstellungsbogen nach Militärdienst und Kriegsgefangenschaft und nach »Gewerkschaftszugehörigkeit« gefragt, und Frauen haben Auskunft über den Zeitpunkt ihrer letzten Periode zu geben.
Obwohl die 40-Stundenwoche bei vollem Lohnausgleich in der Branche längst üblich ist, hält Bentz noch die 42-Stundenwoche aufrecht. Bentz in einem Schreiben vom 25. 8. 70 an die IG-Druck und Papier: »Hier sehe ich praktisch überhaupt keine Möglichkeit, in der nächsten Zeit etwas zu ändern; denn wenn wir 2 Stunden weniger arbeiten, das sind 5 %, würde das bei 4000 Mitarbeitern eine zusätzliche Neueinstellung von 200 Mitarbeitern bedeuten, was überhaupt nicht zur Debatte steht.«
Der »Betriebsrat« der Melittawerke wird von den wenigen Arbeitern, die es wagen, weiterhin der Gewerkschaft anzugehören, spöttisch »Geschäftsrat« genannt. Die Leiterin der »Sozialabteilung«, eine Cousine von Bentz, gehört ihm an und u. a. einige höhere Angestellte. Zweimal wöchentlich empfängt dieser Betriebsrat für jeweils 2 Stunden in der Bücherei der »Sozialabteilung«.
In einem Interview in der neuesten »Rund um Melitta«, vom 21. 12. 1970, gesteht der Betriebsrat seine Funktionslosigkeit ein. »Seit ich im Mai gewählt worden bin, waren ganze fünf Leute bei mir.« Er scheint das so in Ordnung zu finden und preist die »Sozialabteilung«, die angeblich »viele Aufgaben« erfüllt, die in anderen Betrieben der Betriebsrat wahrnähme.
In einer früheren Werkszeitung wird stolz verkündet: »Fritz Sinock *einstimmig* zum Betriebsratsvorsitzenden gewählt.« Auch bei anderen Abstimmungen im Hause »Melitta« wird so manches »einstimmig« beschlossen, wobei offengelassen wird, ob es sich um »Einstimmigkeit« oder um die eine

Stimme des Herrn Bentz handelt. Die Maschinenarbeiterin Frau S. berichtet, wie so ein Betriebsentscheid durchgeführt wurde, als die tarifliche Arbeitszeit sich auf 40 Stunden verkürzte, Bentz jedoch seinen »Melittanern« die 42-Stundenwoche nicht so ohne weiteres wieder nehmen wollte: »Die Belegschaft sollte darüber abstimmen. Mit einem weißen Blatt gingen die Vorgesetzten durch die Abteilungen. Auf der einen Seite stand ›ja‹, auf der anderen Seite stand ›nein‹. Ich weiß genau, bei uns in der Abteilung waren es nur ein paar Ausländer, die ›ja‹ angekreuzt hatten. Die anderen haben gesagt, wir lassen uns doch den freien Sonnabend nicht nehmen. Auf der Liste, ich hab extra draufgeschaut, stand eine lange Reihe ›nein‹, ein paarmal nur ›ja‹.
Später hing dann ein Aushang am Schwarzen Brett, Herr Bentz bedanke sich, daß wir so viel Verständnis hätten und die 42-Stundenwoche freiwillig machen würden. Von anderen Abteilungen habe ich gehört, daß da überhaupt nicht gefragt worden ist. Allgemein hieß es, daß der Betriebsentscheid fast einstimmig zustande gekommen sei.«
Wenn es eben geht, hält Bentz von seiner Belegschaft »Ungemach« fern. Als die Gewerkschaft vor den Fabriktoren Flugblätter verteilte, hatte Bentz die besseren Argumente, indem er seine Arbeiter beschenkte. An den Werksausgängen ließ er Melitta-Erzeugnisse 2. Wahl aufstapeln; jeder konnte so viel mitnehmen, wie er tragen konnte, und die meisten waren so bepackt, daß sie ihre Hände nicht auch noch nach Flugblättern ausstrecken konnten.
Nicht nur vor ideellem, auch vor materiellem Schaden bewahrt der Konzernherr seine Belegschaft (in einer Rede im vorigen Jahr an die »lieben Mitarbeiter«): »Und Sie müssen sich auch die Frage vorlegen, wofür Sie Gewerkschaftsbeiträge bezahlen! Ich habe die Verträge und alles durchgearbeitet . . . und muß feststellen, daß die Beiträge in keinem Verhältnis zu den Leistungen stehen. Aber Sie werden sich das genau ausrechnen und dann selber entscheiden, ob Sie Ihr Geld sinnvoll ausgeben wollen.«
»Das wirtschaftliche Ergebnis war verhältnismäßig erfreulich. Um so unerfreulicher waren die gemeinen Angriffe, die in diesem Jahr gegen unser Werk und mich persönlich geführt wurden. Was dabei an Gehässigkeiten und Unwahrheiten aufgebracht wurde, überschreitet jede vorstellbare

Grenze. Ich frage mich oft, wie traurig und leer es in solchen Menschen aussehen mag, die nichts anderes tun, als mit Haß und Gemeinheit Unfrieden zu stiften versuchen und zerstören wollen.« (Horst Bentz in »Rund um Melitta«, 21. 12. 1970)

Sie waren gemeinsam von Dresden nach Westdeutschland übergesiedelt, die Familien Bentz und Winkler. Ab 1950 traten sie in enge Geschäftsbeziehungen. Bentz-Freund Winkler lieferte »Melitta« Papier. Das Geschäft blühte. Winkler: »Bentz hatte uns schließlich eröffnet, wir brauchen immer mehr.« Der Papierhersteller steigerte seine Kapazität. In Koppenheim bei Rastatt entstand ein neues Werk. »Bentz hatte uns zu diesem Neubau ermutigt. 1958 – von einem Tag auf den anderen – ließ er mich unvermittelt auf Neubau und Papier sitzen.« »Melitta« hatte über Nacht eine eigene Papierfabrik in Ostfriesland errichtet. Winkler ging in Konkurs. In Liebenzell im Schwarzwald stieg er später in die Kaffee-Filter-Herstellung ein. Nach seiner Frau Brigitte benannte er die Filtertüten »Brigitte-Filter«. Kaum war das neue Produkt auf dem Markt, leitete Bentz gegen die Winklers gerichtliche Schritte ein. Winkler: »Er hatte seinerzeit – das wußten wir nicht – circa 120 Warenzeichen gehortet, darunter war auch der Name ›Brigitta‹. Er wollte uns die Produktion unter diesem Zeichen untersagen lassen. Er ließ uns ausrichten, die Kampfpackung Brigitta-Filter stünde im Werk Minden »schon ewig und drei Tage Gewehr bei Fuß«. Vor Gericht wurde dem Antrag von Bentz stattgegeben; in einem Vergleich blieb Winkler nichts anderes übrig, als sich mit 5000 DM abfinden zu lassen. Der ehemalige Papierfabrikant Winkler: »Zutrauen tun wir Bentz mittlerweile alles. Wie ist es zum Beispiel dem Keramik-Werk Brauer in Porta ergangen, das auch einmal für Bentz gearbeitet hat? Denen wurde zuerst auch geraten, einen größeren Brennofen aufzustellen; dann wurde ihnen nichts mehr abgenommen. Schließlich konnte Bentz die ganze Anlage aus dem Konkurs ersteigern. Wenn's um Geld geht, kennt der kein Grüß Gott mehr.« »Die Geschichte der ersten 50 Jahre unseres Werks zeigt, daß es nicht Glück, Zufälle oder Tricks sind, wodurch schließlich ein großer Erfolg erzielt wird. Entscheidend ist allein, daß ein Werk eine Idee hat . . .« (Horst Bentz anläßlich des 50jährigen Firmenjubiläums)

Zur Jahreswende 1970 erwirbt die »Melitta-Gruppe« im Röstkaffee-Bereich nach Ronning und Faber-Kaffee das kurz vor seinem 50jährigen Jubiläum stehende Familienunternehmen »Vox-Kaffee Groneweg und Meintrup« aus Münster. Trotz steigender Umsätze (65 Millionen DM für 1970) muß sich das Unternehmen von »Melitta« schlucken lassen. In vornehmer Zurückhaltung kaschiert Bentz den erbarmungslosen Konkurrenzkampf, in dem der Stärkere dem Schwächeren die Bedingungen diktiert, der Öffentlichkeit gegenüber als »gedeihliche Zusammenarbeit«; Melitta-Presseinformation vom 30. 12. 70: »Konzentration im Kaffeebereich. Für das kommende Jahr wurde von den Firmen ›Melitta-Werke‹ Bentz & Sohn und ›Vox-Kaffee Groneweg und Meintrup‹, Münster, eine enge Zusammenarbeit der Vertriebsorganisation für die von den beiden Firmen vertriebenen Röstkaffee-Marken beschlossen ... Durch gezieltes Marketing und Wettbewerbsmaßnahmen soll den Erfordernissen moderner Absatzplanung Rechnung getragen werden.« Die Vox-Außendienstmitarbeiter, die bisher das Kontaktnetz zur Geschäftswelt hielten, werden von Bentz voll übernommen. Der Großteil der 220 beschäftigten Arbeiter muß sich nach neuen Arbeitsplätzen umsehen. Bentz zur Pressemitteilung: »Also juristisch haben wir die Firma nicht gekauft ... Zusammenarbeit ist vielleicht etwas zu wenig gesagt, wir haben sozusagen die Federführung ... Es war auch so, der Herr Groneweg ... das ist ein Mann, der seinen Betrieb in 50 Jahren aufgebaut hat und jetzt zwei Herzinfarkte hinter sich hat, der Mann ist 68, dem Mann ins Gesicht zu sagen: ›Hör zu, der Betrieb ist pleite‹ und Du mußt verkaufen; das wollen wir einfach nicht so sagen, das ist eine reine Formulierung ... Er macht ja auch noch etwas weiter, seinen Kaffee-Ersatz ...« Ebenfalls zum Jahresende 1970 setzte Horst Bentz die 250 Beschäftigten des vor 5 Jahren von ihm erworbenen Porzellanwerks Rehau in Oberfranken unter Mißachtung gesetzlicher Vorschriften in einer Massenentlassungsaktion auf die Straße. Weder wurde ein Sozialplan erstellt, noch der Betriebsrat um Zustimmung gebeten. Eine Diskussion über einen Interessenausgleich zwischen Belegschaft und Arbeitgeber erscheint Bentz als »völlig indiskutabel«. Für die Weiterbeschäftigung der Maschinen ist gesorgt. Sie werden vom Zweigwerk

Rahlin in Oldenburg übernommen. Gleichzeitig mit der Werkstillegung in Rehau wird die Anlagenkapazität im »Melitta«-Porzellan-Zweigwerk Rahling/Oldenburg erheblich ausgeweitet.

»Diesen beispiellosen Aufstieg erreichte Bentz mit recht unorthodoxen Mitteln ... Doch die Gegner des Melitta-Chefs reiben sich nicht nur an seiner in den Grundgedanken 40 Jahre alten Fibel: vielmehr ärgern sie sich über andere Rationalisierungseinfälle des Unternehmers – weil sie so modern sind.« (Laudatio der »Bild-Zeitung« vom 11. Dez. 1970, »Was ist los bei Melitta?«) Im selben Artikel zeigt »Bild« ein Foto: »Entspannung beim Skat; ›Melitta‹-Chef Horst Bentz spielt mit seinen Angestellten.« Das Foto soll die Eintracht zwischen Arbeitgeber und Angestellten dokumentieren. Nur ist dieses Dokument eine der üblichen »Bild«-Fälschungen: Bentz spielt mit seinesgleichen Skat: mit Bäckereibesitzer Buchheister, Stadtbaumeister Dessauer und dem ehemaligen »Schriftwalter« des »Melitta-Echos« aus der NS-Zeit, Altkamerad Walter Herfurth, dem Bentz eine Betriebsrente von ca. 1000 DM zahlt.

»Treue-Urkunde – Frau F. E. ist heute zehn Jahre Mitarbeiterin der Firma Bentz & Sohn. In guten wie in schlechten Zeiten hielt sie treu zu unserem Werk. Wir gratulieren ihr herzlich zu diesem Arbeitsjubiläum und danken ihr durch die Aufnahme in den Kreis unserer Stamm-Mitarbeiterinnen. Melitta-Werk Bentz & Sohn, 1958.« Die Frau, die dieses Dokument in andächtiger Frömmigkeit vorzeigt, ist inzwischen 23 Jahre bei »Melitta«, hat sich vom Packband zur Angestellten im Verkauf hochgearbeitet. Angesprochen auf die angebliche Bentz-Spende von 140000 DM an die NLA*, bringt sie ihre Ergebenheit zum Ausdruck: »Das glaube ich gar nicht, wenn der Chef sein Ehrenwort gibt darüber. Ich habe nur gesagt, die Gefolgschaft gibt ihm ja auch keine Rechenschaft ab. Es hat eine Angestellte gesagt: ›Und wenn er das Geld in der Toilette abspült, geht das auch keinen was an.‹ Der Chef lebt ganz bescheiden. Er hat mal

* Neues rechtes Sammelbecken »Nationalliberale Aktion« inzwischen als Partei »DU« (»Dte. Union« von F. J. Strauß als außerbayrische »CSU« mit initiiert).

am Mittagstisch gesagt: ›Warum kriege ich denn das nicht, was die anderen auch kriegen?‹ Man hatte ihm etwas Besseres vorgesetzt. Jawohl, Salate hatten sie ihm vorgesetzt. Aber er verlangte Eintopf. Er raucht nicht und trinkt nicht.«
Frau E. erzählt von einem persönlichen Erlebnis mit ihrem Chef, als er bei ihr Gnade vor Recht hat ergehen lassen:
»Ich gehöre zu der Gemeinschaft der 7.-Tags-Adventisten. Als ich bei Melitta anfing, 1948, wurde dort samstags nicht gearbeitet. Dann kam's aber so, daß gearbeitet wurde. Dann bin ich an den Betriebsrat herangetreten und habe um den freien Samstag gebeten, weil wir an dem Schöpfungstag – am Samstag – nicht arbeiten. Der Betriebsrat und der Betriebsleiter haben meine Bitte abgelehnt, samstags zu Hause bleiben zu dürfen. Da habe ich gedacht: Jetzt bleibt mir nur noch ein Weg: zu Herrn Bentz zu gehen. Man hat mir gesagt vom Betriebsrat aus, ich sollte das nicht tun. Herr Bentz könnte sich mit solchen Lappalien nicht abgeben. Obwohl mir von allen Seiten abgeraten wurde, habe ich aber doch ein Herz gefaßt und bin zu ihm gegangen. Ich habe mich unten angemeldet, die Verwaltung war damals im ›Kurfürsten‹, dann wurde ich auch raufgelassen. Der Mann im Sekretariat hat meinen Namen aufgeschrieben, reingebracht und Herr Bentz hat gesagt: Bitteschön, ich sollte dann reinkommen. Er war ganz zuvorkommend. Er kam mir entgegen bis zum halben Raum und reichte mir die Hand und hat mich begrüßt.
Nehmen Sie Platz, hat er gesagt. Und dann habe ich gesagt: Herr Bentz, ich komme mit einer sehr großen Bitte zu Ihnen. Ich sage, ich habe einen anderen Glaubensweg; wir feiern den Samstag, wie es in der Heiligen Schrift steht. Dann hat er mich ausgefragt, Familienverhältnisse usw., und wo ich her bin. Und ich habe ihm gesagt: Sie als Arbeitgeber und unser Chef erwarten von Ihren Mitarbeitern Pünktlichkeit, Ehrlichkeit und Gehorsam, was ja Grundbedingung ist. Ich sage: Und genauso erwartet Gott von uns, daß wir doch seinen Geboten treu sein sollen. Er war sehr bewegt, ja. Und er sagte zu mir, er sorgte dafür, daß ich meinen Samstag frei kriege. Wie der mir entgegenkam, werde ich nie vergessen. Nie. Und mir hat das leid getan, als er hier im Fernsehen sprach. Ich habe auf der Couch gelegen. Mir ging es damals nicht gut, mir sind die Tränen gelaufen.«

In Ungnade war der Arbeiter H. S. gefallen, als er sich in einer Meinungsumfrage gegen die Einführung von Wechselschicht aussprach. Und das, obschon er seit Jahren zum privaten Schachkreis von Horst Bentz zählte. »Kurz und bündig ließ man mich wissen«, berichtete er, »Sie müssen Schicht machen oder Sie kommen in die Hofkolonne; Hofkolonne ist das letzte«, sagt er, »die in der Hofkolonne müssen alles machen – Strafkompanie!« Er versuchte es noch einmal bei der »Sozialabteilung«. »Ich hab gefragt, ob ich denn nicht was anderes arbeiten könnte. ›Es bleibt Ihnen nichts anderes übrig‹, sagte man mir, ›Sie müssen kündigen‹. Und das nach all den Jahren – es waren sechse.« Auf die Frage, warum er sich nicht an den Betriebsrat gewandt hätte: »Das sind ja hier doch nur Marionetten!«
»Verschweigen Sie Ihrem Betrieb nicht das Ei des Kolumbus. Unser Tip des Monats: Mit guten Vorschlägen lenken Sie das Interesse der Vorgesetzten auf sich. Nach qualifizierten Mitarbeitern hält man immer Ausschau. Also: Betriebliche Verbesserungsvorschläge einreichen.« (»Rund um Melitta«, Dez. 1967)
Im Januar 1968 erfand der Arbeiter R. eine neue Fertigungsmethode zur qualitativen Verbesserung der Kaffee-Filter-Tüten. Der Betriebsleiter trug die neue Idee – an der R. in seiner Freizeit anderthalb Monate zu Hause getüftelt hatte – Firmenchef Bentz vor. »Ingenieur Wilking sagte mir«, erzählte R., »das sei ein Patent. Er sagte, auf diese Idee wäre noch keiner gekommen.« Nach fünf Monaten eröffneten der Betriebsleiter und der Werks-Justitiar dem Arbeiter, sein Vorschlag sei zwar ohne Zweifel »patentreif«, seine Verwirklichung allerdings würde »Melitta« große Kosten verursachen. Und falls er selbst seine Erfindung als Patent anmelden wolle, müsse man erst nachsehen, ob »Melitta« nicht schon vor Jahren etwas ähnliches entwickelt hätte. R.: »Man bot mir schließlich an, meine Idee für 400 Mark abzutreten; und später, wenn sie verwirklicht würde, sollte ich auf Prozentbasis an der Produktion beteiligt werden. Für mich war der Fall erledigt, nach ein paar Wochen habe ich dann selbst gekündigt.« »Melitta« hätte die Idee des Arbeiters R. wahrscheinlich nie in die Tat umgesetzt, ihre Durchführung hätte die Umstellung eines Teils der Produktionsanlagen bedingt. Aber eine, für eine kleinere oder neuzu-

gründende Firma völlig umwälzende Fertigungstechnik zur Herstellung von Kaffee-Filter-Tüten sollte um den Preis eines Trinkgeldes vor dem Zugriff einer möglichen Konkurrenz geschützt werden.
Auch der Arbeiter A. hatte einen brauchbaren Verbesserungsvorschlag, der seiner Meinung nach dem Werk ca. 3000–4000 DM Kosten ersparen würde, eingereicht, 150 DM wurden ihm dafür geboten, die er sich noch mit einem Kollegen teilen sollte. A., dem das zu wenig war, gab das Geld aus Protest zurück. Daraufhin wurde er von der Verlosung ausgeschlossen, die für alle betrieblichen Ideenspender und Erfinder durchgeführt wurde.
Und so rollt die Kugel, rollt das Glück bei der »Auslosung« der Preise, und wie es der Zufall so will, fielen die Haupttreffer – eine Urlaubsreise, ein VW, ein Fernsehgerät – ausschließlich an Angestellte der höchsten Gehaltsstufe. Eine Kaffeemaschine, einen Fotoapparat, eine Bohrmaschine und einen Grillautomaten spielte das Los Vorarbeitern und Schichtleitern zu. Selbst Arbeiter und Hilfswerker ließ das Glück nicht im Stich; einige gewannen als Trostpreise ein Kaffeeservice.
Mehreren SS-Rängen, die der ehemalige Obersturmbannführer Bentz nach Kriegsende in Sold nahm, fühlt er sich durch gemeinsame Vergangenheit verbunden. Wenn die teilweise angeschlagenen Kriegsveteranen intelligenz- und leistungsmäßig auch nicht mehr so auf der Höhe sind und teilweise aus ihren Spitzenpositionen von jüngeren Kräften verdrängt wurden, garantieren sie durch ihr militärisch straffes Auftreten Zucht und Ordnung bei Melitta. Der ehemalige Obersturmbannführer Tarneden z. B., jetzt Hauswachtleiter, hat von seinem militärischen Schliff nichts eingebüßt. Wenn er strammen Schritts durch die Werkshallen patrouilliert, kann es vorkommen, daß er Nachwuchs-Melittaner zusammenstaucht: »Stellen Sie sich erst mal gerade hin.«
Ein anderer, ein ehemaliger Obertruppführer der Waffen-SS, zeigt den »Arbeitskameraden« (Anrede von Bentz) in sentimentalen Minuten hin und wieder ein liebgewonnenes Kleinod vor: ein ihm von Heinrich Himmler verehrter Totenkopfring mit der Widmung: »Für besondere Verdienste«.

Bentz selbst, wegen seiner militärischen Hausordnung »Block und Blei« öffentlicher Kritik ausgesetzt, beruft sich in dieser Situation vorzugsweise auf die »Kapazität« Prof. Reinhard Höhn, Leiter der »Akademie für Führungskräfte der deutschen Wirtschaft« in Bad Harzburg, der Deutschlands Manager nach den gleichen Prinzipien ausrichte, wie er auch und auf seinen Lehrgängen seinen Spitzenkräften den letzten Schliff verleihe. Bentz: »Den kenne ich gut, der ist oft hier, der ist ganz begeistert von ›Block und Blei‹.« Als Prof. Höhn einmal den »Musterbetrieb« von Bentz inspizierte, meinte er, daß sich hier innerhalb von anderthalb Jahren nach seinen Wirtschaftsführungsprinzipien das Werk zur Höchstproduktivität organisieren lasse.
Bentz verblüffte den Wirtschaftsspezialisten mit der Feststellung, das Plansoll nicht erst in anderthalb Jahren, vielmehr »in bewährtem Melittatempo bereits in einem halben Jahr« erfüllt zu haben.
Aus dem Schulungsprogramm des Prof. Höhn: »Großunternehmen lassen sich durchaus mit Armeekorps, mittlere Unternehmen mit Bataillonen vergleichen. Da sowohl der militärische wie auch der wirtschaftliche Führer mit einem Gegner zu tun hat, dort der Feind, hier die Konkurrenz, treten stets Umstände und Gegenzüge des Gegners auf, die nicht vorauszuberechnen sind.«
Höhn, im Dritten Reich Berater von Heinrich Himmler, als Generalleutnant der Waffen-SS mit dem Ehrendegen des Reichsführers-SS ausgezeichnet, bekannte noch im Jahre 1944 in der Goebbels-Wochenzeitung »Das Reich«: »Der Eid auf den Führer verpflichtet nicht nur zu Lebzeiten des Führers, sondern über dessen Tod hinaus zu Treue und Gehorsam gegenüber dem neuen, von der Bewegung gestellten Führer . . .«
Bentz eigene Vergangenheit wurzelt gleichfalls in dieser Zeit: er war Obersturmbannführer der SS, sein Betrieb wurde im Dritten Reich als besonders stramm und vorbildlich mit der goldenen Fahne ausgezeichnet. Er führte Rüstungsaufträge aus, u. a. Teile von Gasmaskenfiltern, Teile von Patronenkästen und Maschinengewehrgurte und er beschäftigte Polen und Russen als Zwangsarbeiter. Nachdem er nach 2½ Jahren aus dem Internierungslager der Engländer entlassen wurde, konnte er erst 1958 wieder seine Firma übernehmen.

Wie Prof. Höhn, legte auch Bentz sich in jener Zeit mit Treueschwüren auf das faschistische System fest: »Führer, wir gehören Dir!« (»Melitta-Echo«, 1941)
»Mit dem Gelöbnis, unseren Betrieb dem Führer zur Verfügung zu stellen, schloß Herr Horst Bentz seine Festrede.« (»Melitta-Echo«, 1939)
Am 1. Mai 1941 wurde ihm von den Parteispitzen die damals begehrte Auszeichnung »Nationalsozialistischer Musterbetrieb« verliehen, die zuvor im Gau Westfalen-Nord nur die Oetker-Werke »für sich buchen« konnten. Mit dem »Melitta-Lied« auf den Lippen: »Gleicher Sinn bringt Gewinn, überwindet auch den schlimmsten Berg, Einigkeit alle Zeit, Heil Melitta-Werk« wurde die mit diesem Prädikat verbundene »Goldene Fahne« im Triumphzug von Augsburg ins Mindener Werk heimgeführt. »Sauber ausgerichtet, stand die Gefolgschaft am Bahnhof, um die Goldene Fahne zu empfangen. Einige zackige Kommandos unseres Betriebsführers (Horst Bentz), die jedem alten Soldaten alle Ehre gemacht hätten, und mit Schingbumm ging's durch die Stadt.« (»Melitta-Echo«, 1941)
In jener Zeit war es Betriebsführer Bentz vergönnt, an der unternehmerischen Heimatfront zwei weitere Betriebe zu erobern: eine Keramikfabrik in Karlsbad und eine Papierfabrik in Düren.
Mit nazistischen Haß- und Hetzparolen sollte die damalige Melitta-Werkszeitung die Gefolgschaft auf Vordermann bringen. Das Betriebskampfblatt von Bentz beschränkte sich keineswegs auf die betrieblichen Belange. Da war der Aufmacher auf Seite 1 den »armen Juden« gewidmet: ». . . in der Judenfrage hat das Herz zu schweigen! Auch das zieht nicht, wenn man uns sagt: denkt an die armen Kinder. Jeder Judenlümmel wird einmal ein ausgewachsener Jude . . .« (»Melitta-Echo«, 1938). Da ist von »Judengesocks« und »Bestien« die Rede, und auf dem Betriebsappell am 5. 7. 1938 läßt es sich Horst Bentz nicht nehmen, noch vor der »Reichskristallnacht« zum Boykott jüdischer Geschäfte aufzurufen: »Über die Judenfrage heute noch sprechen zu müssen, erscheint überflüssig und ist es doch nicht. Wir haben neulich eine Arbeitskameradin erwischt, als sie ein jüdisches Geschäft betrat. Sie erzählte uns nachher, daß sie lediglich eine dort beschäftigte Verkäuferin besucht ha-

be. Ob das stimmt, ist leider nicht nachprüfbar. In Werkszeitung Nr. 5 dieses Jahres haben wir bekannt gemacht, daß jeder, der beim Juden kauft, fristlos entlassen wird. Der vorerwähnte Fall macht es erforderlich, die Grenzen enger zu ziehen. Wer künftig überhaupt noch in jüdischen Geschäften gesehen wird, einerlei ob er kauft oder nicht, gehört nicht zu uns und muß fristlos entlassen werden.«

In der Melitta-Werkszeitung Nr. 5: »Damit keiner kommen kann, er habe nicht gewußt usw., führen wir nachstehend alle Juden in Minden, die ein Geschäft ausüben, auf.« Es folgen 30 Namen, mit Berufsangabe und genauer Anschrift. – Von den 30 Genannten hat keiner das Dritte Reich überlebt.

Bentz heute zu dem Vorwurf, er habe neben seinen SS-Leuten auch einen Kriegsverbrecher auf Abteilungsleiterebene bei sich beschäftigt (Bentz): »Der ist begnadigt worden, sonst wäre er gehängt worden in Landsberg ... ich habe immer, nicht nur in diesem Fall, früher Dutzende, da gibt es sogar so eine Organisation, die Leute, die straffällig geworden sind, vermittelt. Und ich habe Dutzende von diesen Leuten im Hause eingestellt, ich habe also immer doch die Tendenz gehabt, zu helfen.«

Nach dem Leitspruch »Führer befiehl, wir folgen« wurde von jeher bei Bentz gehandelt. So wie in den 50er Jahren die »Gefolgschaft« auf eine Verärgerung von Bentz hin geschlossen aus der Gewerkschaft austrat und man die Mitgliedsbücher widerstandslos dem Betriebsrat (seitdem »Geschäftsrat« genannt) aushändigte, trat in den 30er Jahren die damalige »Gefolgschaft« auf Geheiß des Betriebsführers und SS-Sturmmannes Bentz einer anderen Organisation bei: der NSDAP. Eintrittsgebühren und Mitgliedsbeiträge für die bis dahin noch Parteilosen zahlte Bentz aus eigener Tasche. Der Bleischneider Otto Haar, der sich der damaligen Anweisung widersetzte, mußte die Konsequenzen ziehen und den Betrieb verlassen.

Der Pensionär K. H., damals Schriftsetzer bei Bentz und überzeugter Sozialdemokrat, unterwarf sich seinerzeit dem Bentz-Diktat: »Wir als Drucker, von der Tradition her links, waren ohnehin damals bei Bentz als schwarze Schafe verschrieen und bekamen darum auch 2 Pfennig unter Tarif bezahlt. Stellen Sie sich vor, Sie müssen für Ihre Familie das

Geld reinbringen und bekommen dann derartig die Pistole auf die Brust gesetzt.«

Daß der NS-Geist bei »Melitta« keine Ausnahmeerscheinung ist, sondern durchaus üblich in der bundesdeutschen Industrie, kann man auch der Einschätzung des bekannten Industrieberaters M. Schubart entnehmen: »Ich kann natürlich keine Namen nennen ... Aber ich habe ein paar Elitegruppen festgestellt, die tatsächlich – zwar unsichtbar, aber doch evident – bis in die heutige Zeit hinein existieren. Da ist einmal die Mars-Merkur-Gruppe der ehemaligen Generalstäbler, die heute zum Teil führende Rollen in der Wirtschaft spielen. Dann Abkömmlinge der Adolf-Hitler-Schulen, der Reiter-SS und der Waffen-SS. Ich würde sagen, in der Altersgruppe von 45–60 stammen 65–70 Prozent aller heutigen Führungskräfte aus solchen Organisationen. Und die überwiegende Zahl – sagen wir 98 % – jener Altersgruppe stammt aus einer Erziehung, die eigentlich im Dritten Reich ihre Grundlage findet.«

Als der Alterspräsident des Bundestages William Borm (FDP) die Öffentlichkeit erstmalig über Finanziers und Hintermänner der neuen rechten Sammlungsbewegung »NLA« informierte und sich auf in seinem Besitz befindliche Dokumente berief, war unter anderem von einem bekannten Mindener Kaffee-Filterproduzenten die Rede.

Als dann die »Monitor«-Fernsehsendung, wie zuvor schon Zeitungen, den Verdacht aussprach, Bentz habe der »NLA« 140000 DM gespendet und gehöre ihr als Vorstandsmitglied an – MONITOR: »... Diese Behauptung stützt sich auf die in Bild und Ton festgehaltenen Aussagen des Notars Franz Mader. Mader ist NLA-Bundesvorstandsmitglied und Landtagsabgeordneter. Er hat seine Erklärung abgegeben in Gegenwart des Landtagsabgeordneten Wilhelm Maas«, – ihm außerdem unsoziales Verhalten und Unterdrückung jeder gewerkschaftlichen Betätigung im Betrieb vorwarf, fürchtete Bentz eine Beeinträchtigung seiner Geschäfte. Ehemals gute Kunden stornierten Aufträge, so die Kantinen der Dürrkoppwerke in Bielefeld und der Städtischen Betriebe in Berlin. Helmut Brade, Betriebsrat der Berliner Stadtreinigung: »Bislang haben wir bei ›Melitta‹ für 500000 DM Kaffee und Filter gekauft. Das ist nun vorbei.«

Bei »Monitor« bekundeten Hunderte Fernsehzuschauer in

Zuschriften, daß sie von jetzt an keine Artikel dieses Unternehmens mehr zu kaufen gedächten, und Bentz erhielt nach eigenen Angaben Tausende Briefe, in denen ihm Verbraucher das gleiche mitteilten.
Bentz schritt zur Tat.
Im Wissen, daß die Öffentlichkeit nicht über die besondere Funktion oder besser Funktionslosigkeit seines Betriebsrats informiert sein würde, ließ er ihn dafür herhalten, in einer großangelegten Anzeigenkampagne die angeblich »unwahren Behauptungen von ›Monitor‹ richtigzustellen.« Die 350000 DM, die die ganzseitigen Anzeigen – u. a. in »Bild« – kosteten, zahlte Bentz.
Bereits anläßlich früherer Presseangriffe hatte Bentz gedroht »zurückzuschlagen«, sobald damit eine »wirtschaftliche Schädigung unserer Werke« verbunden sein sollte. Dieser Zeitpunkt schien gekommen. Mit seinen Rechtsberatern machte er sich zum WDR auf, konferierte mit Fernsehdirektor Scholl-Latour und Monitor-Chef Casdorff und drohte mit einem Schadenersatzprozeß, der in die Millionen gehen könne. Die »Monitor-Redaktion«, die bereits eine neue »Melitta«-Sendung fast sendefertig hatte (u. a. sollten wegen gewerkschaftlicher Betätigung mit Repressalien bedrohte ehemalige Belegschaftsmitglieder zu Wort kommen), wurde durch den prozeßentschlossenen Milliardär in die Knie gezwungen.
Ein neuer Beitrag fiel unter den Tisch, dafür durfte sich Bentz in der folgenden »Monitor«-Sendung lang und breit auslassen, er hatte das letzte Wort und pries sich so sehr, daß sich am nächsten Tag im Betrieb sogar sonst treu ergebene Melittaner kritisch über ihren Chef äußerten: sie hätten sich bei seiner Gegendarstellung des Eindrucks nicht erwehren können, daß Bentz manches selbst nicht geglaubt hätte und es ihm peinlich gewesen sei, was er da verzapft habe.
Auf einer Belegschaftsversammlung in seinem Betrieb hörte es sich einige Nuancen anders an. Angestellte hatten erklärt: »Wir sorgen uns um den Betrieb. Denn die Abbestellungen häufen sich«, und verlangten Einsicht in die Geschäftsbücher, was Bentz empört zurückwies. Bentz: »Und wenn ich in der ›NLA‹ bin! Wenn sich Rosenthal in einer bestimmten politischen Richtung engagiert, so kann ich mich genausogut in einer anderen politischen Richtung betätigen.«

Und er betätigt sich; zumindest über Geschäftsbeziehungen hält er Kontakt zu NLA-Kreisen.
Als ich auf gut Glück bei der Papierfabrik Anton Beyer in Lippborn als »Melitta-Bestellabteilung« anrufe, erfahre ich: Seit langem bestehen engste Geschäftsbeziehungen. Beyer-Bestellabteilung: »Wir haben doch von Ihnen eine Subvention laufen. 20 Millionen Hauptseiten bei Tragetaschen. Außerdem steht ja jetzt noch der neue Auftrag von 300000 Tragetaschen für Ihren eigenen Gebrauch zur Auslieferung an.« – Papierfabrikant Beyer hatte bekanntlich kürzlich den Bundestagsabgeordneten Fritz Geldner mit zwei sogenannten Beraterverträgen in Höhe von 400000 DM von der FDP in die CSU abzuwerben versucht. Damals zweifelte man allgemein daran, daß der verhältnismäßig kleine Unternehmer diese Summe so ohne weiteres aus der eigenen Tasche zu zahlen in der Lage war. Hier könnte Bentz, dessen Konzerngruppe zu den 100 größten der Bundesrepublik zählt, durch Subventionen oder fingierte Aufträge z. B. sich als indirekter Spender erwiesen haben. Es ist kaum zu vermuten, daß diese Geschäftsbeziehung eine rein zufällige ist, es gibt Hunderte von Papierherstellern in der Bundesrepublik.
Auch Werbeagenturen gibt es zahlreiche. Ist es auch ein Zufall, daß Horst Bentz mit der »Interpunkt«-Werbeagentur des ehemaligen SS-Hauptsturmbannführers und jetzigen NLA-Vorsitzenden Siegfried Zoglmann gute Geschäftsbeziehungen pflegt und ihn seinen »Freund« nennt? Bentz bestritt in der »Monitor«-Sendung mit der Maske eines Biedermannes, daß in seinem Betrieb jemals ein Gewerkschaftler mit Repressalien bedroht worden sei. »Wenn das wirklich wahr wäre, dann habe ich eine Frage: Warum hat die Gewerkschaft bis heute nicht einen einzigen Namen genannt . . .«
Die Betriebswirklichkeit bei »Melitta« sieht so aus: »Seien Sie ja vorsichtig, wir überwachen Sie!« hatte Prokurist Herziger dem Mustermacher Günter Bender angedroht. »Sie sind mir kein Unbekannter mehr und schon das dritte Mal bei mir«, herrschte Betriebsleiter Runte den Mustermacher an, weil der sich über eine Lohneinbuße beklagte, die ihm durch eine seiner Meinung nach schikanöse Versetzung ohne Änderungskündigung entstanden war.

Gewerkschafter Bender kündigte: »Es war mir klargeworden, daß meine Einstellung zur Gewerkschaft nicht in das Konzept dieser Herren paßte und man es darauf anlegte, mich fertigzumachen.«
Ohne Änderungskündigung wurde auch der Drucker Bauer versetzt. Lohneinbuße je Stunde: 40 Pfennig. Bauer war Vertrauensmann für die Gewerkschaft und Werber für seine Organisation. Er und sein Kollege Rüdiger Schellhase zogen die Konsequenzen und kündigten: »Uns war klar, daß wir um jeden Preis diszipliniert werden sollten.«
Gewerkschafter Fischer wurde von seinem Abteilungsleiter Schmidt sogar mit körperlicher Gewalt aus dem Betrieb entfernt. Der Arzt bescheinigte ihm Kratzwunden, die ihm von seinem Vorgesetzten beigebracht worden seien. Dreher Fischer: »Seit ich auf einer Gewerkschaftsversammlung war, wo die Firmenleitung wahrscheinlich Spitzel hin entsandt hatte, war es um mich geschehen. Ich konnte mir noch so Mühe geben, habe täglich von morgens 7 bis abends 5 nach 6 gearbeitet und jeden Samstag von 6 bis 20 vor 3, ich kam auf keinen grünen Zweig mehr. Kollegen, die neu waren und keine Überstunden machten, bekamen plötzlich 20 Pfennig mehr in der Stunde. Als die Gewerkschaft vor dem Tor Flugblätter verteilte, habe ich dann noch mal den Fehler gemacht, dem Bezirksvorsitzenden, der mitverteilte, die Hand zu geben, und das hatte die Betriebsleitung beobachtet. Obwohl ich später, wenn noch mal Aktionen der Gewerkschaft stattfanden, immer bewußt in entgegengesetzter Richtung ging, war ich bekannt wie ein bunter Hund. Ich hatte zuvor schon einen Warnbrief vom Abteilungsleiter bekommen, ich sei ein Störenfried und mache mir laufend Notizen; und zu guter Letzt kam's so, daß mich Abteilungsleiter Schmidt in den Klammergriff nahm und mich anschrie, sofort diesen Laden zu verlassen.
Als er mich zum Ausgang hinzerrte, taten sich noch einige ›Kollegen‹ bei ihm dicke, indem sie mir ›Verräter‹ und ›Lump‹ nachschrien. Ich wollte von der Pförtnerei wegen des tätlichen Angriffs die Polizei anrufen, aber der Abteilungsleiter Schmidt war ständig hinter mir, hat mir den Telefonhörer aus der Hand gerissen und gesagt: ›da müssen Sie schon zu Fuß hingehen‹.«
»Man kann nur hoffen, daß diese ungerechtfertigten Angrif-

fe nicht von anderer Seite unterstützt werden und daß man uns endlich wieder unseren Betriebsfrieden läßt, der 40 Jahre lang niemals gestört war.«
(Horst Bentz: »Dank zum Jahresende« »Rund um Melitta«, Dez. 70)
Im Werk selbst ist es kaum möglich, mit Arbeitern über die Firma zu sprechen. Sie blicken sich um, ob auch keiner zuhört, und wenn überhaupt, sprechen sie nur, wenn kein anderer Kollege in der Nähe ist. Einer scheint im anderen einen potentiellen Spitzel der Firmenleitung zu sehen. Einige sagen das auch offen: »Du kannst hier nie genau wissen, wo du bei wem dran bist.«
Nach zweimonatiger Zugehörigkeit zur Melitta-Belegschaft wird mein Name plötzlich über Lautsprecher ausgerufen: »Herr G. zur Sozialabteilung.«
In der Sozialabteilung erwartet mich eine Art Firmengericht. Die Cousine von Horst Bentz, Frau Melitta Feistkorn, Leiterin der Sozialabteilung, blickt mißbilligend zu mir herüber. Herr Ostermeyer, der mich einstellte, sitzt mit in der Runde, ein noch Jüngerer im grauen Kittel blättert gelangweilt in einem Büchlein, das die Aufschrift »Betriebsverfassungsgesetz« hat. Ein graues, gewitztes Männlein mit scharfer, befehlsgewohnter Stimme fordert mich mit einer Handbewegung auf, mich auf den noch freien, von den anderen etwas entfernt stehenden Stuhl zu setzen. Dann wendet er sich an die versammelte Runde: »Jetzt werde ich Ihnen das mal vorführen.« Und er beginnt eine Art Verhör. Keiner hat sich mir vorgestellt, das scheint hier so üblich zu sein, Standgericht.
Der kleine Graue, Betriebsleiter Runte, wie ich später erfahre, leitet die Vernehmung. Er wirft mir Disziplinlosigkeit und fehlende Arbeitsmoral vor. Ich hatte gewagt, mir einige Tage unbezahlten Urlaub zu nehmen. Zwei Tage war ich krank und lag mit Fieber im Bett, ließ mich jedoch nicht krankschreiben, sondern zog es vor, den das Werk nicht belastenden unbezahlten Urlaub zu nehmen. Kollegen hatten mir dazu geraten, da »Krankfeiern« auch mit ärztlichem Attest in der Probezeit Entlassung bedeuten würde. Einige Tage hatte ich mir freigenommen, indem ich einen Umzug von Köln nach Minden vorschob, verbunden mit Wohnungsrenovierung. Die direkten Vorgesetzten, zwei

Schichtführer, hatten Verständnis und bewilligten das Fehlen unter Verzicht auf Bezahlung. Betriebsleiter Runte, dessen Aufgabe es ist, alle Belange des Betriebs pedantisch wahrzunehmen, schien den entgangenen Mehrwert meiner dem Werk vorenthaltenen Arbeitsleistung als eine Art Diebstahl zu empfinden. Er sagte, schon aus Abschrekkungsgründen den anderen Kollegen gegenüber sei ich für das Werk ab sofort untragbar. Ich sei ein Bummelant, wer schon so anfange, was sei dann erst später von dem zu erwarten. Als ich mich zu rechtfertigen versuche, gerade der Anfang, die Umstellung, verbunden mit dem Umzug und Wohnungswechsel, müsse in einem Betrieb, der sich »sozial« nenne, doch Verständnis hervorrufen, werde ich ausgelacht. Herr Runte ist nicht umzustimmen; er nimmt meine Argumente lediglich als Bestätigung seines einmal gefaßten Entschlusses auf.
Routinemäßig stellt er an den Mann mit dem kleinen Büchlein, der während des ganzen Verhörs nicht ein Wort gesagt hat, – und der Betriebsratsvorsitzender Sinock ist, wie ich nach meinem Rausschmiß erfahre – die Frage: »Von hier noch Einwände?« Wie abwesend antwortete der Betriebsratsvorsitzende mit einer verneinenden Kopfbewegung.
Zuletzt sagt Herr Runte noch, man sei hier bei Melitta zwar hart, aber gerecht . . . Vor Weihnachten schmeiße man keinen auf die Straße. Also sei mein letzter Arbeitstag der 28. Ich hätte die Großzügigkeit dem Werk nicht gedankt, immerhin hätte ich doch auch sogar schon Weihnachtsgeld erhalten. Als ich das verneinte, tritt Herr Runte in Aktion. Er demonstriert allen die Macht seines Amtes, indem er den Leiter der Lohnabteilung über Telefon anbrüllt, was das für eine Schlamperei sei, die 50 Mark Weihnachtsgeld, die jedem zustünden, an mich noch nicht ausgezahlt zu haben. »Händigen Sie das dem Mann zustehende Geld sofort aus«, brüllt er in den Hörer. Und Meister Ostermeyer erhält den Befehl, mich zur ordnungsgemäßen Auszahlung zu begleiten. »Sehen Sie, so sind wir hier, selbst das Weihnachtsgeld zahlen wir Ihnen noch«, sagt Runte vorwurfsvoll. Ich bin sehr verunsichert, beinah gerührt und komme nicht umhin, mich bei ihm zu bedanken. Um so erstaunter bin ich, als ich bei Empfang der Endabrechnung die 50 Mark wieder abgezogen finde.

Für Betriebsleiter Runte war es eine Demonstration seiner Macht und was nicht nur für Melitta gilt: Gnade ist kein Recht!

»Natürlich kann die Stadt stolz darauf sein, daß die ›Melitta‹-Erzeugnisse den Namen Mindens in alle Welt hinausgetragen haben und täglich hinaustragen. Sicher ist es ein wesentlicher Faktor für die Volkstümlichkeit von Melitta, daß heute 3600 Menschen der über 8000 Belegschaftsmitglieder in Stadt und Land Minden zu Hause sind! Rechnet man die Familienangehörigen dazu, dann ergibt sich, daß rund ein Viertel der Bevölkerung Mindens in direktem Kontakt zu dem Melitta-Werk steht.«

(Aus der Melitta-Werbeschrift: »Minden und die Melitta-Werke«)

»Sagen Sie um Gottes willen keinem, daß ich Ihnen Auskünfte über Herrn Bentz gegeben habe, ich wäre hier für immer erledigt.«

(Ein führendes Mindener SPD-Mitglied, Mitglied im Stadtrat. Die SPD ist die stärkste Partei Mindens.)

»Die Bude wird dichtgemacht«

»Das Sauerland gilt bei uns immer noch als ein bißchen hinterwäldlerisch. Dennoch werden hier große Leistungen vollbracht, die die Aufmerksamkeit der Öffentlichkeit verdienen. In Meinerzhagen steht das Stammwerk eines Unternehmens, das in Fachkreisen einen weltweiten Ruf genießt . . . dort wird ein Teil der Voraussetzungen für unsere moderne Zivilisation geschaffen: die Battenfeld Maschinenfabrik GmbH.
Das Unternehmen in seiner heutigen Größe ist das Werk eines Mannes: Werner Battenfeld. Er kann heute sein Unternehmen als den absolut größten Hersteller von Spritzgußmaschinen für Kunststoffe in der Welt bezeichnen. Betrug der Umsatz 1958 30 Millionen DM, so konnte Battenfeld 1965 mit allen Betrieben schon die 80-Millionen-Grenze als Produktionsumsatz erreichen.
Werner Battenfelds Methoden sind unorthodox . . . Mögen andere darüber lächeln, Battenfeld und nicht zuletzt der Kunde sind gut damit gefahren.
Vom Erfolg dieses Unternehmens profitieren nicht nur die Familie Battenfeld und die Angehörigen des Unternehmens, Nutznießerin ist auch die Stadt Meinerzhagen, der er als langjähriger Sportler mit einem ¾-Millionen-Betrag beim Bau eines Sportstadions und der Mattenschanze geholfen hat.
Die Überschaubarkeit eines Unternehmens von ca. 1800 Beschäftigten verschafft dem Führungsstil Werner Battenfelds einen hohen Grad von Wirksamkeit.
Schlag auf Schlag baute Werner Battenfeld nach dem Kriege in Scherl bei Meinerzhagen, Gogarten, Dieringhausen, Engelskirchen, Overath, Siegburg, Zülpich, Feudingen und Rinteln neue Fertigungsbetriebe auf.
Wie er sich selbst nicht schont, so verlangt er auch von seinen Arbeitern und Angestellten einen überdurchschnittlichen Arbeitseinsatz.
Das Beispiel des dynamischen und wagemutigen Unternehmers Werner Battenfeld hat dazu beigetragen, in seiner bislang ungünstig strukturierten westfälischen Heimat eine positive Entwicklung einzuleiten.«

(Aus der »Vorwärts-Illustrierten«, SPD, Dez. 1967, einer ehemaligen Arbeiterzeitung).

Werner Battenfeld, 55, der sich mit einem Messingschild auf seinem Schreibtisch als »Big Boß« ausweist und mit einer Leuchtschrift auf dem Köln-Bonner-Flughafen seine Internationalität unterstreicht, hat sich noch anderweitig um Stadt und Land verdient gemacht. Vor Meinerzhagen ließ er einen Flugplatz anlegen: für seine 8 Privatflugzeuge – darunter eine zweistrahlige Düsenmaschine, mit der er seine Kontakte zu seinen ausländischen Zweigwerken in der Schweiz, Frankreich, Spanien, Niederlanden, England, USA, Australien und Brasilien aufrechterhält. Außerdem erteilt der spendable Multimillionär auf seinem Privat-Flugplatz auch Regierungsmaschinen Start- und Landeerlaubnis. Einen ehemaligen – steuerlich versierten – Amtsgerichtsrat seiner Stadt, Dr. Hepner, machte er zu seinem Rechtsberater und Prokuristen.
Battenfeld, u. a. noch Großaktionär bei der MÜWAG (Münchener Waggonbau-AG), hat seine Betriebe besonders leistungs- und profitintensiv ausgerichtet. Er, der von sich sagt, »sich nicht zu schonen« und vorgibt, »seit 1945 im Durchschnitt nicht mehr als 6 Stunden pro Nacht geschlafen zu haben«, verlangt, daß ihm seine Arbeiter darin nicht nachstehen. Um 7 Uhr, wenn die Sirene losheult, »will ich sehen, daß bereits voll gearbeitet wird und nicht erst die Werkzeuge ausgepackt werden.« Er zog sich Arbeiter heran, die seinen »Lebensstil« übernahmen und täglich 16 Stunden und mehr arbeiteten. Dadurch war es dem Unternehmer möglich, zu »rationalisieren«, indem er sich von Arbeitskräften, die überdurchschnittlich oft durch Krankheit ausfielen, trennte. Wer sich vor Überstunden drückte – die in der Regel ohne Zuschläge verrechnet wurden –, mußte mit Entlassung rechnen. Als der Arbeiter Krummbein sein Haus fertigbauen wollte, bevor der Winter ausbrach, wurde er entlassen. Anstatt Überstunden für Battenfeld zu machen, hatte er gewagt, an seinem eigenen Haus zu mauern.
Wenn's darauf ankommt, ist sich Battenfeld nicht zu schade, eigenhändig mit anzupacken. Als ihn ein Arbeiter auf die Gefährlichkeit seiner Arbeit aufmerksam machte, zeigte

ihm Battenfeld, wie's gemacht wird. (Der Arbeiter, ein Spritzlackierer, hatte die fehlende Spritzkabine, die nach den Arbeitsschutzbestimmungen Vorschrift ist, beanstandet. Die Lackteilchen, die sehr gesundheitsschädlich sind, wurden von den anderen Arbeitern in der Halle miteingeatmet). Battenfeld: »Ihr müßt's so machen, daß es nicht nebelt«, und er hielt die Spritzpistole sehr dicht an das Maschinenteil, so daß der Lack zwar nicht mehr stäubte, dafür aber tropfte. Als Battenfeld sah, daß es so nicht ging, und der Arbeiter ans Gewerbeaufsichtsamt erinnerte, schickte Battenfeld ihn nach Hause und ordnete an: »Ich will euch tagsüber hier nicht mehr sehen, haut ab, ihr könnt ab sofort nachts spritzen!«

Wenn ihm ein Arbeitsvorgang zu langsam erscheint, zeigt Battenfeld, wie's schneller geht. Dem Arbeiter Mende, der den ganzen Tag Metallschnecken dreht – für eine braucht er durchschnittlich 30 Minuten Zeit –, demonstrierte er, wie man so ein Stück in 17 Minuten bewältigt, und setzte den Lohn nach seinem eigenen Rekord neu fest. Auf die Einwände des Arbeiters und seines Meisters, der dabeigestanden hatte, daß bei dieser Arbeit, wenn man sie den ganzen Tag mache, die Leistung automatisch abfalle, außerdem Erhol- und Toilettenpausen bei dieser Rechnung nicht berücksichtigt seien und der Arbeiter im übrigen zwei Maschinen gleichzeitig bedienen müsse, antwortete Battenfeld: »Dann ist's ja noch mehr Routine, dann kann man's in 12 Minuten schaffen.«

Als ein Arbeiter Battenfeld auf die ungenügende Heizung im Betrieb ansprach, erwiderte der: »Zieht euch einen Mantel an, dann ist es euch nicht zu kalt.«

Und auf die Forderung nach besserem Unfallschutz (der Kran war ungenügend abgesichert): »Macht die Reparatur selbst – nach Feierabend – oder stemmt halt die Lasten wie früher, mit dem Brecheisen hoch!«

Auf die Beschwerde von Arbeitern, daß ihr Lohn oft eine Woche und noch später auf dem Konto einträfe, sie hätten schließlich Familie und brauchten das Geld pünktlich, entgegnete Battenfeld: »Habe ich etwa die Kinder in die Welt gesetzt?«

Und auf die Überstundenregelung hin angesprochen: »Und wenn ich einen meiner Leute nachts aus dem Bett hole und

ihm sage, er soll mir das Scheißhaus leermachen, so hat er das mit Freude zu tun.«
Auf der anderen Seite versucht Battenfeld seine »soziale« Seite hervorzukehren, wenn sie ihm von Nutzen scheint. Als er die Mühlenthaler Textil-Werke aufkaufte, versprach er den Arbeitern seiner übrigen Werke als Weihnachtsgratifikation Anzug- oder Mantelstoff im Wert von 100 DM.
Daß es dann allerdings nicht zu dieser unerwarteten »Gewinnausschüttung« kam, liegt nicht etwa an der Wortbrüchigkeit Battenfelds, sondern an der unverhofften Belebung der Konjunktur – die Stoffe wurde alle an den Kunden gebracht. Dafür gab's im nächsten Jahr ein Weihnachtsgeschenk in bar. Heiligabend, 18.30 Uhr, wurden Angestellte losgeschickt und überreichten im Auftrag Battenfelds bis zu 100 DM.
Ein alter Traum des Unternehmers ist sein »Battenfeldsches Leistungslohn-System«. Zur Zeit des Konjunkturrückgangs ersonnen, soll es den Arbeiter am Erfolg und Mißerfolg »seines« Unternehmens teilhaben lassen. Ein Durchschnittsverkauf wird als Norm gesetzt. »Für jede mehr gelieferte Maschine erhöht sich der Leistungszuschlag um 0,10 DM pro Stunde für alle Arbeiter. Für jede Maschine, die weniger geliefert wird, werden 0,10 DM an Leistungszuschlag pro Stunde für alle Arbeiter in Abzug gebracht«, heißt es in der Betriebsvereinbarung. Der Haken bei diesem System: »Bei schlechter Leistung einzelner Belegschaftsmitglieder, unsauberem Arbeiten, zu langsamem Arbeiten sowie Fehlern, die auf Liederlichkeit oder Interesselosigkeit zurückzuführen sind, hat der Betriebsleiter das Recht, die Leistungsprozente, der jeweiligen Produktion angemessen, zu kürzen.«
Battenfeld ist für straffe Ordnung und Reglementierung in seinen Betrieben. Er will allein bestimmen und persönlich erkennen, wie der Betrieb läuft. Er, der Impresario des Ganzen, macht sich den Betrieb untertan, er will bei seinen Betriebsinspektionen sehen, wen er jeweils vor sich hat. Wie er seine Arbeitspläne an den Wänden seines Büros mit bunten Nadeln generalstabsmäßig abgesteckt hat, so hat er auch seine Arbeitskräfte farblich voneinander abgesetzt. Er ließ es sich was kosten und schaffte verschiedenfarbige Arbeitsanzüge an. Grün waren die Schlosser, braun die Elek-

triker, die Maschinisten blau, gelb die Blechschlosser und schwarz die Schwerarbeiter.
Battenfeld, Prototyp des »freien Unternehmers«, hatte es bisher immer geschafft, seinen Führungsstil nach eigenem Dafürhalten durchzusetzen. »In meinem Betrieb kann ich tun und lassen, was ich will.« – »Über die Löhne bestimme ich allein.« – »Je mehr Schwierigkeiten man mir macht, um so härter greife ich durch.« – Bisher hatte man ihm wenig Schwierigkeiten gemacht, sein Betriebsratsvorsitzender, sein »väterlicher Freund«, der bereits 10 Jahre im Amt ist und gleichzeitig die Stelle eines »Betriebsleiters« einnimmt – was nach dem Betriebsverfassungsgesetz nicht möglich ist –, hatte dafür gesorgt. Dieser Betriebsratsvorsitzende – Hönig mit Namen – hat sich selbst – eingedenk der nationalsozialistischen Zeiten – den Rang eines »Generalobmanns« verliehen. Im 3. Reich noch auf dem Posten eines »Betriebsobmanns« im »Bochumer Verein«, hatte er sich damals schon die Verhaltensweisen angeeignet, die ihn heute für Battenfeld so brauchbar machen. »Unser Schaffen gilt dem Sieg!« hatte der damalige Betriebsobmann in der Werkszeitung des »Bochumer Vereins« verkündet, und »der Soldat ist uns das beste Vorbild. Unsere arbeitenden Menschen sind eine Armee kriegswirtschaftlicher Soldaten geworden«, und »Höchstleistung ist heute für jeden schaffenden Deutschen eine Notwendigkeit« und in seinem Aufsatz »Über den Umgang deutscher Menschen mit Ausländern«: »Unser Verhalten dem Ausländer gegenüber ist in erster Linie danach einzurichten, ob es dazu beiträgt, den Krieg schneller zu gewinnen.«
Mit seinem »Generalobmann« hatte Battenfeld nie Schwierigkeiten. Anders wurde es schon, als Battenfeld die »Mühlenthaler-Textilwerke AG.« seinem Besitz einverleibte. Dort gab es einen noch unabhängigen Betriebsrat, der gebremst werden mußte. Durch Aushang am Schwarzen Brett und durch Rundschreiben sollte der übernommene Betriebsrat vor allen Arbeitern gemaßregelt und in Schranken verwiesen werden:
»Werte Mitarbeiterinnen, werte Mitarbeiter! Viele Mitarbeiter unseres Betriebes haben begriffen, worauf es ankommt. Andere dagegen, die auf Grund ihrer Stellung häufig mit uns über die gemeinsamen Sorgen sprechen können,

wollen uns nicht verstehen und glauben, in fast kindlichem Trotz der Geschäftsleitung Schwierigkeiten bereiten zu müssen. So hat sich vor allem die Zusammenarbeit mit unserem Betriebsratsvorsitzenden, Herrn Schulz, infolge verschiedener Vorkommnisse in letzter Zeit sehr verschlechtert, so daß eine gute Zusammenarbeit leider in Frage gestellt ist . . . Sie wissen alle, daß wir Herrn Battenfeld zu Dank verpflichtet sind, da er unser Unternehmen durch sein Eingreifen vor dem sicheren Konkurs gerettet hat . . . Glauben Sie bitte, daß Herr Battenfeld allen Schwarzsehern zum Trotz bisher fest entschlossen war, uns ›Textilern‹ durch seine Hilfe den Arbeitsplatz zu sichern. Zwingen Sie Herrn Battenfeld durch Ihr Verhalten nicht, seinen Standpunkt zu revidieren. Seine Konsequenzen könnten für uns alle sehr nachteilig sein. Machen Sie sich bitte einmal Gedanken über unsere ernstgemeinten Worte und lassen Sie sich nicht durch schlechte Ratgeber verführen. Wir werden in diesem Jahr wieder große Aufträge zu erledigen haben.«

Weitaus ärgerlicher noch wurde es für Battenfeld, als sich in einem seiner Stammwerke, dem Zweigwerk Dieringhausen, Tendenzen breitmachten, die er bisher nicht für möglich gehalten hatte. Dort hatte sich – außer Kontrolle des Generalobmanns Hönig – ein Betriebsrat gebildet, der es wagte, den Anordnungen Battenfelds mit eigenen Vorstellungen entgegenzutreten.

Als Battenfeld die Löhne in diesem Betrieb – auf Grund seines neuen Lohnsystems – um mehr als 1 DM pro Stunde senken wollte, protestierte dieser Betriebsrat dagegen. Battenfeld: »Ihr könnt beschließen, was ihr wollt, ich mache, was ich will«, und als aufs Betriebsverfassungsgesetz verwiesen wurde: »Das Gesetz geht mich gar nichts an.« – »Wann Betriebsversammlungen stattfinden, bestimme ich. Und wenn, nur nach der Arbeitszeit. Wenn euch das nicht paßt, dann schmeiß ich euch raus. Wer den Betriebsfrieden stört, mit dem kann ich nicht zusammenarbeiten«, und schließlich: »Es würde mir gar nichts ausmachen, einen Betrieb, wo der Wurm drinsteckt, zu schließen und ihn im Ausland, meinetwegen im Busch wieder aufzumachen, wo noch pariert wird.«

Als der Betriebsrat seine Sitzungen weiter durchführte, die er nach dem Gesetz ohne Zustimmung des Firmeninhabers durchführen kann, ließ Battenfeld Großalarm geben. 12.15 Uhr, in der Mittagspause heulten die Werksirenen Katastrophenalarm. Seine anrückenden Arbeiter empfing Battenfeld mit den Worten: »Nun wollen wir mal die Spreu vom Weizen trennen. Der Betriebsrat hinter mich. Ihr habt jetzt nichts zu sagen. Ihr habt den Mund zu halten.« Zur Belegschaft gewandt: »Wer eine Beschwerde hat, rechts heraus, die anderen links heraus.«

Battenfeld: »Wer hier nicht pariert, fliegt raus.« Zwei Wochen später setzte er seine Drohung in die Tat um. Seinen 5 unbequemen Betriebsratsmitgliedern kündigte er fristlos. Auf Grund einer Entscheidung des Arbeitsgerichts mußte er sie wieder einstellen. Daraufhin stellt Battenfeld Antrag auf Massenentlassung. »Die Bude wird dichtgemacht!« Angeblicher Grund: »Unrentabilität«, obwohl im Dieringhausener Zweigwerk Aufträge für 4 Monate vorliegen, die Umsätze steigende Tendenz aufweisen, ständig Überstunden gefahren werden und, so Battenfeld in einem Brief ein paar Monate vor seinem Entschluß, »die anderen Zweigwerke keineswegs so ausgelastet sind wie bisher Dieringhausen«.

Battenfelds Beauftragter Hönig: »Es geht alles um ein paar Schreier«, und Betriebsleiter Medgenberg: »Wenn die fünf Mann vom Betriebsrat raus sind, dann kann alles weiterlaufen.«

Die Behörden geben dem Massenentlassungsantrag Battenfelds statt, obwohl Landesarbeitsminister Lauscher versucht »hatte, etwas dagegen zu unternehmen«. Die 80 betroffenen Arbeiter hissen schwarze Fahnen am Fabrikschornstein und ziehen in einem Schweigemarsch vors Hauptgebäude und vor die Villa des Fabrikanten, der sich nicht blicken läßt, aber es nützt ihnen nichts, »der Laden wird dichtgemacht«. Noch am letzten Tag halten sie den Haupteingang blockiert, um ihren Restlohn zu bekommen, und lassen Firmenlaster, die die Maschinen abtransportieren sollen, nicht durch. Worauf sich Battenfeld entschließt, ihnen den Restlohn auszuzahlen.

Battenfeld, um sein Image besorgt, gab für 22000 DM einen Artikel in der »Vorwärts-Illustrierten« in Auftrag (s. Artikel Anfang), in dem es weiter heißt:

»Battenfeld, der stets darum bemüht ist, die einfachste,

rationellste Lösung zu finden . . . Es wird viele geben, die seinen patriarchalischen Stil kritisieren, aber daß er erfolgreich ist . . .« Und schließlich noch mal: »Erfolg gab ihm recht.«
1 Jahr nach der Aussperrung der Arbeiter, warten immer noch 30 Ehemalige von Battenfeld auf ihre Abfindungssummen bis zu je 2000 DM, die ihnen laut Gerichtsbeschluß zustehen. Battenfeld läßt sich das, was er sein Recht nennt, etwas kosten. Er will nicht zahlen, will bis vors Bundesarbeitsgericht gehen, das kann noch Jahre dauern.
Inzwischen, ein Jahr nach der Betriebsschließung – der unbequeme Betriebsrat und die mit ihm sympathisierende Belegschaft mußten neue Stellen antreten, oft unter Schwierigkeiten und unter Preis: »Was, Sie gehören zu den Gekündigten von Battenfeld, eigentlich brauchen wir ja keinen« –, hat Battenfeld im Oberbergischen Anzeiger bekanntgegeben, daß er die Produktion im Zweigwerk Dieringhausen wieder aufzunehmen gedenkt. Meldung vom 16. 10. 1968:
»Die Meinerzhagener Maschinenfabrik Battenfeld wird wieder in Dieringhausen produzieren. In geringem Umfang ist bereits wieder mit der Arbeit begonnen worden. Dieringhausen soll eine Nebenabteilung des Werkes Meinerzhagen bleiben. Der Firmeninhaber bestätigte uns, daß ein Hubschrauberlandeplatz in Dieringhausen gebaut werden soll.«

»Das Gesetz bin ich«

Man habe es weder ihm an der Wiege gesungen, daß er einmal Bundeskanzler werden würde, noch habe sich voraussehen lassen, daß Kurt Wokan einmal Glasfabrikant sein werde, sagte Alt-Bundeskanzler Prof. Ludwig Erhard anläßlich eines Besuchs und einer Besichtigung der Werksanlagen der INGRIDHÜTTE Kurt Wokan, Glasfabrik, Euskirchen. Beide, sagte Erhard, hätten den Marschallstab in ihrem Tornister zu finden und zu benutzen gewußt. Solche Sätze liest man in der Broschüre »Erfolg mit Glas. Kurt Wokan's Konzeption«, die über den steilen Aufstieg des westdeutschen Glasfabrikanten Kurt Wokan berichtet. Und weiter:

»Mit nur 10000 DM Barkapital und 30 Mitarbeitern nahm der junge Firmenchef in alten abbruchreifen Gebäuden die Produktion farbiger Likörgläser auf. Dank glücklicher Hand bei der Auswahl befähigter Mitarbeiter und sicheren Spürsinns für Marktbedürfnisse . . .

Angetrieben von nie erlahmender Energie, Ideenreichtum und unerschütterlichem Erfolgswillen, setzte sich Kurt Wokan zum Ziel, seine Ingrid-Hütte, entgegen manchen anderslautenden Prognosen der Konkurrenz (mit neuen, teilweise revolutionären Methoden) zu einem modernen, leistungsstarken Produktionsbetrieb der Hohlglasindustrie auszubauen.« (»Erfolg mit Glas. Kurt Wokan's Konzeption.«)

1956 – der vormalige Besitzer war gerade in Konkurs gegangen, die Belegschaft führte die Hütte im Kollektiv weiter – erkannte Wokan als durchreisender Vertreter, »hier fehlt der starke Mann an der Spitze«, und nahm sich des Projekts an. Und es gedieh. Heute, kann Wokan mit Stolz von sich sagen, stehe er beinah konkurrenzlos da in der Branche.

500 Arbeiter – 80 Prozent Ausländer –, in Gang gehalten von Kurt Wokan und seiner 10köpfigen Führungsspitze. Er, der Schwiegersohn des ehemaligen Gauleiters und Reichsstatthalters im Sudetenland, Konrad Henlein, zusammen mit dem Sohn von Karl Hermann Frank, dem Stellvertreter Henleins, beide hingerichtet 1946 in Prag. Hieraus schlie-

ßen zu wollen, Wokan sei Neonazi, wäre bösartig und töricht zugleich. Er, Wokan, findet seine Interessen weitaus eher von der CDU als von der NPD vertreten, und nicht allein seine Freundschaft mit Erhard bezeugt das. Bereits von Thaddens Ausländerfeindlichkeit, die so weit gehe, daß er die Bundesrepublik von ausländischen Arbeitskräften freihalten wolle, mache ihm diese Partei suspekt. Außerdem: »Die NPD ist mir zu lasch.«

Er, Wokan, ist gut auf die Ausländer zu sprechen. Er holt sie scharenweise zu sich. Vornehmlich aus unterentwickelten Gebieten, vor allem Frauen, viele Analphabeten darunter. Er zahlt ihnen bis zu 2,30 DM Spitzenlohn brutto, »eine geradezu fürstliche Entlohnung« für sie, meint Wokan. Im übrigen: »Die meisten Gastarbeiter leisten von sich aus beträchtlich mehr Überstunden, um einen noch höheren Verdienst zu erzielen.« Folglich: »Damit können sie nicht nur auskommen, sondern auch noch Ersparnisse erzielen. Denn die Gastarbeiter wirtschaften in den Wohnheimen regelmäßig mit Gruppen zusammen, so daß die Gruppenverpflegung sie relativ wenig kostet.« Freiwillig zahlt Wokan noch Weihnachtsgeld an seine Türkinnen: 5 DM.
Auserwählte innerhalb der einzelnen Produktionsgruppen macht er zu seinen Vertrauten. Er zahlt ihnen bis zu 6 DM pro Stunde für die gleiche Arbeit, gewährt ihnen auch sonst Vergünstigungen, damit sie bei ihren Landsleuten für die erforderliche Arbeitsdisziplin sorgen und ihn über alles informieren.
Eine Türkin (Frau L. M.) berichtet:
»Ich war 23 Tage krank. Für diese 23 Tage habe ich nur 56 DM Krankengeld bekommen. Es war ein Unfall, demnach hätte mir der volle Lohn zugestanden. Wir arbeiten morgens ab 5.30 Uhr bis abends 19.00 oder 20.00 Uhr. Überstundenzuschlag ist hier nur 10 bis 20 Pfennig. Obwohl wir wie im Akkord schuften müssen, bekommen wir nur Stundenlohn. Wenn wir mal etwas falsch machen, werden die Meister böse, und einer hat mir ein zerbrochenes Glas an den Hals geworfen.«
Das Verhältnis der deutschen Arbeiter zu den Ausländern ist nicht das beste. Dafür sorgt u. a. das besondere System der Entlohnung. Bei den Glasbläsern, die selber unter enor-

mem Akkord- und Leistungsdruck stehen, kommt es schnell zu unkontrollierten Haßausbrüchen, wenn auf den weiteren Arbeitswegen – beim Abklopfen, Durchlaufen des Kühlbandes, beim Schleifen oder Verschmelzen oder bei der Verpackung – bei den Ausländern Glas zu Bruch geht. Dann wird es den Glasbläsern vom Akkordlohn abgezogen. Nicht die Firma haftet, wie es sein müßte, sondern der Glasmacher. Es kam vor, daß Glasmacher in solchen Situationen mit ihrem Werkzeug, der glühenden Pfeife, Ausländerinnen die Hand brandmarkten.
Ein von Wokan ausgeklügeltes Prämienlohnsystem sorgt dafür, daß Produktionsverluste durch Krankheitsausfälle ebenfalls extrem niedrig gehalten werden. Der Akkordlohn eines Monats wird um 20 % gekürzt, wenn der Arbeiter auch nur einen Tag durch Krankheit fehlt. Das bedeutet, ein einziger Krankheitstag kann ihm 300 DM Lohneinbuße bringen. Das hat zur Folge, daß sich mancher Arbeiter trotz Krankheit an seinen Arbeitsplatz schleppt und durchhält.
Kurt Wokan sieht es so:
»Auch der Bundesligaspieler, der aus welchen Gründen auch immer am Bundesligaspiel nicht teilnehmen kann, verliert eben die Spielerprämie.«
Aushänge am Schwarzen Brett appellieren an den Durchhaltewillen der Betriebsgefolgschaft:
». . . bitte ich alle in der Hütte, besonders am Ofen arbeitenden Mitarbeiter, sich zu überlegen, welcher Schaden der INGRIDHÜTTE durch das Fehlen seiner geplanten Arbeitskraft entsteht. Ich bitte Sie daher, besonders darauf zu achten, sich auch außerhalb des Betriebs so zu verhalten, daß die häufigsten Krankheiten wie Übelkeit, Schwäche und Erkältungen durch eine entsprechende vernünftige und bedachte Lebensführung vermieden werden. Sie können dann gewiß sein, daß dies allen nur zum Vorteil gereichen wird. gez. Kurt Wokan.«

»Prof. Erhard würdigte die unternehmerische Leistung Kurt Wokans und lobte besonders das Betriebsklima in der INGRIDHÜTTE. Erst ein freundschaftliches, vertrauensvolles Verhältnis zwischen Unternehmensleitung und Mitarbeitern begründe die leistungsstarke Gemeinschaft.«
(»Erfolg mit Glas. Kurt Wokan's Konzeption.«)

Mit immer neuen Beispielen unternehmerischer Phantasie versucht Wokan die Rentabilität der Hütte zu erhöhen. Zur Zeit der Rezession vor 2½ Jahren begann der Unternehmer mit Fernsehwerbung: »Es grüßt die Ingrid-Hütte mit all ihren Glasmachern.« Sein Motto: »Mehr werben, mehr verkaufen.« Der Umsatz stieg sprunghaft an, Kurzarbeit war nicht nötig. Dennoch setzte Wokan, wie viele Firmen im Lande es nun mal so machten, die Akkordrichtsätze neu fest. 20 Prozent mehr Arbeit mußte fortan für den gleichen Lohn erbracht werden.
Wenn es dem Unternehmer im Interesse seines persönlichen Profitstrebens angebracht scheint, setzt er willkürlich Kurzarbeit an. Eine Anordnung am Schwarzen Brett gibt bekannt, an diesem oder jenem Tag wird nicht gearbeitet, kein Arbeiter wird vorher gefragt, außer einer minimalen Kurzarbeiterunterstützung entfällt jede Bezahlung.
Wokans Gewinnstreben kennt keine Grenzen. So forderte er einen seines Führungsstabes auf, die Toilettengänge seiner ausländischen Arbeitskräfte statistisch zu erfassen. Jedem, der unter dem Durchschnittswert blieb, wollte er pro unterdrücktem Stuhl- oder Uringang 1 Groschen Prämie gewähren.
Wokan ist sich nicht zu schade, auch selbst mit anzupacken, wenn es ihm erforderlich scheint. Wenn er beobachtet, daß in seiner Firma jemand nicht schnell genug geht, ermahnt er ihn – selbst die Hände an die Hosenträger geklemmt – sich künftig schneller fortzubewegen, Zeit sei schließlich Geld.
Im allgemeinen macht sich Wokan selbst die Hände nicht schmutzig, dafür hat er seine Spitzenkräfte. Einem ungeschickten jüngeren Arbeiter verbrannte einer seiner Leute mit der glühenden Pfeife den Nacken. Die Eltern hatten den Mut, ein Strafverfahren anzustrengen, er wurde verurteilt zu nur 180 DM Geldstrafe, was ihn nicht traf. Er verkündete im Werk: »Ich zahl's schließlich nicht, bezahlt die Firma!« In einem Arbeitsgerichtsprozeß einer Türkin, die ihren Einjahresvertrag vorzeitig kündigte, weil sie geschlagen worden war, wie sie behauptet, schaltete sich sein Prokurist Bälder, pleitegegangener Bauunternehmer und ehemaliger Boxer, ein. Einem ehemaligen Mitarbeiter, der als Zeuge für die Türkin vor Gericht aussagen sollte, gab er zu verstehen: »Paß nur ja auf, was du sagst, sonst sehen wir uns wieder!«

Der Zeuge fühlt sich seitdem nicht mehr so wohl in seiner Haut. Er weiß, wie die örtliche Polizei in derartigen Fällen ermittelt. Er weiß, wie bei schweren Unfällen, verursacht durch Angehörige von Wokans Führungsstab, die örtliche Polizei es versäumte, eine Blutprobe zu entnehmen, in einem Fall erst zwei Tage nach dem Unfall, in einem anderen Fall die stadtbekannten Gebrüder Wichtel, Wokans enge Vertraute, vor Gericht nicht identifizieren konnte, da sie angeblich sich zum Verwechseln ähnlich sähen. Dadurch konnte der Fahrer beim Gerichtstermin nicht ausfindig gemacht werden, die beiden belasteten sich gegenseitig, gefahren zu haben, das Verfahren wurde eingestellt.
Wen es wundert, daß das örtliche Arbeitsamt an Wokan nach wie vor ausländische Arbeitskräfte zu Hungerlöhnen vermittelt, braucht sich nicht mehr zu wundern, wenn er weiß, daß zu Wokans Freundeskreis ein maßgeblicher Mann des Arbeitsamtes Brühl gehört, der an seinen Festessen teilnimmt und mit ihm in seinem Ferienhaus an der Nordsee Urlaub machte.
Wer sich wundert, daß sich bei Wokan kein starker Betriebsrat bildet, der die gröbsten Mißstände verhindern könnte, wundert sich nicht mehr, wenn er erfährt, daß vor Jahren einer bestand und, als er es wagte, Wokans Vorstellungen eigene entgegenzusetzen, aus dessen Büro rausflog. Einige der Betriebsratsmitglieder mußten den Betrieb verlassen. Einige ältere waren froh, unbehelligt im Betrieb bleiben zu können, sie hätten aufgrund ihres Alters woanders so leicht keine Arbeit mehr bekommen. Ein Glasbläser: »Nach diesen Erfahrungen hat keiner mehr den Mut, sich für die Einrichtung eines Betriebsrates zu engagieren. Gebrannte Kinder scheuen bekanntlich das Feuer.«
Wie Wokan es sieht, kann man es auch sehen:
»Mein Partner ist unbedingt direkt der Arbeiter . . . Bei unserer Größenordnung ist es immer besser, wenn man den Kontakt zu den einzelnen Arbeitern haben kann und hat.«
Wer in Wokan nur den eiskalten Geschäftsmann, Emporkömmling und Erfolgsmenschen sieht, macht es sich zu einfach. Privat leistet sich Kurt Wokan durchaus – wie viele Erfolgreiche seines Standes – ein ausgeprägtes Gefühlsleben, ja man kann sagen, er hat Kultur. So kaufte er kürzlich von der Stadt das Gelände rings um den Friedhof, um dort

für seine verstorbene Frau Ingrid (seine Glashütte hat er nach ihr benannt) ein kolossales Mausoleum zu errichten. Die Pläne ließ er vom Hitler-Bildhauer Arno Breker (einem Liebling der Industrieprominenz von Rhein und Ruhr, s. Gerling-Konzern-Verwaltungsgebäude Köln) anfertigen. Bisher hat ihm die Stadt die Baugenehmigung noch nicht erteilt, aber Wokan kann warten. Wenn die Stadt neuen Raum für ihre Toten braucht, hofft er ins Geschäft zu kommen. Einmal im Jahr findet eine Totenfeier am Grabe seiner Frau statt, mit Totenreden und Kranzniederlegungen seiner Betriebsangehörigen.
Seit Kurt Wokan sich Alt-Bundeskanzler Ludwig Erhard zum Freunde machte – (Wokan: »Die billigste Werbung, die ich je hatte«) –, hat er seinen Führungsstab in Smokings gesteckt und rückt mit ihnen jedes Jahr mit einer Rose mehr (zuletzt waren es 74) zu Erhards Geburtstag an.
Er, Wokan, schuf den »Erhard-Fonds« mit einer Stammeinlage von 10000 DM, anderen Unternehmern zum Ansporn dienend. Wokan rühmt sich seitdem, daß ihm Erhard jederzeit mit Rat und Tat zur Seite stehe.
»Prof. Dr. Erhard brachte in seiner Antwort auf Wokans Begrüßungsansprache zum Ausdruck, daß er nach Euskirchen gekommen sei, weil er einem Unternehmer Dank zu sagen habe, der ihm viele Beweise freundschaftlicher Gesinnung und Verbundenheit geliefert habe . . ., auch plädiert er (Wokan) für die Ernennung Erhards zum neuen Bundespräsidenten.«
(»Erfolg mit Glas. Kurt Wokan's Konzeption«.)
Wokan, der seine Erziehung im 3. Reich auf einer Hitler-Ordensburg genossen hat, behauptet heute, daß er »jüdisch erzogen« worden sei, seine Schwiegermutter, Henleins Frau, nennt er im Beisein von Fremden Sarah. Das hält ihn jedoch nicht davon ab, anläßlich einer Fernsehdokumentation übers 3. Reich, in der u. a. zu sehen ist, wie der NS-Verbrecher Frank gehenkt wird, zusammen mit dessen Sohn und dem übrigen Führungsstab Trinksprüche auf ihn auszusprechen, auf den »geradlinigen, aufrechen Deutschen.«
Jüngst machte Wokan von sich reden, als er in Schneegattern (Oberösterreich) eine Glashütte für 3,5 Millionen Schillinge aufkaufte, die ihm von der Österreichischen Länderbank als Kredit zur Verfügung gestellt wurden.

Erst einmal machte er aus dem einen Betrieb zwei, um das österreichische Gesetz zu umgehen, wonach auf 200 Arbeiter ein freigestellter Betriebsrat kommen muß.
Wokan: »Ich kann es nicht zulassen, daß so ein Freigestellter mir zwischen den Beinen herumläuft.«
Als er sich weigerte, bestehende Tarifverträge einzuhalten, kam es im Werk zu einem 20minütigen Warnstreik. Für Wokan so ungewohnt, daß er prompt 220 Arbeiter, die sich daran beteiligt hatten, feuerte. Darunter auch Schwangere, die ohnehin unkündbar sind. Wokan: »Auch in Deutschland gibt es ein so deppertes Gesetz, daß man Frauen fragen muß, ob sie schwanger sind, wenn man ihnen kündigen will.«
Wokan, siegesgewohnt, kann nicht verstehen, daß ihm ein österreichisches Arbeitsgericht in 1. Instanz unrecht gab und die fristlosen Entlassungen aufhob, ihm ebenfalls sein Vorhaben untersagte, sozusagen als »Streikbrecher« Türken zu importieren.
Er ist nicht bereit nachzugeben. Das Gesetz ist er, so meint er. Und so ist es auch. »Dann machen wir halt aus der Glasfabrik eine Hühnerfarm«, so Wokan auf einer Pressekonferenz in Wien.
Zuvor hatte der Inhaber und Leiter der Ingrid-Hütte, Kurt Wokan, der den Alt-Bundeskanzler zusammen mit seinen Mitarbeitern im neuen Musterzimmer des Unternehmens begrüßte, darauf hingewiesen, daß er seinen und seiner Hütte Erfolg auf das Erhardsche Programm der Sozialen Marktwirtschaft zurückführe. Nach diesem Programm habe er sein wirtschaftliches Denken und Handeln ausgerichtet. Nur in der konsequenten Anwendung und Nutzung dieser wirtschaftspolitischen Prinzipien sehe er die Grundlage für den Aufstieg der Ingrid-Hütte. Als Mittelständler habe er in nur zwölf Jahren ohne einen Pfennig Fremdkapital im Bereich der Glas-Produktion einen Industriebetrieb aufgebaut, der heute einen führenden Platz in der europäischen Glasindustrie einnehme. In diesem Sommer sei es ihm möglich gewesen, die ehemals größte Mundblashütte Österreichs in Schneegattern zu erwerben, wodurch sowohl eine Erweiterung des Produktionsprogramms seines Unternehmens als auch eine Marktausdehnung in den EFTA-Raum erreicht werden solle. Es sei ihm deshalb eine besondere Freude, Prof. Erhard in seinem Hause Dank für das zu sagen, was er

in den beiden entscheidenden Nachkriegsjahrzehnten für das deutsche Volk getan habe.
(»Erfolg mit Glas. Kurt Wokan's Konzeption«.)

Unternehmerfreiheit oder die »uferlosen Entgelterhöhungen in Heimarbeit«

»Etwa 90000 Mark als Nachzahlung für zu geringen Arbeitslohn wollen 400 Heimarbeiter aus dem Frankenwald ablehnen.« Diese nicht alltägliche Meldung war vor einiger Zeit in den »Nürnberger Nachrichten« zu lesen.
Als Grund für den Lohnverzicht wurde angegeben: »Um ihren Arbeitsplatz behalten zu können.«
Daß es sich nicht um einen üblichen Arbeitsplatz, sondern um eine mehr gemeinnützige Sache gehandelt haben muß, geht aus der Erklärung des beschenkten Fabrikanten hervor, er habe »bisher noch nie etwas an seinen Arbeitern verdient und das Arbeitsverhältnis nur aus sozialer Rücksichtnahme aufrechterhalten –.« Als das Münchner Arbeitsministerium Hand an die Betriebskasse legen wollte, entzog der *sympathische Unternehmer* (so die lokale Zeitung »Fränkischer Tag«) seinen 450 Witwen, Rentnern und Körperbehinderten den *Zeitvertreib* (Unternehmer Stöhr) und teilte ihnen vorerst keine Arbeit mehr zu.
»Die 400 Heimarbeiter, die alle unter 65 Mark monatlich verdienen, haben dann in einer Eingabe an das Arbeitsministerium auf höheren Lohn verzichtet, um bei ihrer Firma bleiben zu können.«
Europas größtes Heimtextilwerk, die Firma Herbert Reichel, Rheinberg – 1300 Beschäftigte –, hat den Lohntüten seiner Arbeiter im vergangenen Jahr folgenden Leitspruch beigelegt:
»Ein Mann, der nicht mehr leistet als das, wofür er bezahlt wird, leistet so wenig, daß er das nicht wert ist, was er bekommt.«
Der Spruch stammt von Abraham Lincoln, der auf der Karte abgebildet ist. »Das ist heute noch gültig«, vermerkt die Firma.
Vor einigen Jahren stellte der örtliche Gewerkschaftsvertreter bei zahlreichen Heimarbeiterinnen im Bezirk Neustadt/Aich eine merkwürdige Hauterkrankung fest. Die Arme der Frauen, die Borsten für die Pinselindustrie verarbeiten, waren mit roten Bläschen bedeckt, die stark juckten. Obwohl

ihn die Frauen beschworen, nicht den Amtsarzt zu verständigen, tat es der Gewerkschaftsvertreter. Der Amtsarzt diagnostizierte »Rotlauf«, eine Krankheit, die sonst nur bei Schweinen vorkommt. Infektionsherd waren nichtdesinfizierte Borsten, die aus China geliefert wurden; der Amtsarzt beschlagnahmte die Vorräte. Die Frauen hatten acht Tage Arbeitsausfall. Sie weigerten sich, dem Gewerkschaftsvertreter Vollmacht zu geben, ihren Verdienstausfall beim Arbeitsgericht einzuklagen.

Es gibt 300000 Heimarbeiter in der Bundesrepublik, nicht mitgerechnet mitarbeitende Familienangehörige, oft Kinder. 80 Prozent der Heimarbeiter sind Frauen, meist mit mehreren Kindern, dadurch ans Haus gebunden.

Ein Schwerpunkt für Heimarbeit ist Nordbayern.

Großunternehmen und Kleinstbetriebe liefern die Arbeit ins Haus; sparen so Arbeitsraum, Heiz-, Licht- und Werkzeugkosten. Sparen den Arbeitgeberanteil der Sozialversicherung; sie streuen die Arbeit so, daß die meisten nicht den Mindestbetrag von 212,50 DM im Monat erreichen (90 %). So tragen sie kein Risiko; bei Berufsunfall und Invalidität haften die Betroffenen. Ein Heimarbeiter ist ein rentabler Arbeiter; er ist meist auf diese Arbeit angewiesen, stammt aus sozial schwächeren Schichten, bekommt so leicht keine andere Arbeit, wodurch er gezwungen ist, seine Arbeitskraft weit unter Preis zu verkaufen. So ist es in der Branche üblich, den Heimarbeiter bei gleicher Arbeitsleistung nur halb so hoch (und oft darunter) wie den Betriebsarbeiter zu entlohnen. Die Spritzgußwerke in Weißenburg/Bayern z. B. zahlen ihren im Betrieb beschäftigten Arbeiterinnen für das Entgraten von Leika-Patronendeckeln einen Akkordlohn von 2,91 DM für 1200 Stück. Die Heimarbeiterin wird für die gleiche Menge nur mit 1,20 DM entlohnt.

Eine Weißenburger Firma, die Uniformteile herstellt, zahlt ihren Betriebsarbeitern z. B. für die Anfertigung einer Fangschnur («Affenschaukel«) 3,11 DM. Die Heimarbeiterin hat sich mit 1,20 DM zu begnügen. Sie weiß meist nicht, daß ihre Arbeit in der Fabrik besser bezahlt wird; sie ist in den seltensten Fällen gewerkschaftlich organisiert, sie arbeitet isoliert. Oft muß sie ihr Arbeitsmaterial vom Werk abholen und selbst anliefern. Falls es die Firma übernimmt, bekommt sie nicht selten 5 % vom Lohn abgezogen.

Bei Sonderaufträgen liefert der Unternehmer doppelt- und dreifache Mengen an. Hier bewähren sich kinderreiche Familien. Die Termine können oft nur eingehalten werden, wenn die ganze Familie mit anpackt, vom Kleinkind angefangen. Obwohl das Gesetz es verbietet, schaffen die Frauen ihr Pensum dann nur in Nachtarbeit. Es reicht in der Regel aus, drei Heimarbeiter für sich arbeiten zu lassen, um selbst nicht mehr arbeiten zu müssen.

Abenberg, 1200 Einwohner, 40 km südlich von Nürnberg, hat eine Klöppelschule. Von katholischen Ordensschwestern geleitet, unter Verwaltung des Landratsamtes Schwabach. Das Klöppelhandwerk hat Tradition in dieser Gegend, seit 200 Jahren ist es hier beheimatet.

Mit der »Tradition« lassen sich in Boutiquen und Kunstgewerbegeschäften in den Großstädten gute Geschäfte machen. Eine Auftragsfirma sitzt im 50 km entfernten Weißenburg, die Gebrüder Auernhammer.

Der Verkaufspreis pro Meter Klöppelspitze liegt um 20 Mark. Die Klöpplerinnen in Abenberg erhalten pro Meter 60 bis 80 Pfennige. Den Meter schaffen sie in ca. 1½ bis 2 Stunden.

Es gibt sonst kaum eine Arbeitsmöglichkeit für die Frauen in Abenberg. »Ja, früher bei Hitler«, so sagen sie, »sei man beim Klöppeln noch auf 50 Pfennig in der Stunde gekommen.« Schwester Mathilda an der Pforte weiß, daß die Klöppelspitzen in den Großstädten zu Phantasiepreisen verkauft werden, »aber hier«, so sagt sie, »ist das Klöppeln doch mehr oder weniger eine Freizeitbeschäftigung für die Ausgestaltung des eigenen Heims«, im übrigen sei es eine willkommene Einnahmequelle fürs Kloster.

Auch Resi H. aus Neukirchen bei Heilig Blut im Bayerischen Wald schlägt sich mit Arbeit für die Frommen durchs Leben: Am Küchentisch fabriziert sie Rosenkränze. Bei der Sorte »Arme Seelen« muß sie mit einer kleinen Zange die Verbindungsglieder von 44 Perlen und einem Zwischenstück schließen. Ein Dutzend fertiger »Arme Seelen« bringt der Häuslerin 1,91 Mark. Umgerechnet je Stunde: 1,50 Mark.

Die »bindende Festsetzung für die Herstellung von Rosenkränzen in Heimarbeit« zählt zwölf verschiedene Sorten auf – je nach der Zahl und Anordnung der Perlen tragen sie die

Bezeichnung »Sieben Schmerzen«, »Herz Jesu«, »Unbefleckte Empfängnis« oder auch ganz nüchtern »Zehner« (mit elf Perlen). Überdies werden für acht spezielle Tätigkeiten Zulagen gewährt. So kassiert die »Kettlerin« bei »Rosenkränzen mit Medaillen mit oder ohne Ring« einen Aufschlag von fünf Pfennig je Dutzend.
Frau D. in Weißenburg hat Heimarbeit angenommen, weil ihr Mann nicht genug verdient, Frau E., weil zur Zeit eine Pfändung von 60 Mark ansteht, Frau A., weil ihr Mann säuft, und Frau T., weil sie acht Kinder hat und der Mann nicht genug verdient.

Frau T. ist eingearbeitet. Sie macht Heimarbeit seit 20 Jahren, sie ist 37. Seit ihrem 6. Lebensjahr hat sie bei ihrer Mutter mitgeholfen, sagt sie. Fünf Kinder helfen ihr jetzt. Seit 15 Jahren rollt sie Topfreiniger. Material: Perlon. Vor ein paar Jahren war es Draht. Das war nicht so angenehm, sagt sie. Abends tropfte unter den Nägeln das Blut hervor. Das Material wird in vier Farben geliefert: Weiß, Rot, Blau und Lila. Der 8jährige rollt den Perlonstrumpf zusammen, sie näht ihn mit 9 Stichen zu, der 7jährige schiebt ein Etikett hinein, die 11jährige bindet je 25 Stück zu einem fertigen Strang, und die 9jährige rückt mit einer Nadel die Etiketten zurecht, damit sie »vorschriftsmäßig – wie die Soldaten –« ausgerichtet sind. Und die Jüngste, die 4jährige, trägt die Sachen heran, räumt sie weg, rollt auf. 5 Stunden etwa helfen die Kinder am Tag. Sie schaffen zusammen pro Tag 1000 Stück. Um 7 Uhr fängt sie an, um 17.oo Uhr hört sie auf. Sie kommt auf über 200 Mark im Monat, »wenn alles gutgeht.« Einmal waren ihre Hände wochenlang geschwollen, es war ihr Verlust.
»Wenn Stoßgeschäft ist«, sagt sie, »kommt der Unternehmer und bringt statt 1000 unverhofft 2000 Stück und mehr und will sie am nächsten Morgen wieder abholen lassen.
»Dann mach ich von 7 Uhr früh bis 10 Uhr abends und auch schon mal die Nacht. Die Kinder helfen mit bis zu 8 Stunden. Wenn ich sage, ich kann nicht so viel schaffen, sagt der Unternehmer, ›aber stellen Sie sich doch nicht so an, die Kinder helfen doch mit‹. Aber länger als 8 Stunden will ich sie auf keinen Fall schaffen lassen. Dann springt schon mal mein Mann ein, wenn er aus der Fabrik kommt.«

Befragt, ob sie nicht lieber eine andere Fabrikarbeit machen möchte, antwortet Frau T., von den Topfreinigern möchte sie jetzt nicht mehr weg. Sie habe lange Jahre gebraucht, um 1000 Stück am Tag zu schaffen, und wieder von vorn anfangen mit einer anderen Heimarbeit will sie nicht. Die bei ihrer Firma neu anfangen, müssen die Stahlreiniger wickeln, sagt sie, »und dabei bekommt man blutige Hände«. Im Bayern-Wald geht der Spruch um: »Selbst der Kanarienvogel zieht Zwirnsfäden.«
Den Arbeitsministerien sind diese Zustände gut bekannt. »Durch Überstunden, Nacht- und Sonntagsarbeit sowie durch die Mitarbeit der ganzen Familie einschließlich der Kinder« – so hieß es in einem Bericht des Münchner Arbeitsministeriums zynisch, erreicht ein Heimarbeiter »ein manchmal ganz beachtliches Einkommen«.
Der örtliche Gewerkschaftsvorsitzende von Weißenburg: »Ich brauch' nur in eine Heimarbeiterfamilie 'reinzugehen, da habe ich einen Fall, der vor Gericht gehört.«
Durch Flugblattverteilung versuchte er vor Jahren einmal, eine Gewerkschaftsversammlung der Heimarbeiter zu organisieren. Es ging um konkrete Fälle der Betroffenen. Zum Beispiel: »Wir besitzen eine Unterlage, die bei einer Stickarbeit 25 Minuten rechnet, der aber ein Unternehmerangebot von nur 12 Minuten gegenübersteht.«
Der Abend mußte wegen Mangel an Beteiligung ausfallen. Nur ein Unternehmer war mit seiner Heimarbeiterin erschienen, um seinen Kontrahenten zu ermuntern: »Nun legen Sie mal los.«
Ein Heimarbeiterunternehmen, die Firma E. Siebauer, Herstellung von Metalltopfreinigern, Metallgeweben und Plastikschwämmen in Weißenburg, brachte es fertig, ihre Heimarbeiter zu einer Unterschriftenaktion zu veranlassen. Das »Bayrische Staatsministerium für Arbeit und soziale Fürsorge« in einem Brief an den Hauptvorstand der IG Metall in Frankfurt: »Die Entgeltüberwachungsstelle muß deshalb ihrer Berechnung eine Stundenleistung von 125 Stück zugrunde legen, nachdem die Heimarbeiterinnen der Firma Siebauer unterschriftlich erklärt haben, daß sie durchschnittlich 125 in der Stunde herstellen.« Eine private Nachfrage bei den namentlich aufgeführten Arbeiterinnen ergab, daß sie durchaus nicht in der Lage waren, diese

Stundenleistung zu bringen. 80, 90, allenfalls 100 Topfreiniger waren die Höchstleistung. Aus Furcht, ihre Stelle zu verlieren, waren sie bereit, alles zu unterschreiben, was ihnen vorgelegt wurde. Was das Staatsministerium nicht daran hinderte, festzustellen: »Im übrigen darf darauf hingewiesen werden, daß Bayern, das die meisten Heimarbeiter im Bundesgebiet hat, die Bestimmungen des Heimarbeitergesetzes sehr genau durchführt.«
Trotz solch erfolgreicher Geschäftspraktiken schlossen sich am 3. April 1967 kleine und mittlere Heimarbeiterbetriebe zu einer »Notgemeinschaft« zusammen, um sich mit einer Petition an den Bundestag zu wenden.

»In geradezu erschreckendem Umfange machten sich die fortgesetzten Wühlarbeiten gewerkschaftlich orientierter Kreise bemerkbar, die zu einem völligen Ruin der Branche führen müssen. Die Sozialausschüsse werden von gewissen Gruppen dahingehend bewegt, ständig neue und erheblich hohe Heimarbeitslöhne gesetzlich festzulegen. Die bindenden Festsetzungen, die dann im Bundesanzeiger veröffentlicht werden, führen zu ständig steigenden Heimarbeitslöhnen, die bereits ins Uferlose gegangen sind. (1,20 DM Stundenlohn, statt Tariflohn 1,54 DM. G. W.)
Wir Hersteller von Topfreinigern appellieren heute an die verantwortlichen Stellen, dem skrupellosen Treiben gewisser Kreise bezgl. fortlaufender gesetzlicher Erhöhungen von Heimarbeitsentgelten Einhalt zu bieten. Die Auswirkungen dieser einseitigen und unberechtigten Lohnfestsetzungen sind bereits katastrophal. Viele Herstellerfirmen kalkulieren gezwungen bereits so, daß ihnen nur das ›nackte Leben‹ bleibt, in dem Mann und Frau von früh bis spät abends dazu verdammt sind, selbst die Arbeit zu verrichten.
Durch die uferlosen Entgelterhöhungen in Heimarbeit liegt unsere Industrie z. B. gegenüber der niederländischen Konkurrenz p. Gros um 1,80 DM höher und ist dadurch im ganzen Ausland erledigt . . . Welch eine beschämende Entwicklung, da doch diese Branche ihren Ausgang und ›*Siegeszug*‹ um die Welt in Deutschland nahm.
Eine Branche ist in Gefahr!
Jeder Unternehmer *muß* im Rahmen seiner eigenen Kalkulation und der individuellen Wettbewerbsfähigkeit mit

dem Ausland seine *Unternehmerfreiheit* wiedererlangen, Wunschträume von Gewerkschaftsleuten lassen sich nicht verwirklichen ... Unser Export in Topfreinigern ist bereits ruiniert, wir kämpfen bereits alle jeder gegen jeden (innerdeutsch gesehen) ...
Wir Unternehmer müssen in einem Rechtsstaate mit einem verankerten Grundgesetz die Unternehmerfreiheit zurückbekommen ... Gewerkschaftliche Aufklärung der Rechtlosen ist bereits ein grober Verstoß gegen die »Unternehmerfreiheit«.
Schreiben der Fa. Raab und Co., Fabrik für Uniformeffekten und Posamenten, an den Gewerkschaftsvertreter:
»Durch unsere Heimarbeiterinnen in Eichstätt werden wir unterrichtet, daß Sie unsere festangestellten Mitarbeiterinnen besuchen und über Lohnverhandlungen und Preisfestsetzungen diskutieren, mit dem Grundtenor, sie müßten zur Gewerkschaft gehen, um eine Neufestsetzung von Heimarbeiterlöhnen bzw. eine Kürzung zu verhindern. Wir machen Sie darauf aufmerksam, daß Sie keineswegs berechtigt sind, Besuche vorzunehmen ...
Wir machen Sie heute darauf aufmerksam, daß wir für den Fall, daß Sie dieses Verhalten nicht sofort einstellen, geeignete Schritte unternehmen werden.«
Und deutlicher noch ein Schreiben der Fa. Siebauer:
»... wenn nun ein ehemaliger Gewerkschaftsleiter und heutiger Gewerkschaftler meine Leute besucht, Gift in das Betriebsklima streut, bei den Heimarbeitskräften Hetze betreibt und meine Firma schlecht macht, so daß sich die Heimarbeiter spontan gegen solche unlauteren Methoden wenden, so stellt dies meines Erachtens ein Vergehen gegen die Unternehmerfreiheit, einen Verstoß gegen Verfassung und strafbare Handlungen durch Zersetzung der Arbeitsmoral dar.«
Die Firma Gebrüder Auernhammer, Weißenburg, seit 1774 in Familienbesitz und größte Firma der Branche in Deutschland, hat als erstes Unternehmen neue Wege beschritten, um wieder in den Vollbesitz seiner Unternehmerfreiheit zu gelangen.
Das angesehene Unternehmen verlagerte einen Teil seiner Produktion in ein fernes Land. Generalsspiegelkragen in Gold, Offiziersschirmmützenkokarden, Fangschnüre,

Schulterklappen, »Schwingen, von Hand gestickt, Bouillon, abgestochen«, Tätigkeitsabzeichen für Fallschirmspringer und Bundesadler en masse für die deutsche Bundeswehr werden jetzt in Pakistan von Kinderhand gestickt. So ein Generalskragenspiegel gold 300 Minuten Arbeit das Paar, und »Einfachstreifen für Gefreite« 10 Stück in 12 Minuten. Im 1. Fernsehprogramm wurde in einer Sendung über Pakistan die Produktionsvergabe als »Entwicklungshilfe« gepriesen. Dort war zu sehen, wie emsige Kinderhände aus Gold- und Silbermetallfäden Bundeswehr-Embleme wirkten. 10 Stunden sei die Arbeitszeit, wurde hervorgehoben, und der Stundenlohn: 10 Pf. Trotz hoher Zollgebühren ist diese »Entwicklungshilfe« noch kostensparender als die Löhne der deutschen Heimarbeiter.
Herr Auernhammer selbst will das gar nicht unbedingt als Entwicklungshilfe eingestuft sehen: »Ich schicke einfach meine Werkmeister 'rüber, die geben die Sachen da in Auftrag.«

»Gastarbeiter« oder der gewöhnliche Kapitalismus

In der offiziellen Sprachregelung heißen sie »Gastarbeiter«. Das Wort ist irreführend, muß herhalten für »Fremdarbeiter«, damit nicht die Assoziation an die 5 Millionen im Dritten Reich nach Deutschland verschleppten Zwangsarbeiter entsteht. Das Wort ist verräterisch: Ein Gast, den man für sich arbeiten läßt, ist kein Gast mehr. Ein »Gasthörer« z. B. ist nur ein »halber« Student, er kann keine Examina machen. »Gastarbeiter« – die trügerische Bezeichnung verdeckt die Abneigung, diese fremden »Gäste« in die eigene Gesellschaft aufzunehmen.

Nach einer WDR-Umfrage sind ca. 75 Prozent der bundesdeutschen Bevölkerung gegen eine Beschäftigung der ca. 2 Millionen ausländischen Gäste. Man sieht in ihnen Konkurrenz: »in schlechten Zeiten kriegen wir sie nicht mehr los, nehmen sie uns die Stellen weg«. Es geschieht nicht von ungefähr, daß ausländische Arbeiter gegen deutsche – und umgekehrt – ausgespielt werden.
Im März 1965 veröffentlichte Springers »Bild« ganz in der Nachfolge von Streichers »Stürmer« (Parole: »Juden raus!«) unter der Balkenüberschrift »Wir wollen keine Italiener mehr!« einen Artikel, der mit dem fettgedruckten Satz beginnt: »Sie arbeiten schlecht, fehlen zu oft und verlangen zuviel Lohn.« – Genau ein Jahr später hetzte »Bild« mit anderer Zielrichtung. Aus Anlaß des Kongresses »Arbeitsplatz Deutschland«, den die Bundesvereinigung der deutschen Arbeitgeberverbände in Bad Godesberg veranstaltete. (Dr. Schleyer, Vizepräsident der Bundesvereinigung und Direktor der Daimler-Benz AG, hatte in einer Rede hervorgehoben, daß die ausländischen Arbeiter für die deutsche Wirtschaft unentbehrlich geworden seien und nicht öfter wegen Krankheit ausfielen als ihre deutschen Kollegen); was »Bild« zu der 14 cm hohen Schlagzeile veranlaßte: »Gastarbeiter fleißiger als deutsche Arbeiter?« Auf die Wirkung brauchte »Bild« nicht lange zu warten: Morgens riefen Bildzeitungs-Verkäufer die Schlagzeilen vor

den Werkstoren der Daimler-Benz-Werke in Stuttgart aus; mittags traten bereits 3000 Mercedes-Arbeiter für einige Stunden in den Streik; und vereinzelt wurden ausländische Arbeiter von ihren deutschen Kollegen verprügelt. Schlagzeile der »Bildzeitung« am nächsten Tag: »Ohne die deutschen Arbeiter wäre unsere Wirtschaft im Eimer.«
»Erfahrungsgemäß sind die meisten ›Täter‹ Männer zwischen 20 und 50 Jahren ... Der Anteil der Männer zwischen 20 und 50 Jahren an der Gesamtbevölkerung Deutschlands beträgt rund 20 %. Die ausländischen Arbeitnehmer jedoch sind mit 70–80 % in dieser Altersstufe vertreten, die allgemein – auch unter den Deutschen – die Mehrzahl der Kriminellen stellt.« (Manuel J. Delgado: »Die Gastarbeiter in der Presse«, 1971)
Obwohl die Statistik zeigt, daß die Kriminalität unter ausländischen Arbeitern nicht höher ist als unter deutschen, lauten die Schlagzeilen meist: »Gastarbeiter zog das Messer« oder »Gastarbeiter schlug Deutschen nieder«, egal, ob der Ausländer der Angreifer oder Angegriffene war. Z. B. »Nehmt doch den Gastarbeitern endlich die Mordwaffen ab. Viele schießen ohne Rücksicht auf die Folgen« (Mittag vom 14. 7. 67) oder »Ein Türke rächt sich an einem Nebenbuhler« (Kölner Stadt-Anzeiger von 21. 5. 68). »Auch die Art der Schilderung des Sachverhalts macht einen deutlichen Unterschied zwischen den ›ausländischen‹ und den ›deutschen‹ Tätern ... Diese (die Gastarbeiter) ›warnen nicht‹, sie ›drohen‹, sie ›gefährden die Sicherheit des Volkes‹, ›handeln aus niedrigen Instinkten‹ usw. Der Gastarbeiter ›ermordet‹ einen Deutschen. Ein Gastarbeiter wird jedoch von einem Deutschen nicht ›ermordet‹, sondern ›getötet‹. Auf dem Zeugenstand ist ein Gastarbeiter ›störrisch und widerspenstig‹, er ›bestreitet einfach alles‹ ... Ein Gerichtsvorsitzender schildert die anscheinend ›unbestreitbare‹ Unglaubwürdigkeit der Gastarbeiter bei der Zeugenaussage mit folgenden Worten: ›Das klingt wie ein Märchen aus 1001 Nacht. Wir haben vor Gericht die Erfahrung gemacht, daß Türken und Griechen grundsätzlich alles ableugnen.‹ (Express vom 1. 3. 68)
In Abständen bringen die großen Illustrierten Berichte zur Hebung des Nationalgefühls der Deutschen auf Kosten der ausländischen Arbeiter. So im Mai 1965 die »Neue Illu-

strierte« mit der Naziparole: »Noch gehört Deutschland uns!«. Der Text beginnt: »Sie pfeifen hinter unseren Töchtern her, flachsen unsere Ehefrauen an, prügeln unsere Polizisten und wollen von uns auch noch geliebt werden! Auf dem Kölner Ring gehen vier, fünf, sechs Gastarbeiter in provozierender Front nebeneinander. Die Deutschen weichen aus. Wer will schon ein Messer in den Leib haben? So denken viele und schweigen. Schweigen aus Angst vor den Stiletts unserer rabiaten Gäste . . .«

Und im November 1968 appelliert der »Stern« an den Sexualneid der Deutschen.

»Abenteuer sind im Arbeitsvertrag inbegriffen«, suggeriert der »Stern«, das sei »die Vorstellung, mit der Italiener als Gastarbeiter nach Deutschland« kämen. »Beim Tanz und auf der Straße fühlen sie sich als die Größten«, und »Die deutschen Frauen laufen uns nach«, folgt die Titelzeile.

Die Ehe mit einem Italiener sei ein »Lotteriespiel«, warnt »Stern«. »Von den 4000 deutsch-italienischen Paaren zum Beispiel, die seit 1956 in Bayern Hochzeit machten, trennte sich *inzwischen* zwar nur jedes zwölfte«, so »Stern« – (die allgemeine Scheidungsquote liegt sogar etwas höher) –, dafür weiß der »Stern« jedoch aus berufenem Mund zu berichten: »Die meisten der Ehen, die *bisher* nicht scheiterten, sind unglücklich.« Darüber das Foto einer Blondine, die sich von geilen Gastarbeitermienen abwendet, mit der Bildunterschrift »Eine Blondine zu erbeuten ist Ehrensache. Wenn sich abends und am Wochende vor Münchens Hauptbahnhof die Männer aus dem Süden treffen, beginnt die Jagd auf deutsche Mädchen.« Deshalb ist es nur folgerichtig, daß zum Beispiel die 4000 Italiener in der »wohlgeordneten Stadt Wolfsburg«, die »kein Ventil für die geballte Manneskraft, die sich tagsüber am Fließband und nachts in den Männerzimmern aufstaut, finden können«, in der »VW-eigenen, eingezäunten Unterkunft ›Berliner Brücke‹« einkaserniert sind.

»An jedem Wochenende« läßt der »Stern« Wolfsburgs Italiener nach Braunschweig »in den Puff ziehen, als Stoßtrupp ungewöhnlich liebestüchtiger Männlichkeit – wie die Italiener selber von sich meinen«.

Zum Trost für die deutschen Kunden weiß der »Stern« zu berichten, daß »der Nimbus des ungewöhnlichen Liebha-

bers, den der Italiener noch unter manchen deutschen Adria-Urlauberinnen genießen mag«, hier im Puff »längst zerstoben ist«. Für die Erfolge ihrer Papagalli-Kollegen an der Adria-Küste läßt der »Stern« sie jetzt büßen, indem er ihnen nur Greisinnen zugesteht. »Nach einem halben Jahrzehnt Wochenend-Verkehr zwischen Wolfsburg und Braunschweig öffnen sich den Italienern nur noch die Türen zu den Boudoirs der ganz alteingesessenen Liebeslohnerinnen. Die jüngeren hingegen sagen nein, wenn Italiener Einlaß begehren. Sie lassen sich auch durch Honorarversprechungen attraktiver Größenordnung nicht erweichen. Der Grund: ›Die glauben, sie hätten uns für lumpige zwanzig Mark gepachtet, sie könnten uns ihre Operetten vorsingen und dafür die ganze Nacht bei einem verbringen«, und, so »Stern«, »Kollegin Katja«: »Die riechen nach Schweiß und Knoblauch und wollen immer unbedingt in Liebe machen. Aber entsprechend löhnen wollen die nicht.«
Dann wartet »Stern« mit dem Fall des »schwarzäugigen Galans Antonio Dotoli« auf, der sich in die »Musterehe« des Geschirrspülautomatenvertreters Rudolf Paul drängt und die »bis dahin so fleißige und sparsame Gattin« aus dem »380000 Mark Bungalow oben am Hang über dem Dörfchen Flacht bei Stuttgart« entführte. Es fing an damit, daß sich »seine Frau heimlich für 400 Mark einen alten Volkswagen erstanden hatte und das Haus verließ, sobald ihr Mann außer Sicht war«, um sich »in den zwölf Jahre jüngeren Antonio zu verlieben.«

Dann berichtet »Stern«, wie Paul seiner Frau eine »Ohrfeige verpaßte«, worauf sie nichts Eiligeres zu tun hatte, als die Polizei zu holen. Und das, obwohl »Paul erst nach vielen guten Worten die Geduld verlor.« Der Skandal und die Schande sind da. Mitten in der Nacht kam ein Streifenwagen. Paul: »Da wußten endlich alle Nachbarn, wie es bei uns stand.« »In seiner Not wandte sich Paul an das Ausländeramt in Leonberg. ›Weist den Italiener aus‹, bat Paul.« (Aber die Rechte eines Deutschen einem Ausländer gegenüber sind nur ungenügend geschützt, will man dem »Stern« glauben) »Erst wenn die Ehe geschieden und der Italiener rechtskräftig wegen Ehebruchs verurteilt ist, können wir ihn ausweisen lassen.« – »Seither hadert Paul mit Recht und

Gesetz. ›Wie kann es sein‹, klagt er, ›daß so ein Italiener mehr Schutz genießt als meine Ehe?‹« In einem Nebensatz erfährt der Leser noch, daß der erfolgreiche Nebenbuhler als Flaschenspüler bei der »Südmilch-AG.« in Stuttgart beschäftigt ist.

Dort suche ich ihn auf. Donnerstag, 3 Wochen nach Erscheinen des Artikels im »Stern«, 21,30 Uhr. Telefonisch hatte ich erfahren, daß Dotoli in einem werkseigenem Heim auf Firmengelände wohnt. »Ich muß Herrn Dotoli sprechen.« Der Werkschutzmann in der Pförtnerloge läßt mich nicht durch. »Ich darf hier keinen reinlassen, hier ist Firmengelände. Und um diese Zeit ist auch ein Besuch auf Anmeldung nicht möglich, und dann dieser Dotoli, der Fall geht mir langsam auf die Nerven . . .« – »Ich weiß auch nicht, wo er wohnt«, sagt der Pförtner in Uniform, »da müssen Sie schon tagsüber kommen.« – Ich kehre den imaginären Vorgesetzten heraus und weise den Werkschutzmann zurecht: »Ich habe mit Ihrem Direktor telefoniert. Er weiß, daß ich Herrn Dotoli in einer dringenden Angelegenheit aufsuchen muß. Ist das hier ein KZ, wo die Leute eingesperrt sind!« – Der Werkschutzmann ist irritiert, er mißtraut mir immer noch, aber er läßt mich durch. »Dort im alten Wehrmachtsbau«, er weist auf ein altes Ziegelsteingebäude innerhalb der Umzäunung, »wohnen die drin. Dotoli 3. Stock, 1. Zimmer rechts.« In dem bunkerähnlichen Gebäude bewohnt Antonio Dotoli mit zwei italienischen Kollegen einen Raum. Ich erkenne ihn vom »Stern«-Foto kaum wieder. Die zwei Zahnlücken, die sein Gesicht entstellen, sind auf dem »Stern«-Foto nicht zu sehen, um das Klischee des »schwarzäugigen Galans« nicht zu zerstören. Das Foto im »Stern«, ein Porträtausschnitt, zeigt auch nicht, wo es entstanden ist. Es zeigt nur einen finsteren Gesichtsausdruck von Dotoli. Antonio Dotoli erzählt, wie es entstand: Er stand auf der Laderampe und verlud Milchkästen, als er sah, daß er fotografiert wurde. Den Fotografen wollte er ansprechen, aber der lief weg. Die Sache habe ihm hier im Betrieb ziemlich geschadet, erzählt Dotoli, man sei auf die Ausländer sowieso nicht besonders zu sprechen, und jetzt werde er öfters gefoppt und angepöbelt. Wegen der Frau wolle er zum Anwalt gehen. Es stimme alles nicht, wie es im Artikel geschrieben stehe. Die Ehe der Frau sei bereits kaputt gewe-

sen, als er sie kennengelernt habe, und er könne sie höchstens einmal in der Woche sehen, er könne hier nicht raus, wie er wolle. Jetzt sehe er sie kaum noch, sie hätte Angst, sich mit ihm noch in der Öffentlichkeit blicken zu lassen, obwohl sie seit langem von ihrem Mann getrennt in einer anderen Gegend wohne . . .
Ein Vorurteil, daß Gastarbeiter, wenn sie schwer erkranken, dem deutschen Steuerzahler auf der Tasche lägen, wird durch die Wirklichkeit auf drastische Weise widerlegt.
Erkrankt ein Ausländer – womöglich durch schwere und ungesunde Arbeit hier im Gastland, zum Beispiel an Tuberkulose, oder ist bei ihm durch Anpassungsschwierigkeiten und durch sein Gettodasein eine Gemüts- oder Geisteskrankheit zum Durchbruch gekommen, die eine Unterbringung in einer Heil- oder Pflegeanstalt erforderlich macht, wird er kurzerhand ausgewiesen. Durch das zuständige Ordnungsamt erhält er in einem solchen Fall die lakonische Mitteilung, daß er »nach § 10 des Ausländergesetzes unverzüglich die Bundesrepublik zu verlassen« habe, da »sonst Gefahr für die öffentliche Gesundheit bestehe«, oder, wie der Kommentator des Ausländergesetzes, Weißmann, es ausdrückt: »Bei längerer Krankheit kann die Aufenthaltserlaubnis versagt werden, weil der Zweck des Aufenthaltes, nämlich Arbeitnehmertätigkeit und damit Hilfe für die deutsche Wirtschaft und Industrie, nicht mehr vorliegt.« Die Kosten für den Rücktransport muß der ausländische Arbeiter in solchen Fällen auch noch selbst tragen, um in seinem Heimatland dann womöglich als Bettler den Rest seines Lebens zu fristen.
Etwa 70 Prozent der ausländischen Arbeitskräfte werden in Barackenlagern oder werkseigenen Unterkünften untergebracht. Dort umzieht meist ein hoher engmaschiger Zaun das Lager. So sind die Arbeitskräfte jederzeit verfügbar und kontrollierbar. Im eingezäunten Ausländerlager der Fa. Freudenberg, Weinheim/Bergstraße, zum Beispiel, hängt ein Schild an der Pforte in deutscher und spanischer Sprache: »Ausweis vorzeigen! Das Betreten des Heimes ist ab sofort Fremden nicht gestattet!« Vor einem Jahr wurde der Bruder eines erkrankten spanischen Arbeiters zurückgewiesen, der von Frankfurt angereist war, um seinen Bruder zu besuchen. Auf 600 spanische Arbeiter kommen dort 8

Duschen, 2 sind zur Zeit defekt. Die äußere Umzäunung scheint dem Werk nicht zu genügen. Jedes Fenster der Baracken ist noch gesondert mit Maschendraht abgesichert. Auch die sexuellen Bedürfnisse werden lagermäßig geregelt. Einmal in der Woche erscheint ein deutscher Zuhälter mit einer italienischen Prostituierten in einem Opel-Kombi-Wagen mit Liegesitzen. Die Zeit für jeden ist knapp bemessen, fünf Minuten in der Regel, wer es in der Zeit nicht schafft, kann für zehn Mark ein paar Minuten dazukaufen. Der Andrang ist groß, am Zaun stehen die anderen Schlange.
Die Unterbringung der Ausländer in Lagern ist nicht an erster Stelle auf Wohnungsknappheit zurückzuführen, hier spielen Erwägungen eine Rolle, die im Dritten Reich ihre Grundlage haben. In der Schrift »Werkschutz – Aufbau und Aufgaben«, die von der »Gemeinschaft zum Schutz der Deutschen Wirtschaft« – einer von den großen Industrieverbänden getragenen Organisation – herausgegeben wird, ist Punkt 7 den Gastarbeitern gewidmet. Neben der Rubrik »Vorbeugende Maßnahmen gegen Ausspähung« wird das Mißtrauen gegen Gastarbeiter geschürt, in einer mit den Zwangsarbeiter-Verfügungen fast wörtlich übereinstimmenden Diktion:

»Steter Beachtung bedarf die politische Beeinflussung, der die Gastarbeiter auf den verschiedensten Wegen wie durch Rundfunk, Schriftpropaganda und Agenten ausgesetzt sind. Abgesehen von der bedenklichen ideologischen Beeinflussung im Sinne des kommunistischen Klassenkampfes können Unruhestiftung, Panikmache, Ausspähung und Sabotage im Betrieb die Folgen dieser Agitation sein. Bei den Vorsichtsmaßnahmen durch den Werkschutz müssen die Besonderheiten der Gastarbeiter berücksichtigt werden. Um Verständigungsschwierigkeiten zu beheben, müssen vertrauenswürdige Dolmetscher zur Verfügung stehen.«
Diese »vertrauenwürdigen Dolmetscher« werden von Großunternehmen oft als Spitzel eingesetzt, die über die politische Einstellung ihrer Landsleute zu berichten haben. Obwohl z. B. die italienische oder spanische KP in der Bundesrepublik nicht verboten sind, genügen oft Kontakte oder bloße Sympathieäußerungen, um den Betreffenden in sein

Heimatland abzuschieben. Ein Recht, den Arbeitsplatz zu wechseln, haben ausländische Arbeiter oft nicht. Gelegentlich wird ihnen als Beigabe zur Aufenthaltserlaubnis ein Stempel in den Paß gedrückt mit folgendem Text: *»Die Aufenthaltserlaubnis wird ungültig bei Aufgabe der Tätigkeit bei der Firma . . .«* Dadurch sind ihnen alle Ausweichmöglichkeiten zu anderen Arbeitsplätzen genommen. Lohnkürzungen und Schikanen ausgeliefert, befinden sie sich in absoluter Abhängigkeit. Würden sie dagegen angehen, könnten sie entlassen werden, was z. B. für spanische und griechische Arbeiter bedeutet, daß sie in ihre faschistischen Herkunftsländer abgeschoben werden, wo ihnen Verfolgungen drohen.

Das Zeugnis, durch das sie nach einem Jahr die Arbeitsstelle wechseln können, nennen die spanischen Gastarbeiter in Deutschland: »Carta de libertad«, Freiheitsbrief oder besser: Freilassungsbrief.

Eine der größten Baufirmen der Welt, die Philipp Holzmann AG, hat fast 700 Bauarbeiter aus 7 Nationen in armseligen, firmeneigenen Baracken in Frankfurt-Rödelheim untergebracht. Ein Lagerbewohner: »Wir haben hier 56 Toiletten für 700 Mann. Wer austreten will, der muß 100 oder 200 Meter laufen, auch nachts, bei jedem Wetter.« Dieses Lager der Holzmann AG hat auch eine Lagerordnung oder wie die Firma es nennt »Hausordnung«, in der es heißt: »Befestigen und Bekleben von Gegenständen an Türen, Fenstern und Wänden ist nicht erlaubt«, weiter heißt es: »Die Hausordnung ist ein Bestandteil der Aufenthaltserlaubnis. Personen, die gegen diese Anordnung verstoßen, werden *unnachsichtig* von der Gemeinschaftsunterkunft ausgeschlossen.« Das bedeutet, ein Arbeiter, der ein nicht genehmes Bild oder politisches Plakat aufhängt, kann von der Firma Holzmann AG entlassen werden und damit seine Aufenthaltserlaubnis verlieren.

Die Schuhfabrik Bama in Mosbach bei Heidelberg – nahezu 5000 Beschäftigte – hat auch ohne Stempel ihre ausländischen Arbeiterinnen fest in der Hand. 30 Mädchen aus Uruguay nahm sie kurzerhand die Pässe ab. In Montevideo hatten sie einen dreijährigen Arbeitsvertrag unterschrieben. Über Bezahlung und Unterbringung waren ihnen nur mündliche Zusicherungen gemacht worden. Der Lohn sei

gut, hieß es da, und für die Unterbringung sorge die Firma. Der Monatsverdienst lag bei 430 DM, fürs Unterkommen mußten sie selbst sorgen und bezahlten dafür bis zu 150 Mark. Samstags sollten sie Überstunden machen, die wurden ihnen oft nicht mal wie normale Stunden bezahlt. Mitunter bekamen sie für 8 Überstunden 15 Mark in die Hand gedrückt. Außerdem zog ihnen die Firma noch 1980 Mark für Überfahrtskosten vom Lohn ab. Als die Mädchen sich weigerten, weiterhin die unlukrativen Überstunden zu machen, behielt die Firma unvermittelt je 300 Mark für Überfahrtskosten vom Lohn ein. Sie mußten sich an Freunde und Bekannte wenden, um das Geld für Miete und Essen aufzubringen. Die einzige Chance, aus dem Sklavenvertrag herauszukommen, war die Heirat mit einem Deutschen. Vier schafften es und arbeiten jetzt in anderen Firmen.
Die »Hanseatische Futtermittelfabrik – Fischmehlverarbeitung« in Hamburg-Harburg beherbergt ca. 100 Italiener in werkseigenen Baracken auf Firmengelände. Die Baracken sind solider gebaut als üblich, die Firma macht rein äußerlich – sie arbeitet halbautomatisch – einen freundlicheren Eindruck. Die großen Eisenflächen der Fabrik sind blau oder rot gestrichen und die Baracken weiß. Der Pförtner läßt auch Besucher herein, durch Knopfdruck öffnet er ein großes Eisentor.

Gastarbeiter bleiben in der Regel Hilfsarbeiter: Bei AEG-Telefunken, wo mehr als jeder fünfte Arbeiter Ausländer ist, gibt es nicht einen einzigen ausländischen Meister und nur vereinzelt Vorarbeiter. Bei Henkel in Düsseldorf (7500 Arbeiter, 1650 Ausländer) nicht einmal einen Vorarbeiter. Von den 3100 Gastarbeitern des Chemie-Giganten BASF stieg nur einer, ein Italiener, zum Vorabeiter auf. Bei Bayer-Leverkusen (3000 Gastarbeiter) weiß man das nicht genau: »Etwa vier bis sechs Vorarbeiter.«
»Der weitaus größte Teil der Gastarbeiter stellt die Basis der Betriebshierarchie dar. 48 % der männlichen Italiener, 37 % der Griechen, 43 % der Türken in der Bundesrepublik sind als ungelernte Arbeiter bzw. Hilfsarbeiter beschäftigt. Nimmt man die Gruppe der angelernten Arbeiter hinzu, so sind es zwischen 85 % und 90 %, die trotz teilweise bereits mehrjähriger Aufenthaltsdauer nicht in die nächsthöheren Ebenen der Facharbeiter, Vorarbeiter, Meister aufsteigen konnten.« (R. Leudesdorff u. H. Zilleßen: »Gastarbeiter = Mitbürger«).

Die Firma hat einen Grad der Automation erreicht, der menschliche Arbeit für den Produktionsprozeß beinahe überflüssig macht. »Wir verdienen nicht schlecht hier«, sagt der Italiener G., »und es gibt Arbeit, die schwerer ist. Einen Nachteil hat die Arbeit nur, wir kriegen den Fischmehlgestank nicht mehr aus der Haut heraus.« – Das ist der Grund, daß die meisten das Lager fast nie verlassen, sie halten es für unzumutbar, zum Beispiel in eine Gaststätte zu gehen. Giovanni war drei Wochen nicht draußen gewesen und Carlino zwei Monate. »Für uns ist das wie eine neue Militärzeit«, sagt Giovanni. »Eine Beförderung gibt's hier nicht. Die Deutschen machen die Vorarbeiter und Meister, wir machen die Drecksarbeit. Es ist noch nie vorgekommen, daß ein Italiener Vorarbeiter geworden ist. Es ist auch nicht möglich, daß wir Deutsch lernen, um Fragen stellen zu können, wir haben keinen Dolmetscher.«
Vom Pförtnerhaus her detoniert ein Schuß. Es ist der Werkschutzmann, der von morgens 8.00 Uhr bis zum nächsten Tag morgens 6.00 Uhr Dienst tut, und der ab und zu in die Luft ballert, um nicht einzuschlafen. Ab und zu stößt er die Tür unseres Raumes auf – ohne anzuklopfen –, um, wie er sagt, »mal nach dem Rechten zu sehen.« Dann krault er Giovanni wie ein Haustier am Kopf.
Die Arbeit hier hätte ihnen die Katholische Mission vermittelt, erzählt Giovanni, die sich mehr kümmere als das Arbeitsamt.
Das Weihnachtsgeld sei den ausländischen Arbeitern in diesem Jahr von 230 auf 200 DM heruntergesetzt worden, und wer vor März kündige, müsse das Weihnachtsgeld zurückgeben.
Der Italiener Angelo, 35 Jahre, berichtet: »Es war im vorigen Jahr, als nicht soviel Arbeit da war, als ich mit dem Lohnzettel zum Lohnbüro ging, um zu fragen, was die einzelnen Lohnposten bedeuteten. Wir wurden alle nicht schlau daraus. Man sagte mir: »Wenn du nicht sofort machst, daß du wegkommst, fliegst du raus. Sollen wir dir Beine machen! Da hab' ich gemacht, daß ich wegkam.« – »Das war die gleiche Zeit«, erzählt Giovanni, »als alle, die länger als drei Tage krank waren, die Papiere bekamen. Nicht mal schriftlich ging das. Sie wurden zum Werksleiter gerufen, und der übergab die Papiere und sagte: ›Such dir

was anderes‹.« – Als der 20jährige Benito einen Fischmehlsack ungeschickt anfaßte und umstieß, war das Anlaß für eine fristlose Kündigung, berichtet Carlino.
»Noch heute ist es so«, sagt Carlino, »daß man uns morgens sagt, so, heute ist keine Arbeit da, geht wieder in eure Quartiere, oder, es ist wenig heute, macht nur drei oder vier Stunden, je nachdem; wir kriegen den Ausfall dann nicht bezahlt.«
Angelo: »Ich hatte mir drei Stunden frei genommen, um das Kind meiner Schwester, die auch in Hamburg arbeitet, im Kindergarten anzumelden. Um pünktlich am Arbeitsplatz zu sein, nahm ich ein Taxi für 15,- DM von Hamburg nach Harburg. Da sagte man mir, heute nicht, Arbeit fällt aus.«
Carlino: »Wir hatten in einem Raum vergessen, nachts das Licht auszuschalten. Am nächsten Morgen sah es der Werksleiter noch brennen. Er kam zu uns in die Baracke und montierte selbst alle Lampen ab. 14 Tage saßen wir ohne Licht. Da taten wir uns alle zusammen und gingen zum Werksleiter. – Entweder die Lampen kommen wieder rein, oder wir kündigen alle, sagten wir. Am selben Tag hatten wir wieder Licht.«

Als vor einigen Jahren die Notstandsgesetze noch auf ihre praktische Anwendbarkeit hin erprobt wurden, wurden in einzelnen Gegenden der Bundesrepublik von Bundeswehr, Bundesgrenzschutz und örtlicher Polizei Planspiele durchgeführt, deren Übungszweck es war, in einer angenommenen Spannungszeit (z. B. in einer Wirtschaftskrise) ein »plötzliches, massenweises Ausreisen« von ausländischen Arbeitskräften unmöglich zu machen. Das »Übungssoll« wurde verhältnismäßig einfach erreicht, man begnügte sich damit, Bahnhöfe und Flughäfen systematisch abzuriegeln. Von der Errichtung von Lagern, die bei Zwangsverpflichtung deutscher Arbeiter vorgesehen waren, konnte hier abgesehen werden, da fast 70 Prozent der ausländischen Arbeiter ohnehin in Baracken oder Wohnheimen untergebracht sind, die unter Firmenkontrolle stehen. Eventuell zu erwartende Schwierigkeiten mit den Heimatländern der rekrutierten Ausländer waren zu diesem Zeitpunkt – was Spanien und Portugal betraf – bereits aus dem Weg geräumt: in Form von Geheimverträgen. Ansonsten regelte

das Ausreiseverbot schon das Ausländergesetz vom 28. April 1965: § 10 »Einem Ausländer kann die Ausreise untersagt werden, wenn es 1. die Sicherheit der Bundesrepublik Deutschland gefährdet« oder 5. »er sich einer öffentlichen Dienstleistungspflicht entziehen will.« (Zur »allgemeinen Dienstleistungspflicht« kann im Notstandsfall jede rüstungs-, versorgungs- und allgemein für die Volkswirtschaft wichtige Arbeit – damit praktisch jede Arbeit – deklariert werden.)
Bereits jetzt existiert eine »Warnkartei« in der »Zentralkartei für nichtdeutsche Arbeiter« in München, in der z. Z. mehr als 50000 Ausländer registriert sind, teilweise nur wegen des Verdachts, daß sie in »staatsabträglicher Richtung«, das heißt linkspolitisch eingestellt sind.
Daß, aus dem Blickwinkel der Industrie betrachtet, »die Beschäftigung ausländischer Arbeiter weit über das vordergründige Problem, nämlich die Deckung des Arbeitskräftemangels, hinausgeht und zu einem menschlichen Wagnis wird, das sowohl den einzelnen wie ganze Völker einbezieht«, ist oft genug aus offiziellen Verlautbarungen herauszuhören. (»Der ausländische Mitarbeiter im Betrieb«, Verlag Moderne Industrie.)
Die Beschäftigung der ausländischen Arbeiter wird gleichgesetzt früheren »Begegnungen, durch Krieg und Völkerwanderungen herbeigeführt, die trotz der leider oftmals negativen Vorzeichen solcher *Unternehmen* immer dazu geführt haben, die Zivilisation und Kultur Europas zu befruchten«. (»Der ausländische Mitarbeiter im Betrieb«, Verlag Moderne Industrie.)
»Das Mittelmeer ist fest in deutscher Hand . . . Die Bundesanstalt (für Arbeitsvermittlung) beschäftigt zur Zeit in diesen Anwerbestellen im Mittelmeerraum 250 bis 300 Bedienstete . . . Das ist auch ein nicht ganz unbeachtliches Transportproblem. Wir haben ein Netz von Sonderzügen, mit dem die *Abtransporte* erfolgen.« Oberdirektor Dr. Zöllner, Bundesanstalt für Arbeitsvermittlung und Arbeitslosenversicherung, (auf der 29. Mitgliederversammlung der Arbeitsgemeinschaft deutscher wirtschaftswissenschaftlicher Forschungsinstitute e. V., vor Vertretern von Bundesministerien und Industrievertretern.) Die Sprache macht den Stellenwert und die Bedeutung der Ausländer für die

deutsche Wirtschaft deutlich: dem Konjunkturofen wird das verlangte Brennholz zugeführt. Und damit hat's sich. Vor den Sonderzügen, die die »Abtransporte« der Ausländer besorgen, wird in deutschen Fahrplänen als »nicht empfehlenswert« gewarnt. Die Züge kommen von weit her, oft 40 Stunden und mehr unterwegs, dem Menschenmaterial stehen – da es schließlich keine Touristen sind – auch keine Liege- oder Schlafwagen zur Verfügung, oft sind die Wagen nur unzureichend geheizt. Eine Rot-Kreuz-Schwester, die solche Abtransporte, die fast täglich im Bahnhof Köln-Deutz-tief einlaufen, empfängt, sagte mir: »Kleine Kinder, die dabei sind, sind oft steif gefroren. Die müssen wir dann in unserer Station erst mal auftauen.« Die anderen, Männer und Frauen, 500–700, stehen, da Köln nicht über einen Warteraum für eine solche Menge Ausländer verfügt, dann in hundert Meter langer Reihe im Freien, frieren im Winter weiter, warten geduldig, bis ihre Namen aufgerufen sind und sie zu ihrem endgültigen Standort weiterverfrachtet werden.
Max Frisch schreibt im Vorwort zu »Die Italiener«, ein Buch, das von den italienischen Arbeitern in der Schweiz handelt: »Lebensgläubig wie Kinder erschrecken viele über den Schnee im fremden Land und brauchen lange Zeit, bis sie merken, welcher Art die Kälte ist, die sie erschreckt.«
Das Erschrecken wird schon artikulierter, wenn sie sich um Zimmer oder Wohnungen bemühen.
Ich habe in Köln einen Versuch unternommen und mich auf Zeitungsanzeigen hin um möblierte Zimmer bemüht. Zuerst, wie ich sagte, für einen ausländischen Bekannten, einen sogenannten Gastarbeiter. Bei 30 Anfragen fand sich nur ein Vermieter bereit, für so einen sein Zimmer herzugeben. Die meisten bekannten deutlich: »Wir vermieten nicht an Ausländer«, oder brachten die Ausrede »ist schon vergeben«. – Als ich ein paar Stunden später bei den gleichen Vermietern wieder anrief und das Zimmer für mich, einen Deutschen, beanspruchte, waren die Zimmer plötzlich ohne Ausnahme noch zu besichtigen.
Es gibt allerdings auch Vermieter, die ausschließlich nur an Ausländer vermieten: Ausgebaute Lagerräume unter Fabrikdächern, Scheunen, ausgebaute Kinos, stillgelegte Fabrikhallen mit Sperrholzwänden in einzelne kleine Kammern unterteilt, notdürftig hergerichtete Ruinen, Kellerräu-

me, Baracken. Zu horrenden Preisen. Mit einer 3-Zimmer-Wohnung, die auf dem freien Wohnungsmarkt an die 300 Mark Miete bringen würde, wird oft durch Belegung mit 8–12 Ausländern 800-1200 Mark Gewinn erzielt. Es sind keine Einzelfälle. Zu erhöhten Wucherpreisen kommen oft mindere Rechte. Ich habe zum Beispiel eine Hausordnung, die neben den 19 Punkten für Deutsche 3 Zusatzpunkte für Ausländer aufweist:

Punkt 20: »Für die im Kellergeschoß wohnhaften Gastarbeiter ist jeglicher Besuch nur mit Genehmigung des Vermieters gestattet.

21: Das Übernachtenlassen von Besuchern ist grundsätzlich verboten.

22: Den Anordnungen des Hausmeisters ist Folge zu leisten, Verstöße gegen die 3 letzten Punkte haben die sofortige Kündigung und Ausweisung aus der Unterkunft zur Folge.«

Große Werke stellen oft moderne Hochhäuser für Ausländer zur Verfügung, hygienisch perfekte Männersilos und Frauengettos. Die Variationsbreite reicht vom Asozialen-Milieu bis zum modernen Jugendherbergstil. Der Eindruck ist gleich trostlos. Weil sie getrennt leben von der deutschen Bevölkerung – im 3. Reich gab es den Begriff »Hilfsvölker« – unter sich sind und gemieden oft, getrennt von ihren Frauen und allen anderen Frauen auch, in isolierter Männer- oder Frauengemeinschaft. Diese Leute lernen kaum Deutsch und wagen sich oft nur in Gruppen an die Öffentlichkeit, Fremde, die fremd bleiben, auf Grund einer Wohnsituation, die man als Provisorium eine Zeitlang hinnehmen mag, die aber Lagerpsychose, Homosexualität und Ressentiment produziert, wenn sie zum Dauerzustand wird. Und mehr als ein Viertel der Ausländer lebt bereits sieben Jahre und mehr, fast ein Drittel vier Jahre und mehr bei uns, in einer Situation, die der Norddeutsche treffend mit »draußen vor« bezeichnet.

Angeworben und »abtransportiert« werden von den deutschen Kommissionen ausgesuchte gesunde und kräftige Arbeiter – in der Regel sollen sie nicht älter als 35 sein –, die Empfängerfirmen zahlen an die deutsche Kommission 165 DM Kopfgeld, für Italiener 60 DM.

Die Einfuhr des Menschenmaterials »erwies sich immer mehr als ein ebenso wichtiger Ausgleichsfaktor wie die Importe ausländischer Rohstoffe und Halb- und Fertigfabrikate«. (»Blick durch die Wirtschaft«, Frankfurt/M., Nr. 289.) »Weil sie auch körperlich besser belastbar sind, so daß wir sie gerade mit den schweren körperlichen Arbeiten gut beschäftigen können, ... würde es sehr schwerfallen, für derartige Arbeiten deutsche Arbeitskräfte zu gewinnen.« (29. Mitgliederversammlung, Oberdirektor Dr. Zöllner)
Da wir es ja mit kulturlosen Barbaren zu tun haben, die sich in unserer für sie »fremden *sozialen* und *kulturellen* Umwelt zu orientieren haben, was zunächst nicht ohne schmerzliche Erfahrungen abgehen wird«, ist jede Dreckarbeit gut genug für sie. »Wir wissen, daß in manchen Fällen die Müllabfuhr zusammenbrechen würde, wenn keine ausländischen Arbeiter da wären.« (Dipl. Volkswirt Faßbender)

Der Caritas-Präsident Albert Stehlin:
»Es ist etwas anderes, als Tourist im Süden seine Freude zu haben an dem lauten Palaver auf dem Markt..., oder das alles mitten in unserem Werktag zu haben, zu dem es so wenig paßt. So richtig es für den Italiener ist, zu Hause mit List und Schläue seinen Vorteil zu suchen, bei uns nimmt sich das schlecht aus und wird sehr mißverstanden. Ordnung, Sauberkeit und Pünktlichkeit scheinen uns selbstverständliche Eigenschaften eines anständigen Menschen zu sein, im Süden kennt und lernt man das eben nicht, so geht es einem hier nur schwer ein.«

Beim U-Bahn-Bau in Frankfurt z. B. waren bis zu 80 Prozent »Gastarbeiter« beschäftigt (5 tödliche Unfälle). Allgemein liegt die Unfallquote bei den ausländischen Gästen etwa doppelt so hoch wie bei den Deutschen, im VW-Werk kommen 7,2 Unfälle auf 1000 deutsche Arbeiter, 16 Unfälle auf 1000 Ausländer; bei der Bundesbahn sogar ein Verhältnis von 8,2 zu 36,4.
Dafür liegt der Krankenstand bei ihnen niedriger, »weil wir uns ja die Ausländer, die wir über unsere Kommissionen anwerben, in bezug auf ihren Gesundheitszustand sehr genau ansehen, gesundheitlich angeschlagene kommen nicht herein«. (Oberdirektor Dr. Zöllner, Bundesanstalt für Ar-

beitsvermittlung und Arbeitslosenversicherung, auf der 29. Mitgliederversammlung, Bonn.)
Als weiteres Plus, wie Oberdirektor Zöllner vermerkt, ist »Krankfeiern in großen Gemeinschaftsunterkünften ein etwas zweifelhaftes Vergnügen«. »Die 60 Prozent (in werkseigenen Heimen Einquartierten, d. Autor) haben sehr wenig Möglichkeit, wirklich krankzufeiern.« Was nicht unbedingt ein besonderes Verdienst der Firmenaufsicht ist, die Beschaffenheit der Unterkünfte sorgt oft dafür: »Was ›angemessene‹ Unterkunft ist, bestimmt sich nach den Grundsätzen, die in einer Verordnung über die Unterbringung von Arbeitern auf Baustellen festgelegt worden ist ...« (Diplom-Volkswirt Faßbender vom Institut zur Förderung des industriellen Führungsnachwuchses auf der 29. Mitgliederversammlung.) So ist es auch zu verstehen, daß für den »Gastarbeiter« das »Wochenende ja keine angenehme Freizeit bedeutet, sondern mitunter eine Störung der angenehmen Beschäftigung«. (Oberdirektor Zöllner)
Dann wird noch einmal eine statistische Unterscheidung getroffen: (Dipl.-Volkswirt Faßbender) »Bei Spanierinnen, die im Wohnheim wohnen, betrug der Krankenstand zwischen 2,5 und 3,5 Prozent, bei den wenigen außerhalb des Heims wohnenden Spanierinnen aber 12,5 Prozent, und just 12,5 Prozent beträgt auch der Krankenstand der deutschen Arbeiterinnen.«
Weitere kostensparende Gründe für die Einstellung von Ausländern: »Wir haben aber außerdem den Vorteil, daß bei den Ausländern der Anteil der Ledigen sehr hoch ist, daß also Unkosten, die durch Familien entstehen, z. B. Aufwendungen für Schulen, Krankenhäuser oder sonstige Einrichtungen, durch sie im geringeren Umfang als im Durchschnitt entstehen. Die Kosten der schulischen Heranbildung sind geringfügig im Vergleich zum Durchschnitt bei den Deutschen; und soweit die ausländischen Arbeitnehmer eine gewisse Ausbildung genossen haben, sind die Kosten dafür der deutschen Wirtschaft erspart geblieben.« (Oberdirektor Zöllner)
Die Kosteneinsparungen sind nicht gering. Die ausländischen Arbeiter haben meist eine Grundschul- und seltener auch eine Berufsausbildung erhalten. Für einen Grundschüler investiert der Staat pro Jahr 700 DM. Bei mehr als einer

Million ausländischer Arbeitskräfte entfällt dieser Betrag, was allein eine Einsparung von 700 Millionen DM ausmacht, wenn man nur ein Kind pro »Gastarbeiter« rechnet. Im übrigen sind die ausländischen Arbeiter noch zwecks »Lohn-Dämpfungseffekts« und zur Hebung der »Arbeitsmoral« einsetzbar. »Ohne die 1,2 Millionen Ausländer würden etwa 2 Millionen Arbeitskräfte fehlen. Die daraus erwachsenden Spannungen auf dem Arbeitsmarkt und insbesondere auf dem Lohnsektor wären kaum tragbar und Gefahren von Auswüchsen so groß, daß man den Dämpfungseffekt, den die Beschäftigung von Ausländern hat, nicht zu klein in Rechnung stellen sollte.« (Oberdirektor Zöllner)
Statt Abbau nationaler Schranken und Solidarität mit deutschen Kollegen sieht Zöllner lieber eine »nationale Spannung«, von der er sich eine »stimulierende Wirkung« verspricht. »Man will im Betrieb mitunter dem Ausländer auch zeigen, daß der Deutsche arbeiten kann. Aus diesen gewissen Rivalitäten ist zumindest ein belebendes Moment zu erwarten«, das, so Altkanzler Erhard, als »stabilisierendes Moment bezüglich der Pünktlichkeit und Arbeitsmoral in der Bundesrepublik« zu bewerten sei.
Das darf aber nicht darüber hinwegtäuschen, daß »die Gefahr der Überfremdung im Betrieb vermieden werden muß«. (»Ausländische Mitarbeiter im Betrieb«, Verlag Moderne Industrie.) Es kann nie was schaden, und »naturgemäß wird es schon im Interesse des Betriebes liegen, mit der Polizeidienststelle für Ausländer eine Verbindung zu pflegen«. Gleich zweimal empfiehlt der »Verlag Moderne Industrie« den Firmen, vorsorglich »in den Wohnheimen einen besonderen Kofferraum einzurichten, zu dem der Schlüssel nur beim Heimleiter zu erhalten ist«, damit keiner nach eigenem Ermessen die Heimreise antreten kann.
Neben dieser Form der »legalen« Menscheineinfuhr im Sinne einer Konjunkturbelebung gibt es noch Möglichkeiten, durch Umgehung der Gesetze, durch *Menschenhandel* den Arbeitsmarkt zu beleben.
Es gibt zur Zeit in der Bundesrepublik etwa 300-350 Firmen, deren Geschäftsusancen darin bestehen, ausländische Arbeiter unter Vertrag zu nehmen und gegen entprechende Prämien weiterzuverleihen. Diese »Subunternehmen« sind meist Einmannbetriebe, große Kapitalien sind dafür nicht

erforderlich, lediglich genaue Markt-Beobachtung, gute Einfuhrwege aus dem Ausland und Kontakte zur Großindustrie. Diese modernen Sklavenmärkte sorgen in konjunkturstarken Zeiten für schnellen Nachschub des Arbeitskräftebedarfs, seit 4. April 1967 durch Bundesverfassungsgerichtsurteil legalisiert. (Bis dahin hatte die Bundesanstalt für Arbeitsvermittlung und Arbeitslosenversicherung in Nürnberg offiziell noch das Arbeitsvermittlungsmonopol bei derartigen »Arbeitnehmer-Überlassungsverträgen«.)
Man rechnet auf 100 legale Arbeiter 15 illegale. Die Verleiherfirmen: (›Anbei erhalten Sie zwei Stück Maurerhelfer‹)
Was die menschliche Arbeitskraft für die Industrie wert ist, zeigen solche Arbeitsverträge. 9-11 DM Stundenlohn zahlen die Firmen für die Leiharbeiter an die Subunternehmen. Die zahlen 3,50 DM bis 4,50 DM an ihre gepachteten Arbeiter aus – abzüglich 25 Prozent Sozialabgaben –, den Rest behalten sie für ihre »Arbeit« ein. November 1968 setzte sich der Subunternehmer Pavlovic – ein Exiljugoslawe – mit einigen Millionen DM an die Riviera ab. Pavlovic hatte im In- und Ausland 15 Werbestellen eingerichtet, in jugoslawischen Zeitungen warb er mit Inseraten. Von den Bewerbern verlangte er lediglich ein Besuchs- oder Durchreisevisum. Wenn sie sich bei ihm meldeten, zog er die Pässe ein und versprach, die erforderlichen Papiere, Arbeits- und Aufenthaltserlaubnis, zu beschaffen, was nie geschah. Zur Zeit seines Aussteigens aus dem Unternehmen hatte Pavlovic 450 ausländische Arbeiter unter Vertrag, die er alle an deutsche Baufirmen verschachert hatte – 287 ohne Arbeits- und Aufenthaltserlaubnis. Diese Arbeiter waren völlig rechtlos: ohne Kündigungsschutz, ohne Anspruch auf tarifliche Vergütung, Urlaub und sonstige arbeitsrechtliche Ansprüche konnten ihnen ohne weiteres vorenthalten werden, durch Vereinbarung hoher Vertragsstrafen bei Kündigung ihrerseits waren sie an einer freien Verwertung ihrer Arbeitskraft gehindert.
Pro Arbeiter und Stunde »verdiente« der Arbeitskräfteverleiher durchschnittlich zwischen 5 und 6 DM und vereinnahmte pro Arbeitswoche 72 000 DM.
Als die Sache herauskam, kamen die Baufirmen, die die Ausländer unter derartigen Bedingungen ausbeuteten, nicht vor Gericht. Die Jugoslawen wurden wegen illegalen

Aufenthalts aus der Bundesrepublik ausgewiesen. Pawlowic könnte heute noch seinen schwungvollen Menschenhandel betreiben, wenn er, so der leitende Direktor des Nürnberger Arbeitsamtes, Klammroth, »nicht die Sozialabgaben unterschlagen und seinen Arbeitern tatsächlich die Arbeits- und Aufenthaltserlaubnis beschafft hätte«.
Inzwischen setzt er seinen Menschenhandel von Straßburg aus über Mittelsmänner fort.

»Die ausländischen Arbeitnehmer kommen aufgrund einer freiwilligen Entscheidung als freie Menschen in ein Land mit einer freiheitlichen Gesellschaftsordnung. Es gibt keine Freiheit ohne Verantwortung. Deshalb ist zunächst einmal jeder selbst für seine Lebensgestaltung in dieser freiheitlichen Ordnung verantwortlich. Wir erwarten deshalb von den Ausländern, daß sie sich selbst um Eingliederung und Anpassung an unsere Verhältnisse bemühen. Nicht wir können uns den Ausländern anpassen, sie müssen sich vielmehr selbst unsere Ordnungsvorstellungen zu eigen machen . . .«

Prof. Siegfried Balke,
Bundesvereinigung der
Deutschen Arbeitgeberverbände

Fillippo M. kam 1961 »aufgrund einer freiwilligen Entscheidung« – sein Haus in Palermo war durch ein Erdbeben zerstört worden – nach Deutschland. Ein mit einer deutschen Anwerbekommission in Italien abgeschlossener Vertrag verhieß ihm, daß er auch in Deutschland in seinem Beruf als Tischler eingesetzt würde. Als er in eine Oberhausener Zeche unter Tage einfuhr, merkte er, daß sein Beruf zur Zeit in Deutschland nicht gefragt war. Seine »Lebensgestaltung« unter Tage sah so aus, daß er 20 Prozent Hauersoll mehr bringen mußte, um den gleichen Lohn wie seine deutschen Kollegen zu erhalten.
»Um Eingliederung und Anpassung an unsere Verhältnisse bemüht«, stieg Fillippo aus dem 2-Jahres-Knebel-Vertrag aus und arbeitete einige Monate im Düsseldorfer Milchhof ohne Papiere.
Quartier bezog er in der Fehrbelliner Str. 11, in einem 2,50 × 3,00 Meter großen Raum, möbliert mit Stuhl, Bett und

Tisch: Miete 110 Mark. Durch eine Sperrholzwand von ihm getrennt, war in einem gleich großen Raum eine dreiköpfige griechische Familie einquartiert. Fillippo ließ seine Frau aus Italien nachkommen. Gemeinsam nahmen sie Arbeit bei der Fa. Dowidat in Remscheid auf. Sie waren froh, in der Martin-Luther-Straße 54 zwei kleine Mansardenzimmer mieten zu können. Da eine Toilette im Mietvertrag nicht inbegriffen war und sich nebenan ein Polizeirevier befand, wurde Fillippo mehrere Male verwarnt, als er seine Notdurft in einer öffentlichen Anlage verrichtete.
Um sich »unsere Ordnungsvorstellungen zu eigen machen« zu können, wechselte Fillippo nach langem Suchen das Quartier. Ein deutscher Eigenheimbesitzer in der Solinger Straße überließ Fillippo 1½ Kellerräume für 220 Mark (38 qm). Hier gab es eine eigene Toilette und die Möglichkeit, einen Teil der Waschküche als Küche einzurichten. Dafür ein Verbot, eine Fernsehantenne am Haus anzubringen und seine drei Kinder, die in Italien bei den Großeltern sind, bei sich wohnen zu lassen (wegen Lärmempfindlichkeit des Besitzers, dessen zwei Kinder gerade über Fillippo ihr Kinderzimmer haben). Eine Kraftfahrzeugversicherung, die Fillippo im letzten Jahr abschloß, verlangte von ihm die Zahlung der Versicherungssumme für zwei Jahre auf einmal, obwohl mit dem Vertreter mündlich halbjährliche Zahlung abgesprochen war. Fillippos Frau versuchte bei ihrer Firma, für die gleiche Zeit wie ihr Mann Urlaub zu beantragen, um mit ihm zusammen die Kinder in Italien besuchen zu können. Sie trug sich als eine der ersten in die Urlaubsliste ein. Ihr Meister und der deutsche Betriebsobmann gaben ihr zu verstehen, daß zuerst die Urlaubsansprüche der deutschen Arbeiterinnen zu berücksichtigen sind. Sie mußte ihren Urlaub gesondert nehmen.
Fillippo, aus dem Urlaub zurück, fand seinen Arbeitsplatz neu besetzt, ihm wurde eine schwerere und schmutzigere Arbeit zugewiesen. Auf seine Beschwerde teilte ihm der Betriebsrat mit, die Italiener würden immer dreister, man müßte ihnen das Maul stopfen. Wenn es ihm hier nicht passe, solle er wieder dahin gehen, wo er hergekommen sei.
»Die Überprüfung der Ausländerunterkünfte seitens der Arbeitsämter führte im Berichtsjahr nur in Einzelfällen zu Beanstandungen.« (»Ausländische Arbeitnehmer«, Erfah-

rungsbericht 1967, hrsg. v. d. Bundesanstalt für Arbeitsvermittlung und Arbeitslosenversicherung, Nürnberg)
Das Gesetz, nach dem sich die Bundesanstalt orientiert, stammt aus dem Jahr 1934: das »Gesetz über die Unterkunft bei Bauten«. Ein Gesetz, das die notwendigsten Voraussetzungen bei Baubuden, Notunterkünften und Baracken festlegt, die »den Anforderungen der Hygiene und des Anstandes entsprechen«.
Die Werkzeugmaschinenfabrik Gedore im Remscheid (ca. 1000 Beschäftigte) hat den ausländischen Arbeitskräften einen Teil der Fabrik zum Wohnen überlassen. 170 Ausländer haben ihre Schlafstellen im linken Seitenflügel der um die Jahrhundertwende erbauten Produktionsstätte und im Keller. Durch eine Sperrholzwand ist ein Teil der Fabrik abgetrennt worden. Die Kochstellen befinden sich in den Schlafräumen. Holzdielen sind an einigen Stellen von Ratten durchgefressen. Der Steilabhang vor den Unterkünften ist eine Müllhalde. Durch ein großes Eisenrohr quillt den Insassen der eigene Kot vors Fenster. 37 Mark Monatsmiete zahlen die in zweistöckigen Feldbetten Untergebrachten. Die meisten sind länger als zwei Jahre hier einquartiert. Es sei schlimmer als beim Kommiß, sagen einige Jüngere. Kein Konsulats- und kein Gewerkschaftsvertreter sei bisher zu ihnen gekommen, trotz mehrerer Eingaben. Nach einer längeren Diskussion über die Möglichkeit von Solidaritätsaktionen wollen 40 spontan der Gewerkschaft beitreten. Am nächsten Tag holt einer von ihnen die Aufnahmeformulare. Sie hoffen so den örtlichen Gewerkschaftsvertreter aktivieren zu können.

»Die ausländischen Arbeitnehmer sind in erster Linie daran interessiert, hier ungestört ihr Geld zu verdienen.« Prof. Balke, Bundesvereinigung der Deutschen Arbeitgeberverbände.

»Pensionsbetrieb« nennt Th. Dreesen sein Unternehmen in Remscheid, Neuenkampener Straße 56-62. Es gibt noch zwei weitere derartige Pensionsbetriebe in Remscheid, die Dreesen-Pension liegt mit einem Fassungsvolumen von 250 bis 350 Gästen an der Spitze.
Die Hausordnung suggeriert eine familiäre Herbergsatmo-

sphäre: »1. Unser Pensionsbetrieb ist ein Haus für jedermann. 2. Aufgenommen werden alle Personen, die unsere Hausordnung anerkennen. 3. Für das Leben untereinander ist Ruhe und Rücksichtnahme Voraussetzung . . . 4. Festefeiern auf den Stuben ist untersagt.« Monatsmiete 80-100 Mark, je nachdem, wieviel Wochen der Monat hat. Die Dreesen-Pensionsbetriebe sind eine stillgelegte Fabrik. Als die Backhaus-Werke von der Panzerkettenfabrik Diehl übernommen wurden und die Fabrikhalle ungenutzt leerstand, kaufte der ehemalige Schuhladenbesitzer Dreesen den Schuppen zu einem Spottpreis. Er zergliederte die Fabrikhalle mit Trennwänden aus Holz in einzelne Räume und belegte sie mit jeweils acht Ausländern. Italiener im vorderen Hallenbereich, Marokkaner im äußeren Hallenabschnitt. Ein Raum, der auf dem normalen Wohnungsmarkt kaum 100 Mark an Miete einbringen würde, bringt hier bis zu 700 Mark monatlich. Nischen unter dem Dach vermietet Dreesen häufig zum gleichen Preis an nicht angemeldete Marokkaner. Sie klettern mit einer Leiter in ihre Schlafstellen unters Dach, wo sie nicht mal aufrecht sitzen können.
Morgens zwischen 5 und 6 Uhr kommen Arbeitskräftevermittler zu den Dreesen-Pensions-Betrieben und verschachern die Unangemeldeten – oft weit unter Preis – für Tageslöhne an Baufirmen. Die Vermittlungsgebühr, die sie für diesen Menschenhandel kassieren, liegt pro Kopf oft höher als der gesamte Tagesverdienst des Vermittelten. Einer dieser Subunternehmer, unter dem Vornamen Klaus bekannt, ca. 30 Jahre alt, holt seine »Ware« aus Sicherheitsgründen täglich mit anderem Wagen und wechselndem Nummernschild ab.
Neben seiner Pensions-Fabrikhalle hat Dreesen eine heruntergewirtschaftete Gaststätte aufgekauft und sie ebenfalls für Ausländerübernachtungen hergerichtet. Wo die Holztäfelung an den Wänden aufhört, beginnen die Gastarbeiterquartiere, durch Holzwände abgetrennte Mini-Räume. Ein Raum – 14 qm – beherbergt z. B. 8 Spanier. Tagsüber liegen die Koffer auf den Feldbetten, nachts, wenn man sich hinlegt, setzt man die Koffer auf den schmalen Gang. Duschen fehlen in der Pension, für 250 Pensionsgäste sind 8 Toiletten da. Dreesen hat das Geschäft seines Lebens gemacht, er erwirtschaftet fast nur Reingewinn – ca. 20000 Mark mo-

natlich. Von der Polizei hat er nichts zu befürchten. 50 Beamte führten zwar vor zwei Jahren kurz vor Weihnachten eine Großrazzia in seiner Pension durch, aber sie galt nicht ihm, sondern seinen Gästen, deren Koffer man einzeln durchsuchte, wohl in der Hoffnung, kommunistisches Propagandamaterial zu finden oder Ausländer ohne Aufenthaltsgenehmigung aufzuspüren. Die Razzia schien erfolgreich gewesen zu sein, etwa ein Dutzend Ausländer wurde abgeführt und ausgewiesen. Dreesen brauchte sich um neue Gäste keine Sorgen zu machen, sein Betrieb ist immer »ausgebucht«.

Häufig gehen Ausländervermieter auch umgekehrt vor: ein ehemaliger Gastwirt in Offenbach mietete mehrere Wohnungen eines Altbaus, ließ die Zwischenwände aus den Zimmern entfernen und machte so aus einer Wohnung einen großen Schlafsaal. Er kaufte billige, alte Krankenhausbetten, Spinde, Stühle und einen großen Tisch. Den zur Wohnung gehörigen Keller richtete er notdürftig als Waschraum ein. Dann vermietete er das Bett für 80 Mark im Monat. 15 Betten stehen in dem Schlafsaal. Für eine Wohnung, die ihn selbst 300 Mark kostet, kassiert er so 1200 Mark.

Gepflegtes, freist. Bauernhaus
mit Stallung, Stadel, auf baumbestandenem großen Wiesengrund, Bau- und Zukaufmöglichkeit vorhanden. Beste Gelegenheit für **Pferdehaltung oder Gastarbeiterunterkunft,** Stall- und Bühnenraum ausbaufähig. 6 Zimmer, Küche, Bad, WC, 200 qm Wohnfläche, sofort beziehbar, im Raum Neu-Ulm zu verkaufen.
Zuschriften unter P 71 111u

Anzeige in: »Südwest-Presse« (Ulm)

Vor einigen Jahren berichtete die »Westfälische Rundschau« von einem Ludwigsburger Metzger, der seine Wurstküche, seine Ladenräume, eine Waschküche und Garage an Ausländer als Wohnraum vermietete. Er verdiente genug, um seine Metzgerei schließen zu können.

Oft kommen Ausländer mit falschen Erwartungen ins »ge-

lobte Land«. So engagierte vor einigen Jahren das »Hüttenwerk Oberhausen« 131 spanische Arbeiter. Sie wurden in ein Lager einquartiert, in dem sie zu je sechs einen Schlaf- und Aufenthaltsraum teilten. Bei ihrer Anwerbung waren ihnen Wohnungen versprochen worden, bei ihrer Ankunft war noch nicht einmal die Finanzierung des angeblich geplanten Wohnblocks geklärt.
Die Baumschule Gustav Lüdemann in Halstenbek/Schleswig-Holstein stellt »ihren Gastarbeitern« eine ehemalige Kaserne zur Verfügung: eiserne Feldbetten-Gestelle, schmutzige Wände, nackter Dielenfußboden. Vermieter Klaus Lüdemann: »In dieser Kaserne haben früher schon die polnischen Fremdarbeiter gewohnt.«
Die Firma MAN hat ihre Gastarbeiter in München-Gerberau untergebracht. In baufälligen Baracken aus dem 3. Reich, damals dienten die gleichen Baracken zur Unterbringung von Zwangsarbeitern. Es hat sich kaum etwas geändert: die Pappverkleidung ist dieselbe, im Waschraum gibt es immer noch keine Heizung und die Abflußrohre sind seitdem immer noch nicht gereinigt worden, so daß es in den Zimmern nach Urin stinkt.
Die MAN nimmt pro Bett 40 Mark, pro qm verdient sie 22 Mark. Eine Münchener Zeitung wollte über das Lager berichten. Die MAN drohte daraufhin mit Anzeigenboykott, die Zeitung schwieg.
In der ersten Phase der Ausländerbeschäftigung vor 1960 wurden im bayerischen Dachau italienische, spanische und griechische Arbeiter zusammen mit ihren Familien in den halbverfaulten Baracken des ehemaligen Konzentrationslagers einquartiert (in letzter Konsequenz ein nicht unlogisches Unterfangen).
Wer als Ausländer gegen die angetroffenen Verhältnisse zu opponieren wagt, kann ohne weiteres wieder ausgewiesen werden. Eine Gruppe spanischer Arbeiter wurde vor einigen Jahren von der Leitung der Gelsenkirchener Zeche »Graf Bismarck« in ihr faschistisches Heimatland zurückgeschickt, weil sie ihrer Forderung nach dem tariflichen Hauerlohn durch Streik Nachdruck verliehen hatte. Genauso erging es einem spanischen Arbeiter in den Hamburger Howaldt-Werken, der sich gegenüber Journalisten über schlechte Wohnverhältnisse geäußert hatte.

In der gleichen Zeit unterstützte die Bundesregierung finanziell durch ihr Presse- und Informationsamt eine offizielle falange-faschistische Gastarbeiterzeitung in Deutschland: »Die 7 Fächer«, ein antigewerkschaftliches Hetzblatt.
Bei der ARWA-Strumpffabrik in Berlin werden fast nur Griechen beschäftigt, die wenigen Deutschen in der Firma sind Vorarbeiter oder haben andere privilegierte Stellungen. Warum das so ist, erzählen griechische Arbeiter: »Wir haben in Griechenland einen Vertrag unterschrieben, in dem steht, daß wir mit den Tarifgesetzen der Textilindustrie einverstanden sind. Kein Arbeiter, der das unterschreibt, weiß, was das bedeutet. Das sieht dann so aus: wir unterschreiben alle einen Vertrag als Strumpfformer, die im Akkord arbeiten. Aber von etwa 200 Arbeitern arbeiten nur 60 als Strumpfformer, die anderen bekommen einen niedrigeren Stundenlohn. Die griechischen Arbeiter produzieren heute 5000 Paar Strümpfe am Tag, die Firma zahlt für 1000 Paar Strümpfe, die vier Arbeiter an einer Maschine produzieren, 29 DM. Vor 3 Jahren produzierten 4 deutsche Arbeiter nur 2800 Paar Strümpfe an denselben Maschinen, die Firma zahlte noch vor 2 Jahren für 1000 Paar Strümpfe an die deutschen Arbeiter 32 DM. Wenn wir 5000 Paar Strümpfe abgeben, kann die Firma nach eigenem Ermessen 2000 pauschal als kaputt abziehen, auch wenn der Ausschuß nicht durch unsere Schuld, sondern durch Versagen der Maschinen zustande kommt.
Wenn einen Tag lang wegen Stromausfall nicht gearbeitet werden konnte, wurde dieser Tag uns vom Urlaub abgehalten. Pause, wie sie gesetzlich vorgeschrieben ist, nämlich 5 Minuten in der Std. können wir nicht machen, weil keiner da ist, der dann an die Maschinen geht, und die Maschine produziert nur beschädigte Strümpfe, wenn der Arbeiter nicht am Platz ist.
Die Arbeiter forderten bei der Firmenleitung: »Offenlegung der Lohnberechnung und der Akkordkalkulation. Gleichen Lohn für alle Arbeiter. Gleiche Behandlung von deutschen und griechischen Arbeitern, Entlassung der Unternehmer-Dolmetscher und Wahl von Dolmetschern, die das Vertrauen der Arbeiter genießen. Einsetzung eines Ersatzmannes für je vier Leute an einer Maschine, um den Arbeitern Kurzpausen während der Arbeit zu ermöglichen, vertretbare Wohnverhältnisse.«

Die Firma ging auf keine Forderung der Arbeiter ein, im Gegenteil, die Arbeit, die bisher von 4 Ausländern zu machen war, sollte nun von dreien geschafft werden. Als am nächsten Tag, nach dem vergeblichen Versuch, das Arbeitstempo mitzuhalten, 42 Strumpfformer einer Abteilung streikten, reagierte die Firma mit fristloser Entlassung und Ausweisung aus dem Wohnheim. Weder die Gewerkschaft Textil und Bekleidung noch das Arbeitsamt deckten die Entlassenen. So mußten schließlich einige gezwungenermaßen zur ARWA zurückkehren, da sie sonst ihre Arbeits- und damit Aufenthaltserlaubnis verloren hätten.

Den Entlassenen wurde klar, daß ihr Kampf gegen unsoziale Zustände und Ausbeutung zugleich ein Kampf gegen das Ausländergesetz – das lediglich ein Gnadenrecht ist – sein muß. In einer Erklärung der Arbeiter heißt es: »Die ausländischen Arbeiter, deren Arbeitserlaubnis an ihre Aufenthaltsgenehmigung gekoppelt ist, können keine Arbeitskämpfe führen, ohne gleichzeitig den ganzen Überbau, der ihre Ausplünderung durch die deutschen Unternehmer deckt, anzugreifen. Dieser Notwendigkeit, den ökonomischen Kampf politisch zu führen, steht allerdings die völlige politische Rechtlosigkeit und Vogelfreiheit der ausländischen Arbeiter entgegen.«

Das Landgericht Dortmund verurteilte im vorigen Jahr den spanischen Gastarbeiter Liebana Rios wegen angeblicher »Beteiligung an einem Geheimbund« zu 2 Monaten Gefängnis. Liebana hatte eine antifrancistische Demonstration spanischer Gastarbeiter vor dem spanischen Konsulat in Düsseldorf organisiert. Ohne richterlichen Haussuchungsbefehl führten Polizeibeamte in Zivil eine Haussuchung in seiner Wohnung durch. Er, seine Frau und vier Kinder mußten sich an der Wand des Wohnzimmers aufstellen und eine Leibesvisitation über sich ergehen lassen. Dabei wurden sie mit der Pistole in Schach gehalten.

Liebanas Notizbücher und einige marxistische Schriften in spanischer Sprache wurden beschlagnahmt und Liebana und ein weiterer spanischer Gastarbeiter verhaftet. Liebana: »Bisher bin ich in Spanien nicht bestraft worden. Und dort herrscht eine Diktatur. Hier habe ich im Gefängnis gesessen . . .«

In Krisenzeiten soll das ausländische Arbeitskräftepotential gegen das deutsche ausgespielt werden. Zur Zeit des Papierarbeiterstreiks der IG Chemie im Sommer 1962 wurde erstmals der Versuch unternommen, ausländische Arbeiter mit Druckmitteln gegen ihre deutschen Kollegen zu mißbrauchen und sie als Streikbrecherkolonne einzusetzen. Sowohl in Norddeutschland wie in Rheinland-Pfalz versuchten es einzelne Unternehmen: einmal mit Hilfe von Extraprämien, während des Streiks »neue« ausländische Arbeiter anzuwerben; dann wurde der Versuch unternommen, mit Gruppen zeitweilig ausgeliehener ausländischer Arbeiter Streiks zu brechen.

Die Zahl der Betriebe, in denen Gastarbeiter 25 %, 30 % bis 50 % der Belegschaft ausmachen und in denen sie weder im Betriebsrat noch unter den gewerkschaftlichen Vertrauensleuten vertreten sind, ist ständig im Wachsen.
Nach Mitteilungen der IG Metall sind bei den vorjährigen Betriebsrätewahlen in der Metallindustrie knapp 40000 Betriebsratsmitglieder gewählt worden, davon jedoch nur 84 Italiener, 22 andere EWG-Ausländer, 8 Griechen, 3 Spanier, 14 sonstige. Gemessen an ihrem Prozentsatz innerhalb der Arbeiterschaft müßten die Ausländer jedoch statt 131 gut 2000 Vertreter im Betriebsrat haben. Auch eigene Sprecher haben die Ausländer in den Betrieben nicht. Verhandlungen mit ihnen werden – zumindest in Großbetrieben – über die Dolmetscher geführt, die aufgrund ihrer Sprachkenntnisse und als Angestellte des Betriebs privilegierte Stellungen einnehmen, weshalb die Unternehmer meistens mit ihnen zufrieden sind, die ausländischen Arbeiter oft nicht.

Man drohte ihnen mit sofortiger Abschiebung in ihre Heimat, wenn sie sich dem Einsatz aus einem nicht bestreikten Betrieb in einen bestreikten Betrieb widersetzen würden. Die Firma veröffentlichte eine angeordnete »Entschließung« einer griechischen Arbeitergruppe, wonach sie »nur nach Deutschland kamen, um Geld zu verdienen, und sich darum für den Streik von deutschen Arbeitnehmern nicht interessieren«. Diese Versuche, Streiks mit Hilfe von erpreßten Ausländern zu brechen, scheiterten allerdings an der Solidarität der Mehrzahl der Ausländer. Ebenfalls schlug ein Versuch fehl, ausländische Arbeiter zum Streikbruch zu zwingen, indem man ihnen die weitere Lieferung

der vertraglich vereinbarten Kantinenernährung nur für den Fall ihrer Weiterarbeit zugestehen wollte.
Andererseits entledigt man sich auf unkonventionelle Weise unrentabel gewordener Ausländer, wenn man es gerade für richtig hält. So u. a. die Opel-Werke in Rüsselsheim zur Zeit der Absatzflaute 1967. Mehrere hundert ausländische Arbeiter waren über Weihnachten ahnungslos in ihre Heimat gereist. Größtenteils nahmen sie zusätzlich noch unbezahlten Urlaub, da sich sonst die weite Reise nicht gelohnt hätte. Als sie am 20. Januar ins Opel-Wohnheim zurückkehrten, hatten 200 von ihnen die Kündigung auf dem Tisch liegen. Die Werksleitung hatte es nicht für nötig erachtet, ihnen die Kündigung in ihre Heimat zu schicken. So standen viele ohne Geld da, mußten es sich von zu Hause schicken lassen oder vom Konsulat borgen.
Eins bringen die ausländischen Arbeiter aus der Bundesrepublik oft mit nach Hause: politisches Bewußtsein. In einigen Gebieten Italiens mit hoher Auswanderer- und Rückwandererquote steigt der Stimmenanteil der KPI. Nicht etwa, weil die Arbeiter in der BRD kommunistisch »infiltriert« worden wären, sondern weil sie Klassengegensätze am eigenen Leib erfahren haben.

Aufdeckung von Mißständen zu befürchten

Seit fünf Jahren versucht der jetzt 46jährige Bergmann Horst Bleuel aus Düren entweder Arbeit oder Rente zu bekommen. Nach einem schweren »Verkehrsunfall« ist er zu »70 v. H. erwerbsgemindert«.
Dem »Verkehrsunfall«, der ihn nach 12tägiger Bewußtlosigkeit als Invaliden im Krankenhaus aufwachen ließ, war eine Art Vorwarnung vorausgegangen. Horst Bleuel, damals erfolgreicher Kandidat der DFU – (in einer Vorwahl erhielt er in seinem Wahlbezirk 10 Prozent Stimmen; mehr als die CDU) – war über die Gefährlichkeit seines Tuns informiert worden. Seine politischen Gegner teilten seiner Frau telefonisch mit: »Sagen Sie Ihrem Mann, wenn er die Finger nicht von der Politik läßt, dann liegt er eines schönen Tages im Straßengraben!«
Fünf Tage später war es soweit. Horst Bleuel fuhr spät abends mit seinem Moped von einer Wahlveranstaltung nach Hause; als er nach dem Öffnen einer elektrischen Bahnschranke im ersten Gang anfahren wollte, wurde er 30 m weit weggeschleudert. Einen grauen Mercedes, den er auf sich zurasen sah, konnte er später als einzigen Anhaltspunkt der Polizei mitteilen. Die Ermittlungen wurden bald darauf als ergebnislos eingestellt.
Im neurologischen Gutachten des ersten behandelnden Arztes wurde ihm die geäußerte Vermutung, daß es sich bei dem »Verkehrsunfall« um einen politischen Racheakt gehandelt haben könnte, als Verfolgungswahn ausgelegt: ». . . er äußerte Verfolgungsideen, gab an, er sei als Angehöriger der Deutschen Friedens-Union in seinem Dorf dauernd Verfolgungen ausgesetzt und hielt den jetzigen Unfall nicht für einen eigentlichen Verkehrsunfall, sondern glaubte, überfallen worden zu sein.«
Andere politische Verfolgungen, die sogar aktenkundlich beim Gericht festgehalten waren, ignorierte der Mediziner in seinem Gutachten. 1963 war Bleuel im Kommunalwahlkampf vom Wahlvorstand Gerhard Karsten zusammengeschlagen worden. Er mußte für einen Monat ins Krankenhaus und bekam später vom Gericht 2500 Mark Schmer-

zensgeld zugesprochen. Und in eben dieser Zeit hatte ihm die »Christlich-Demokratische Arbeitsgemeinschaft« seines Wohnortes Dürwiß – eine christlicher Tradition verpflichtete Kaufmannsgilde – in einem Schreiben mitgeteilt, falls er seine politische Tätigkeit nicht aufgebe, würde er sich um seine wirtschaftliche und familiäre Existenz bringen. Auch dieser Drohung folgten Taten: Die »Rheinischen Braunkohlenwerke AG« kündigten ihm den Arbeitsplatz, weil er durch Verteilen der linken Zeitung »Tatsachen« angeblich den »Betriebsfrieden« gestört habe, obwohl gleichzeitig im Betrieb Kollegen Plaketten der revanchistischen Organisation »Unteilbares Deutschland« unbehelligt verkaufen durften.
Nach seiner Kündigung nahm sich Bleuel noch das Recht heraus, täglich in der seiner Wohnung gegenüberliegenden Werkskantine verbilligte Milch zu kaufen; er war der irrigen Auffassung, daß das Werk ihm für seine Staublunge, die er sich bei der ungesunden Arbeit geholt hatte, zumindest noch verbilligte Milch schuldig sei. Mit Schreiben vom 10. Oktober 1967 belehrten ihn die »Rheinischen Braunkohlenwerke AG« eines Besseren:
»Sehr geehrter Herr Bleuel! Wie wir in Erfahrung gebracht haben, sind Sie nach Beendigung Ihres Arbeitsverhältnisses in letzter Zeit wiederholt in unseren Betrieben angetroffen worden, obwohl Ihnen bekannt sein dürfte, daß der Aufenthalt Betriebsfremder innerhalb unseres Betriebsgeländes aufgrund bergpolizeilicher Vorschriften nicht gestattet ist. Im Hinblick darauf sehen wir uns gezwungen, Ihnen ausdrücklich jeden weiteren Aufenthalt innerhalb unseres Betriebsgeländes zu untersagen.
Glück auf.
Rheinische BraunkohlenwerkeAG.«
Außer dem Arbeitsplatz wurde Bleuel dann auch die Wohnung gekündigt. Grund: angebliche »Staatsgefährdung«. Seinem Nachbarn war von der politischen Polizei als Nebenerwerbsjob die Aufgabe übertragen worden, alle Besucher Bleuels zu melden. Darunter seien auch einige Mitglieder der KPD gewesen.
Die ebenfalls angedrohte Zerstörung von Bleuels »familiärer Existenz« gelang nicht: Bleuels damals 18jährige Tochter, die von einem Verfassungsschutzbeamten für die Be-

spitzelung ihres Vaters mit Geld für ein Auto geködert werden sollte, lehnte ab.

Der durch »Verkehrsunfall« 70 Prozent erwerbsgeminderte Horst Bleuel versucht seine Rente durchzubekommen. Die Knappschaftsversicherung erklärt ihn für »nicht rentenberechtigt«. Auf seine Klage vor dem Sozialgericht Aachen entscheidet das Gericht im Sinne der Versicherung:

»Der Kläger ist noch in der Lage, leichte Tätigkeiten in geschlossenen Räumen unter Vermeidung von Maschinenarbeiten aller Art vier bis fünf Stunden täglich zu verrichten. Diese Arbeit muß so beschaffen sein, daß sie ›nicht mit Bücken, Tragen oder Heben verbunden‹ ist und muß ›abwechselnd im Gehen, Stehen, Sitzen verrichtet werden‹ und darf außerdem ›keine Unfallgefährdung‹ mit sich bringen. Diese Tätigkeit ist dem Kläger sozial zumutbar. Er ist auf den allgemeinen Arbeitsmarkt verweisbar.«

Die richterliche Entscheidung nutzt dem ehemaligen Bergmann nichts. Der »allgemeine Arbeitsmarkt« lehnt ihn mit diesen Auflagen als unzumutbar ab. Arbeitslosenunterstützung bekommt er nicht, so das Arbeitsamt Düren, weil er zwei erwachsene Kinder habe und im Jahr vor seinem Antrag weder Arbeitslosengeld bezogen noch einer Beschäftigung nachgegangen sei, was ihm auch nicht möglich war, denn da war er ja schon krank.

Anspruch auf Rente hat er nicht, weil er nicht »berufsunfähig« ist, das Arbeitsamt vermittelt ihn nicht, weil er nicht »erwerbsfähig« ist . . .

Horst Bleuel will, wenn er schon keine Rente kriegt, Arbeit bekommen. Er klagt vorm Landessozialgericht. Das Landessozialgericht fordert ein ausführliches Gutachten vom zuständigen »Rheinischen Landeskrankenhaus« Bedburg-Hau (Kreis Kleve) an.

Dieses Gutachten »Arztsache vertraulich« vom Oktober 1970, von zwei Landesmedizinaldirektoren und einem Diplom-Psychologen unterzeichnet, verlagert das Krankheitsbild des Arbeiters Bleuel vom medizinischen in den politischen Bereich.

Mit dem Befund über den 45jährigen »vorgealtert wirkenden Mann von asthenischem Körperbau in mäßigem Ernährungs- und genügendem Kräftezustand, Größe 1,75 m, Gewicht 65 kg; Haut und sichtbare Schleimhäute ausreichend durchblutet. Zunge feucht, nicht belegt; Gang mit leicht gebeugter Haltung, unauffällig; Gebiß erheblich lückenhaft und sanierungsbedürftig«, stellt sich die ärztliche Kunst in den Dienst politischer Diffamierung. Da wird Patient Bleuel fürs »Psychologische Zusatzgutachten« sieben Tests unterworfen. Sie fallen mehr oder weniger günstig für ihn aus: »gut durchschnittliches intellektuelles Niveau«; verfügt über ein durchaus beachtliches allgemeines Wissen«; »vermag sinnvoll und logisch zu denken und sich effektiv mit einem Problem auseinanderzusetzen«; »vermag in vorzüglicher Weise früher gemachte Erfahrungen bei ähnlichen Problemen wieder zu verwerten«. Diese Testergebnisse werden nur auf einer knappen Seite abgehandelt; auf den weiteren 2½ Seiten wird Bleuel politisch seziert: »Bemerkenswert ist, daß Herr Bleuel mitunter Schwierigkeiten bei der Erfassung und richtigen Interpretation sozialer Situationen hat. Hier werden seine Sichtweisen häufig durchaus einseitig und eingeengt. Dies hat seine Begründung darin, daß Herr Bleuel ideologisch und weltanschaulich ausgesprochen festgelegt und auch engagiert ist. Seit Jahren ist er Mitglied der DKP. In bezug auf soziale Mißstände ist der Blick ausgesprochen geschärft, die Wahrnehmung ist in bezug auf solche Probleme ausgesprochen akzentuiert und fixiert.«

SUCHE
ungeachtet meiner bestehenden Gesundheitsstörungen leichte körperliche Arbeit – ohne Bücken, Tragen, Heben, abwechselnd im Gehen, Stehen und Sitzen – bei der eine Unfallgefährdung nicht besteht. Diese Arbeit ist mir – im Namen des Volkes – laut Beschluß des Landessozialgerichts NRW 2. Senat, Essen, Aktenzeichen: L 2 Kn 93/69, noch zumutbar.
Angebot an: Horst Bleuel, 516 Düren, Stettiner Straße 2.

(vergebliche Stellungssuche in Tageszeitungen)

Und noch deutlicher: »Während von psychologischer Seite im Bereich der Fähigkeiten und Fertigkeiten keine groben berufs- und erwerbsmindernden Ausfälle, sei es nun im Bereich der Intelligenz, der Aufmerksamkeit, der Konzentration, des Antriebs oder der allgemeinen Arbeitsmotivation und Leistungsbereitschaft, festgestellt werden konnten, sind von sozialer Seite her Störungen zu befürchten.« (Stö-

rungen nicht der Arbeiterinteressen, vielmehr der Profitinteressen): »Es ist bei dem emotionalen Engagement, das Herr Bleuel in bezug auf eine parteipolitische Betätigung aufbringt, mit Störungen in Betrieben, in denen Herr Bleuel arbeitet, zu rechnen.« Denn: »Durch seine parteipolitischen, mitunter fanatischen Agitationsneigungen vermag Herr Bleuel einen erheblichen Unruheherd in einem Betrieb darzustellen. Dort, wo er arbeitet, wird er sich recht engagiert an die Aufdeckung von Mißständen machen und diese auch vor der Arbeiterschaft und der Öffentlichkeit darzustellen versuchen. Dies kann so weit gehen, daß Herr Bleuel das notwendige Maß an Besonnenheit, Einsicht und Kritik nicht mehr aufbringt und gegenüber einer vernünftigen und sachangemessenen Problemerörterung blind wird.«
Die Landesmedizinaldirektoren gehen in ihrer politischen Diagnose noch weiter: »Die Äußerung, daß er sich noch zu jung fühle zum Invaliden, ist vermutlich nicht der wahre Grund, weshalb Herr Bleuel arbeiten möchte. Ihm geht es nach den gemachten Beobachtungen wohl in erster Linie darum, den Kontakt mit der Arbeiterschaft nicht zu verlieren . . .«
Ebenfalls im medizinischen Gutachten mitaufgenommen ist die Bemerkung, daß Horst Bleuel, der als 16jähriger im Dritten Reich wegen kommunistischer Betätigung 5 Monate inhaftiert war, »neunmal mit seiner Familie in die DDR hinübergefahren sei«.
Falls dem Arbeiter Bleuel vom Landessozialgericht das Recht auf Arbeit wieder verweigert wird, weiß er diesmal wenigstens, wo er dran ist. Er hat es dann den Landesmedizinaldirektoren, an denen tüchtige Werkspolizisten oder Verfassungsschutzbeamte verlorengegangen sind, zu verdanken.

Der Richter gibt vor, Recht zu sprechen im Namen des Volkes.
Der Polizist hat dafür zu sorgen, daß keinem genommen wird, was ihm gehört.
Der Arzt soll verpflichtet sein seinem ärztlichen Auftrag zum Wohle der Kranken.
Wenn der Richter die Rechtlosen rechtloser macht und die mit allen Rechten Ausgestatteten aufgrund ihrer Vorrechte

schont; wenn der Polizist die Ungeschützten und Verfolgten verfolgt und die Geschützten vor den Schutzlosen in Schutz nimmt; wenn Ärzte Kranke, statt gesund zu machen »arbeitsfähig« erklären, Arbeitsunfähige gesund schreiben und vorzeitig Rentenreife als nicht rentenberechtigt einstufen, wenn sie ihre Kunst nicht vorrangig zur Gesunderhaltung des einzelnen Kranken, sondern zum Wohl der Industrie anwenden . . ., spricht man von Klassengesellschaft.
»Schwarze Listen«, Haftbefehle, Urteilsbegründungen und selbst ärztliche Gutachten können Beweisstücke für das Vorhandensein einer Klassengesellschaft sein.

Wer erschlug den Demonstranten Rüdiger Schreck?*

München, Ostermontag 1968. 2000 Demonstranten blokkieren, wie in zahlreichen anderen Städten der Bundesrepublik, die Auslieferung der Springer-Zeitungen. Als Antwort auf die kontinuierliche Hetze von »Bild« (z. B. mit Schlagzeilen wie »Störenfriede ausmerzen«) und »BZ« gegen die Studenten, die im Mordanschlag auf Rudi Dutschke in die Tat umgesetzt worden war.

Zwei Tage später erfährt die Öffentlichkeit von zwei Todesopfern, die die Demonstrationen gefordert haben. Der Fotoreporter Klaus Frings und der Student Rüdiger Schreck wurden gegen 21 Uhr – fast zur gleichen Zeit – am Ostermontag tödlich verletzt. Noch bevor Zeugenvernehmungen stattfinden, bezeichnen Polizeisprecher und Staatsanwaltschaft Demonstranten als Täter; die tödlichen Verletzungen sollen in beiden Fällen von Steinwürfen stammen.

Unter der Schlagzeile: »Liefert den Täter aus!« schreibt »Bild« der Polizei den Täterkreis vor: »Immer mehr deutet darauf hin, daß Kommunisten die Terror-Aktionen gesteuert haben.«

»Opfer gesteuerter Terror-Aktionen, für die sich der SDS nicht zuletzt den Angehörigen dieser Toten gegenüber zu verantworten haben wird«, stellt die CSU-Landesleitung in einer Erklärung fest, und: »Wieder haben die Gewalttätigkeiten der Ostertage ein Todesopfer gefordert, erschrekkend ist erneut deutlich geworden, wohin Terror und Gewalttätigkeiten führen. Nun muß endlich Schluß sein . . .«, so Rainer Barzel anläßlich des Todes von Schreck an die Adresse der Demonstranten.

Die anderen Parteien warteten mit ähnlichen Erklärungen auf; und ein Großteil der Studenten fühlte sich – besonders nach dem Tod von Schreck, der nicht mehr mit einem zufälligen Versehen entschuldigt werden konnte –, betroffen und mitschuldig. So bekannte sich der Liberale Studentenbund in einer Erklärung zur »Mitverantwortung am Tod von Frings und Schreck«.

*In Zusammenarbeit mit Reiner Taudien.

Allgemein entstanden – vor allem unter politischen oder halbpolitisierten studentischen und nichtstudentischen Gruppen, die sich vielfach erstmalig solchen Aktionen angeschlossen hatten –, Unsicherheit und Zweifel an der moralischen Legitimation derartiger Demonstrationen. Die Staatsgewalt hatte die Toten, die sie zur Eindämmung der wachsenden Unruhe brauchte, und mit denen sie Benno Ohnesorg und Rudi Dutschke glaubte aufrechnen zu können. Der Schuldige am Tod des Fotografen Klaus Frings ist bis heute unbekannt. Die Ermittlung wurde eingestellt. Und nach über einjährigem »Ermittlungsverfahren gegen Unbekannt wegen Verdachts des Mordes oder anderem zum Nachteil des Studenten Rüdiger Schreck« glaubte die Münchener Staatsanwaltschaft am 24. 4. 1969 auch den zweiten Fall zu den Akten legen zu können: »Da der Täter nicht festgestellt werden konnte und weitere Ermittlungsmöglichkeiten nicht mehr gegeben sind, war das Ermittlungsverfahren einzustellen«, so Münchens Erster Staatsanwalt Werner Jung an den Bruder des Getöteten, Reinhard Schreck.

- Über die Tat heißt es im Einstellungsbeschluß: »Der Tod ist ausschließlich von einer durch einen Demonstranten geworfenen Holzbohle verursacht worden.«
- Über den Täter: »Ein Demonstrant, der . . . auf einem Gerümpelhaufen stand« und »eine vierkantige, fünfzig bis siebzig Zentimeter lange Holzbohle aus der Hüfte heraus warf.«

Der Bruder des Getöteten, Reinhard Schreck, jedoch kam aufgrund eigener umfangreicher Ermittlungen, die ihn bisher 7000 Mark gekostet haben, zu der Überzeugung, daß diese Deutung des Staatsanwalts nicht stimmt. Weder der Täterkreis, noch die Tatwaffe sind nach seiner Ansicht zutreffend.

Reinhard Schreck ist im Besitz eines Films, der von einem Studenten in den fraglichen Minuten des damaligen Vorgangs gedreht wurde. Die Aufnahmen zeigen einen Mann, der mit einer Filmhandleuchte einen kräftigen Schlag in Richtung der Demonstranten ausführt. Er legt sein ganzes Körpergewicht in diesen Schlag hinein. Das Zielobjekt der Handlampe ist auf dem Filmstreifen nicht mehr zu sehen, doch zeigen die Bilder deutlich, daß es sich genau um jene Stelle auf der Barerstraße handelt, auf der Rüdiger Schreck

damals getroffen zusammenbrach. Ort und Zeit werden von der Staatsanwaltschaft nicht bestritten.

Der Bruder des Getöteten ist dieser Spur in langwierigen Recherchen nachgegangen und hat herausgefunden, daß zum gleichen Zeitpunkt an der gleichen Stelle ein Filmtrupp der Polizei im Einsatz war. Polizeiführung und Staatsanwaltschaft, von ihm ersucht, diesen wichtigen Anhaltspunkt bei ihren Ermittlungen mit zu berücksichtigen, oder ihm zumindest die Namen der Beamten vom Filmtrupp mitzuteilen, wiesen dieses Ansinnen zurück; der Schlag könne ja auch von einem Beleuchter eines Fernseh-Teams, das zur gleichen Zeit dort gefilmt hätte, ausgeführt worden sein.

Im Verlauf einer sieben Monate währenden Korrespondenz mit der Polizeibehörde, der Staatsanwaltschaft und Oberbürgermeister Vogel wurde Reinhard Schreck lediglich zugesagt, »sein Vorbringen zu prüfen«. Ergebnis der »Prüfung«: Von Polizeipräsident Schreiber erhielt er die abschließende Auskunft: »Für die Ermittlungen ist die Staatsanwaltschaft München I zuständig.« Die wiederum läßt ihn über den Ersten Staatsanwalt Jung wissen: »Wir haben von der Polizei keine Angaben darüber, wer am Ostermontag beim Polizeifilmtrupp im Einsatz war.«

Indessen ließ der Staatsanwalt ganze Polizeihundertschaften vernehmen und sich von Fall zu Fall seine Tatversion, wonach Rüdiger Schreck »ausschließlich durch eine Holzbohle« getötet wurde, bestätigen, obwohl diese ominöse Holzbohle nie gefunden wurde . . .

Zeugenaussagen, die nicht in die Tatversion des Staatsanwalts passen, werden keine Beachtung geschenkt. Zum Beispiel den Aussagen des Bereitschaftspolizisten Zucker und des Zeugen Verweyen. Beide haben zum fraglichen Zeitpunkt am Tatort einen Demonstranten stürzen und mit dem Hinterkopf auf das Straßenpflaster fallen sehen. Staatsanwalt Jung versteift sich auf die Meinung, dieser Vorgang könne mit dem »Tode Schrecks nicht in Verbindung stehen«; schließlich habe dieser am Hinterkopf keine Verletzung erlitten.

Jung störte sich auch nicht daran, daß nahezu alle Bohlenwurf-Zeugen aussagten, der von dem Wurfgeschoß Getroffene sei mit dem Hinterkopf hart auf die Straße aufgeschlagen. Aus dem Polizeibericht vom 20. 4. 1968 geht hervor,

daß zur Zeit, als Rüdiger Schreck zusammenbrach, ein weiterer Zivilist verletzt wurde. Dieser zweite Verletzte, der demnach der Polizei sogar namentlich bekannt sein dürfte, sei von einer aus südlicher Richtung geschleuderten Bohle am Kopf getroffen worden. In Staatsanwalt Jungs Einstellungsbescheid wird dieser Vorfall mit keiner Silbe erwähnt. Wenn jedoch tatsächlich ein bisher unbekannter zweiter Demonstrant durch eine fliegende Holzbohle verletzt wurde, bringt gerade diese Version den Tod Schrecks in eine direkte Verbindung zum Schlag mit der Filmleuchte.
Peinlich bemüht, Überlegungen in dieser Richtung auszuschalten, würzt Staatsanwalt Jung seinen Einstellungsbescheid statt dessen mit emotionellen Redewendungen (»aufgeputschte Masse«, »aufgehetzte Masse«, »außerordentliche Gefährlichkeit einer zu Gewalttätigkeiten neigenden Masse«), die den Verdacht seiner Voreingenommenheit nachdrücklich unterstreichen. Weiter unterstellt der Staatsanwalt in seinem Einstellungsbescheid zahlreichen zivilen Zeugen, sie hätten ihre Angaben zum Teil nur in dem Bestreben gemacht, die Polizei zu belasten. Der Student Wilhelm Gerl, der diesem Zeugenkreis zugeordnet wird, hatte u. a. ausgesagt: »Ich habe nie gesehen, daß Demonstranten gegen Demonstranten warfen, habe aber beobachtet, daß bei dem stürmischen Vorgehen der Polizei geschlagen wurde und daß dabei Demonstranten zu Boden stürzten.«
Reinhard Schreck hat Gerl und auch den Studenten Bartsch aufgesucht. Sie gaben ihm folgende schriftliche Erklärung:
Bartsch: »Bei der zweiten Vernehmung deutete ich darauf hin, daß die Polizisten mit den Füßen in die Demonstranten sprangen. Der vernehmende Beamte unterstellte, daß diese Aussage unwahr sei.«
Gerl: »Die Tatsache ist, daß meine Aussage durch ihre Methoden (der Ermittlungsbeamten) beeinflußt wurde.«
Über diese sonderbaren Ermittlungsmethoden hinaus verstärkte sich Schrecks Verdacht, daß es bei dem Einstellungsbeschluß nicht mit rechten Dingen zugegangen sei, aufgrund einer Feststellung im Obduktionsbefund.

- Im Sektionsprotokoll des Krankenhauses ist eine »kreisrunde, drei Zentimeter im Durchmesser haltende, mehrere Millimeter breite, blaßrote Hautverfärbung über dem rechten Brustmuskel« vermerkt. Staatsanwalt Jung deutet im Einstellungsbeschluß diese Brustverletzung unbekümmert als »Folgeerscheinung der durchgeführten Wiederbelebungsmaßnahmen«. Die Klinik indes, in der Rüdiger Schreck damals behandelt wurde, teilte mit, es seien überhaupt keine Wiederbelebungsversuche angestellt worden; im übrigen würden Wiederbelebungsversuche auch keinen Abdruck an der Brust verursachen könne, da sie in der Klinik stets oral durch Atemmaske vorgenommen würden. Reinhard Schreck führt diesen Hauteindruck auf der Brust auf einen Stoß mit dem Stiel der Filmhandleuchte zurück, dessen Durchmesser etwa drei Zentimeter beträgt. Tatsächlich zeigt der Film unmittelbar vor der Schlagszene ein schwer überschaubares Handgemenge, in dessen Verlauf ein Stoß mit dem Stiel des Gerätes erfolgt sein könnte.

- Die Tatsache, daß ihm bis heute die Einsicht in das Film- und Fotomaterial der Polizei verweigert wird, das die damalige Situation, unter seiner Mithilfe aufhellen könnte, und das völlige Ignorieren des Tatverdächtigen vom Filmtrupp durch die Staatsanwaltschaft stimmen Reinhard Schreck mißtrauisch. Kriminalbeamter Fliese wies ihn mit den Worten ab: »Die Filme sind nicht da, um Ihre Neugier zu stillen!«
- Sogar der Überlassung von Ermittlungsunterlagen an seinen Anwalt standen nach Auffassung des Münchener Generalstaatsanwaltes Lossos vom 9. 7. 1970 »ebenso wie der Anfertigung von Ablichtungen gewichtige Gründe entgegen«.
- Staatsanwalt Jung überließ Reinhard Schreck vorsorglich nur Obduktionsbilder jener Verletzungen, die laut Einstellungsbeschluß nicht tödlich waren. Schreck, der eine Wiederaufnahme der Ermittlungen erzwingen will, braucht hingegen sämtliche Obduktionsbilder für weitere gerichtsmedizinische Gutachten, die er beim Westberliner »Institut für Gerichtliche und Soziale Medizin« und bei einem Leipziger Spezialisten bestellte. Generalstaatsanwalt Lossos rechtfertigt die Abblockung durch die Polizei und Justiz mit den Worten: »Weil nicht auszuschließen ist, daß Schreck mit Kreisen in Verbindung stehen könnte, unter denen auch der Täter zu suchen wäre.«
- Ein hoher Beamter aus dem Münchener Polizeipräsidium

deutet den Spruch seines Chefs so: »Auch die Unterlagen und Gutachten im Fall Lübke kamen schließlich aus der Zone.«

Weil die Staatsanwaltschaft Vernehmungen und Ermittlungen erwiesenermaßen einseitig durchführte, einen möglichen Tatverdächtigen weder ausfindig machte (was ihr kaum Schwierigkeiten hätte bereiten dürfen), noch verhörte; bewußt oder unbewußt den Täter von vornherein auf Demonstrantenseite sah; weil keine Zeit zu verlieren ist, wenn der wirkliche Täter noch ausfindig gemacht werden soll, jedoch eine Wiederaufnahme des Ermittlungsverfahrens nicht in Aussicht gestellt wurde; weil Staatsanwaltschaft nicht Volksanwaltschaft ist . . ., haben wir uns kurzfristig Amt und Aufgabe entliehen:

Zuerst befragen wir die von Staatsanwalt Jung als Kronzeugen angeführten Polizisten ein zweites Mal. Und zwar als »Sonderkommission 3«, die »neue Ermittlungen im Fall des getöteten Demonstranten Schreck« aufnimmt. Die Gespräche wurden jeweils im Beisein eines Rechtsanwalts mitstenografiert.

Auf Polizeihauptwachtmeister *Teucher* stützt Jung im Einstellungsbescheid seine Holzbohlen-Version: Dieser habe gesehen, »daß der Zivilist (angeblich Schreck) durch eine aus süd- bis südöstlicher Richtung geworfene vierkantige Holzbohle am Kopf getroffen wurde und daraufhin zu Boden stürzte«. Unser erster Gesprächseindruck von dem Zeugen: Teucher scheint damals der Suggestivbefragung des Ermittlungsbeamten erlegen zu sein. Dem vermeintlichen Kommissar der »Sonderkommission« räumt Teucher auf Befragen ein: »Ja, ob das eine Bohle war? So genau habe ich das bei dem Tumult nicht gesehen, irgendein Gegenstand war's, nicht wahr?« Er lenkt von dem »Gegenstand« ab: »Soweit ich mich erinnern kann, ist aber weniger der Gegenstand Schuld gewesen (am Tod – d. Verf.), sondern mehr das Umfallen.«

Kommissar: »Auf welche Stelle ist er gefallen?«

Teucher: »Auf den Hinterkopf.« Rüdiger Schreck hatte laut Sektionsergebnis am Hinterkopf keine Verletzung. Der Obduktionsbefund und auch Jung in seinem Einstellungsbescheid sagen eindeutig, daß die tödliche Verletzung Rüdiger Schreck an der linken Schläfe beigebracht wurde. (Auch

fünf der sechs Polizisten, die Jung für die Holzbohlen-Version als Kronzeugen anführt, schlossen bei ihrer Vernehmung eine Verletzung an der linken Schläfe aus.)
Dann kommt Polizeihauptwachtmeister Teucher auf Befragen auf den Vorfall zu sprechen, der in keinem Vernehmungsprotokoll erwähnt wurde, jedoch auf dem Filmstreifen des Studenten festgehalten ist. Teucher: »Es war kurz bevor der eine mit dem Kopf aufschlug, da wollten uns die Demonstranten das Seil, mit dem wir einen Keil in sie rein treiben wollten, um die Ausfahrt freizubekommen, entreißen. Da haben also die Kollegen vom Filmtrupp das gefilmt, unmittelbar an der Absperrung. Und da gab's ein Hinundhergerangel, da hat dann auch einer hingelangt. Da ist die Filmleuchte nachher auf dem Boden gelegen, und da hat man sie nachher auch gefunden ... Die (Polizisten und Demonstranten) haben sich praktisch gegenübergestanden, und da war das mit dieser Filmleuchte.«

Polizeimeister *Brandl* war Gruppenführer beim Ostereinsatz: »Ich war der Polizeibeamte, der dem Mann (dem Demonstranten) am nächsten stand.« Eine Bohle, von der Schreck getroffen worden sein soll, sah Brandl jedoch nicht. Er berichtet uns: »Ich dachte zuerst, es sei ein Stein. Der Demonstrant ist jedenfalls direkt vor meinen Augen mit dem Kopf auf das Straßenpflaster geschlagen, daß es sich anhörte, als sei er mit einem Prügel oder mit einer Keule auf den Kopf geschlagen worden. Der taumelte von vorne auf mich zu – ich mußte noch zur Seite springen – und er brach vor mir zusammen.«
Über die allgemeine Lage erzählt Brandl: »Also, Schlagstock war frei. Das steht also außer Frage. Obwohl ich selbst, soweit ich mich erinnern kann, überhaupt keinen geschlagen habe mit dem Gummiknüppel. Ich habe nur mal mit dem Fuß auf einen geschlagen, während dieser Sache mit dem Seil.«
Kommissar: »Haben Sie anschließend noch irgendeinen Tumult bemerkt?«
Brandl: »Ja, ich wußte vorher nicht, daß da ausgeleuchtet wurde, und daß unser Filmtrupp da war. Aber da ist plötzlich der Scheinwerfer, der die ganze Zeit geleuchtet hat, der ist auf einmal in hohem Bogen davongeflogen. Wo er hinge-

flogen ist, unter welchen Umständen und aus welchem Grund, das weiß ich nicht. Jedenfalls, danach war's wieder dunkel. Der Beleuchter war ja unmittelbar in meiner Nähe, so drei bis vier Meter von mir. Das war, kurz bevor der Demonstrant zu Boden ging.«

Er berichtet noch einmal, »von dem ganz dumpfen, gräßlichen Aufschlag mit dem Kopf. Als wenn man halt mit einem Prügel auf einen Kopf einschlägt.« Erneut gibt er seinem Erstaunen über die angeblich geschleuderte Bohle Ausdruck: »Ich habe nirgends neben dem Schreck eine Bohle gesehen, ich habe keine Bohle gesehen ... Ich habe nur gesehen, daß der Scheinwerfer auf einmal weg war; dann war die Leuchte weg; die ist also, ich weiß nicht, ist die geflogen oder hat's ihm einer aus der Hand geschlagen, oder *hat der damit geschlagen ...«* (genau das ist die Frage, die von der Staatsanwaltschaft jeweils ausgeklammert wurde).

Brandl erzählt noch, wie sie sich nachher im Mannschaftswagen unter Kollegen über den Vorfall unterhalten haben: »Von einer Bohle hat da überhaupt keiner gesprochen. Nur von einem gräßlichen Geräusch. Da hab' ich zu meinen Kollegen gesagt, ›wenn der nicht draufgeht, dann freß ich einen Besen mitsamt der Putzfrau‹. So genau war dies, was ich gesagt habe.«

Über viele Umwege finden wir schließlich doch noch Namen und Telefonnummer des Kameramannes vom Polizeifilmtrupp heraus, der Ostermontag Dienst hatte.

Herr *Stelzl* gibt im Gegensatz zu den zuvor befragten Polizeibeamten nur widerwillig Auskunft.

Wir melden uns wieder mit »Sonderkommission 3« und sagen, es seien wegen der damaligen Osterunruhen noch ein paar »Absicherungen« vorzunehmen.

»War damals bei Ihnen am Filmgerät irgend etwas beschädigt?« fragen wir ihn. »Da war gar nichts beschädigt«, verteidigt sich Stelzl sofort, »wie kommen Sie dazu?«

Kommissar: »Auch an der Leuchte nichts?«

Stelzl (spontan): »Die Leuchte habe ich noch. Die ist unbeschädigt.« Sie hätten damals sehr bald neue Hallogen-Filmleuchten bekommen, aber »diese Leuchte habe ich noch aufbewahrt und die Leuchte ist unbeschädigt«.

Kommissar: »Sind Sie denn von den Demonstranten damals erkannt worden?«

Stelzl: »Ja sicher. Wir waren ja das einzige Team, was zu dieser Zeit dort gefilmt hat, da war kein Fernsehen da zu der ganzen Zeit. Das wurde ja damals auch durchgegeben über Lausprecher: ›Sie werden von nun an von der Polizei gefilmt, usw.‹ Das war also etwa so zu dem Zeitpunkt, als der Demonstrant zu Boden ging. (Damit widerlegt der Polizeikameramann eindeutig die Angaben der Staatsanwaltschaft, die den Verdacht vom Polizeiteam auf andere Fernsehteams zu lenken versuchte, die angeblich gleichzeitig dort gefilmt hätten. Daß die Leuchte bei dem Schlag oder Wurf unbeschädigt geblieben sein soll, klingt unglaubwürdig!)
Im Gegensatz zu den Angaben der Polizeibeamten und im Widerspruch zur Szene des Filmstreifens, aus der klar zu erkennen ist, daß sich der Filmtrupp in unmittelbarer Nähe der Demonstranten befand, will Stelzl heute die »Feindberührung« nicht mehr wahrhaben. Kommissar: »Kamen Sie mal ins Gerangel mit Demonstranten? Versuchten die, Sie nicht schon mal bei der Arbeit zu behindern?«
Stelzl: »Ich weiß nur, wir hatten keinen Zwischenfall gehabt. Wir sind nie näher als acht Meter höchstens an die Demonstranten rangekommen. Wir hatten ja nie Berührung mit ihnen.«
Kommissar: »Ist bei Ihnen nie mal eine Vernehmung vorgenommen worden, Sie wissen, damals in der Sache Schreck?«
Stelzl (weiß sofort, wovon die Rede ist): »Nein, nie. Ich war ja auch nicht der Gruppenführer, Gruppenführer war der Oberbauer; ich war ja nur der Kameramann.« Er geht zur Offensive über: »Ich bin mir keiner Schuld bewußt! Ich sehe auch nicht ein, daß ich da irgendwelche besonderen Anstrengungen unternehme, mich daran zu erinnern! Wirklich nicht!«
Kommissar: »Wer war noch mal der Beleuchter damals?«
Stelzl (zögernd): »Das war . . . das war der Herr Viehhauser, aber der ist schon längst zwischenzeitlich in Pension gegangen.«
Kommissar: »Geben Sie mir vorsichtshalber doch mal seine Nummer.«
Stelzl (wird unruhig): »Ja, Augenblick. Aber Sie, der ist mit dem Herzen leidend, es ist also nicht gut, mit ihm darüber zu reden. Ich würde Sie also bitten, nicht anzurufen.«

Kommissar: »Ich rufe ihn heute abend ja auch nicht mehr an.«
Stelzl (versucht immer noch abzubiegen): »Nein, ich mein' überhaupt allgemein; der ist ja extra wegen dem Herzen ganz plötzlich so frühzeitig in Pension gegangen.« Nach nochmaligem Fragen kommt heraus, daß der Beleuchter Paul Viehhauser keineswegs »schon längst« in Pension gegangen ist, sondern gerade erst im Oktober. Kurz zuvor war in der Frankfurter Rundschau ein massiv-kritischer Bericht von Eckart Spoo über den Fall erschienen, in dem nachdrücklich von der Polizeiführung die Identifizierung des Beleuchters vom Polizeifilmtrupp gefordert wird. Vielleicht ist die so kurz darauf folgende Pensionierung auch nur ein Zufall ...
Ob auch folgende Auskunft auf Zufall beruht, sollte auf jeden Fall in einem Wiederaufnahmeverfahren von einem unabhängigen Untersuchungsausschuß geklärt werden.

- *Kommissar:* »Sie haben den Schreck selbst nicht zu Boden gehen sehen?« – Stelzl: »Was für einen Schreck?« – *Kommissar:* »Den zweiten Toten.« – Stelzl: »Den zweiten Toten habe ich nicht zu Boden gehen sehen, natürlich nicht, aber ich habe ihn ja gerade kurz vorher gesehen und wollte in die Richtung filmen, aber zu dem Zeitpunkt gerade hat mir mein Beleuchter, Herr Viehhauser, kein Licht gegeben ... *Da hat's also mit dem Kabel irgend was gegeben;* aber jedenfalls hat er kein Licht reingebracht. Und dann hat er gesagt, da tragen sie ihn ja schon raus. Wir dachten: Fall für uns erledigt! Zu dem Zeitpunkt haben wir ja nicht gewußt, daß er da irgendwie, ja Sie wissen's ja, dabei hops gegangen ist ...« Wie zur Entschuldigung sagt er noch: »Ich als Kameramann habe ja mit der Kamera jede Menge zu tun gehabt, da konnte ich also nicht sehen, was neben mir und um mich herum passiert. Haben Sie schon mal eine Kamera bedient ...?« (Der Grund des Lichtausfalls könnte durchaus der Schlag gegen Rüdiger Schreck gewesen sein.) Wir fragen ihn noch, ob er auch die Bohle gesehen hat, die da geflogen sein soll. Stelzl mißversteht diese Frage. Empört: »Ich, 'ne Bohle?«
- Sofort anschließend befragen wir den vorzeitig pensionierten Paul Viehhauser. Die Zeit ist zu kurz, als daß ihn Stelzl vorher noch hätte warnen können. Entweder ist Vieh-

hauser von höherer Stelle aus bereits vergattert und vorgewarnt, oder er fühlt sich bisher unerkannt und auch von einer Sonderkommission unbehelligt; (lauernd): »Wie kommen Sie überhaupt zu meiner Nummer und zu meinem Namen?«
Kommissar: »Nun, über die Akten.«
Viehhauser (in dem Wissen, daß er bisher von den Ermittlungen verschont geblieben ist): »Ich werde vorerst keine Aussage machen!« *Kommissar:* »Dann werden wir Sie auf jeden Fall vorladen lassen.«
An diesem Punkt unserer Ermittlungen haben die zuständigen Behörden die Wiederaufnahme des »Ermittlungsverfahrens wegen Verdachts des Mordes oder anderem zum Nachteil des Studenten Rüdiger Schreck« wiederaufzunehmen. Die Behauptung der Staatsanwaltschaft, »weitere Ermittlungsmöglichkeiten« seien nicht gegeben, ist hinlänglich widerlegt . . .
Nach Veröffentlichung unserer Ermittlungen in »Konkret« und in der »Deutschen Volkszeitung« (und durch Initiative der »Humanistischen Union« und der Jahresversammlung des »Verbandes deutscher Schriftsteller«) unterzeichneten mehr als 1200 Bürger folgende Erklärung:

Erklärung:
Auf Grund der ermittelten Anhaltspunkte, die zur Klärung der Tatumstände des gewaltsamen Todes Rüdiger Schrecks während der Anti-Springer-Demonstration von Ostern 1968 führen können, fordere ich die Wiederaufnahme des Ermittlungsverfahrens und die Einsetzung einer unabhängigen Sachverständigenkommission zur Überprüfung des bisherigen staatsanwaltschaftlichen und polizeilichen Vorgehens.
Die Art und Weise wie der ungeklärte Tod des Studenten Rüdiger Schreck zu einer Diskriminierung der Demonstranten und ihres Anliegens mißbraucht wurde, hat in breitesten Kreisen der deutschen Öffentlichkeit Unbehagen hinterlassen.
Die Besorgnis verstärkte sich, als Tausende von Verfahren gegen einfache Demonstranten auf der Grundlage einer angeblich gesicherten Beweislage durchgeführt wurden, hinsichtlich des gewaltsamen Todes Rüdiger Schrecks je-

doch das Vorliegen jeglichen Tatverdachts oder sonstiger Anhaltspunkte abgeleugnet wurde und ernsthafte Versuche vom Bruder des Getöteten, zur Aufklärung fundiert beizutragen, mit unsachlichen politischen Verdächtigungen abgetan wurden.
Die Aufklärung des gewaltsamen Todes von Rüdiger Schreck ist nicht nur im Namen der Gerechtigkeit, sondern auch im Interesse der Demokratie in unserem Lande notwendig.

Die Staatsanwaltschaft beugte sich dem Druck der Öffentlichkeit und nahm die Ermittlungen wieder auf, allerdings nur formal, wie die Begründung der kurz darauf erfolgten erneuten Einstellung bewies.
Der Münchener Journalist Heinz Rabbow recherchierte nach unseren Ermittlungen noch zusätzliches wichtiges Beweismaterial, das in »twen« erscheinen sollte. Jedoch durch die plötzliche Einstellung der Zeitschrift kam es nicht mehr zur Veröffentlichung.
Hier erstmals die wichtigsten zusätzlichen Beweismittel und Erkenntnisse von Rabbow, die endgültig zeigen, daß, falls es je zu einem Prozeß kommt, neben den Tätern auch die bayerische Justiz auf die Anklagebank gehört:
». . . Es scheint, als gäbe es eine Menge Leute, die ein dringendes Interesse daran haben, daß er (der Täter) *nie* gefunden wird. Denn beim Fall Rüdiger Schreck geht es um Politik, um bayerische Politik . . .«.
Die Aussagen dieser Polizisten (bei unseren Ermittlungen) zwangen die Staatsanwaltschaft, erstmalig in eine andere Richtung zu ermitteln, nämlich gegen den polizeilichen Filmtrupp, der während der Osterunruhen Beweismaterial gegen Demonstranten gesammelt hatte und jetzt unvermittelt unter dem dringenden Verdacht stand, Rüdiger Schreck mit einer Filmleuchte erschlagen zu haben.
Fast sah es nach einer sensationellen Wende aus, nach einem politischen Erdbeben. Denn ein als Täter entlarvter Polizist hätte eine sorgsam gehegte Ideologie zusammenstürzen lassen.
Aber die neuen Ermittlungen der Münchener Staatsanwälte waren rasch erledigt; wenige Wochen schon nach dem Wallraff-Artikel wurden sie erneut eingestellt, »da die weiteren

Ermittlungen ... keine Anhaltspunkte ergaben«, formulierte Oberstaatsanwalt Ludolph in seinem zweiten Einstellungsbescheid. So wurden im Januar 1971 die Ermittlungen zum zweitenmal eingestellt.
Was geschah am Ostermontag 1968? Um den Auslieferungswagen von »Bild« den Weg zu bahnen, ging die Polizei abends gegen 21 Uhr gegen die Demonstranten vor und drängte sie mit Seilen auf die Bürgersteige der Barerstraße. Warum es nötig war, die »Bild«-Wagen durch die voll belagerte Barerstraße zu leiten, warum sie nicht eine der fast freien Nebenstraßen benutzten, ist der erste ungeklärte Punkt. Wie Zeugen beobachteten, saßen auf einem Balkon der Barerstraße Münchens Oberbürgermeister Vogel und Bayerns Innenminister Merk (CSU). Die beiden obersten Verantwortlichen der Münchner Stadtpolizei beziehungsweise der bayerischen Bereitschaftspolizei durften so Zeuge der Kraftprobe werden ... Als Kronzeugen für ihre Bohlentheorie fand die Staatsanwaltschaft den Münchner Kaufmann Friedrich Sedlmayr: »Als einziger sah der Zeuge Sedlmayr den Täter, einen 23 bis 25 Jahre alten Demonstranten.« Dieser habe auf einem Gerümpelhaufen gestanden und während des Kampfs um das Absperrseil »eine vierkantige, 50 bis 70 cm lange Holzbohle aus der Hüfte heraus« geworfen. »Die Holzbohle ... traf einen Zivilisten an der linken Stirnseite.«
Diese Aussage ist von entscheidender Bedeutung für die Theorie der Staatsanwaltschaft. Was Herr Sedlmayr gesagt haben soll, hat er in Wirklichkeit nicht gesagt. Rüdiger Schreck hatte tatsächlich, das wurde im Krankenhaus festgestellt, eine beulenartig geschwollene Schürfverletzung an der linken Schläfe. Deshalb war er für die Staatsanwaltschaft, die sich krampfhaft um Beweise für ihre Bohlentheorie bemühte, so wichtig, daß ihr Kronzeuge bestätigte, die Bohle haben einen Zivilisten »an der linken Stirnseite« getroffen.
Wie diese Aussage zustande kam, schildert Herr Sedlmayr dem Bruder des Getöteten:
... »Fest steht, daß ich gesehen habe, wie ein Mann, der Zivilkleidung trug, eine Bohle schleuderte, und daß ein anderer Mann, ebenfalls in Zivil, von dem Wurfgeschoß am Hinterkopf getroffen wurde.«

. . . Das Auftreffen am Hinterkopf verfälschten sie (die Ermittlungsbeamten) zu ». . . wurde an der linken Stirnseite getroffen«.
Sedlmayr: »Ich habe bei meiner damaligen Vernehmung nicht gewußt, daß diese Einzelheiten eine Rolle spielen. Deshalb habe ich auch nicht darauf bestanden, daß alles so zu Protokoll genommen wurde, wie ich es tatsächlich gesehen hatte. Ich war in dem Glauben, es stünde fest, daß es Rüdiger Schreck war, der von der Bohle getroffen wurde.« . . .
Aber war der Getroffene wirklich Rüdiger Schreck? Gab es nur einen Getroffenen? Gab es mehrere? Gab es vielleicht nur einen, aber dieser eine war nicht Rüdiger Schreck? . . .

Der erste Staatsanwalt Jung: »Den Namen kann ich nicht sagen. Es wurde jemand später verletzt, das heißt verletzt ist übertrieben – getroffen.« Warum er diesen unbekannten Verletzten nicht in seinem Einstellungsbescheid erwähnt habe, obwohl doch wesentlich unwichtigere Beobachtungen aufgeführt wurden? »Darauf kam es nicht an!«
Weil uns die Geheimnistuerei um den unbekannten Verletzten immer merkwürdiger vorkommt, fragen wir auch Oberstaatsanwalt Ludolph, der für die Wiederaufnahme und Wiedereinstellung der Ermittlungen verantwortlich zeichnete. Er sagt: »Das ist mir nicht bekannt.« . . . Wir fanden nicht nur den unbekannten Verletzten, sondern er berichtete uns auch Erstaunliches. Daß er nämlich etwa zur gleichen Zeit und etwa an der gleichen Stelle wie – angeblich – Rüdiger Schreck von einer Bohle am Kopf getroffen wurde. Damit gerät das Ermittlungsergebnis der Staatsanwaltschaft endgültig ins Wanken.
Bei dem so lange totgeschwiegenen Unbekannten handelt es sich um den Münchner Rechtsanwalt Hans-Robert Führmann, der am Ostermontag der Anti-Springer-Demonstration zugeschaut hatte und auf der Kreuzung Barer/Theresienstraße in der Zeit zwischen 21.15 Uhr und 21.30 Uhr von einer Bohle am Kopf getroffen wurde und bewußtlos zusammenbrach. Von dem Bohlenwurf trug er eine leichte Kopfverletzung davon, die er jedoch nicht behandeln zu lassen brauchte.
Obwohl dieser wichtige Zeuge von der Polizei vernommen

wurde, ist von ihm in den 38 Seiten langen Ermittlungsbescheiden nicht mit einer Silbe die Rede.

. . . Dr. Pajkuric, einer der vier Anwälte Reinhard Schrecks: »Das ist ein ganz entscheidender Punkt, ich messe ihm ungeheuer große Bedeutung bei. Wäre es zu einem Prozeß gekommen, dann hätten wir mit der Aussage von Rechtsanwalt Führmann alle Zeugen umgeschmissen. Die Zeugen müßten jetzt alle noch einmal vernommen werden . . .«

. . . Führmann: »Ich weiß, daß die Polizei mit den gleichen Hölzern zurückgeworfen hat . . . Ich nehme an, daß ich von der Seite der Demonstranten getroffen wurde, aber das kann ich nicht mit Sicherheit sagen . . . Ich habe eine Festlegung bei der Polizei vermieden, denn es ist durchaus möglich, daß mich ein Holz beim Zurückwerfen von der Polizei getroffen hat.«

Der Zeuge Führmann sagt außerdem: »Die Polizei wollte mich auf eine Aussage festnageln, die für die Polizei günstig ist . . . Ich habe ausgesagt, was ich wußte, die Polizei wollte das ein bißchen korrigieren in ihrem Sinn. Das habe ich nicht bestätigt.« . . .

Auch ob die Lampe, die damals im Einsatz war, unbeschädigt blieb, ist nicht eindeutig geklärt. Angeschaut jedenfalls hat sich der Staatsanwalt die Lampe nicht. Er zog bei seinen Ermittlungen den bequemeren Weg vor: er fragte die Polizei. Staatsanwalt Jung: »Der Oberbauer sagt, sie sei unbeschädigt . . .«

Danach stellen sich zusätzliche Fragen

- Warum konnte Polizeimeister Brandl bei der Vernehmung durch den Staatsanwalt laut zweitem Einstellungsbescheid unwidersprochen behaupten, daß die Beamten des Filmtrupps »zur Tatzeit nicht in seiner Nähe waren.« Wallraff hatte er von unserem »Filmtrupp« erzählt.
- Warum ist im zweiten Einstellungsbescheid plötzlich nicht mehr die Rede von der Aussage Brandls gegenüber Wallraff ». . . oder hat der damit geschlagen?« Bei der Staatsanwaltschaft liest man nur noch: ». . . er nehme an, daß sie ihrem Träger aus der Hand geschlagen worden sei.« . . .

Die ringförmige Brustverletzung Rüdiger Schrecks könnte mehrere Tage alt sein – aber sie könnte ebensogut der Stoßabdruck eines Filmleuchtstiels sein. Denn es gibt Leuch-

ten, deren Griffdurchmesser ziemlich genau drei Zentimeter beträgt. Das gilt auch für die auf dem Film abgebildete Lampe.
Doch derlei Erwägungen wußte die Staatsanwaltschaft zuvorzukommen. Sie behauptet in einem ersten Einstellungsbescheid, es handle sich um »Folgeerscheinungen der durchgeführten Wiederbelebungsmaßnahme«.
Wiederbelebung? Reinhard Schreck hat sich in zwei ärztlichen Gutachten aus beiden Krankenhäusern bestätigen lassen, daß Wiederbelebungsmaßnahmen nie stattgefunden haben . . .
Wir fragten Oberstaatsanwalt Ludolph, wie er die rätselhafte Verletzung, die so gar nicht zur Bohlentheorie paßt, heute einschätzt. Herr Ludolph hat da eine Theorie: »Das ist eine gerötete Stelle, mein Gott noch mal! Der kann einen Pickel aufgekratzt haben. Das muß ja gar nicht am selben Tag passiert sein. Wie soll ich das aufklären?!«
. . . Reinhard Schreck und seine Anwälte bemühen sich seit nunmehr drei Jahren um die Genehmigung für eine Auswertung der Ermittlungsakten sowie der unzähligen Fotos und Filme vom Ostermontag. Aber bislang ohne Erfolg . . .
»Das ist mir in meiner langjährigen Praxis noch nicht vorgekommen.« Eine ihrer Absagen an Reinhard Schreck kommentierte die Staatsanwaltschaft mit der unverschämten Begründung: »Dies liegt auch im Interesse des Beschwerdeführers selbst, der ebenfalls bestrebt ist, daß der Schuldige noch ermittelt wird.« (Oberstaatsanwalt Mayer) . . .
Darüber hinaus, Reinhard Schreck könne mit den Tätern unter einer Decke stecken. Rechtsanwältin Heidemarie Stehfest: »Das ist ja absurd. Wenn das zuträfe, wäre es völlig unsinnig von uns, auf eine genaue Aufklärung zu drängen.«
. . . Warum wurde der Polizei-Beleuchter Viehhauser vorzeitig pensioniert, und zwar kurz nachdem die »Frankfurter Rundschau« in aller Öffentlichkeit eine Identifizierung des Polizei-Filmtrupps verlangt hatte?
Erster Staatsanwalt Jung sagt: »Nur um dem Vorwurf zu begegnen, ich hätte nicht alles getan, nach Vorstellungen des Herrn Schreck, kann ich keine Steuergelder ausgeben.«
Und Generalstaatsanwalt Lossos hat kein Verständnis dafür, daß wir »diese olle Karmelle ausgerechnet heute wieder aufwärmen wollen«.

Gegengeschichten zur Bildzeitung

Manipulation: Eine ungeschulte und politisch unmündig gehaltene Masse dorthin steuern, wo man sie hinhaben will, ohne daß sie in der Lage ist, zu beurteilen, ob dies für sie vorteilhaft ist oder nicht.

»Jedem das Seine« – Warum »Bild« eine schöne Geschichte erfand –

Es ist bekannt, daß »Bild« Nachrichten einseitig herausstellt und verfälscht, Fakten unterschlägt und verdreht, um Massen unmündig zu halten und zu verdummen, damit die so Verdummten am Ende noch an ihrer eigenen Unterdrükkung Spaß haben. Nach welchen Methoden Springers »Bild« gerade den unterprivilegierten Schichten, die verstärkt der Aufklärung bedürfen, seine Meinung aufzwingt, stellt sich bei einem Test heraus: »Bild« manipuliert nicht nur Nachrichten, es erfindet welche, auf daß ihr Weltbild verbreitet wird.
Am Montag, dem 13. April 1970, wartete »Bild« mit dem Hauptaufmacher auf Seite 1 auf: »Heute bin ich mal der Chef«. Darüber: »Für einen kleinen Angestellten wurde ein Traum Wirklichkeit, den Tag für Tag Millionen träumen.« Damit die so Angesprochenen nicht auch ihre Chefwünsche in den Tag hinein zu träumen wagen, wird in der Unterzeile bereits vom Scheitern des Experiments berichtet: »Aber am Abend hatte er die Nase voll.«
Der angebliche Sachverhalt wird so dargestellt: »Der Fahrer Johann Dürkschnieder (54) aus Stukenbrock bei Paderborn, war für einen Tag Chef von 320 Angestellten und mußte feststellen: »Gar nicht so einfach, Chef zu sein.«
Im nächsten Satz wird von der Chancengleichheit berichtet, nämlich daß beide ›mal klein und gleich angefangen haben‹ und aus dem einen aufgrund von mehr Fleiß oder mehr Können – das wird suggeriert – der Chef wurde und aus dem anderen halt nur der »Johann«. »Vor 40 Jahren hatten stolz zwei Stifte in der Gießerei ihre Lehrverträge unterschrie-

ben. Aus dem einen wurde der Chef des Unternehmens. Der andere, Johann Dürkschnieder, wurde einer seiner Fahrer«. Aus Anlaß dieses zufälligen »Doppeljubiläums« läßt »Bild« nun die Probe aufs Exempel machen: *Ist die Welt zu Recht in die da oben und die da unten, in Reiche und Arme, Mächtige und Ohnmächtige unterteilt?* »Als die beiden Männer jetzt ihr Dienstjubiläum feierten, verkündete der Chef vor der Belegschaft: Für einen Tag wollen wir die Rollen tauschen. Johann, spiel du mal Chef.«
Soll der »Johann« jetzt doch – stellvertretend für alle Nicht-Chefs – unter Beweis stellen, ob er den schweren Aufgaben eines Chef-Daseins überhaupt gewachsen ist und Unternehmer und Unternommene austauschbar sind. Was läßt »Bild« so einen Untergebenen erst einmal tun; »Johann Dürkschnieder ließ sich das nicht zweimal sagen. Minuten später saß er am Schreibtisch des 60jährigen Firmeninhabers Anton Brechmann« – und, so »Bild«, statt zu arbeiten »rauchte er eine dicke Zigarre«. Damit nicht genug: »Er ließ sich dann zum erstenmal in seiner Laufbahn während der Arbeit eine Tasse Kaffee kochen«. Die schönen Seiten des Chef-Daseins, »wovon Millionen Tag für Tag träumen«, läßt ihn »Bild« noch vollauf bewältigen.
Aber dann kommen wie in einem Alptraum die Pflichten auf Johannes Dürkschnieder zu, er versagt jämmerlich: Zuerst »wurde sein Gesicht immer länger«. Denn: »Plötzlich fingen drei Telefone gleichzeitig an zu klingeln. Sekretärinnen kamen zum Diktat, und er wußte nicht, was er diktieren sollte. Geschäftsfreunde mahnten fällige Aufträge an.« »Bild« läßt den »Chef auf Zeit« stöhnen: »So viel Anrufe habe ich mein Leben lang noch nicht entgegengenommen. Betriebsangehörige wollten einen Vorschuß. Sogar über Gehaltserhöhung sollte ich entscheiden. Dabei war ich selbst immer froh, wenn ich selbst genug in der Lohntüte hatte«. Die Rechte eines Chefs genießen kann er, aber bei den Pflichten läßt ihn »Bild« versagen. »Als es ans Zahlen geht, türmt er: »Fluchtartig verließ er das Chefbüro, als Rechnungen auf seinen Tisch flatterten, die sofort bezahlt werden sollten.«
Die Moral von der Geschichte, die »Bild« dem Leser aufdrängen will:
»Jeder steht da zu Recht, wo er steht; Klassenunterschiede

sind berechtigt; neide keinem Besitz noch Stand, er hat schwer daran zu tragen; sei glücklich, daß du nur der Johann bist.«

Diese Erkenntnis läßt »Bild« seinen ca. 12 Millionen Lesern durch seine Versuchsperson übermitteln: »Und am Abend, als sein Chef ihn nach Hause fuhr, sagte er erschöpft: ›Ich freue mich schon wieder auf morgen, wenn ich wieder den Lastwagen fahren kann. Vom Chef-Spielen habe ich die Nase voll‹.«

Damit könnte es genug sein. Die Absicht von »Bild« ist deutlich erkennbar. Der Test an sich ist absurd genug, ohne Einarbeitung kann keiner so einen neuen Job von heute auf morgen bewältigen.

Eine Fahrt an den Ort des angeblichen Geschehens zeigt jedoch, mit welchem Zynismus »Bild« Vorkommnisse und Verhaltensweisen erfindet, um Massen das sehen zu lassen, was »Bild« sie sehen lassen möchte. Die harmloseste Fälschung ist noch: Dirkschnieders Chef und Firmeninhaber Anton Brechmann hatte sein Dienstjubiläum schon vor drei Jahren.

Aber auch sonst stimmt an der Geschichte rein gar nichts. Der Test fand nicht statt, der Redakteur, der für den Artikel zeichnet – Pichel – war an dem betreffenden Tag überhaupt nicht am »Tatort«, der Springer-Fotograf, der aus Essen anreiste und die Fotos stellte, auf Dirkschnieders Frage »Und wer schreibt den Artikel?« . . . »Der ist schon geschrieben«. Der Bericht, der bei Springer unter »Vorproduktion« lief, ist wahrscheinlich ein Produkt des politischen Mixstudios aus Axel Cäsar Springers Hauptquartier, gestartet gegen Mitbestimmung und das Mündigwerden der Arbeiter. In einer Aktennotiz eines leitenden Springer-Mitarbeiters heißt es z. B. zur jetzigen Strategie des Hauses: ». . . So könne doch der klare Angriff gegen jeden Ansatz der erweiterten Mitbestimmung (von allen Seiten national und international beleuchtet) eine Zielrichtung sein . . .«

Zehn Minuten lang durfte Johannes Dirkschnieder an seinem Jubiläumstag für Springers »Bild« Chef-Sein demonstrieren. Dirkschnieder: »Kurz nach halb fünf, als die Angestellten Büroschluß machten – die Arbeiter haben nach drei Uhr Schluß –, der Betrieb stand still«. Eine attraktive Sekretärin aus einem Zweigwerk wurde entliehen und posierte für

»Bild«, indem man sie z. B. Dirkschnieder auf den Schoß setzte. Drei Telefone konnten überhaupt nicht schrillen, da im Chefzimmer nur zwei stehen.
Der mißbrauchte Jubilar, der nach 40jähriger Tätigkeit bei derselben Firma immer noch im Stundenlohn steht und zwischen 750 und 800 DM verdient, sich mit seinem Chef duzt, »aber natürlich nur, wenn keine Kunden dabei sind«, fühlt sich, seitdem er von »Bild« für dumm verkauft wurde, allenthalben verspottet: »Wo ich auch hinkomme, lacht man mich aus. ›Hallo, der Chef kommt, so dumm möchten wir auch mal sein‹.«

»Bild« – Dein Rächer und Helfer – Wie »Bild« die Bösen bestraft und die Guten belohnt –

»Die ›Bild‹-Zeitung ist die Zeitung der großen Vereinfachung, aber die Fähigkeit der Redakteure, in dieser Vereinfachung das Wesentliche zu sagen, scheint mir hochentwikkelt zu sein.«

Josef Hermann Dufhues, CDU-Bundestagsabgeordneter

»Stellenangebot 1971 – Mutti gesucht!« Mit dieser 15-cm-hohen Hauptaufmacherzeile auf Seite 1 widmete sich die »Bild«-Zeitung am 27. Januar 1971 einer der »erschütterndsten Zeitungsanzeigen dieser Tage«.
»Ein verzweifelter Vater hat das Inserat aufgegeben, um seine vier Kinder vor einem trostlosen Heimdasein zu bewahren.«
Grund, laut »Bild«: »Denn ihre leibliche Mutter Rita Z. (30) aus Wesel hat sie am 26. Oktober 1970 verlassen.« Als »Gewissen der Nation« stellt »Bild« die treulose Mutter, die so grob einem »Bild«-Leitspruch (»Die deutsche Familie ist in Ordnung, sie ist ganz und gar Familie«) zuwiderhandelte, an den Pranger:
»Ihr ist es gleichgültig, was aus Andrea (4), Udo (3), Britta (2) und Heiko (1) wird.«
»Bild« weiß von den Gefühlen der Frau zu berichten: »Es kümmert sie nicht, ob die vier Kinder nach ihr rufen und sich nach den Armen ihrer Mutter sehnen. Es ist ihr egal, ob ihre Kinder ohne Mutterliebe aufwachsen.«

Damit noch nicht genug: »Bild«: »Die herzlose Frau hinterließ ihrem Mann einen Brief, in dem sie wörtlich schrieb: ›Ich erkläre mit dem heutigen Tage, daß ich an meinen Kindern kein Interesse mehr habe und daß ich sie nie wiedersehen werde.‹«
Diesen, wie »Bild« eingesteht »kaum glaublichen Brief«, läßt das Massenblatt den Ehemann Karl-Heinz Z. »auf dem Wohnzimmertisch finden«. »Fassungslos las der blonde untersetzte Mann diese Zeilen.« Und nachdem die Empörung der rund 10 Millionen »Bild«-Leser genug angestachelt ist, stellt »Bild« im nächsten Satz den wahren Schuldigen vor: »Und kurze Zeit später tauchte ein türkischer Gastarbeiter namens Ali bei ihm auf und sagte: Wenn du deine Frau suchst – sie ist bei mir . . .«
Damit nicht der geringste Verdacht aufkommt, die Ehefrau hätte am Ende Gründe haben können, ihren Mann zu verlassen, beschwört »Bild« durch die Aussage des Ehemannes eine glücklich harmonische Eheidylle herauf: »Warum hat sie das nur getan?, fragt er sich immer wieder. Wir waren doch fünf Jahre lang glücklich verheiratet.«
Welche Absichten »Bild« mit so einer halbseitigen auf dem Titelblatt aufgemachten Mitleid und Empörung weckenden Einzelschicksals-Story bei seinen Lesern verfolgt, ist hinreichend bekannt. Die »Bild«-Zeitung, die nach außen hin zwar mit allen Mitteln den Eindruck eines »Volksblattes« zu erwecken versucht, sich intern jedoch als »exzellente Interessenvertretung der Arbeitgeber« bekennt, und die planmäßig durch sie Verdummten zynisch »Primitivos« nennt, lenkt dadurch von den wirklichen politischen Problemen ab, sie schafft es, daß der Arbeiter – immerhin lesen noch 50 % der Arbeiter als einzige Tageszeitung »Bild« – seine Situation nicht als änderbar begreifen lernt, sondern als zufällig und schicksalhaft. Als Urheber für seine Probleme, die ihm in Krisenzeiten vielleicht sogar schon mal als Misere zugestanden werden, werden ihm nie die an ihm Profitierenden vorgeführt, statt dessen Ausgebeutete wie er – oder noch wirkungsvoller – Vertreter von Minderheiten oder Minderheiten an sich, wie demonstrierende Studenten oder »Gastarbeiter«, auf daß er seine angestauten Ängste und Aggressionen am falschen Platz abreagiert.
Unabhängig davon werden im vorliegenden Fall »Mutti ge-

sucht« die Gründe ausgespart, die eine derartige Ehe zum Scheitern gebracht haben könnten. Ausschließlich aus dem Blickwinkel des Ehemannes schildert »Bild« die Ehe. Weder wird versucht, gesellschaftliche Hintergründe, noch sonstige Voraussetzungen für das Scheitern der Ehe sichtbar zu machen.
Die Frau ist böse, »herzlos«, der wahre Schuldige der Türke. »Bild« appelliert an die alleinstehenden Frauen der Nation, dem unschuldig »mutti«losen Ehemann Mutter für seine »an-den-Bettstäben-rappelnden«, »wartenden«, »am-liebsten-den-ganzen-Tag-gestreichelt-werden-wollenden« Kleinen zu sein. »Die Richtige« braucht nur gefunden zu werden, und – dank »Bild« – wäre die Welt wieder in Ordnung.
Ich suchte die Akteure der »Bild«-Geschichte auf: Herr Z. in seiner Wohnung in Wesel. Er ist erst 30, sieben Jahre jünger, als »Bild« ihn Deutschlands unverheirateten, geschiedenen und verwitweten Frauen offerierte. Dafür ist seine Wohnung kleiner als ausgeschrieben: statt sechs sind es vier Zimmer.
Herr Z. spielt die Rolle, wie sie »Bild« für ihn geschrieben hat. Er spricht nicht von seiner Frau, sondern von der »Mutti«, die ihm, obwohl sie »keinen Grund hatte, und immer wunschlos glücklich war, mit dem Türken betrogen« hätte. Herr Z. ist bei der Sortierung der zahlreichen Bewerberinnenbriefe, die ihm »Bild« beschert hat. Von einem 18jährigen »anspruchslosen und hingebungsvollen Mädchen«, bis zur ausgereiften Studienrätin, die sich mit ihm, dem Arbeiter, sexuell nicht einlassen möchte, dafür jedoch ihre ganze Liebe den armen im Stich gelassenen Kleinen schenken will, hat er unter hundert Angeboten die freie Auswahl. Er erzählt, wie »Bild« ihn zur Redaktion nach Essen fuhr und ihn einen Tag lang mit Bewerberinnen aus ganz Deutschland telefonieren ließ und einen neuen Artikel »Die neue Mutti soll nie schimpfen« nachzog.
Herr Z.: »Seitdem das in der ›Bild‹-Zeitung war, würde ich unsere erste Mutti nicht mehr nehmen, selbst wenn sie auf den Knien angerutscht käme.« Herr Z. fühlt sich der Springer-Zeitung zu großem Dank verpflichtet: »Ich hatte an die geschrieben, daß die meine Frau aufstöbern. Die wollen jetzt noch zwei weitere große Berichte bringen. Und wenn

ich mich für eine entschieden habe, ganz groß über das ›Happy-End‹.«
Daß er für seine Frau nicht mehr der einzige gewesen sei, sagten ihm Nachbarn, als er von einer seiner mehrmonatigen Montage-Arbeiten nach Hause gekommen ist: »Ich hätte das nie im entferntesten bei meiner Frau für möglich gehalten. Ich habe immer gedacht, die hat ja vier Kinder von mir, die ist voll ausgelastet.« Er scheint seine Frau als Besitzgegenstand anzusehen: »Ich habe ihr, als ich es wußte, ihre Kleider und sonstigen Sachen eingeschlossen und ihr den Reisepaß abgenommen. Bei Verheirateten ist das ja kein Diebstahl, habe ich mal gelesen. Die kriegt ihre Kleider nicht wieder. Wissen Sie, was ich damit mache, ich schicke sie in die Ostzone zu einer Tante, die ungefähr ihre Größe hat.«
Herr Z. berichtet, wie sich seine Frau vor ihm versteckt hielt, als »Bild« sich der Sache annahm. »Wir haben die beiden in Dortmund aufgestöbert. In einer kleinen Änderungsschneiderei, in der der Türke arbeitete. – Also, ich versteh' es nicht, daß man sich mit einem Ausländer und dann noch so einem, einlassen kann, so einem schäbigen Kerl, der stotterte, hat einen kleinen Buckel, hat es mit den Nerven, er wackelte mit dem Kopf so ab und zu. – Zusammen mit einem Journalisten der »Neuen Welt«, der durch »Bild« auf die Sache gestoßen war und eine noch mal so große Sache bringen wird, haben wir sie nachts gestellt, Polizei gerufen, die kamen mit Streifenwagen. Ich sage, da sind sie drin, über die die »Bild«-Zeitung groß berichtet hat. Ich werde das nie vergessen, den Anblick, als wir eindrangen. Ich sage zu den Polizisten, der ist das. Ich sage, du hast das letztemal in Deutschland Luft geholt. Wie die da hausten! Die hatten auf einer Zwischendecke Matratzen liegen, wo sie zum Schlafen mit Leitern raufkletterten. Das ist doch eine Sauerei, das kann ich ruhig sagen, auf deutsch, da poppen die da oben und waschen können sie sich nicht. Pfui Teufel, da könnte ich ausspucken dafür. Da kommt meine Frau runter, da habe ich nur gesagt, Rita, ich hätte dir alles zugemutet, du warst eine hübsche Frau, aber unter so erbärmlichen Verhältnissen, wo du hier wohnst, das sind ja Zigeunerverhältnisse, Zigeuner wohnen ja besser . . . Ich beantrage, ich lasse meiner Frau sämtliche Rechte für die Kinder abspre-

chen, die darf die nie mehr sehen . . . Die Genugtuung, die ich habe, ich will jetzt, daß meine Frau . . ., daß der Türke ausgewiesen wird; an 1. Stelle, der soll weg. Denn das ist eine Abschreckung für alle Ausländer.«

Frau Z. hält sich bei ihren Eltern in der Nähe der holländischen Grenze auf. Sie verläßt kaum das Haus, aus Angst von »Bild«- oder »Neue Welt«-Reportern neuerlich aufgespürt zu werden. (Ihre Aussagen wurden überprüft und durch eidesstattliche Erklärungen belegt.)

Die Frau, der ihre Kinder laut »Bild« »gleichgültig« sind und der es »egal ist, ob ihre Kinder ohne Mutterliebe aufwachsen«, wurde von »Bild« nie nach ihren Gefühlen und nach ihrer Meinung gefragt.

Frau Z.: »Man konnte unser Zusammenleben eigentlich schon lange nicht mehr als Ehe bezeichnen. Dreiviertel unseres Zusammenlebens war er ständig unterwegs auf Montage und wenn er mal da war, trank er meistens nachts in den Kneipen. Das 2. Kind war eigentlich schon kein Wunschkind mehr, aber da habe ich mich noch mit abgefunden, aber als dann nacheinander das 3. und 4. Kind kam, weil er nicht wollte, daß ich die Antibabypille nahm . . ., das 5. Kind war eine Frühgeburt, zum Glück, muß ich sagen. Er hat immer gedroht, er würde mir noch mehr Kinder andrehen, du bist schließlich meine Frau, hat er gesagt, dann kannst du wenigstens gar nicht mehr raus.

Mein Mann kannte den Türken, Herrn K., schon lange, bevor ich ihn kannte. Durch meinen Mann habe ich ihn kennengelernt. Ich hatte für seine Änderungsschneiderei Näharbeiten zu machen.

An dem Abend, als die Nachbarn meinem Mann über mich und Herrn K. berichteten, hat er mich in der Wirtschaft ›Hure‹ genannt und gesagt, er wolle mich nach Düsseldorf fahren und auf den Strich schicken. Er hat gesagt, ›Ich habe dich mit mehreren Frauen betrogen‹, das sei jedoch etwas ganz anderes, als wenn eine Frau so was machen würde. Er ging mit dem Brotmesser auf mich los, aber Leute in der Wirtschaft hielten ihn zurück.«

Sie berichtet über das Zustandekommen des laut »Bild« von »der herzlosen Frau hinterlassenen Briefes an ihren Mann«.

Frau Z.: »Von ›auf-dem-Wohnzimmertisch-hinterlassen‹, wie »Bild« das ausmalt, kann gar nicht die Rede sein. Ich

arbeitete bereits in Bocholt, in einer Kleiderfabrik und wohnte im Hotel, als mein Mann mir nach der Arbeit auflauerte, mir die Tasche mit den Papieren wegriß und mich mit einem Totschläger – einer Spirale, die durch Knopfdruck heraussprang – zwang, zu schreiben, daß ich kein Interesse an meinen Kindern mehr hätte und sie nicht mehr wiedersehen wolle. Als ich mich zuerst weigerte, sagte er, ›da wollen wir doch mal sehen, ich mache die Kinder kaputt und dich auch.‹ Dann hat er mir noch einen Schuh ausgezogen und den Mantel mittendurch gerissen.
Spätestens bei der Scheidung werde ich versuchen, daß mir wenigstens zwei Kinder zugesprochen werden, welche ist mir egal.«
»Bild«, immer noch mit Abstand die meistgelesene Tageszeitung der Bundesrepublik, hat es mit seiner »Mutti-gesucht«-Aktion wieder einmal verstanden, zwar außerhalb des Gerichtssaals, aber nach Springer-eigenen Gesetzen Recht und Ordnung wiederherzustellen, zu bestrafen und zu belohnen in einer Art sich selbst regulierender Volksjustiz, in Form von Menschenjagd.
Frau Z. wurde aufgrund des »Bild«-Artikels zweimal erkannt und verlor ihre Stelle: »Anderthalb Monate hatte ich z. B. in Dortmunds teuerstem Hotel, dem ›Römischen Kaiser‹, wo die Zimmer zwischen 50 und 150 DM kosten, gearbeitet, als ich kurz nach 10 Uhr von der Hausdame zum Direktor gerufen wurde. Als ich reinkam, hielt er die »Bild«-Zeitung auf dem Tisch und schrie mich an: ›Sind das Ihre Kinder?‹ und da sage ich drauf, ob ich die »Bild«-Zeitung erst mal sehen dürfe. Ich habe mir nun die Fotos angesehen, lesen konnte ich in der Aufregung nichts und sage, ›ja, das sind meine Kinder.‹ Da sagt er: ›Das wäre eine Schweinerei, denn er hätte selber drei Kinder, er wüßte, wie das wäre, er würde die »Bild«-Zeitung sofort anrufen und er würde von meinem Lohn sofort eine Fahrkarte besorgen und mich in den nächsten Zug setzen. Als ich sagte, das ginge nicht so einfach, hat er gesagt ›innerhalb einer halben Stunde haben Sie Ihre Sachen gepackt und sind hier verschwunden.«
Ihr Freund, der Türke K., wurde ebenfalls zur Strecke gebracht. Herr K. seit 8 Jahren in der Bundesrepublik, ohne bisher straffällig geworden oder sonst mit der Polizei zu tun

gehabt zu haben, sitzt in Dortmund seit der nächtlichen Festnahme in »Abschiebungshaft«. Eine Begründung seiner Inhaftnahme wurde ihm nicht mitgeteilt. Der zuständige Oberamtsrichter Hoyer erklärt auf telefonische Anfrage hin, zu »so einer prekären Angelegenheit« wolle er keine Stellungnahme abgeben. Im übrigen: »Ich weiß ja auch nichts Näheres, was nun im einzelnen gegen den Mann vorgebracht wird.«

Der Beamte vom Ausländeramt der Stadt Dortmund erklärt auf Befragen: »Die Ausweisung ist nur noch nicht durchgeführt worden, weil zur Zeit wegen des Streiks der Lufthansa keine technischen Möglichkeiten bestehen.«

Der einzige Paragraph des Ausländergesetzes der für die Abschiebung des Herrn K. herhalten könnte, wäre § 10, Ziffer 11: »Ein Ausländer kann ausgewiesen werden, wenn seine Anwesenheit erhebliche Belange der Bundesrepublik Deutschland . . . beeinträchtigt.«

Man sieht: Wenn »Bild« sich der kaputten Ehe des Herrn Z. gebührend annimmt, können daraus sehr bald »erhebliche nationale Belange« werden.

Während der Türke K. in seiner Zelle auf die Abschiebung wartet, hat »Bild«, solange die Sache noch »heiß« ist, ein »Happy-End« zu bieten. Wieder Seite 1, Schlagzeile »Du bist die Richtige!« Karl-Heinz Ziebell und seine neue Frau.«

»Bild« als vorsorgende Ehestifterin, die alte Ehe war zwar noch nicht geschieden, jedoch diesmal drückt »Bild« ein Auge zu. Denn als »Bild« über das Schicksal dieses Mannes und seiner Kinder berichtete, meldeten sich mehr als 400 Frauen.«

Jedoch bei der dritten bereits stellte der »verlassene Ehemann fest: Es war Liebe auf den ersten Blick«.

»Dank ihrer Autorität nimmt die Zeitung dem Leser das Ordnen, Sichten und Bewerten der Ereignisse, welche die gegenwärtige Welt repräsentieren, ab.«

Aus der hauseigenen »Bild«-Analyse

Warum »Bild« einen Lehrling in drei Monaten 20mal die Lehrstelle wechseln ließ

»Auf die Bild-Zeitung kann man sich verlassen.«
Hessens CDU-Vorsitzender Alfred Dregger, März 1971 in »Bild«

»Bild« läßt beim Erfinden von Geschichten immer mehr die primitivsten journalistischen Sorgfaltspflichten außer acht. Anscheinend glaubt Springer »Papier ist geduldig«, und hofft dasselbe von seinen Lesern. Nach dem Auflagenverlust der »Bild«-Zeitung zu urteilen (25 % weniger in 4 Jahren), erkennen immer mehr Leser, daß die Interessen des Herrn Springer in krassem Widerspruch zu den ihren stehen.
Beim Bericht, wie ihn »Bild« am 5. April seinen Lesern vorsetzt, fehlt nur die Vorbemerkung »Es war einmal . . .«, um ihn den Lesern als das vorzustellen was er in Wirklichkeit ist: ein bösartiges Märchen.
Der Journalist, der in dem Artikel zum Verbreiten der Unwahrheit fast zwei Dutzend Sätze bemüht, hat sich bei einem einzigen Satz einen Stilbruch, d. h. die Wahrheit geleistet.
»Herbert V. (14) aus Köln war im August vergangenen Jahres aus der Schule entlassen worden.« Dieser eine Satz stimmt voll, ist allerdings für sich allein nicht stark genug, um die von »Bild« beabsichtigten Akzente zu setzen.
Das schafft dafür die fettgedruckte Schlagzeile: »Der Junge, der in drei Monaten 20mal die Lehrstelle wechselte – Tankstelle oder Konditorei: Die Arbeit war ihm immer zu schwer.« So ist das also, denkt der unvoreingenommene Leser, der zwar nicht in »Bild«, dafür vielleicht aber schon mal in der Tagesschau gesehen hat, wie Lehrlinge auf der Straße gegen Ausbeutung und für mehr Rechte demonstriert haben: ›demonstrieren können sie, zum arbeiten sind sie zu faul!‹ Da man mit Tieren weniger förmlich umzugehen braucht als mit Menschen und von daher auch leichter mit ihnen fertig wird – (wie z. B. mit den Juden im 3. Reich, die man, bevor man sie als solche behandelte, zuvor in »Wanzen und Ungeziefer« umbenannte und eingedenk Straußens Umbenennung der Studenten in »Tiere« und »Schweine«)

nennt »Bild« den Lehrling »fauler als ein Faultier«. Ein Besuch bei den Eltern des zum »Faultier« Abgestempelten, ein Gespräch mit ihm, ein Blick auf seine Lohnsteuerkarte und ein Besuch bei seinen zwei Lehrstellen, ergeben den wirklichen Sachverhalt. Der »Bild«-Bericht verfährt nach dem Schema der mittelalterlichen Hexenverbrennungen (einmal als Hexe verdächtigt, wird ihr jede Reaktion als Bestätigung des einmal gefaßten Verdachts zu ihrem Nachteil ausgelegt. Was früher in der Praxis so aussah: warf man sie gefesselt in den Fluß und ging sie nicht unter, war es der Beweis, daß sie mit übersinnlichen Mächten in Verbindung stand und sie wurde zum Scheiterhaufen geführt, ging sie unter, hatte sie es auch nicht besser verdient.) Der Lehrling kann tun, was er will, alles wird ihm als Symptom seiner Faulheit zur Last gelegt. »Bild« unterstellt: »Um sich von den ›Schulstrapazen‹ zu erholen, machte er erst einmal vier Monate Ferien. Erst als seine Mutter drängte: ›Du mußt endlich anfangen zu arbeiten‹, suchte er sich eine Lehrstelle als Tankwart.« – Richtig ist, daß er nicht 4 Monate, sondern den für alle Schulentlassenen obligatorischen einen Monat Ferien (als Begleiter seines Vaters auf dem Fernlaster) machte, und die erste Lehrstelle – als Automechaniker bei Daimler Benz – bereits während seiner Schulzeit und nicht erst auf Drängen seiner Mutter vereinbart wurde.
»Bild« fährt fort: »Doch schon nach drei Tagen feuerte der Chef ihn. Denn Herbert V. hatte die Kunden aufgefordert: ›Putzt eure Windschutzscheiben selbst.‹ Und wenn er Benzin auffüllen sollte, schimpfte er noch: ›Ihr Tankschloß klemmt. Schrauben Sie es selber auf, sonst gibt es keinen Sprit.‹« – Seine erste Lehrstelle beendete Herbert V. nicht auf beschriebene Weise, nach drei Tagen, sondern erst nach einem Monat, weil er sich nicht für den Beruf des »Mercedes«-Automechanikers eignete.
Weiter lügt »Bild«: »Auch in seiner nächsten Lehrstelle, einer Konditorei, blieb er nur drei Tage. Statt Kuchenbleche zu tragen und Teig zu kneten, naschte er den Zuckerguß von den Torten.« Tatsächlich hielt es der Lehrling auf seiner 2. Lehrstelle, in der Konditorei Hochkirchen, nicht drei Tage, sondern 6 Wochen aus und der Grund der Auflösung des Lehrvertrages war nicht etwa »Naschen«, sondern einige Male »Zuspätkommen«, wie mir Konditoreibesitzer Hoch-

kirchen versicherte, der, wie er sagte, nie von einem »Bild«-Zeitungsjournalisten über seinen ehemaligen Lehrling befragt worden ist.
Eine weitere Lehrstelle dichtet der erfindungsreiche »Bild«-Journalist seinem Opfer so an: »Aus einer Textilfirma verschwand Herbert V. schon am ersten Tag.« Grund: »Weil er eine Kiste tragen sollte. Den Meister hatte er angeknurrt: ›Ich bin doch kein Schwerathlet‹.« Und noch eine Lehrstelle erfindet »Bild« dazu: »Bei seiner nächsten Lehrstelle war der Junge zu faul, nur 200 Meter weit zum Mittagessen nach Hause zu gehen. Statt dessen stahl er Lebensmittel in einem nahe gelegenen Geschäft.« – Hier unterschlägt »Bild«, daß der Mundraub nicht aus Faulheit geschah, sondern weil Herberts Mutter zu der Zeit im Krankenhaus lag. Selbst die Zahlkarte, die Herberts Mutter im Gerichtssaal vergaß, ist für »Bild« ein Dokument für die »Faulheit des Lehrlings«: »ließ die Zahlkarte im Gerichtssaal liegen und meinte vorwurfsvoll: ›Die ist mir zu schwer‹.«
Neue Unterstellung von »Bild«: »Dann setzte der junge Faulpelz sich ins Taxi und fuhr nach Hause«. (Hier wird deutlich der Haß der Millionen »Bild«-Leser, die sich nicht so ohne weiteres ein Taxi leisten können, gegen den »arbeitsscheuen«, aber scheinbar über Geld verfügenden [woher nur?] Lehrling mobilisiert).
In Wirklichkeit ging Herbert nach der Gerichtsverhandlung den halbstündigen Weg nach Hause mit seiner Mutter zu Fuß; sie wollte sparen.
Der Schluß des Artikels ist so konstruiert, daß hier besonders stark der Verdacht aufkommt, der ganze Bericht sei zusammengebastelt um der um sich greifenden Lehrlingsbewegung eins auszuwischen, sie durch einen erfundenen Einzelfall zu diskriminieren, durch einen sogenannten »Trend«-Artikel, wie sie Springer zu vielen politischen Anlässen, z. B. – laut Hauserlaß – »gegen jede Form der erweiterten Mitbestimmung« provoziert. Da wird der Begriff, der in der Lehrlingsbewegung – und nicht nur dort – mit Beispielen und Inhalten belegt, das profitsteigernde Ausplündern des Menschen durch den Menschen als »Ausbeutung« bezeichnet, im »Arbeitgeber«-Sinn gebraucht.
Von »Bild« mit entsprechend »schlimmen« Eigenschaften

ausgestattet muß jeder annehmen, der Lehrling »beutet« seine Chefs aus, und nicht umgekehrt; der Lehrling, nicht der Unternehmer übt Willkür aus; dem Lehrling, nicht dem Unternehmer geht es viel zu gut. Nicht mehr Rechte für die Unterdrückten, die Lehrlinge, sondern alle Rechte den Unterdrückern, den Unternehmern.

Im Schlußsatz von »Bild« liest sich das schließlich so: »Bevor er jetzt eine neue Lehrstelle sucht, will er sich zunächst noch einige Wochen ausruhen. ›Denn‹, so meint er, ›bei diesen Arbeitgebern werde ich ja doch nur ausgebeutet.‹«

Das »Ausruhen« hat »Bild« dem Lehrling selbst beschert. Bei einer neuen Lehrstelle, die Herbert V. über das Arbeitsamt bereits festgemacht hatte, wurde ihm, als er am Tag des Erscheinens von »Bild« mit seiner Arbeit dort anfangen wollte, diese wieder entzogen. Kommentar: »So ein Faultier können wir hier nicht gebrauchen.« Bei einer anderen Bewerbung wurde ihm mit ähnlichem Argument eine Einstellung verweigert. Der Begriff Ausbeutung, der ihm vom »Bild«-Journalisten in den Mund gelegt wurde, ist für Herbert V., als ich ihn danach fragte, zwar ein unbekanntes Fremdwort, die Anwendung jenes Prinzips hat er dafür allerdings schon am eigenen Leib besonders krass erfahren. Nach Scheitern des 2. Lehrverhältnisses verdingte sich Herbert V., »da ich ja Geld verdienen mußte«, auf einer Tankstelle. Hier stellte man ihn als »Lehrling« ein, ließ ihn die gleiche Arbeit machen wie die Vollbezahlten und zahlte ihm dafür ein Lehrlingsgeld. Als seine Eltern herausfanden, daß der Tankstellenbetrieb nicht berechtigt war, Lehrlinge auszubilden, da der »Lehrherr« weder Gesellen- noch Meisterbrief besaß, sie daraufhin einen angemessenen Lohn für ihren Sohn verlangten, wurde ihm mit der Begründung gekündigt, er habe die Stoßstange eines Wagens beschädigt. Unter diesem Vorwand wurde Herbert V. für seine 6 Wochen Arbeit kein Pfennig Lohn bezahlt.

Diesen Fakt hielt der »Bild«-Zeitungsmann nicht für wert mitzuteilen, vielleicht weil er nicht erfunden, sondern wirklich passiert ist und dem Wort Ausbeutung einen konkreten Sinn gegeben hätte.

Über die Vorgeschichte der »Bild«-Zeitungsgeschichte gäbe es noch zu berichten; die Verhandlung vor dem Jugendgericht war im Schutzinteresse des Jugendlichen nicht öf-

fentlich, auch die Presse war ausgeschlossen. Der »Bild«-Zeitungsjournalist schien jedoch »höheres Interessengut« wahrzunehmen, er konnte an der Verhandlung teilnehmen und, wie er inzwischen andeutete, durch übliche »Honorarzuwendungen« an Jugendgerichtshilfebeamte, wurde ihm die Adresse seines »Opfers« preisgegeben. Bereits von Anfang an schien für ihn der »Fall« gelaufen. Zu einem Kollegen: »Den machen wir jetzt zum faulsten Jungen Deutschlands.« »Bild«-Redakteur B. und »Bild«-Fotograf Sch. machten sich zur Wohnung des 14jährigen auf, wo sie ihn alleine antrafen. Sie gewannen sein Vertrauen mit der Bemerkung »wir waren im Gericht und haben dich gut gefunden.« Sie überredeten ihn, die Haltung einzunehmen, die ihnen für »Faulheit« am sinnbildlichsten erschien. Mit übereinandergeschlagenen Füßen auf dem Küchentisch. B. heute: »Er wollte nicht so recht. Bei seinem rechten Bein gab's Schwierigkeiten, da mußten wir noch etwas nachhelfen.«
Samstag vor Ostern findet sich »Bild«-Journalist B. bei Familie V. ein, um zu beschwichtigen. Herr V. hat angekündigt, Anzeige wegen »Verleumdung« zu erstatten und er will Schadenersatzansprüche geltend machen.
Er sieht seinen Beruf gefährdet, da er seit der Veröffentlichung immer wieder seinen »mißratenen Sohn« vorgehalten bekommt und ihm Aufträge mit besonders wertvoller Fracht seitdem entzogen werden.
Ich nehme an der Besprechung als »Schwager« von Herrn V. teil. »Bild«-Redakteur B. ist Mitte 30. Er findet nicht die Situation vor, wie er sie gewohnt zu sein scheint.
»Bin ich hier denn in einer Gerichtsverhandlung?«
»Ja, Sie haben sich hier zu verantworten, stellvertretend für Herrn Springer«, sage ich. Zuerst versucht der Redakteur von sich abzulenken. Das »fauler als ein Faultier« sei nicht von ihm, bemerkt er, sondern erst in Hamburg von der Redaktion reingesetzt worden. Außerdem habe er auch ein paar positive Bemerkungen über den Jungen im Manuskript gehabt, die seien von der Hauptredaktion dann gestrichen worden.
Er ist ein guter Springerbediensteter. Als ich bemerkte, daß es sich nun langsam herumspräche, wie »Bild« Nachrichten verfälsche, direkte Lügen verbreite usw., droht er, das könne Konsequenzen für mich haben; wenn ich das öffentlich

verbreite, gäbe das eine Anzeige. Als ich ihm sage, daß ein Gerichtsentscheid vorliegt, der die Behauptung dieser Tatsache ausdrücklich erlaube, wird er etwas unsicher. An einem Wahrheitsbeweis scheint er nicht interessiert. Er lehnt es z. B. ab, sich die Lohnsteuerkarte des Jungen anzusehen. Statt dessen beruft er sich auf »Informanten, deren Anonymität« er nicht preisgeben würde. Eher würde er in »Beugehaft« gehen. Auf meine Frage, warum er den Jungen zwar fotografiert, ihn aber nicht zur Sache befragt habe? B.: »Ich brauche mit ihm überhaupt nicht zu verhandeln, denn er ist ja nicht geschäftsfähig.«
Zum Schluß verabschiedet sich B. jovial von Herrn V., der vor Erregung während des Gesprächs einige Male zitterte: »Legen Sie sich erst mal hier auf der Eckbank rund, dann werden Sie schon wieder ruhiger.« Und: »Schadenersatzansprüche zu stellen, hat überhaupt keinen Zweck, da kommen Sie gegen uns doch nie an.« Und als zynische Schlußpointe: »Versuchen Sie es doch mit einer Gegendarstellung. Ich werde Ihnen da gern behilflich sein. Ich kenn' ja schließlich die Fakten.« –

»Da kommen Sie gegen uns doch nie an« – was heißt das? Das heißt: Macht schafft Recht, und wir werden immer recht behalten, weil wir die Macht haben. Das heißt: Glauben Sie doch bloß nicht, hierzulande herrsche gleiches Recht für alle. Das heißt: Bleiben Sie still, wie es sich für Sie gehört, und finden Sie sich mit dem Schaden ab, denn wenn Sie uns, die immer recht behalten, verklagen sollten, dann – denken Sie an die Prozeßkosten – würde der Schaden für Sie nur noch größer werden.
Ich will hier nicht auf die bundesdeutsche Justiz überlenken, etwa auf die Bestechlichkeit von Justizbediensteten, von der Günter Wallraff in derselben Reportage spricht. Erwähnt sei allerdings die Tatsache, daß sich Verleger Axel Springer im Prozeß gegen Horst Mahler wiederholt Brüskierungen des Gerichts erlaubte, daß deswegen Ordnungsstrafen gegen ihn verhängt wurden, daß er die Strafen aber nicht – wie viele andere, denen etwa einmal während einer Verhandlung ein Zwischenruf entfahren ist – absitzen mußte, daß er vielmehr nur mit Geldstrafen belegt wurde, deren Höhe gemessen an seinem Hundertmillionen-Vermögen lächer-

lich gering war, und daß er den Betrag von zusammen 1500 Mark dann doch nicht zu zahlen brauchte. Vor Gericht sind nicht alle gleich. Darum wird Herbert V.s Vater wohl auch gar nicht erst beginnen, gegen Axel Springer zu prozessieren. Und die Staatsanwaltschaft? Gibt es einen Staatsanwalt, der es wagte, Springer wegen Mißhandlung, systematischer Mißhandlung kleiner Leute – Herbert V., Rita Z. und vieler anderer – vor Gericht zu bringen?

Axel Springer ist mächtig. So mächtig, daß er Tag für Tag als oberster Richter dieses Staates, der laut Grundgesetz ein Rechtsstaat ist, fungieren darf. Seine »Bild«-Zeitung verkündet vor einem Publikum von zehn Millionen Lesern die Urteile. Harte, schicksalhafte Urteile. Wer in die Mühle der Springer-Justiz geraten ist – Schuld oder Unschuld spielt vor diesem Volksgerichtshof keine Rolle –, der muß damit rechnen, daß seine persönliche Ehre und seine berufliche Existenz verloren sind und daß er fortan nur unter ständigen Schikanen »Bild«-lesender Mitbürger leben kann.

Axel Springer ist so mächtig, weil er über ein Verlagsimperium gebietet, dessen Ausmaß sich ein Hugenberg nicht hätte erträumen können; und im andauernden, staatlich geduldeten, wenn nicht geförderten Konzentrationsprozeß fallen ihm immer noch weitere, bisher selbständige Zeitungen – Druckmaschinen mitsamt technischem, kaufmännischem und redaktionellem Personal – anheim. Ja, Springer kauft ganze Redaktionen ein und läßt sie, die bisher vielleicht kritisch-aufklärerisch-demokratisch ihrer öffentlichen Aufgabe nachgingen, nun schreiben, was er ihnen per Hauserlaß vorschreibt. Per »Bild«-Zeitung – um nur die größte seiner vielen Zeitungen und Zeitschriften zu nennen, zu denen inzwischen noch eine gewaltige Buchproduktion, Kassettenfernsehen usw. hinzugekommen sind – schreibt er zehn Millionen Lesern vor, wie sie sich zu verhalten haben, formt sie mit Lüge und Hetze zur »Bild«-Leser-Volksgemeinschaft. Welcher Politiker könnte diese Macht ignorieren? Siehe Ostpolitik, siehe Mitbestimmung.

Axel Springer ist »gegen jede Form der erweiterten Mitbestimmung«. Wen wundert es, daß er seine Macht nicht freiwillig mit anderen teilen möchte? In seinem Konzern gilt nicht einmal die minimale Form der Mitbestimmung, wie sie nach dem Betriebsverfassungsgesetz in anderen Unterneh-

men gilt. Der sogenannte Tendenzparagraph, den auch die sozial-liberale Koalition nicht anzutasten wagte, macht Springer zum unumschränkten Herrn über alle seine Setzer, Drucker und Redakteure. Redaktionsstatute? Ein Pressegesetz, das die Unabhängigkeit der Journalisten gegenüber dem Verleger und den bei ihm inserierenden Öl-, Auto-, Zigaretten- und Waschmittelunternehmern sichern würde? Nein, Springer ist »gegen jede Form der erweiterten Mitbestimmung«.
Aber: Mehr und mehr Journalisten – auch im Hause Springer – organisieren sich in der Gewerkschaft und – noch nicht im Hause Springer – engagieren sich für Redaktionsstatute, für allgemeine Regelungen zur Kompetenzabgrenzung zwischen Verlag und Redaktion. Vielleicht wird eines Tages auch »Bild«-Redakteur B. lernen, nicht mehr, wenn er die Macht Axel Springers meint, »wir« und auch nicht mehr, wenn von der Besiegbarkeit zentral gesteuerter Lüge und Hetze die Rede ist, »nie« zu sagen. Er sollte bald darüber nachdenken und er sollte auch – gemeinsam mit Kollegen und im Bündnis mit den Demokraten in unserem Lande – handeln.

Eckart Spoo
Vorsitzender der »dju« (Dte. Journalistenunion)

In einem hessischen Konzern veröffentlichte der Betriebsratsvorsitzende in den Mitteilungen an die Arbeiter kontinuierlich die Gegengeschichten zur »Bild«-Zeitung. Bei einer vor kurzem erfolgten Umfrage ergab sich, daß von ca. 1500 Arbeitern nur noch 35 »Bild« weiterlasen. Allen anderen war bewußt geworden, daß »Bild« alles andere als ihre Interessen vertritt.

Schwierigkeiten beim Veröffentlichen der Wirklichkeit hinter Fabrikmauern

Pressefreiheit sei in der Bundesrepublik »die Freiheit von zweihundert reichen Leuten, ihre Meinung zu verbreiten«. Dieses hinreichend bekannte, aber nicht oft genug in Erinnerung zu bringende Zitat von einem des Kommunismus Unverdächtigen, dem konservativ-liberalen Publizisten Paul Sethe, der u. a. für die FAZ und die »Welt« schrieb, bezieht sich auf unsere Zeit, gestützt auf seine persönlichen Erfahrungen. »Der Kapitalismus machte aus den Zeitungen kapitalistische Unternehmen, Werkzeuge der Profitmacherei für die Reichen, der Information und des Zeitvertreibs für sie, Werkzeuge des Betrugs und der Irreführung der werktätigen Massen.« Dieses in der Konsequenz fast dekkungsgleiche Zitat ist von Lenin. Es läßt den Verdacht aufkommen, daß die Verhältnisse damals und die Verhältnisse heute im Prinzip nicht so verschieden sind.
Im Grundgesetz Artikel 5 wird die Pressefreiheit garantiert: »Jeder hat das Recht, seine Meinung in Wort, Schrift und Bild frei zu äußern und zu verbreiten und sich aus allgemein zugänglichen Quellen ungehindert zu unterrichten.« Und das Bundesverfassungsgericht hat dieses Grundrecht dahin interpretiert, daß Pressefreiheit bedeute: »Bestand einer relativ großen Zahl von selbständigen und nach ihrer Tendenz, politischen Färbung oder weltanschaulichen Grundhaltung miteinander konkurrierenden Presseerzeugnissen.« Sieht man dagegen, daß allein 50 Prozent der Arbeiter infolge zermürbender, geisttötender Industriearbeit und aufgrund einseitig verteilter Bildungsprivilegien der Suggestion der »Bild«-Zeitung erliegen, weiß man, daß es mit der »Pressefreiheit« meist nicht weit her ist.
Die Macht des Springer-Konzerns findet ihren Ausdruck nicht allein durch Anwendung oder Mißbrauch von Macht, sondern bezeichnenderweise spricht man hier bereits von »Macht durch Verzicht auf Einsatz von Macht« (im religiösen Sprachgebrauch würde man es »Gnade« nennen), gekennzeichnet durch die Nichtanwendung möglicher Druckmittel gegenüber anderen Verlagen und Publikationsorga-

nen, zum Beispiel von den Konzern-Bossen gebührend als Akt der Großzügigkeit herausgestellt – die Nichtaufnahme lokaler Anzeigen in den Westberliner Ausgaben der »Welt« und der »Hör zu!«, die Nichtverbreitung von »Bild am Sonntag« in Westberlin und vor allem die Auftragserteilung von »Bild«-Druck an andere Zeitungsdruckereien. Hier nur einige Zahlen solcher sich selbst noch als »unabhängig« oder »überparteilich« bezeichnenden Presseorgane, die weitgehend von Springer-Konzern-Aufträgen abhängig sind: etwa die »Hannoversche Presse« (Eigenobjekt = 150000 Auflage, »Bild«-Druck = 460000 Auflage), die Frankfurter Societätsdruckerei (eigene und andere Objekte: 500000 Auflage, »Bild«-Druck: eine Million Auflage), Bechtle Verlag, Eßlingen (Eigenobjekt: 30000 Auflage, »Bild«-Druck: 550000 Auflage); dementsprechend wird Verleger Bechtle innerhalb der Branche als »Springers starker Mann in der Provinz« bezeichnet, und die Zahlen beweisen, daß er auf dem Pressesektor lediglich ein kleines Lehen des Großfürsten bewirtschaftet: die Ausrichtung seines Eigenblattes ist folgerichtig mit Springer deckungsgleich.

Das Beispiel des Kölner Verlegers DuMont-Schauberg belegt, daß nur absolute Loyalität und Wohlverhalten des Lohndruckers gegenüber seinem überlegenen Geschäftspartner entsprechend honoriert wird. (DuMont-Schauberg machte mit Eigenobjekten 370000 Auflage, »Bild«-Druck 730000 Auflage.) Nach der Einstellung des Boulevardblattes »Der Mittag« durch die miteinander verbundenen Verlage Springer und Betz in Düsseldorf, gründete DuMont-Schauberg eine Düsseldorfer Lokalausgabe seines Boulevardblattes »Expreß«. Die Reaktion Springers: Er kürzte den »Bild«-Auftrag um vorerst 70000 Exemplare. Während der Ostertage 1968, als demonstrierende Studenten und Arbeiter die »Bild«-Druckereien belagerten, weigerte sich DuMont-Schauberg, zusätzlich 28000 Exemplare der Frankfurter »Bild«-Ausgabe zu drucken, wozu er vertraglich auch nicht verpflichtet war. Konsequenz: Springer zog seinen gesamten »Bild«-Druckauftrag zurück. In diesem Fall zeigte sich besonders drastisch, daß ökonomische Abhängigkeit bis zur Erpressung und möglichen Ruinierung von »Geschäftspartnern« ausgenutzt werden kann. Verständlich, daß selbst von Springer unabhängige Druckereien vor Druckaufträgen zurückscheuen, die den Unwillen des Konzerns hervorrufen können. Als Ostern 1968 die Zeitschrift »Pardon« eine Anti-Springer-Sonderausgabe herausbringen wollte, weigerten sich mehrere Druckereien aus Furcht vor möglichen Pressionen, den Auftrag auszuführen. Das Urteil von Sebastian Haffner ist nicht übertrieben: »Schon heute lebt jede noch existierende Zeitung in Deutschland sozusagen von Springers Gnaden – und weiß es; es dürfte keine mehr geben, der er nicht, wenn er es darauf anlegte, so oder so das Lebenslicht ausblasen könnte.«

Gleichzeitig werden die Möglichkeiten, solcher Abhängigkeit und Uniformierung wirksam entgegenzutreten, immer mehr eingeschränkt. Gewerkschaftsorganisationen und Journalistenverbände verweisen auf die »Einengung und Verschlechterung des journalistischen Arbeitsmarktes« wie auch auf die »schwindende Freiheit und Unabhängigkeit der journalistischen Arbeit« im Gefolge der Pressekonzentration. Allein 1966/67 sind mehr als 100 Journalisten aufgrund von Einstellung oder Einverleibung ihres Blattes durch den Springerkonzern zu Springer übergewechselt. Das Absinken der Zahl selbständiger Zeitungen erhöht die Abhängigkeit des Journalisten, denn je weniger selbständige Redaktionen es gibt, desto geringer werden die Möglichkeiten, sich einem Druck seitens der Eigentümer oder auch nur einer Anweisung des Chefredakteurs durch Wechsel zu einem anderen Presseorgan zu entziehen. Die Drohung, auf absehbare Zeit entweder arbeitslos oder von Springer übernommen zu werden, dürfte nicht gerade dazu beitragen, die Meinungsfreudigkeit der Journalisten zu stärken. Wenn die Behauptung zutrifft, daß die Selbstzensur des Journalisten oft genug größer ist als die ihm auferlegte Zensur dann hat das mit darin seine Ursache.

Wer zum Beispiel am Bildschirm erlebt hat, in welch devoter Art Klaus Harpprecht Axel Cäsar Springer interviewte, wie er ihm die Fragen mundgerecht servierte, jede kritische Fragestellung dabei vermied und wie er sich beeilte, ihm aus dennoch nicht zu vermeidenden Verlegenheiten herauszuhelfen, kommt nicht umhin festzustellen, daß hier jemand seinen künftigen (oder bereits jetzigen) Herrn bediente.

Als Conrad Ahlers im Februar 1970 öffentliche erklärte, die Springer-Presse manipuliere und verfälsche Nachrichten, kam er erst gar nicht dazu, dem Beweis anzutreten. In der Öffentlichkeit entstand der Eindruck, hier sei vorschnell geurteilt worden und Beweise lägen nicht vor; ein kurz nach diesem Eklat nur durch zufällige Indiskretion bekanntgewordener Besuch Springers bei Ahlers' Chef Brandt gab Aufschluß darüber, wie der Konzernherr an höchster Stelle seine Interessen zu wahren verstand.
Eine von der Zeitschrift »Pardon« vorgelegte Dokumentation zeigt dagegen, wie einfach es gewesen wäre, den Wahrheitsbeweis für die Behauptungen anzutreten. Die Journalisten von »Pardon«, denen bestimmt nicht die Möglichkeiten des Bundespresseamtes zur Verfügung stehen, überprüften in einer Zeitspanne von nur drei Wochen stichprobenartig Meldungen der »Bild«-Zeitung auf ihren Wahrheitsgehalt. Das Ergebnis: »Zu einem großen Teil waren die Artikel in »Bild« reine Erfindungen, Verfälschungen und gröbste Manipulation.
Bei den meisten Organen der Massenpresse ist der Verkaufspreis weit unter den Herstellerpreis gesunken, so daß Zeitungen nur noch durch Anzeigeneinnahmen bestehen können und Großkonzerne durch gemeinsame Anzeigenpolitik über Auflagenhöhe und Bedeutung und letztlich über den Bestand der einzelnen Blätter zu entscheiden in der Lage sind. Der »Spiegel« müßte mehr als das Doppelte kosten, wenn er ohne Anzeigen auskommen wollte. Vor dem Krieg rechnete man noch mit einem Erlös von 65 Prozent aus dem Vertrieb; heute müssen die Anzeigen etwa diesen Anteil hereinbringen (bei Illustrierten beträgt er im Durchschnitt 80 Prozent).
Auch die Tageszeitungen bemühen sich verstärkt um die Anzeigenaufträge der Markenartikelfirmen. So entsteht leicht der Eindruck – wie zum Beispiel bei der »Rheinischen Post«, einer Zeitung für »christliche Kultur und Politik« –, daß es sich um riesige Anzeigenblätter mit einem redaktionellen Teil handelt. (Die »Rheinische Post« bot ihren Lesern in den letzten Jahren pro Jahr durchschnittlich 10000 Anzeigenseiten und 6000 Textseiten.) Entsprechend groß sind die Einflüsse der heimlichen »Mäzene« von der Industrie. Als ein Redakteur in der »Rheinischen Post« vor

einigen Jahren anläßlich der Neuvermählung des Kaufhauskonzernkönigs den Selbstmord von Hortens Frau mit zu erwähnen wagte, verlangte Horten von der Zeitung, daß der verantwortliche Redakteur unverzüglich entlassen werde. Als die Zeitung zögerte, verhängte Horten Anzeigenboykott.
Ein Artikel von mir in der Zeitschrift »Konkret« über den Horten-Konzern (Protokolle von Verkäuferinnen und Verkäufern in Konfrontation zum feudalen Lebensstil und zur Steuerflucht des Konzernherrn) fand ebenfalls nicht die Gunst von Horten. Einen Tag nach Erscheinen des Heftes verhängte Horten einen Boykott.
Am 23. Oktober ging unter der Nummer 2961 ein internes Fernschreiben an alle Horten-Warenhäuser der Bundesrepublik, abgefaßt im kategorischen Pluralis majestatis: »Wir wollen ab sofort nr. 22 vom 21. 10. 71, die wochenzeitschrift »konkret« nicht mehr führen und zwar wegen ihrer pornografisch-anreißerischen aufmachung und ihrer anarchistischen redaktionstendenz. vorhandene bestaende bitte remittieren = horten«
Dieses Bannschreiben, worin den Geschäftsführern der Hortenfilialen der wirkliche Grund für den Boykott verheimlicht wird, bekam ich von einem ehemaligen Direktionsmitglied von Horten zur Kenntnis gebracht, das aufgrund langjähriger Erfahrungen aus nächster Nähe in Horten inzwischen einen »white collar-Gangster« erster Größenordnung sieht.
Selbst der »Stern«, noch die wagemutigste Großillustrierte, muß aus Existenzgründen Rücksichten auf ihre Großanzeigenkunden nehmen. Als Ende 1970 von Redaktionsseite gefordert wurde, einen Bericht über den von den Gewerkschaften geforderten Bildungsurlaub für Arbeiter zu bringen, intervenierte Chefredakteur Nannen persönlich: Dieses Thema könne der »Stern« frühestens im Frühjahr bringen; denn jetzt November/Dezember würden die Anzeigenetats vergeben, und das würde die Industrie nicht gerade freuen. Man könne nur auf einer Seite vorpreschen, und das sei die Innenpolitik. Wenn alle Ressorts mit derartigen Themen aufwarten würden, würden die Anzeigenkunden davonlaufen.
Der »Stern« bekam wegen seiner nicht immer unterneh-

merfreundlichen Haltung Repressalien zu spüren. (Wie im folgenden Brief einer großen Firma, die ihre Anzeigenkündigung mit dem angeblich linkstendierenden Kurs der Illustrierten begründet):
»Wir wollen nur in Zeitschriften inserieren, die dem Informationsbedürfnis des Lesers genügen und nicht statt dessen unbefriedigende Manipulation bieten. Sie werden deshalb Verständnis haben, daß wir unsere Werbeagenturen anweisen, laufende Anzeigenkampagnen im »Stern« zu stornieren und für künftige Streufälle den »Stern« unter den gegebenen Umständen nicht zu berücksichtigen.«
Eine Kopie des Schreibens schickte die Firma an fünf Werbeagenturen.
Ein »Stern«-Redakteur, dem ein Artikel über Steuerflucht Sanktionsdrohungen eintrug, bemerkt dazu: »Wenn sich drei große Anzeigenkunden zusammentun, dann wäre das Blatt hin. Wenn Unilever, Flick und Quandt sagen, in dem Blatt inserieren wir nicht mehr, dann ist das das Ende aller Zeiten. Wissen Sie, brauchen die bloß zu sagen, Sie können davon ausgehen, wir haben Mercedes, VW und die ganzen Waschmittel, wenn das alles wegbleibt, das überlegen Sie mal lieber.«
Wie vor kurzem bekannt wurde, existiert ein sogenanntes »Frühstückskartell« der Industrie, das darüber zu beschließen hat, Zeitungen und Zeitschriften, die sich nicht eindeutig genug zu den Prinzipien der freien Marktwirtschaft bekennen, mit Inseraten auszuhungern.
In der liberalen »Zeit« wird gleichermaßen Rücksichtnahme geübt. Als im »Zeit«-Magazin ein Kriegsfoto aus Amman erscheinen sollte (ein Vater, der sich über sein schwer verwundetes Kind beugt), schaltete sich die Anzeigenabteilung ein, die auf der gegenüberliegenden Seite eine Coca-Cola-Anzeige eingeplant hatte. »Wir müssen vorher bei Coca-Cola anfragen, ob das Foto kommen darf.« Es durfte nicht. Coca-Cola: »Kein Tropfen Blut auf unserer und der gegenüberliegenden Seite.« Das den Krieg anprangernde Foto entfiel zugunsten der den Durst anregenden Anzeige.
Insgesamt kann man sagen: Die Pressefreiheit des Journalisten hat spätestens da ihre Grenzen, wo die Interessen der Großanzeigekunden beginnen. Auf jeden Fall gilt: Solange die Existenz einer Zeitung von ihrem Anzeigenaufkommen

abhängt, wird es ein Organ, das die Interessen seiner Inserenten vertritt, leichter haben als eines, das sie bekämpft. Ich habe solche Rücksichtnahme auf Großanzeigekunden bei meiner Arbeit des öfteren zu spüren bekommen. Der »Stern« wollte zum Beispiel 1967 einen Bericht mit meinen Recherchen über bewaffnete Werkschutzeinheiten, die im Notstandsfall gegen streikende Arbeiter eingesetzt werden sollten, bringen. Der Artikel war geschrieben, als die Firma Mannesmann, die darin genannt war, von der bevorstehenden Veröffentlichung erfuhr. Folge: Protestanmeldung durch sofortige Intervention beim Anzeigengeschäftspartner, dem »Stern«- und »Zeit«-Herausgeber Bucerius. Wie plump vertraulich hier seinerzeit Absprachen getroffen wurden und eine Hand die andere wusch, erfuhr ich erst im vorigen Jahr über eine undichte Stelle im Mannesmann-Konzern. Da hatte Geschäftsfreund Bucerius Geschäftsfreund von Eichborn, den Leiter der wirtschaftspolitischen Abteilung des Mannesmann-Konzerns, zu beruhigen gewußt (i. e. Schreiben v. 12. 6. 67):

»Lieber Herr von Eichborn,
natürlich freut sich die ›Stern‹-Redaktion, daß sie an der Sache Wallraff vorbeigekommen ist. Daß er schon einmal vom Presserat getadelt wurde, war mir neu, ist aber bezeichnend . . . Mit den besten Grüßen, auch daheim,

bin ich stets

Ihr Bucerius«

Im gleichen Schreiben geht Bucerius dann noch kurz auf einen zu lancierenden Bericht über ein Herstellungsverfahren des Mannesmann-Konzerns ein:
»Strangguß ist eine Sache, die ich kaum verstehe. Aber ich gebe Ihren Bericht einmal der ›Zeit‹. Vielleicht kann die Wirtschaftsredaktion etwas damit beginnen.«
Bezeichnend ist in diesem Zusammenhang auch die Tatsache, daß die Pressereaktionen auf meine in »Pardon« veröffentlichte Werkschutz/Werkselbstschutz-Reportage in großaufgemachten Dementis der von mir namentlich genannten Firmen bestanden. Besonders in den engeren Einflußgebieten der Unternehmen (Ruhrgebiet, Hannover, Kassel) sprachen die Kommentare der Tageszeitungen fast

ausschließlich zugunsten der Großanzeigekunden. Der Einfluß der Industrie erstreckt sich genauso in die von der Satzung her »öffentlich-rechtlichen Anstalten« Rundfunk und Fernsehen hinein. Bis jetzt hatte jeder umfassende kritische Bericht von mir zur Folge, daß kein zweiter in derselben Anstalt gebracht werden konnte. Die Vertreter der Industrie in den Programmbeiräten oder direkter Einfluß auf den Intendanten sorgten dafür.

Eine vierteilige Sendefolge von mir »Die Betriebsreportage« im Abendstudio des Hessischen Rundfunks wird vom »Rundfunkspiegel« des Deutschen Industrieinstituts als »sozialpolitische Hetze« disqualifiziert, der Redaktion »Mißbrauch des Rundfunks« vorgeworfen.

Die Ausstrahlung einer verkürzten Fassung der Sendefolge durch den WDR bezeichnet Dr. Triesch, Leiter der Abteilung »Verbände, Parteien, Recht« des Deutschen Industrieinstituts als »klassisches Beispiel für die unsachgemäße Behandlung des Sachbereichs Wirtschaft«. »Gesellschaftlich kritische Reportagen ohne Korrektur durch sachliche Information können verhängnisvoll wirken in einer Zeit, in der die Mehrzahl der Bevölkerung sorgenvoll nach der weiteren wirtschaftlichen Entwicklung fragt und in der die geistigen Schichten sich für den ihnen fremden Lebensbereich, Betrieb und Wirtschaft interessieren.«

Der »Rundfunkspiegel« droht dem WDR: ». . . Hier ist schon gelegentlich der Premiere im Hessischen Rundfunk . . . festgehalten worden, daß es sich bei diesen kunstlos auf Papier gebrachten ›Eindrücken‹ um übelste sozialpolitische Hetze handelt, und es bleibt unverständlich, was den WDR bewogen haben könnte, dieses Klassenkampfmachwerk unter dem irreführenden Programmtitel ›Industrie-Reportagen‹ nunmehr auch noch auf der weiterreichenden, im In- und Ausland beachteten NDR/WDR-Mittelwelle auszustrahlen. . . . Dieser sozialpolitische Unfall des WDR, dessen bösartige Unausgegorenheit nicht nur der 23jährige Autor, sondern vor allem die Programmdirektion zu verantworten hat, muß für den Programmbeirat ein Anlaß sein, von der verantwortlichen Leitung eindeutige Auskunft auf die Frage zu verlangen, welche Absichten mit der Verbreitung von Unternehmens- und Industriebildern eigentlich verfolgt werden, für die es Originale in der Bundesrepublik Deutschland nicht gibt.«

Der Programmbeirat des WDR beschäftigt sich daraufhin tatsächlich mit dem Feature. Er beschließt, Beiträge, »die einseitig Arbeitnehmerinteressen wahrnehmen«, in Zukunft nicht mehr zuzulassen. Ein in Auftrag gegebenes und angenommenes Fernsehspiel fürs Zweite Deutsche Fernsehen wurde zwei Tage vor Produktionsbeginn abgesetzt, weil die Industrie über Programmdirektor Viehöfer Protest anmeldete. Die bereits engagierten Schauspieler, Bühnenbildner, Regisseur und ich als Autor erhielten volle Honorarsätze: unterdrückte Meinungsfreiheit wurde großzügig honoriert.

Daß diese »Panne« überhaupt passierte, lag an der Risikobereitschaft eines einzelnen Redakteurs, in diesem Fall am Leiter der Abteilung Kleines Fernsehspiel, der sich ohne vorherige Rückversicherung an das heikle Thema herangewagt hatte. (Es war die in Heidenheim/Brenz tatsächlich passierte Geschichte des Arbeiters Bauder, der seine Arbeit verliert und im ganzen Landkreis keine neue mehr findet, weil er sich politisch zu weit links engagiert hat. Dagegen montiert wurden die testweise provozierten Erfahrungen des Autors, der mit gleichem Berufsbild bei den gleichen Firmen vorspricht und überall eingestellt werden soll, weil er sich nicht wie Bauder als Linker, sondern als NPD-Mann empfiehlt.)

Normalerweise passieren derartige »Pannen« jedoch nicht, da die verantwortlichen Redakteure – wenn sie sich privat auch noch so progressiv und links gebärden – Vorsicht und Anpassungsfähigkeit unter Beweis stellen und in einer Art verinnerlichter Selbstzensur dem Autor vorher klarmachen, was in ihrem Sender möglich ist und was nicht. Dann werden gern »künstlerische Kriterien« herbeibemüht, um eine konkrete Fallschilderung zu verhindern, die die Klassenstruktur dieser Gesellschaft sichtbar macht und Mißstände nicht als zufällige Einzelfälle, sondern als Zustände erkennbar werden läßt und die Verantwortung letztlich nicht dem Schicksal, sondern Machtpositionen und politischen Verhältnissen zuschreibt; dann wird gern von erforderlicher »Verfremdung« oder zum Beispiel von einem Ende, das »ähnlich wie beim Rashomon-Prinzip durch mehrere Möglichkeiten die Schuldfrage offenläßt« gesprochen, wobei »künstlerische Umsetzung« gesagt wird und Verallgemeinerung im Sinne von Verschleierung gemeint ist.

Wenn sich Rundfunk- und Fernsehanstalten um Hör- oder Fernsehspiele von mir bemühten, dann wollte man mich meist auf eine Gestaltung von Einzelschicksalen festlegen, hinter der die Struktur, das Typische dieser Gesellschaft, nicht oder nur schwer zu erkennen sein sollte. Bei meinen »unerwünschten Reportagen« stürzten sich die Kunstmacher zuerst immer auf »Wiederaufnahme einer Verfolgung«, einen Fall von Antisemitismus in einem baden-württembergischen Dorf, und auf die Geschichte des Paderborner Archivars Molinski, die ebenfalls in Form eines Einzelschicksals die unbewältigte Vergangenheit behandelt. Die anderen Reportagen, die von der »unbewältigten Gegenwart« handeln und in denen statt von Juden von jetzt politisch Verfolgten und Ausgebeuteten die Rede ist, wurden als weniger typisch links liegengelassen, als »zumindest in unserer Anstalt« nicht realisierbar abgelehnt. Man sah in mir den mit dem Geruch des »Gewagten, Unbequemen« behafteten Autor, den man mit etwas »kessem Gesellschaftskritischen« (Böll) innerhalb der pluralistischen Meinungsmache zu verkraften durchaus in der Lage war, aber bitteschön nicht gleich mit einer Sache, wo der Arbeiter seine Situation wiederzuerkennen in der Lage wäre und womöglich Folgerungen ziehen könnte.
Die Narrenfreiheit und Alibifunktion, die man mir als »Schriftsteller« von Fall zu Fall noch bereit ist zuzugestehen, hört auf, sobald ich den Deckmantel des Literaten ablege und die Spielwiese »Kunst und Literatur« verlasse. Beim totalen Heraustreten aus der fiktiven Sphäre »Kunst« auf das Feld der Fakten und Namensnennungen von Personen, Firmen und Politikern, wo Abs nicht »Moloch«, sondern Abs genannt wird und Strauß nicht als austauschbare machtbesessene Diktatorgestalt, die auch Franco, Hitler, Goldwater oder gar Nero sein könnte, zur »Kunstfigur« erstarrt, sondern als Franz Josef Strauß vorgeführt wird, da ist der »Literat«, der ab hier »Journalist« genannt wird, zum Abschuß freigegeben. Da werden die Interessen der Wenigen, die die Vielen beherrschen, unter Mißachtung der Interessen der Mehrheit vertreten. Da ist es auf einem Terrain, wo sonst »Fakten zählen«, plötzlich nicht mehr möglich, die Fakten aufzuzählen. Da werden, wo es um die Unantastbarkeit des zusammengehäuften, unkontrollierten und zum po-

litischen Machtfaktor gewordenen Privatbesitzes geht, nur gleichgesinnte und ehrerbietige Journalisten an die heiligen Kühe der Nation herangelassen: Einem erzreaktionären Matthias Walden wird die Fernsehwürdigung des reaktionären Konzernbesitzers Oetker aufgetragen, und er schafft es, dem Volk den stockkonservativen, NPD-nahen Feudalherrn als sympathisch und harmlos vorzustellen; eine sich von Besitz und edlen Umgangsformen blenden lassende Harpprecht-Gattin wird dem Presse-Zaren Axel Cäsar Springer ins Imperium geschickt und siehe, sie findet ihn bescheiden, gerecht und gut in ihrer Fernsehdarbietung.
Es mag einem kritischen Journalisten im Fernsehen oder in der Presse die Möglichkeit belassen sein, eine Behörde oder einen Politiker heftig zu attackieren, gegenüber einem mittleren Privatunternehmen hört die Kritikfähigkeit meist auf. Ich habe es wieder bei der Abnahme meiner Fernsehdokumentation über Heimzöglinge beim ZDF erlebt: Die Firma »Trumpf«, die an Mädchenheime Kartonarbeiten vergibt, und eine Kugelschreiberfirma, »Marke Solid«, deren Produktionsstätte sich im katholischen »Don-Bosco-Heim« in Köln befindet, wo die Kugelschreiber von zum Teil noch schulpflichtigen Kindern im Akkord zusammenmontiert werden, durften im Film unter keinen Umständen genannt bleiben. Der verantwortliche Hauptabteilungsleiter machte die Abnahme von der Streichung der beiden Firmennamen abhängig.
Ein anderer Fall, nicht lange danach: Ein mir von der zuständigen Redaktion des ZDF erteilter Auftrag für einen Dokumentarfilm über »Mieter/Vermieter« (die Pflichten des einen, die Rechte des anderen), für den ich bereits zwei Wochen Vorbereitungszeit investiert hatte, wurde kurzfristig wieder rückgängig gemacht, indem der übergeordnete Chefredakteur – im Hause als CDU-fromm bekannt – in die sonst üblichen Kompetenzen der Redakteurin eingriff und das Projekt zurückzog, da es zum einen dem (politisch) falschen Autor überlassen worden sei, zum andern ein an die Eigentumsverhältnisse rührendes Thema, wenn überhaupt, nur im Schoße und unter ständiger Kontrollmöglichkeit des Hauses produziert werden dürfe. Die Redakteurin, der die Angelegenheit peinlich schien, versuchte mich zu trösten mit der Bemerkung, daß sie nach wie vor etwas von mir

bringen möchte, allerdings müsse ich mir in Zukunft schon harmlosere Themen aussuchen.

Derartige Reaktionen machen deutlich, zu wessen Gunsten und auf wessen Kosten die Machtverhältnisse in diesem Staat verteilt und wie die Propagandisten der öffentlichen Meinung darauf geeicht sind, dafür zu sorgen, daß die Meinung der Herrschenden die herrschende Meinung ist und bleibt.

Nachdem ich zwei Jahre in verschiedenen Großbetrieben gearbeitet und meine Erfahrungen veröffentlicht hatte, versuchte die Industrie, dieses Eindringen in ihren »privaten Herrschaftsbereich« künftighin zu verhindern. Im »Unternehmerwarndienst« wurde eine Art Steckbrief von mir verbreitet, der in den Einstellungsbüros der mittleren und größeren Betriebe auslag. Unternehmen, über die ich berichtet hatte, strengten Schadenersatzprozesse wegen »Geschäftsschädigung« an. Unter 100000 bis 250000 DM Schadenersatzforderung tun sie es in der Regel erst gar nicht.

So versuchten etwa die Benteler-Werke, Paderborn (*Im Stahlrohrwerk*), für das Durchbrechen der Informationssperre eine Entschädigung in Höhe von 100000 DM durchzusetzen. Die IG Metall, in dem feudalistisch geführten Betrieb damals nicht geduldet, hatte zusammen mit dem Verfasser vor den Werktoren eine Flugblattaktion durchgeführt, wobei die Reportage verteilt und weitere Kampfmaßnahmen angekündigt wurden. In Werksnähe war ein Aktionsbüro eingerichtet worden, das fast ein Jahr lang die Arbeiter dieses Schwerpunktbetriebs mobilisierte; so lange, bis ein starker Gegenbetriebsrat im Werk die Interessen der Arbeiterschaft wahrzunehmen wagte.

Die Benteler-Werke erwirkten über das örtliche Gericht eine einstweilige Verfügung gegen den Verfasser, die Zeitschrift *Metall* und den verantwortlichen Chefredakteur »aus dem Gesichtspunkt der Geschäftsschädigung wie auch aus dem Gesichtspunkt der Ehrverletzung heraus«, die untersagte, »die verleumderischen Attacken, die gegen die Antragstellerin geritten würden, um den bestehenden *Betriebsfrieden* zu stören«, fortzusetzen.

Dem Inhaber der Benteler-Werke, der eine maßgebliche Rolle im regionalen Arbeitgeberverband spielt, kam es allem Anschein nach darauf an, den Verfasser wirtschaftlich zu ruinieren. Wurde der »erlittene Schaden« anfangs noch auf 100000 DM bemessen, wuchs er anläßlich eines neuen Antrags bereits ins Unermeßliche.

»Der Umfang des der Klägerin durch die schuldhaften und rechtswidrigen Handlungen der Beklagten entstandenen und noch entstehenden Schadens ist im gegenwärtigen Zeitpunkt noch nicht konkret zu ermitteln. Die Klägerin hat daher ein berechtigtes Interesse i. S. des § 256 ZPO an der alsbaldigen Feststellung der Schadensersatzpflicht der Beklagten.

Der Schaden der Klägerin besteht einmal darin, daß durch die Verbreitung der verleumderischen Behauptungen in Arbeitnehmerkreisen der Eindruck erweckt wird, als ob die Klägerin ein Arbeitgeber sei, der seine Arbeitnehmer ausbeute, terrorisiere und sie nicht einmal vor Unfallgefahren schütze. Es bedarf keines Beweises, daß derartige Behauptungen in einer Zeit der Vollbeschäftigung negative Auswirkungen auf ein Unternehmen zwangsläufig haben müssen. Durch den nachbenannten Zeugen wird unter Beweis gestellt, daß das Angebot der Arbeitskräfte um 50 % zurückgegangen ist.

Beweis: Zeugnis des Personalleiters P., zu laden bei der Klägerin.

Der Schaden der Klägerin besteht weiter darin, daß ihre mit Mühen und Kosten aufgebauten Beziehungen zu Abnehmern im Gebiet der sogenannten DDR gestört wird. Die sowjetzonale Presse und der sowjetzonale Rundfunk haben begehrlich die Veröffentlichungen der Beklagten aufgegriffen und verbreitet. Der Name der Klägerin war seit dem Erscheinen der bösartigen Artikel der Beklagten in der DDR nahezu täglich in der Presse und im Rundfunk. Das hat die Geschäftsverbindungen zwangsläufig empfindlich gestört. Der Klägerin sind zahlreiche Mitteilungen zugegangen, die beinhalten, daß man mit einem solchen Unternehmen, das angeblich nach dem ›Führer-Prinzip‹ regiert werde und bei dem Zustände herrschten, wie sie im einzelnen Gegenstand der Unterlassungsansprüche der Klage sind, keine Geschäftsverbindung mehr aufrechterhalten könne.

Beweis: Zeugnis des Prokuristen J., zu laden bei der Klägerin.

Auch dieser Schaden ist z. Z. nicht annähernd meßbar.«

Die »Freie Presse«, Bielefeld, die es gewagt hatte, ausführlich über meine Reportage zu berichten und Teile daraus nachdruckte, wurde mit Entzug der Benteler-Anzeigen bestraft. Innerhalb von 5 Monaten bedeutete das einen Verlust von 15655 Anzeigen-Millimetern oder 43862 DM.
Weitere Firmen des Paderborner Raums schlossen sich dem einflußreichen Verbandsmitglied Benteler an, stornierten Inserate oder zögerten mit der Vergabe von Anzeigen. Als die »Freie Presse«, ein nicht so auflagenstarkes SPD-Blatt, aber immerhin ein politisches Gegengewicht in der sonst »schwarzen« Presselandschaft Westfalens, bald daraufhin ihr Erscheinen einstellte, war der Anzeigenboykott dafür mit ausschlaggebend.
In eigener Sache wandte sich Firmeninhaber Dr.-Ing. e. h. Helmut Benteler mit einem Aushang am Schwarzen Brett an seine »Lieben Mitarbeiter und Mitarbeiterinnen!«.
»Nun haben Sie die 3 Nummern der IG Metall-Zeitung mit den famosen Artikeln des Herrn Günter Wallmann erhalten [damaliges Pseudonym des Verfassers]. Die meisten von Ihnen werden sie als das erkannt und eingeschätzt haben, was sie sind und was sie bezwecken: eine auf vielfachen Unwahrheiten und Entstellungen fußende Hetze, um Unruhe in unserem Betrieb zu stiften.
Ich will nicht auf das Niveau dieser Hetzartikel heruntersteigen, insbesondere versage ich es mir, auf die mich persönlich betreffenden Gehässigkeiten einzugehen.
Ich will Ihnen nur einige wenige Tatsachen vor Augen führen und bitte Sie, daraus sich selbst ein Urteil zu bilden.
Herr Günter Wallmann, der verantwortlich für die Artikel zeichnet, hat sich unter dem Namen Günter Wallraff, geb. am 1. 10. 1942 in Burscheid, als Arbeitsuchender in unserem Personalbüro gemeldet und ist in der Adjustage unseres Werkes als Hilfsarbeiter tätig gewesen. Halten Sie es für ehrlich und anständig, wenn sich jemand unter falschem Namen in einen Betrieb einschleicht mit dem geheimen Auftrag, Material für eine Hetze gegen Betriebsleitung und Betriebsrat zu sammeln? . . . In vertrauensvoller Zusammenarbeit mit dem von Ihnen gewählten Betriebsrat sind beachtliche Leistungen in unserem Betrieb Jahr für Jahr unseren Betriebsangehörigen zugeflossen. Das soll auch in Zukunft ohne fremde Einmischung – auch nicht der IG Metall – geschehen.

Mit der über die Grenzen des Paderborner Landes hinausgetragenen Hetze wird der Erfolg unserer gemeinsamen Arbeit gefährdet. Wollen Sie es hinnehmen, daß damit letzten Endes auch Ihr Verdienst, Ihr Arbeitsplatz gefährdet wird? Und wollen Sie es sich gefallen lassen, daß ein junger Mann, der ohne fachliche Kenntnisse einmal in einen Betrieb hineinriecht, auch Sie, die Sie zum größten Teil schon jahrelang bei uns treu und redlich Ihre Pflicht erfüllen, als dumm und zum Teil verantwortungslos hinstellt und beleidigt.
Geben Sie diesen Störenfrieden die rechte Antwort, indem Sie sie mit Verachtung strafen.
Ich vertraue auf Ihre Einsicht und die weitere verantwortungsbewußte Mitarbeit aller, die guten Willens sind.«
Benteler versuchte später, nachdem die Gewerkschaft in seinem Betrieb geduldet war, das weitere Erscheinen der Reportage mit allen Mitteln zu verhindern, teilweise durch gezielte Druckmittel auf die Gewerkschaftsbürokratie. Durch sein Aufsichtsratsmitglied, den ehemaligen Goebbels-Anwalt, Staatsrat und Führer der Wirtschaft Dr. jur. Rüdiger Graf von der Goltz –, der in Düsseldorf eine von der Rhein- und Ruhr-Industrie vielkonsultierte Anwaltspraxis betreibt, – versucht er die Gewerkschaftsspitze einzuschüchtern.
Das Schreiben an den Gewerkschaftsanwalt endet zwar statt mit dem Führergruß mit »kollegialer Hochachtung«, Diktion und Geist des Schriftstücks sind jedoch in ungebrochener Tradition geblieben:
»In Sachen Benteler-Werke AG gegen Wallraff nehme ich Bezug auf das mit Ihnen vor einigen Tagen geführte Telefongespräch. Ich hatte Ihnen mitgeteilt, daß Ihr Klient in der ›Welt der Arbeit‹ Nr. 36 vom 9. 9. 1966 ... nunmehr zwar ohne Namensnennung aber für jedermann erkennbar auf meine Klientin hinweisend wiederum publiziert hat ...
Da Sie und ich uns seinerzeit um eine vernünftige Regelung bemüht haben, habe ich Sie von dem Vorgang in Kenntnis gesetzt mit der Bitte, daß Herr Wallraff sofort zurückgepfiffen wird und nicht etwa auch im Fernsehen seinen Bericht fortsetzt.
Ich darf bitten, Herrn Wallraff zu veranlassen, eine Unterlassungverpflichtung innerhalb von vier Tagen vorzulegen.«

Gewerkschaftsvertreter sollten hinter den Kulissen zum verlängerten Arm des Unternehmers gemacht werden, mußten jedoch im internen Schriftwechsel bekennen, daß sie keine Möglichkeit hätten, Einfluß auf mich auszuüben. Der Bezirksbevollmächtigte der IG-Metall-Stelle Münster, Janßen (ein Mann vom rechten Flügel der Gewerkschaft) an den Justitiar des IG-Metall-Vorstandes Lung:

Herrn
Robert Lung
Industriegewerkschaft Metall
f. d. Bundesrepublik Deutschland
– Vorstand –

6 Frankfurt/Main
Postfach 3069

30. September 1966

Lieber Robert!

Ich habe mich vor längerer Zeit – und stets im Einvernehmen mit Dir – darum bemüht, die leidigen Prozesse bei Benteler aus der Welt zu schaffen. Das ist mir damals gelungen. Ich kam mit der Geschäftsleitung sogar überein, daß beide (sowohl die Benteler-Werke als auch die IG Metall) sich tolerieren würden und daß bei möglichen sachlichen Auseinandersetzungen man stets um einen Ausgleich sich bemühen wolle . . .

Nun rief mich vor einigen Tagen Herr Dir. Schlewing, mit dem ich seinerzeit die Aussprachen geführt und die Absprachen getroffen habe, an und brachte seinen Unmut darüber zum Ausdruck, daß – wenn auch unter Weglassung des Namens Benteler – in der »Welt der Arbeit« Nr. 34 und Nr. 35 die Artikelserie Wallraffs abgedruckt sei. Ebenso sei im Hessischen Rundfunk entweder, ich weiß es nicht, die Sendung ausgestrahlt worden oder sie stünde unmittelbar bevor.

Ich fühle mich dabei – ehrlich gesagt – nicht ganz wohl, weil ich nicht Gefahr laufen möchte, wortbrüchig zu erscheinen. Zwar habe ich Herrn Schlewing gesagt, daß Wallraff seine Artikel überall hin zu verkaufen sich bemühen könnte, ohne daß wir einen Einfluß hätten, da er kein Redakteur der IG Metall sei. Herr Schlewing gab zu, daß nichts bekannt geworden sei, das – inszeniert durch die Verw. Stelle Paderborn oder durch die Bezirksleitung Münster – den Frieden hätte stören können.

Meine Frage: Haben wir irgendeine Möglichkeit, auf Wallraff einzuwirken, daß die leidige Geschichte nicht hier oder da noch wieder auftaucht? Ich habe sie außerdem nämlich schon in den »Werkheften« und in der Illustrierten des »Vorwärts« wiedergefunden. Beide Publikationen liest Dir. Schlewing offenbar und Gott sei Dank nicht, sonst wäre sein Ärger womöglich noch größer . . .

Mit freundlichen Grüßen
Hans Janßen

Antwort des Kollegen, Justitiar Lung an Janßen:

Industriegewerkschaft Metall
für die Bundesrepublik
Deutschland
Bezirksleitung Münster

44 Münster
Geiststraße 106

4. Oktober 1966

Lieber Kollege Janßen!
Dein Schreiben vom 30. September 1966 kam gleichzeitig mit dem Buch von Hans-Günter Wallraff »Wir brauchen Dich, als Arbeiter in deutschen Industriebetrieben« auf meinen Tisch. Damit hat es seine besondere Bewandtnis. In der vorletzten Woche erhielt ich, nachdem man lange nichts mehr in der Benteler-Sache gehört hatte, einen Anruf von Herrn Rechtsanwalt Thon, der mich von einem Anruf des Rechtsanwaltes Dr. Wessing unterrichtete. Dieser habe ihm mitgeteilt, daß Wallraff in der »Welt der Arbeit« Artikel veröffentlicht habe, darunter einen, der den Artikeln über Benteler in der Zeitung »Metall« bis auf Namen- und Ortsangaben gleich sei. Außerdem stehe eine Rundfunksendung mit diesen Artikeln bevor. Herr Dr. Wessing meinte zu Herrn Rechtsanwalt Thon, wenn diese Dinge von Wallraff weiter betrieben würden, werden die Benteler-Werke, so sei er beauftragt, gegen ihn vorgehen, auch wenn Namen- und Ortsangaben nicht erwähnt würden . . .
In der letzten Woche wurde ich dann von dem Kollegen Moneta gebeten, den Verlag Rütten & Loening in München anzurufen, weil dieser bei ihm angerufen habe und im Zusammenhang mit Wallraff gerne eine Unterlage hätte. Das Telefongespräch mit dem Verlag ergab, daß dieser ein Schreiben von Herrn Dr. Wessing erhalten hatte, in dem die

Verbreitung des Buches mit dem bereits erwähnten Titel beanstandet wurde, weil darin die Benteler-Story ohne Namen- und Ortsangaben enthalten sei. Abgesehen von all diesen Dingen, findest Du in der letzten Nummer der Zeitung »Metall« eine neue Artikelserie von Wallraff, »Sinter Zwo«. Dieses Erzeugnis ist auch in dem Buch enthalten. Ich teile Deine Probleme hinsichtlich der Unannehmlichkeiten sehr wohl. Ich habe auch schon zu einem früheren Zeitpunkt, wie aus der beigefügten Kopie hervorgeht, mich Wallraff gegenüber geäußert, aber es fehlt mir die Möglichkeit, irgendeinen Einfluß auf ihn auszuüben.

Mit freundlichen Grüßen
Robert Lung

Schließlich ein unterwürfiges Schreiben des Bezirksbevollmächtigten Janßen an den Direktor der Benteler-Werke, Schlewing:

Herrn
Dir. Schlewing
i. Fa. Gebr. Benteler AG

4794 Schloß Neuhaus

25. November 1966

Sehr geehrter Herr Schlewing!
Meine Bemühungen, auf Herrn Wallraff einzuwirken, die Veröffentlichungen zu unterlassen, waren ohne Erfolg. Der Vorstand schreibt mir, daß man für meine Bedenken Verständnis habe.
Es fehlt dem Vorstand aber jede Möglichkeit, irgendeinen Einfluß auf Wallraff auszuüben . . .
In der Hoffnung, daß unser Einvernehmen durch die neuerlichen Veröffentlichungen des Herrn Wallraff nicht getrübt wird, zeichne ich

hochachtungsvoll
Hans Janßen

Fabrikant Thiele aus Iserlohn setzte sich nach einer zweistündigen Sendung von mir über sein Unternehmen, die der SFB in Koproduktion mit dem NDR ausgestrahlt hatte, direkt mit Intendant Barsig und über die CDU, der er beitrat, mit Programmdirektor Schwarzkopf (CDU) vom NDR ins Benehmen. Hinter den Kulissen schloß Thiele mit

den Gesinnungsfreunden Barsig und Schwarzkopf einen Pakt. Obwohl keine rechtliche Voraussetzung vorhanden und kein einziger Punkt meines Berichts widerlegt war, gab man Thiele die Zusicherung, die Sendung weder zu wiederholen noch einer anderen Anstalt auszuleihen.
Anläßlich einer kurzen Fernsehlesung im Dritten WDR-Programm versuchte es Thiele auch bei Werner Höfer, hier allerdings ohne Erfolg. Thiele an Höfer: »Ich hätte es nicht für möglich gehalten, daß ich Sie so schnell bemühen müßte, doch ein Vorgang, der sich am Donnerstag, dem 1. 10. 1970, ereignete, macht es erforderlich, Ihnen das gleiche Ansinnen anzutragen, das ich vor Jahresfrist dem Intendanten des Senders Freies Berlin, Herrn Barsig, angetragen habe. Vor Jahresfrist hat Herr Wallraff eine Rundfunkreportage von zwei Stunden gegen mich ausstrahlen lassen. Der Intendant des SFB hat, nachdem ich mich an ihn gewandt habe, den Vorgang bedauert ... – An Sie geht meine Bitte zu prüfen, wie ein solcher Mann, der nicht nur mich, sondern auch schon andere Unternehmer und Persönlichkeiten in der gleichen häßlichen Art beschimpft und verleumdet hat, bei den Rundfunkanstalten ankommen kann und Männer, die vor Sorge nicht wissen, wie sie ihre Arbeit erledigen können in der ohnehin schon unruhigen Zeit, beschimpfen und verleumden kann ... – Meine Herren hatten gelegentlich der Messe in Leipzig voll damit zu tun, diese Beschuldigungen zu widerlegen. Wallraff hatte also erreicht, was er wollte: Große Aufträge, die wir bisher mit unseren Geschäftsfreunden in der DDR abgeschlossen hatten, wurden uns entzogen ...« Thiele in einem Schreiben an den Norddeutschen Rundfunk: »... wird Ihnen deutlich, was wir in Deutschland noch zu erwarten haben, wenn diesen links eingestellten Kreisen auch die öffentlichen Publikationsmittel zur Verfügung gestellt werden ...« Und in einem Schreiben an den »Sender Freies Berlin«: »... Für mich ist es nicht verwunderlich, daß ein Herr Wallraff sich ausgerechnet den Mann und das Unternehmen ausgesucht hat, das sich in einem Wahlkampf die politischen Parteien als ihr Paradepferd aussuchen« (in Anspielung auf seinen CDU-Eintritt).
Auch auf »Sozialpartner«-Ebene gelang es den Mächtigeren, die Wirkung der Reportagen einzuschränken. Zum Beispiel das Zwei-Millionen-Blatt der IG Metall, das die

Berichte von mir seit einiger Zeit abdruckte, wurde durch gezielte Beeinflussung davon abgebracht. Der 3. Vorsitzende der IG Metall erhielt ein Schreiben des Duzfreundes aus dem Vorstand der August-Thyssen-Hütte AG Duisburg:
». . . konnte ich Dir bereits mündlich kurz über die Unruhe und Empörung, die über die oben genannte Artikelserie im Hamborner Bereich der ATH herrschen, berichten. Ich möchte dies heute schriftlich ergänzen, ohne dabei auf Einzelheiten einzugehen . . . Die Tendenz der Artikelserie ist absolut negativ und herabsetzend . . .
Hier werden bis heute anständige Leute in ein Zwielicht gebracht, die es m. E. niemals verdient haben . . . Wenn zu mir leitende Angestellte kommen, die . . . mir ihre Zweifel an dem Inhalt eines offiziellen Organs des Vorstandes der IG Metall offenbaren und mich fragen, ob das die wirkliche Meinung des Vorstandes in Frankfurt ist, dann gebe ich die Frage hiermit weiter . . .
Wie kann man die Dinge aus der Welt schaffen? . . . Auf keinen Fall möchte ich durch diesen Brief erreichen, daß eine Diskussion über die Artikelserie in *Metall* stattfindet . . .
Ich wage aber kaum zu hoffen, daß durch meinen persönlichen Brief die Fortsetzungsreihe gestoppt werden kann.«
Er täuschte sich. Sie wurde sofort gestoppt.
Der neueste Trend geht dahin, daß Industrieunternehmen bereits vor Veröffentlichung ihre Privatinteressen z. B. durch Druckmittel durchzusetzen versuchen. In einigen Fällen auch durch geschicktes Zusammenspiel mit örtlicher politischer Polizei oder Verfassungsschutzämtern. Hier wird dann eine staatliche Instanz zum verlängerten Arm und Erfüllungsgehilfen der Industrie. Ein illegales Vorgehen; durch Amtsmißbrauch und unter dem Deckmantel der Konspiration. (Meine Arbeit in Industriebetrieben ist selbst nach geltendem bürgerlichen Recht völlig legal. Ich tue nichts weiter, als mir zum Zweck der Aufklärung das als Recht herauszunehmen, was für die Mehrheit der Bevölkerung tagtägliche Pflicht ist.)
Vor kurzem entlarvte sich in meinem Bekanntenkreis jemand als Spitzel des Verfassungsschutzes, der systematisch mein Vertrauen gewonnen hatte, hauptsächlich zu dem Zweck, über in Vorbereitung befindliche Projekte von mir

Bericht zu erstatten. Durch seine Information war auch ein Großkonzern bereits vorgewarnt, als ich mich dort unter falschem Namen und mit verändertem Aussehen als Arbeiter einstellen ließ. Ich wunderte mich dort, wie ich in dem reaktionären Unternehmen mit Glacehandschuhen angefaßt wurde, mir innerhalb des Betriebes auf Wunsch eine bessere Arbeit aussuchen konnte und von den unmittelbaren Vorgesetzten (obwohl ehemalige Militärs) mit ausgesuchter Höflichkeit behandelt wurde. Über eine Woche wurde ich auf Eis gelegt oder besser gesagt, – in Watte gepackt –, bis mir der Konzernbesitzer, als ich es ihm auf den Kopf zusagte, gestand, vorgewarnt zu sein. Der Spitzel, irritiert durch den Widerspruch zwischen dem Bild, das ihm seine Auftraggeber von mir vorgezeichnet hatten und der vorgefundenen Realität, aus dem seelischen Gleichgewicht geraten, hatte sich mir anvertraut.
Noch vor Veröffentlichung meines Berichts über das Fürstenhaus von Thurn und Taxis, das wie im Feudalismus eine ganze Stadt beherrscht, intervenierte das hohe fürstliche Haus auf bloßen Verdacht hin oder durch eine Fehlinformation beim WDR-Intendanten von Bismarck. (Mit Schreiben vom Oktober 1971):
»Betreff: Herrn Günter Wallraff; hier: Vorbereitung eines Berichts über das Haus Thurn und Taxis
1 Beilage

Sehr geehrter Herr Intendant!
Der Buch- und Fernsehautor Herr Günter Wallraff, Köln, hielt sich vor kurzem 3 Wochen lang hier in Regensburg auf, um Material für eine »zeitkritische Untersuchung« über das Haus Thurn und Taxis (auch Thurn und Taxis-Fürstenstory genannt) zu sammeln. Aus Äußerungen einer Benützerin unserer Bibliothek war zu entnehmen, daß zum gleichen Thema möglicherweise auch ein Beitrag zur Sendung im Westdeutschen Rundfunk in Vorbereitung sei.
Auf Grund der Äußerungen von Herrn Günter Wallraff in seinem beiliegenden Interview mit einer Regensburger Wochenzeitung über das hiesige fürstliche Haus haben wir Grund zu der Annahme, daß ein solcher Beitrag den Sachverhalt tendenziös verzerrt wiedergeben könnte. Wir wären Ihnen daher sehr dankbar, wenn Sie uns gegebenenfalls vor

Ausstrahlung eines solchen Beitrags die Möglichkeit einer Stellungnahme zum Manuskript geben würden.

Mit vorzüglicher Hochachtung
I. V.

Von Bismarck forschte daraufhin in den Abteilungen seines Hauses über Rundschreiben nach, wo eine derartige Sendung in Vorbereitung sei; ohne Ergebnis. Auch die Direktion der Bayer-Werke intervenierte vorsorglich; als ich einen Artikel in Zusammenarbeit mit dem VDS-Projektbereich Kriegsforschung über ein Patent des Bayer-Konzerns, das unter die Liste der verbotenen chemischen Kriegswaffen fällt, vorbereitete, erhielt ich folgenden dezenten Drohbrief:

Farbenfabriken Bayer
Aktiengesellschaft

Leverkusen
24. November 1969

Direktion

Herrn
Günter Wallraff
5 Köln
Thebäerstraße 20

Sehr geehrter Herr Wallraff,
aus Berichten der in Leverkusen erscheinenden Zeitungen, insbesondere Leverkusener Anzeiger und Kölnische Rundschau, haben wir ersehen, daß Sie sich dahingehend geäußert haben, daß Sie über unser Unternehmen und die Vermutungen über unsere angebliche Rolle als Kampfstoffproduzent demnächst in Ihrer Zeitschrift berichten wollen. Welche Zeitschrift dies sein soll, wird nicht gesagt.
. . . Wir übersenden Ihnen anliegend unsere Presse-Information vom 14. März 1968, ferner eine Abschrift eines Interviews des Vorsitzenden unseres Vorstandes, das im Zweiten Deutschen Fernsehen am 22. Januar 1969 gesendet wurde, sowie eine Notiz, in der wir zu den unsere Firma betreffenden Behauptungen in dem Artikel »Giftgas für die Bundeswehr« in Heft 21 der Zeitschrift »Konkret« Stellung nehmen.

Durch dieses vielfältige Material sind Sie ausreichend darüber informiert, daß die verschiedenen Behauptungen, wir seien auf dem Gebiet der Kampfstoffe tätig, unwahr sind. Sie stellen eine Verleumdung unserer Firma dar, vor deren Weiterverbreitung wir Sie ausdrücklich warnen.
Es ist Ihnen im übrigen sicher bekannt, daß Verleumdungen nicht nur dann vorliegen, wenn jemand die betreffenden Behauptungen selbst aufstellt, sondern auch dann, wenn er entsprechende von dritter Seite gemachte Angaben verbreitet. Alle aus einer weiteren Verbreitung derartiger Verleumdungen sich ergebenden Konsequenzen hätten Sie selbst zu tragen.

Hochachtungsvoll
Farbenfabriken Bayer AG

Nach der Veröffentlichung verstanden es die Bayer-Werke durch die Einberufung einer Groß-Pressekonferenz, zu der sie neben Vorstandsmitgliedern einige ihrer bestbestallten Wissenschaftler aufboten, die Öffentlichkeit hauptsächlich in ihrem Sinne zu beeinflussen. Die Wirtschaftsjournalisten, – bis auf einige Ausnahmen – autoritäts- und industriehörig machten fast ausschließlich die Argumente des Bayer-Konzerns zu ihren eigenen.
Ich kann meine Industriereportagen fast nur noch in der Zeitschrift »Konkret« veröffentlichen, da »Konkret« zur Zeit fast ohne Industrie-Anzeigen auskommt, beziehungsweise auskommen muß, insofern meine und andere dort veröffentlichten kritischen und politisch nicht genehmen Beiträge potentielle Anzeigekunden vom Inserieren abhalten. Der folgende Brief der Industriefirma IBELO an die Anzeigenabteilung von »Konkret« läßt zum Beispiel an Deutlichkeit nichts zu wünschen übrig. Er beweist, welche Macht privatwirtschaftliche Interessen auf den redaktionellen Teil einer auf Werbung angewiesenen Zeitschrift auszuüben in der Lage sind:
». . . Die in dieser Zeitschrift angefaßten heißen Eisen lassen in der Art ihrer Thematik keine Werbung für Industrieprodukte zu. Der für Ihre Themen offene Leserkreis würde sich durch die Werbung für einen Industrie-Markenartikel

nicht nur von seinem Thema abgelenkt fühlen, sondern diese Unterbrechung im Text störend empfinden und im Endeffekt auf den werbend angebotenen Artikel unrastigen Ärger haben. Das wollen wir keinem Ihrer Leser zumuten. Deshalb ist leider für uns keine Einschaltungsmöglichkeit in Ihrer Zeitschrift gegeben. Mit freundlichen Grüßen, IBE-LO-Metallwarenfabrik.«

Die meisten Blätter kommen den besonderen Erwartungen ihrer Anzeigenkunden natürlich von vornherein entgegen, bereiten die Werbewirksamkeit, direkt oder indirekt, im redaktionellen Teil vor. Beim Jugendmagazin »twen« zum Beispiel unterschied sich lange Zeit das Textbild kaum oder überhaupt nicht vom Werbebild. Das ganze Magazin war eine einzige Aufforderung zum ungehemmten Konsum. Text und Textbild dienten oft nur als Köder für Inserate, so eine reichbebilderte Geschichte über ein junges Paar mit dem Titel »Flirt mit Rauch«. Die Inserate der Zigarettenindustrie ließen nicht lange auf sich warten.

Seit »twen« eine kritische Linie verfolgte (Lehrlingsreport, Dokumentation über Rechtskartell usw.), drohten für die Existenz der Zeitschrift lebensnotwendige Großanzeigekunden bei Beibehaltung der neuen Richtung abzuspringen. »Esso« machte den Anfang und zog eine bereits in Auftrag gegebene doppelseitige Buntanzeige wieder zurück. Begründung: in einem Artikel sei der Begriff »Kapitalismus« in negativ-geringschätziger Weise verwandt worden. Die kurz darauf erfolgende Einstellung der Zeitschrift war durch den Anzeigenboykott mit verursacht.

In zunehmendem Maße wird Journalismus Anschlußstelle zur Werbung, und viele Journalisten verändern sich dann auch folgerichtig in dieses Ressort. (Die Veränderung von Ahlers zum Hofausrufer ist ein ähnlicher Schritt; er hat für eine gute Verpackung der nicht immer einwandfreien Ware zu sorgen. Aus dem ursprünglichen Berufsbild des Journalisten, dem Aufklärer, ist in beiden Fällen ein »Einhüller«, »Einluller« geworden, zumindest fühlt er sich statt seiner Erkenntnis und seinem Gewissen seinem Auftraggeber verpflichtet und verantwortlich.)

Selbst im Feuilletonbereich wird eine kritische Berichterstattung unterschlagen. Einem Journalisten von der Mainzer »Allgemeinen Zeitung«, der den Auftrag hatte, über zwei Testvorlesungen von mir in der Mainzer Universität zu berichten (Publizistik-Studenten hatten mich für zwei Semester als Gastdozenten vorgeschlagen), wurde in einem Schreiben vom Feuilletonchef die Gründe für das Nichterscheinen des Artikels mitgeteilt. (Obwohl an die 400 Studenten den Vortrag für angebracht und wichtig ansahen, unterblieb die neutrale Berichterstattung, weil der Journalist einige Äußerungen von mir zitierte, die dem verantwortlichen Redakteur politisch nicht in den Kram paßten). Bemerkenswert in diesem Schreiben ist die pauschale Einschätzung der »Öffentlichkeit« als urteilsunfähig und manipulierbar, worauf die Berichterstattung der Mainzer »Allgemeinen Zeitung« zu spekulieren scheint.

Feuilleton-Redaktion
65 Mainz · Pressehaus · Große Bleiche 44–50 · Tel. 1441

Allgemeine Zeitung
Feuilleton-Redaktion
Pressehaus

65 Mainz
Große Bleiche 44–50

28. Januar 1972

Lieber Herr Bilke,
ich muß gestehen, ich hatte mir unter dem Vortrag Wallraff etwas anderes vorgestellt. Bei der Lektüre Ihres sehr sorgfältig abgefaßten Manuskripts wurde mir klar, daß ich diese Arbeit von mir aus nicht veröffentlichen würde. Diese Pauschalurteile über Journalismus in *Deutschland* kotzen mich an und ich denke nicht daran, sie auch noch der *Öffentlichkeit, die ja alles für bare Münze nimmt*, vorzusetzen.
Ich habe mir beim Chefredakteur Rückendeckung geholt. Er hat von einer Veröffentlichung dringend abgeraten. Sie werden für Ihre Mühen selbstverständlich mit einem Ausfallhonorar entlohnt. Das Manuskript gebe ich mit Dank wieder zurück.

Besten Gruß
(Martin Ruppert)

Zum Schluß noch eine Rekonstruktion aus geheimen Industrieakten, die ich vor kurzem in die Hand bekam, deren knappe, teilweise handschriftliche Kommentierungen zeigen, mit welchen Machenschaften Industriemächtige ihre Profitinteressen durchzusetzen in der Lage sind; wie im Chikagoer Gangstersyndikatsstil demokratische Willensentscheidungen des Volkes und der Kommunalpolitik im Sinne und zugunsten des Konzerns aufgehoben und umgebogen werden, mittels Bestechung, mit Druck- und Drohmitteln und Manipulation der Presse, die sich hier als Wachs in der Hand der Konzerngewaltigen erweist.
Der Tatbestand: Die Essener »Steinkohlen-Elektrizitäts-AG« (Steag) und neun andere Zechengesellschaften wollten im Kreis Dinslaken in einem Erholungs- und Trinkwasserschutzgebiet ein Kohlekraftwerk errichten. Die Mehrheit der Bevölkerung war wegen der drohenden Luftverschmutzung dagegen. Die Steag setzte sich durch.
Im Auftrag der Vorstände der beteiligten Gesellschaften inszenierte der damalige Steag-Pressemann Benthien eine Kampagne, die die Kraftwerksgegner diffamieren und die öffentliche Meinung zugunsten der Steag umdrehen sollte.
Ende 1965 hatte der Gemeinderat im niederrheinischen Voerde den Erwerb eines Grundstückes für das geplante Kraftwerk mit 26 gegen 5 Stimmen abgelehnt, da die Mehrheit der Bevölkerung dagegen war.
Acht Ärzte, ein Oberstudienrat und drei Ingenieure hatten eine Bürgerinitiative gegründet und in einem Flugblatt vor der »Massenvergasung« gewarnt, die durch den täglichen Schlotauswurf von 720000 Kilo Schwefeldioxyd verursacht würde. In den Steag-Akten findet sich dazu der Vermerk: »Anschießen« und »Knappschaftsärzte«, im Klartext: Überprüfen, ob es sich bei den Flugblatt-Unterzeichnern um Knappschaftsärzte handelt, dann könnte über die Zechengesellschaften Druck ausgeübt werden.
Zu einem Bericht in der »Neuen Ruhr Zeitung« über das Flugblatt vom 10. Januar 1966 ist angemerkt: »KZ-Opfer auftreiben in KZ-Gedenkstätte Oberhausen, sie zu Protest gegen ›Massenvergasung‹ veranlassen. Weil ›Spiel mit den Leiden der Opfer des Nationalsozialismus‹, tiefster Protest!« Sechs Tage später ist die Vollzugsmeldung notiert: »Bauer, Stappert und Kalowka sind bereit, namens ihrer

Leidensgefährten zu protestieren und sich an die Presse zu wenden. Termin muß noch abgesprochen werden.«
Als mögliche wirtschaftliche Sanktion ist festgehalten: »Wer zahlt Gegnern Plakate? Herausfinden! Druckerei aushorchen, notfalls Aufträge unter Vorwand entziehen! Aber nur als allerletztes Mittel!«
Der Hauptinitiator der Bürgeraktion, der Diplomingenieur Baßfeld, der sich von den Steag-Bossen nicht weichmachen ließ, wird mit folgender Aktennotiz zum Abschuß freigegeben: »Jetzt Baßfeld lächerlich machen. Material frei!« Um die Bürger-Protestversammlungen in die Hand zu bekommen, wurden Bergleute mobilisiert, die bereits lange vor Beginn die meisten Plätze besetzten. Die »WAZ« (»Westdeutsche Allgemeine Zeitung«) berichtete dazu, daß Bergleuten nach einer dieser Versammlungen von einem »dicken Mann in einem dreiviertellangen fischgrätgemusterten Mantel« je ein Zwanzig-Mark-Schein in die Hand gedrückt wurde. In den Steag-Akten heißt es zu diesem Bericht: »Panne! Kahlert vergattern, daß dies nicht noch einmal passiert!« Zu diesem Artikel eine weitere handschriftliche Notiz über den verantwortlichen Redakteur der »WAZ« Holfred: »Hol. Falschmeldungen über dritte Personen zukommen lassen.« Dieser Redakteur, der bis zuletzt unbestechlich über die Bürgeraktionen gegen die Steag berichtet, mehrmals jedoch wegen ungenauer und falscher Berichterstattung (s. oben) in öffentlichen Beschuß geriet, befindet sich heute in einer psychiatrischen Klinik. (Inwieweit Steag ihn auf dem Gewissen hat, recherchiere ich zur Zeit noch).
Zu einem negativen Bericht über das Steag-Kraftwerk im mittlerweile eingestellten Düsseldorfer »Mittag« heißt es: »H. soll (dem Journalisten) S. auf die Finger klopfen ... Der Mittag muß sich raushalten! Sonst Katze aus dem Sack.« (Welche erpresserischen Mittel damit gemeint sind, sei dahingestellt.)
Wer sich mit der Industrie arrangiert, wird auch sonst mit interessanten Informationen beliefert, wer sich industriekritisch äußert, wird – trotz des gesetzlich garantierten Informationsanspruchs der Presse – vom Informationsstrang abgeschnitten. Eine handschriftliche Notiz belegt das: »Vorzugsweise NRZ (›Neue Ruhr Zeitung‹) mit Nachrichten und Meldungen beliefern, damit sie anderen voraus ist.

Auch andere interessante Meldungen lancieren.« Wie es zu dieser »Bevorzugung« der »NRZ« kam, erklärt eine vorhergehende Notiz: »Bei Wagemann NRZ bedanken.« Wagemann ist der Lokalchef der NRZ. Die Berichterstattung der NRZ wurde seit dieser Vier-Worte-Notiz zunehmend pro Steag.

Dann wurden Besichtigungsfahrten für Journalisten und Politiker zu anderen Kraftwerken organisiert, um deren »Ungefährlichkeit« zu beweisen. In einem Vermerk, der an die Vorstände von drei Firmen gerichtet ist, heißt es: »Wir müssen damit rechnen, daß die Kraftwerksgegner vorher oder hinterher die umliegenden Bewohner befragen. Das sind zwar ausschließlich Bergleute, aber sie müssen vorbereitet sein ... Die Kumpel müssen den Eindruck bekommen, daß man sie und ihre Arbeit nicht mag und daß man ihre Sorgen nicht versteht. Dann werden sie die richtigen Antworten schon geben.«

Die Besichtigungs-Aktionen waren erfolgreich, die lokalen Zeitungen begannen zunehmend für die Steag und ihre Pläne zu berichten: sie druckten, ohne es zu wissen, von den Gesellschaften bestellte Leserbriefe und schließlich erklärte Voerdes Bürgermeister Schmitz Ende Februar 1966: »Wir sollten froh sein, wenn es (das Kraftwerk) nach Voerde käme.«

Am 8. März 1966 beschloß der Gemeinderat Voerde mit 22 gegen 9 Stimmen, der Steag das gewünschte Baugelände zur Verfügung zu stellen.

In einem abschließenden Aktenvermerk der Steag heißt es: »Dadurch hatte sich die Steag rund 250 Millionen Mark gespart, weil sie nunmehr direkt am Rhein bauen konnte ... Die Mehrheitsfraktion der SPD hatte unter der Hand verlauten lassen, sie würde bei einem Stimmungsumschwung für das Projekt stimmen ... So gesehen war es von vornherein notwendig, im wesentlichen Wählergruppen der SPD anzusprechen und dort in den Aktionen anzusetzen ... Unsere Vorbereitungen gingen abschließend so weit, daß wir dem Fraktionsvorsitzenden der SPD die Rede schrieben, daran etwa 2 Tage herumfeilten, sie mehrere Male auf ein Tonband sprechen ließen und sie auch sprachlich und mimisch vorbereiteten ...« Zynische Schlußbemerkung im Steag-Protokoll: »Der Fraktionsvorsitzende der SPD und auch seine Gegner haben nach der Abstimmung gesagt, dies sei die beste Rede seiner politischen Laufbahn gewesen . . ., so daß auch deswegen das Abstimmungsergebnis für die Steag mit einigen Stimmen besser war, wie wir aus der FDP-Fraktion hören konnten. Eine sehr knappe Abstimmung zugunsten des Kraftwerks hätte die Kraftwerksgegner überdies mit Sicherheit zu weiteren Aktionen veranlaßt, dazu kam es aber nicht, denn sie resignierten nach der Abstimmung völlig.«

Für den ehemaligen Steag-Pressemann Benthien waren alle diese Maßnahmen von prinzipieller Bedeutung, denn, so erklärt er jetzt: »Beim Scheitern des Projekts am Widerstand der Bevölkerung wäre ein »Präzedenzfall geschaffen worden, der ein Eindringen der Industrie in diesen Raum auf lange Zeit blockiert hätte.«

Dieser Vorstands-Beauftragte gibt heute zu, daß diese Kampagne erst der Auftakt für die Industrie gewesen sei, in diesem Gebiet »einen Fuß in die Tür zu setzen«.

Nachdem die Tür offen ist, plant jetzt der Industriegigant VEBA gegenüber von Voerde im Rheinbogen bei Orsoy ein Chemiewerk, das nach einem Gutachten der »Landesanstalt für Immissions- und Bodennutzungsschutz« pro Stunde 10000 Kilogramm Schwefeldioxyd, 4000 Kilogramm Schwefelwasserstoff und 1700 Kilogramm Stickoxyde auf die Anwohner herabregnen lassen würde.

Die Bevölkerung wehrte sich auch gegen dieses Werk – ohne Erfolg.

Wirkungen in der Praxis*

»Einige Schriftsteller verwenden heute die gewöhnlichen Leute – Arbeiter und Bauern – als Material für ihre Romane und Gedichte, und das hat man Literatur des Volkes genannt, während es in Wirklichkeit nichts dergleichen ist, denn das Volk hat den Mund bis jetzt noch nicht geöffnet. Diese Werke drücken die Gefühle von Zuschauern aus, die dem Volk Worte in den Mund legen.«

Soweit der chinesische Revolutionsschriftsteller Lu Hsün über die vorrevolutionären Verhältnisse seiner Zeit.

Das Zitat ließe sich ohne weiteres auch auf unsere Situation anwenden. Der Arbeiter – überhaupt der Produktionsbereich – wird langsam gesellschaftsfähig auf dem Literaturparkett, sickert sogar ein in die Programme der Fernsehanstalten, wohldosiert und verallgemeinert meist, jedenfalls nicht nachprüfbar und für die meisten unverbindlich bleibend, ein Panther mit gezogenen Zähnen und herausgerissenen Krallen, also Fernsehspiel und Kunst.

Im gewissen Sinn eine Modeerscheinung, aus Übersättigung des Marktes an großbürgerlichen Gerichten heraus eine Notwendigkeit geworden, aus Überfluß an allzu vielen delikaten Saucen und Spezereien. Man ißt halt mal zur Abwechslung auch Schwarzbrot, um sich dann mit neu gewecktem Appetit wieder den delikateren Genüssen zuwenden zu können. Ich will sagen: je mehr diese Stoffe aus der sogenannten Industrie- und Arbeitswelt von den Apparaten der Bewußtseinsindustrie aufgenommen werden, um so schneller und leichter werden sie verdaut und konsumiert. Auf Mini folgt Maxi, auf Abstrakt folgt Pop, auf Absurd folgt Realistisch. Die Formen erneuern sich ständig und kaschieren, daß sie Inhalte, die Zustände beim alten belassen werden. Dem Künstler, dem Schriftsteller fällt in dieser Gesellschaftsordnung die Rolle des Modeschöpfers, des Designers zu. Er hat für die jeweils neuen Verpackungen des immer gleichen Systems zu sorgen.

* Referat, gehalten auf einer Arbeitstagung der »Werkstätten Literatur der Arbeitswelt«, in Gelsenkirchen; hier in überarbeiteter und erweiterter Fassung.

Nur etwa 5 Prozent der Menschen dieses Staates sind so privilegiert, sich hin und wieder in einer Buchhandlung »auf dem laufenden zu halten« und Bücher kaufen zu können. Mehr als 45 Prozent der Bevölkerung besitzt kein Buch. Dahinter die konstante Größe von nur 5 Prozent der Studierenden, die aus Arbeiterfamilien stammen.
Diese Zahlen bestimmen den Stellenwert des Schriftstellers in dieser Gesellschaft. Er ist nicht viel mehr als der Hofnarr des feudalistischen Zeitalters, eine Art »Vorzeigeidiot«, wie Böll sagt. Er kann sich gebärden wie er will, exzentrisch oder sanft, pervers oder moralisch, formalistisch oder revolutionär: er wird auf jeden Fall verkraftet, liegt an der goldenen Kette als Privilegierter unter Privilegierten, hat für die gefügig gemachte und verfügbare Masse die gleiche Relevanz wie ein Hausaltar in einer Arbeiterwohnung.
Dazu die verschiedenen Sprachen, die in diesem Land gesprochen werden und nicht von ungefähr kommen, auf den Schulen in die Hirne gegossen werden und die Sprach- und Bildungsbarrieren auf Lebenszeit errichten. Immer noch gilt für die herrschende Literaturkritik (und das ist immer noch mehr oder weniger die Kritik der Herrschenden): je verklausulierter und unverständlicher ein literarisches Werk ist, um so sicherer ist ihm die Anerkennung der Kritiker. Diese eigengesetzliche esoterische Tendenz in der Literatur hat bisher den stärksten Ausdruck in der Lyrik gefunden.
Nach wie vor fördert die verselbständigte Wissenschaft, die sich mit Literatur beschäftigt, die Germanistik, das Interesse an Literatur auf Kosten von Interesse an der Gesellschaft.
Aufgabe der Werkstätten kann und darf es nicht sein, in einer Art Zweiter Bildungsweg oder auch nur als Hilfsschule dem großbürgerlichen Kultur- und Literaturleichnam Frischzellen zuzuführen, nur um ihn etwas länger vorm Stinken zu bewahren.
Peter Schneider sagt in seinem Essay: »Phantasie und Kulturrevolution« die spätbürgerliche Kunst tot: »Die Kunst jener verzweifelten Einzelleistungen, welche die Verzweiflung der ungeheuren Mehrzahl lediglich auf eine schöne Form bringt und ihre ›verpönten‹, nämlich gesellschaftlichen Quellen unsichtbar macht, die Kunst, die – ohne irgendein Zeichen der Überraschung oder Empörung – mitten im Überfluß nichts weiter artikuliert als Entsagung,

Verzicht und Kaputtsein, die Kunst, die den Massen ihr Elend nur zeigt, um sie daran zu gewöhnen, diese Kunst ist tot und muß zu Grabe getragen werden.«
Der neue Typ des Schriftstellers oder Wortarbeiters (wenn er seine neuen Aufgaben erst mal entdeckt hat und wahrnimmt, wird sich auch ein neuer zutreffender Begriff für ihn finden lassen) sollte nicht länger unter der Schutzbezeichnung »Künstler« firmieren, er sollte von den gleichen Bedingungen und Bedürfnissen derer ausgehen, die er zu vertreten vorgibt.
Peter Schneider fordert in seinem Manifest: »Die Künstler, falls es sich da um Leute handelt, die ihre Phantasie vom Kapital noch nicht haben zerrütten lassen, haben dabei die Aufgabe, den Arbeitern, Schülern, Studenten bei der Artikulation ihrer Wünsche zu helfen und ihnen den Weg zu ihrer politischen Organisation zu zeigen. Dabei müssen sie, den Bedingungen der Fabrik, der Universität, der Schule entsprechend, eine Agitation entwickeln, die dem Unterdrückungsniveau des Spätkapitalismus entspricht: also sowohl die materielle wie die libidinöse Ausbeutung bloßstellen.« Weiter fordert Schneider: »Kultivieren wir die Fähigkeit der Arbeiter, Schüler und Studenten, Unterdrückungen nicht ertragen zu können und sie schon von weitem zu riechen. In der Bundesrepublik soll angeblich jeder dritte Erwachsene heimlich ein Tagebuch führen. Holen wir diese eingeschlossenen und weinerlich gewordenen Sehnsüchte aus den Schubladen und verwandeln sie in ebensoviel Waffen gegen den Kapitalismus.«
Nicht Literatur als Kunst, sondern Wirklichkeit! Die Wirklichkeit hat noch immer die größere und durchschlagendere Aussagekraft und Wirkungsmöglichkeit, ist für die Mehrheit der Bevölkerung erkennbar, nachvollziehbar und führt eher zu Konsequenzen als die Phantasie des Dichters. Dieses Wachrufen aus der längst hingenommenen Gewöhnung, das Aufstacheln des Willens zur Veränderung, diese Aufforderung zu konsequent-politischem Denken ist Voraussetzung für die Erkenntnis, daß dieses Denken nicht innerhalb der Literatur, sondern innerhalb der ganz und gar politisierten (und deshalb nur politisch anzugehenden) Wirklichkeit liegt und – wenn möglich – über die Änderung des Bewußtseins zur Veränderung der Gesellschaft führt.

Aufgabe der Werkstätten kann es nicht sein (und es käme von vornherein einer Selbstaufgabe gleich), in einer Art Nachhilfeunterricht Stilkunde zu betreiben und die teilweise schon ausgezehrten Formen der großbürgerlichen Literatur wie Glosse, Kurzgeschichte, Feuilleton, verschiedene Versmaße, Romanformen und Dramen einzupauken, damit einen eventuell schon vorhandenen Bildungskomplex noch zu vergrößern und statt zu entwickelndem Selbstverständnis Anpassung zu betreiben.
Die geeigneten Mittel, Bewußtsein zu erweitern, um Änderungen zu bewirken, sind noch nicht gefunden. Man ist zusammengekommen, um sich darüber zu verständigen, eventuell gemachte punktuelle Erfahrungen und Ansätze weiterzuentwickeln und zu systematisieren.
Bevor wir uns den Sprachmöglichkeiten zuwenden, sollten wir taktisches, methodisches Vorgehen erörtern: Bevor wir uns unseren eigenen subjektiven Empfindungen überlassen, sollten wir bereits politisch arbeitende Gruppen und betroffene einzelne konsultieren. Wir haben zum Beispiel Fragebögen entwickelt, die durch eine Vielzahl informativer und kritischer Fragen (von einer Anzahl Kollegen eines bestimmten Betriebes beantwortet) einen Betrieb erst mal transparent werden lassen, neuralgische Punkte herauskristallisieren, um daraufhin innerhalb der Gruppe eine Dokumentation zu erstellen oder Flugblätter zu verteilen. Falls die Organisation innerhalb des Betriebs noch zu schwach ist und falls Repressalien zu befürchten sind, (was in der jetzigen gesellschaftlichen Situation fast immer der Fall ist) muß man mit Gruppen von außerhalb zusammenarbeiten, die es sich leisten können, die Flugblätter oder Papers vor oder nach Schichtschluß vor den Werktoren zu verteilen und gleichzeitig für einen bestimmten Zeitpunkt zu einer Veranstaltung aufzurufen.
Wichtig für das Erstellen solcher Dokumentationen ist eine vorausgegangene langfristige Materialsammlung. Alles Erreichbare erst mal zusammentragen und sichten. Betriebsordnungen, Firmenbilanzen, Prospekte, Jubiläumsschriften, Chefreden, mitgeschriebene oder auf Band aufgenommene Betriebsversammlungen, Lehrlingslossprechungen oder Jubilarverabschiedung, Einweihungsfeier eines neuen Werkteils, Betriebsausflug, bestimmte Aushänge vom

Schwarzen Brett, Entlassungsschreiben, Firmen-Schreiben, die die Kündigung androhen, zur Anpassung und zum Wohlverhalten auffordern, Weihnachtsschreiben, Würdigung der Firma in der Lokalpresse, Anzeigen usw. usw. In Verbindung setzen mit ehemaligen Kollegen, die freiwillig ausgeschieden sind oder »gegangen wurden«, die jedenfalls jetzt nichts mehr riskieren und reden können. Selbstbeweihräuchernde Selbstdarstellungen der Firma konfrontieren mit dem, wie es wirklich ist in der Firma. (Wichtig: Keinen Informanten, der noch in der Firma tätig ist, dabei gefährden, sich von wichtigen Informanten eidesstattliche Erklärungen schriftlich geben lassen, da die Erfahrung lehrt, daß die Firmenleitung nach Veröffentlichung oft versucht, Informanten unter Druck zu setzen oder zu bestechen, um sie so zum Widerruf zu bewegen). Wenn möglich, mit örtlichen Gewerkschaftsstellen zusammenarbeiten.
Darüber hinaus sind vor allem Konzernverflechtungen und sonstige außerbetriebliche Einflüsse zu untersuchen. Ist das Unternehmen eine AG, dann Bilanzen veröffentlichen. Es ist möglich, daraus den im Betrieb erwirtschafteten Mehrwert zu errechnen. Das geschieht durch eine externe Bilanzanalyse, am besten mit Hilfe eines Betriebswirts. (s. hierzu: Kelb »Betriebsfibel«, Wagenbach Verlag 1971)
Den Chefs »aufs Maul schauen« und das Vorgegebene messen am Wirklichen. Meist kann eine solch verblüffende Konfrontation stärker entlarven, Respektlosigkeit erzeugen und den ersten Schritt zur Solidarisierung tun, als es die härteste fiktive Satire vermag.
Die genau beobachtete und registrierte Wirklichkeit ist immer phantastischer und spannender als die kühnste Phantasie eines Schriftstellers. Nie denken: das ist uninteressant, das weiß doch hier jeder sowieso, und da haben wir uns schon dran gewöhnt! Das festgehaltene, geschriebene Wort schafft Distanz, macht das Gesprochene festlegbar, nachprüfbar. Es stellt, wenn es entsprechend abgeklopft und eventuell mit knappen Kommentaren versehen wird, Autorität in Zweifel, ist der erste Schritt zu einer späteren Analyse. Bei jeder Gelegenheit Öffentlichkeit herstellen, wo abgeschirmt wird. Alles das sagen, was »man nicht sagt«. Angefangen zum Beispiel bei den Gehältern der leitenden Angestellten. Verbindung aufnehmen mit ehemaligen Arbei-

tern und Angestellten. Hier ist die Bereitschaft, über ihre Erfahrungen im Betrieb zu berichten, oft eher gegeben. Die Furcht vor Repressalien oder sonstigen Nachteilen ist hier geringer.
Auf Anzeigen in örtlichen Zeitungen melden sich oft zahlreiche Informanten bis hin zu gekündigten höheren Angestellten, die bereit sind »auszupacken« (zum Beispiel auf folgende Anzeige in den Mindener Tageszeitungen meldeten sich mehrere Dutzend Informanten):
»Journalist sucht für umfassende Melitta-Reportage noch Dokumente, Fakten, Vorkommnisse, Erlebnisberichte von einst und jetzt. Ehemalige und jetzige Beschäftigte bitte melden.
(Chiffre)«
Bei den verbindenden Kommentaren auf größtmögliche Verständlichkeit aus sein. Nicht gestalten, »Literatur-machen-Wollen«, sondern die Vorkommnisse und Zustände für sich sprechen lassen. Hervorragendes Mittel der Dokumentation ist die Montage, sie soll über die bloße Wiedergabe von zufälligen Realitätsausschnitten hinausgehen. So kann sich der Zusammenhang für den Leser entweder durch die Anordnung und Kombination der Realitätspartikel herstellen. Vor allem das Mittel des Kontrastierens, das auf Widersprüche und Brüche der Realität hinweist, setzt den Leser in die Lage, selbst aus dem ausgebreiteten Material Schlußfolgerungen zu ziehen. Oder aber die Erklärung, der Kommentar wird in Form von Zwischenüberschriften, Zwischentexten oder Szenen der Darstellung von Realitätsausschnitten einmontiert, wobei der »Bruch«, der Wechsel der Form, bewußt herausgestellt wird. Wenn Kollegen damit einverstanden sind, mit ihnen Tonbandprotokolle machen. Nach und nach das Gespräch so intensivieren (es braucht Zeit, und wenn möglich an verschiedenen Tagen fortsetzen), daß die anfängliche Befangenheit verlorengeht. Bei der Auswertung solcher Tonbandgespräche keine besessene Sprachkolorit-Genauigkeit an den Tag legen. Versprecher ruhig korrigieren und nicht jede Sprachunbeholfenheit, die einen sonst ernsten Sachverhalt leicht in unfreiwilligen Humor abgleiten läßt, auf sich beruhen lassen. (Auf keinen Fall sollte die Hauptwirkung in einem kulinarischen Effekt bestehen.) Derartige Tonbandabschriften weisen oft erstaunli-

che Sprachkraft auf, sind der reinen Schreibsprache an Intensität, Informationsgehalt und sozialer Wahrheit überlegen und können den Befragten, wenn er die Abschrift des Gesprächs vorgelegt bekommt, ermutigen, falls er sich weiter schriftlich äußern will, sich nicht literarisch zu verkrampfen und seine eigene Sprache zu finden.
Wenn innerhalb des Herrschaftsbereichs des Betriebes Informationssperren und Lügentarnwände errichtet sind und wenn der begründete Verdacht vorliegt, daß damit Reaktionäres und Illegales, was grob gegen die Interessen der Mehrheit der Kollegen verstößt, aufrechterhalten wird, eventuell gewisse Rollentechniken benutzen. (Erfahrungen liegen hier vor.) Betriebshierarchie, Untertanengeist, Autoritätsgläubigkeit und die anerzogene Bereitschaft, auf Befehl von oben Auskunft zu erteilen, leisten hier bei der Beschaffung von Informationen, am besten über Telefon, hervorragende Dienste. (Je höher der vorgegebene Dienstrang, um so munterer sprudelt der lautere Quell der sonst vorenthaltenen Wahrheit hervor.)
Bei sonstigen Befragungen hat sich bewährt, zum Schein auf die reaktionäre Gesinnung des jeweiligen Gegenübers einzugehen (wie der Psychiater bei der Exploration seines Patienten auch auf ihn eingeht und dessen Meinung streckenweise zum Schein teilt). Hier geht es nicht darum, private, sondern gesellschaftliche Krankheiten in Erfahrung zu bringen und sichtbar zu machen.
Bei Veröffentlichungen den Grundsatz beherzigen: Nicht öffentliche Personen, das heißt Namenlose, in ihrer Anonymität belassen. Nicht unnötig Einzelpersonen Schwierigkeiten bereiten. Das Prototypische herausarbeiten – nicht personifizieren. Zeigen, daß es keine Einzelfälle sind, keine einfach wegzuretuschierenden Mißstände, vielmehr systemimanente Zustände.
Die Nennung von Name, Ort, Zeit (also durch Heraustreten aus dem Fiktiven) erhöht die Glaubwürdigkeit. Das Dargestellte wird nachprüfbar. Zum andern, die aus ihrem Schonbereich hervorgeholten Repräsentanten geraten unter öffentliche Kontrolle. Autorität (zuweilen Ehrfurcht) wird zerstört, indem zum Beispiel Namen, die vielleicht im regionalen oder auch überregionalen Bereich zu Gütezeichen oder Symbolen geworden sind, als das demaskiert werden,

was sie in Wirklichkeit sind: Symbole der Ausbeutung. Erste Ansätze des Willens nach Änderung und Befreiung können so entstehen.

Ich bin der Meinung, daß sich die zu leistende Arbeit mehr und mehr von der reinen Bestandsaufnahme hin zu der gleichzeitig vollzogenen Aktion und Veränderung hinentwickeln muß und daß sich die Erfolge unserer Arbeit nicht in Besprechungen in Feuilletonspalten ablesen lassen dürfen. Ich meine, daß wir unsere Anregungen, Korrekturen und Widerstände – also unsere Wirkungen – in der Praxis zu erfahren haben.

Fragebogen für Arbeiter*

Dieses Modell sollte je nach dem Gebrauch, den politisch arbeitende Gruppen oder einzelne damit machen, gekürzt, erweitert, verändert und der jeweiligen Struktur des zu untersuchenden Betriebs angepaßt werden. Von einer Anzahl Arbeitern aus verschiedenen Bereichen eines Betriebes beantwortet, kann ein Unternehmen transparent gemacht werden, um Öffentlichkeit herzustellen.

I

1. In welcher Branche arbeiten Sie?
2. Gehört der Betrieb, in dem Sie arbeiten, einem Privatbesitzer oder einer Aktiengesellschaft? Sonstige Rechtsform?
3. Wie heißt der Privatbesitzer bzw. der Direktor der Gesellschaft? Kennen Sie die Namen der Mehrheitsaktionäre?
4. Sind die unter 3) genannten Personen Mitglieder einer Unternehmer-Organisation (Arbeitgeberverband)? Sind sie einfache Mitglieder oder haben sie eine Sonderfunktion? Welche?
5. Ist der Betrieb Teil eines größeren Unternehmens (Konzern, Haupt- und Zweigwerke)? Welche Betriebe des gleichen Unternehmens sind Ihnen bekannt?
6. Welchen weiteren Unternehmensbesitz hat der Privatbesitzer bzw. der Mehrheitsaktionär (die Mehrheitsaktionäre)?
7. Wie hoch ist der Umsatz des Betriebes? Was für Waren werden produziert und welchen Zwecken dienen sie? Wer ist der Hauptabnehmer der von Ihnen produzierten Waren? Wird vornehmlich für den Binnenmarkt oder für den Export produziert? In welche Länder? Was für Preise werden gefordert (im Inland, im Ausland)?
8. Wieviel Menschen beschäftigt der Betrieb? Wieviel da-

* In Zusammenarbeit mit Yaak Karsunke, auch im Kursbuch '21 veröffentlicht, auf der Grundlage des Fragebogens von Karl Marx 1880, zur Situation der franz. Arbeiter.

von sind: technische Angestellte – Verwaltungsangestellte – Arbeiter?

9. Nennen Sie Anzahl der im Betrieb (oder in der Abteilung, in der Sie arbeiten) beschäftigten: ungelernten, angelernten und Facharbeiter, sowie Lehrlinge und Meister (jeweils nach Frauen und Männern getrennt).

10. Werden ausländische Arbeiter beschäftigt? Zu welchen Bedingungen? Wie sind sie untergebracht? Wie werden sie behandelt: von den Kollegen – von den Vorgesetzten?

11. Wie viele Ihrer Kollegen werden nicht entsprechend ihrer Ausbildung beschäftigt (nach Frauen und Männern, deutschen und ausländischen Kollegen getrennt)?

12. Wie viele Ihrer Kollegen kennen Sie persönlich? Von welchen Gelegenheiten her (innerbetrieblich oder außerbetrieblich)?

13. Gibt es außerbetriebliche Kontakte mit: deutschen Kollegen – ausländischen Kollegen – Vorgesetzten? Welcher Art?

14. Haben Sie im Betrieb schon einmal mit dem Besitzer bzw. einem Direktor gesprochen? In welcher Angelegenheit? Hat er Sie rufen lassen oder haben Sie sich an ihn gewandt?

15. Von wem und nach welchen Gesichtspunkten (Dauer der Betriebszugehörigkeit, Beziehungen, Können) werden die unmittelbaren Vorgesetzten ernannt (Vorarbeiter, Meister, Obermeister)?

16. Wie sind Ihre eigenen Aufstiegsmöglichkeiten?

17. Gibt es Aufstiegssperren? Für wen und aus welchen Gründen?

18. Gibt es ausländische Vorarbeiter oder Meister?

19. Wie verhalten sich die Vorarbeiter und Meister gegenüber: den Kollegen – den höheren Vorgesetzten?

II

20. Wann beginnt, wann endet Ihre Arbeitszeit? An wieviel Tagen in der Woche? (Gegebenenfalls Angaben über gleitende Arbeitszeit, Schicht usw.)

21. Machen Sie Überstunden? Freiwillig oder Pflicht (gezwungenermaßen)? Wieviel durchschnittlich, wieviel im Höchstfall?

22. Gibt oder gab es Fälle von ungesetzlichen Arbeitszeitüberschreitungen (Nachtarbeit, Sonn- und Feiertagsarbeit) von Frauen und Jugendlichen? Wie häufig?

23. Gab es innerhalb der letzten fünf Jahre Fälle von Kurzarbeit? Wann, wie lange, in welchem Umfang (wieviel Kollegen waren betroffen)? Aus welchen Gründen?

24. Gab es größere Entlassungen wegen Produktionsum- bzw. -einstellung? Wurden Sie rechtzeitig von geplanten Um- bzw. Einstellungen unterrichtet? Von wem?

25. Wieviel Zeit verlieren Sie täglich auf dem Weg zum und vom Betrieb? Wie wird er zurückgelegt (zu Fuß, Fahrrad, öffentliche Verkehrsmittel, eigenes Auto)? Wird Ihnen der so entstandene Aufwand (Zeit, Fahr- bzw. Benzinkosten) finanziell ersetzt? Von wem und in welcher Höhe?

26. Gibt es Stempeluhren? Wer muß stempeln, wer nicht? Was für Maßnahmen gibt es bei Verspätung (Lohnabzug, in welcher Höhe)?

27. Werden beim Verlassen des Betriebes Taschen- oder Leibesvisitationen durchgeführt? Wer kontrolliert, wer wird kontrolliert?

28. Gibt es so etwas wie eine ›Betriebsjustiz‹? Wer übt sie bei welchen Anlässen aus? Was für Strafen werden verhängt (z. B. Einbehalten von Teilen des Arbeitslohns)?

29. Können Sie Ihr Arbeitstempo selbst bestimmen? Von wem bzw. wovon wird es bestimmt (Vorarbeiter, Meister, Akkord, Fließband)?

30. Falls Sie Akkord arbeiten: nach welchem System (Refa, MTM)? Hat es in letzter Zeit Akkordverschärfungen gegeben, von wem und wie festgesetzt? Hatten Sie ein Mitspracherecht dabei?

31. Falls Sie am Fließband arbeiten: werden Sie informiert, wenn das Band schneller eingestellt wird? Gibt es ›Springer‹ in genügender Anzahl?

32. Durch wen bzw. wodurch erfolgt die Arbeitskontrolle? Gibt es Kienzle-Schreiber? Fernsehkontrolle? Wissen Sie, wann Sie kontrolliert werden?

33. Was für Pausen haben Sie? Von wem festgesetzt? Wie oft, wie lange, bezahlt oder unbezahlt?

34. Wie werden die Pausen verbracht (einzeln oder gemeinsam)? Wo werden die Pausen verbracht(Arbeitsplatz, Pausenraum, Kantine – wie weit sind letztere vom Arbeitsplatz entfernt)?

35. Können Sie persönlich kurze Pausen (Rauchen, Toilette) einlegen, ohne sich abzumelden?
36. Gibt es Umkleide- und Waschgelegenheiten sowie Toiletten: in welchem Zustand – in ausreichender Anzahl – in Arbeitsplatznähe? Für Arbeiter und Angestellte gemeinsam oder getrennt?
37. Gibt es in Ihrer Branche Berufskrankheiten? Sind Sie darüber informiert worden und durch wen? Finden regelmäßige Untersuchungen der bedrohten Kollegen statt?
38. Gibt es an Ihrem Arbeitsplatz Gefahren? Welcher Art (Maschinen, Material usw.)? Sind Sie darüber aufgeklärt worden und durch wen?
39. Gibt es Arbeitsschutzeinrichtungen (freiwillige, vorgeschriebene)? In welchem Zustand? Werden die Arbeitsschutzbestimmungen eingehalten oder werden Verstöße dagegen geduldet bzw. sogar verlangt? Von wem?
40. Werden Kontrollen (z. B. vom Gewerbeaufsichtsamt) durchgeführt? Überraschend oder nach Anmeldung, gründlich oder oberflächlich? Werden vor angemeldeten Kontrollen plötzlich Mängel behoben?
41. Haben Sie und Ihre Kollegen selbst die Möglichkeit, die Beseitigung von Mängeln und Mißständen durchzusetzen (Lärm, Staub, Abgase, ätzende Chemikalien, Hitze, Kälte, Zugluft usw.)?
42. Wie viele Unfälle gab es im letzten Jahr? Wieviel davon: leicht – schwer – tödlich? Gibt es ärztliche Hilfe im Betrieb?
43. Hatten Sie selbst Unfälle? Art, Ursache, Folgen?
44. Ist es im Anschluß an Unfälle zu Prozessen gekommen? Zwischen wem und mit welchem Ausgang?

III

45. Ist Ihr Lohn: Tariflohn – frei vereinbart (kurz- oder langfristiger Arbeitsvertrag) – Tariflohn mit frei vereinbarten Zuschlägen (welcher Art: Leistungszulagen, Gewinnbeteiligung)?
46. Nach welchem System wird entlohnt (Akkord, Zeitlohn, Prämienlohn, Beteiligungslohn, Leistungslohn usw.)?
47. Wissen Sie, was Ihre Kollegen verdienen? Was verdient der Vorarbeiter, der Meister? Was verdient der Direktor (die Direktoren)?

48. Erhalten Männer und Frauen, erhalten deutsche und ausländische Kollegen den gleichen Lohn für gleiche Arbeit?
49. Was für Sozialleistungen gibt es (Kindergeld, Werkswohnung usw.)? Unter welchen Bedingungen bekommt man eine Werkswohnung, wann wird man daraus gekündigt?
50. Gibt es Prämien für Verbesserungsvorschläge? In welcher Höhe? Vergleichen Sie die Höhe einer solchen Prämie mit der Höhe des Gewinns, den der Unternehmer aus der prämiierten Verbesserung zieht.
51. Gliedern Sie Ihren monatlichen Verdienst auf in: Tariflohn – Zulagen – Überstunden. Berechnen Sie den Unterschied zwischen tarifvertraglich gesichertem und tatsächlichem Lohn.
52. Hat es in den letzten fünf Jahren Fälle von Lohnabbau gegeben? Wann, aus welchen Gründen, für welchen Zeitraum, in welcher Höhe?
53. Gibt es seit dem Inkrafttreten des Lohnfortzahlungsgesetzes Fälle, daß der Unternehmer kranken Kollegen die Zulagen streicht und lediglich den tarifvertraglich gesicherten Lohn weiterzahlt?
54. Falls Sie in einer Aktiengesellschaft beschäftigt sind: entspricht einem Anstieg der Dividende für die Aktionäre auch ein Ansteigen Ihres Lohns, werden Sie also an dem von Ihnen erarbeiteten Gewinn des Unternehmens beteiligt?
55. Wer in Ihrer Familie arbeitet noch? Wie hoch ist der monatliche Gesamtverdienst? Wie hoch ist die Monatsmiete?
56. Haben Sie eigenen Besitz (Haus-, Grund-, Aktienbesitz usw.)? Verfügen Sie über ein Bank- bzw. Sparkonto (Sparbuch)?
57. Könnten Sie aufgrund Ihrer Ersparnisse für längere Zeit mit der Arbeit aussetzen, um zu reisen oder sich weiterzubilden?
58. Besuchen eines oder mehrere Ihrer Kinder eine Oberschule? Eine Universität? Falls nicht: aus finanziellen – aus anderen Gründen (welchen)?
59. Besitzen Sie ein Auto? Neu oder gebraucht gekauft, bar oder auf Raten? Bestehen sonstige Zahlungsverpflichtungen? Für welche Anschaffungen und in welcher Höhe?

60. Ist Ihnen ein Fall bekannt, daß sich ein Kollege von seinem Arbeitslohn so viel sparen konnte, daß er sich vor Erreichung des Pensionsalters zur Ruhe gesetzt hat?
61. Haben Sie Freunde oder Bekannte, die finanziell wesentlich besser als Sie gestellt sind? Aus welchen Berufen?
62. Ist Ihnen die Vermögenslage des Besitzers bzw. der Mehrheitsaktionäre des Betriebes bekannt, für den Sie arbeiten? Wie ist dieses Vermögen angelegt: Haus- und Grundbesitz – Firmen- und Aktienbesitz – Ferienhäuser im Ausland usw.?
63. Wieviel Urlaub haben Sie jährlich? Wie oft waren Sie in den letzten zehn Jahren im Urlaub verreist?
64. Wann waren Sie zum letzten Mal verreist? Wohin, wie lange? Allein – mit (Ehe-)Partner – mit Familie? Wie finanziert?

IV

65. Gibt es einen Betriebsrat? Wieviel Sitzungen hat er monatlich? Wieviel organisierte Kollegen – nichtorganisierte Kollegen – Angestellte gehören ihm an? Wie lange gehören ihm die einzelnen Mitglieder bereits an? Wie viele von ihnen sind freigestellt?
66. Wie ist die Haltung des Betriebsrats: gegenüber den Kollegen – gegenüber der Firmenleitung? Wie ist sein Ansehen: bei den Kollegen – bei der Firmenleitung?
67. Richtet sich der Betriebsrat nach den Forderungen der Kollegen? Haben Sie selbst sich schon einmal an den Betriebsrat gewandt? In welcher Angelegenheit und mit welchem Erfolg?
68. Kann der Betriebsrat seine Arbeit ungehindert ausführen oder gab es Versuche der Firmenleitung, ihn zu beeinflussen bzw. unter Druck zu setzen? Bei welcher Gelegenheit und auf welche Art? Gab es Versuche der Firmenleitung, sich eines unbequemen Betriebsrats-Mitglieds zu entledigen? Wie?
69. Sind Sie gewerkschaftlich organisiert? Bei welcher Gewerkschaft? Wie hoch ist der Anteil der gewerkschaftlich Organisierten unter Ihren Kollegen?
70. Gibt es Vertrauensleute? Wie viele und welcher Ge-

werkschaft? Werden sie gewählt (wie und wie oft) oder eingesetzt (von wem)? Welche Aufgaben haben sie?
71. Führen die Vertrauensleute Sitzungen durch (wie oft, wann, wo)? Was sind die Sitzungsthemen?
72. Gibt es Auseinandersetzungen zwischen den Kollegen und dem Betriebsrat? Auseinandersetzungen mit der Gewerkschaft? Auseinandersetzungen zwischen Betriebsrat und Gewerkschaft? Worüber?
73. Finden Betriebsversammlungen statt (wie oft, wann, wo)? Wer bereitet sie vor? Welche Themen werden behandelt und wer bestimmt diese Themen?
74. Wer nimmt an der Betriebsversammlung teil (wie viele Kollegen, Gewerkschaftsvertreter, Direktion usw.)? Wer spricht? Wird diskutiert? Stellen die Kollegen unbequeme Fragen oder haben sie Angst vor den Folgen (welchen)?
75. Haben Politiker (auch Kommunalpolitiker) den Betrieb besucht? Welche und auf wessen Einladung? Haben sie zur Belegschaft gesprochen und worüber? Mit oder ohne anschließende Diskussion?
76. Läßt die Firmenleitung unentgeltlich Zeitungen, Zeitschriften, (politische) Broschüren verteilen? Welche (Titel)?
77. Sind Ihnen Fälle bekannt, in denen Kollegen wegen politischer Äußerungen oder Betätigung Nachteile hatten? Welche (Versetzung, Kündigungsandrohung, Entlassung)?
78. Gibt es einen Werkschutz (Werksicherheitsdienst)? Wie viele Angehörige hat er? Gliedern Sie diese Angehörigen nach Alter und Gewerkschaftszugehörigkeit auf.
79. Setzt sich der Werkschutz aus Belegschaftsmitgliedern zusammen oder wurden ehemalige Angehörige der Polizei, des Bundesgrenzschutzes, der Bundeswehr verpflichtet?
80. Ist der Werkschutz bewaffnet? Womit? Hält er Schießübungen ab? Wie oft und wo?
81. Welche Aufgaben hat der Werkschutz (Aufklärung von Diebstählen, Bewachung der Produktionsanlagen, sonstige)?
82. Führt der Werkschutz auch politische Ermittlungen durch? Welche und wie? Ermittelt er auch im privaten Bereich der Kollegen?
83. Welche Aufgaben hat der Werkschutz bei Streik zu erfüllen?

84. Ist innerhalb der letzten fünf Jahre gestreikt worden? Mit oder ohne gewerkschaftliche Unterstützung (sogenannte ›wilde Streiks‹)? Waren es: Teilstreiks – allgemeine Streiks – Warnstreiks?
85. Aus welchen Gründen wurde gestreikt (Lohnforderungen, Arbeitszeit, sonstige Gründe, politische Gründe)? Wie oft, wie lange, mit welchem Erfolg?
86. Wer hat den Streik angeregt, wer hat ihn organisiert? Gab es Streikbrecher und wie wurden sie behandelt (während des Streiks – danach)?
87. Gab es Aussperrungen?
88. Gab es während des Streiks Eingriffe der Polizei, des Bundesgrenzschutzes usw.? Gab es während des Streiks oder danach Ermittlungen der Kriminalpolizei oder der politischen Polizei? Sind Kollegen (Streikführer oder andere) in der Folge des Streiks entlassen worden?
89. In welcher Höhe und von wem (welcher Organisation) wurde der Streik unterstützt? Auch von ausländischen Gewerkschaften? Sind Ihnen Fälle bekannt, in denen deutsche Gewerkschaften streikende ausländische Kollegen unterstützten?
90. Gibt es in dem Betrieb, in dem Sie arbeiten, Mißstände, die Ihrer Meinung nach einen Streik rechtfertigen würden oder die nur durch einen Streik zu beheben wären? Welche? Für welche überbetrieblichen Forderungen sollte gestreikt werden?

V (Anhang)

Name und Sitz der Firma?

Alter und Geschlecht des Befragten?

Die Antworten auf diesen Fragebogen können ergänzt werden durch Beifügen von:
- Betriebsordnungen
- Betriebszeitungen
- Aushängen am Schwarzen Brett (Abschriften)
- Briefe an Kranke, in denen mit Maßnahmen des Unternehmens bei längerer oder wiederholter Krankheit gedroht wird

– Berichte über besondere Vorkommnisse, z. B. Streiks, denen vergleichshalber Presseberichte über diese Vorkommnisse beigefügt werden können. Es sollte versucht werden, eine Art ›Betriebstagebuch‹ zu führen.
Sinnvoll wäre ferner das Führen von Haushaltsbüchern, die über längere Zeiträume sämtliche Einnahmen und Ausgaben der betreffenden Arbeiterfamilie enthalten.

Ausblick

Wenn Arbeiter ihre Sache selbst in die Hand nehmen (1970)

Der Mythos der »Unternehmerpersönlichkeit, des Mannes an der Spitze«, ohne den der Laden nicht läuft, der anordnet, was seine Arbeiter ausführen, und kassiert, was sie erarbeiten, hat in der Bundesrepublik einen ernsthaften Knacks abbekommen.
Die 280köpfige Belegschaft der Süßmuth-Glashütte, Immenhausen bei Kassel, hat jetzt die Voraussetzungen erkämpft, um den Gegenbeweis anzutreten.
Sie schicken ihren Unternehmer in Pension und führen die Glashütte im Kollektiv weiter. Eine Änderung des Firmenschildes an den Werkstoren seit 18. März 1970 in »Süßmuth-Genossenschaftshütte« kündet davon, daß jetzt allen gehört, was früher der Willkür eines einzelnen überlassen war.
Ein bisher einzigartiger Modellfall in der Bundesrepublik, vielleicht 20 Jahre seiner Zeit voraus, der, sollte er Schule machen, die Grundfeste des kapitalistischen Systems aus den Angeln heben könnte.
Es kam nicht von selbst. – Richard Süßmuth, Flüchtling aus Schlesien, mit päpstlichen Orden ausgezeichnet und Träger des Bundesverdienstkreuzes, hatte die Hütte mit Steuergeldern aufgebaut und zusammen mit seinem Bruder Anton patriarchalisch geführt.
Als Stadt- und Kreistagsabgeordneter der CDU gelang es ihm, Ansiedlungen anderer Industriezweige in Immenhausen zu verhindern, seine Arbeiter gehörten ihm. Anfangs konnte er es sich leisten, ausschließlich katholische Arbeitskräfte bei sich aufzunehmen: Ausdruck für seine ausgeprägte »Betriebsfamilien-Ideologie«. Sein Bruder Anton (Richard S.: »Er ist härter als ich, aber gerecht«) ließ Arbeiter, die ihn mit einem Anliegen in seinem Büro aufsuchten, grundsätzlich vor sich stehen, oft über eine Stunde lang. »Wenn man dann wieder draußen war, hatte er einen so runtergeputzt, daß man selbst nicht mehr wußte, weswegen man eigentlich gekommen war.«
Betriebsratsmitgliedern, die es wagten, ihrem Chef gegen-

über die Interessen der Arbeiter offen zu vertreten, wurde einfach andere Arbeit zugeteilt, die dann meist schlechter bezahlt wurde. Einige legten daraufhin bereits bei Androhung dieser Maßnahme vorsorglich ihr Amt freiwillig nieder.
Überhaupt sorgte eine genau abgestufte unterschiedliche Akkordfestsetzung im Werk dafür, daß es bevorzugte und unterprivilegierte Arbeiter gab, so daß es der Chef in der Hand hatte, durch Umbesetzung zu bestrafen oder zu belohnen.
Wenn Arbeiter Verbesserungsvorschläge vorbrachten, um sich ihre Arbeit erleichtern zu können: »Was wollen Sie denn, Sie kriegen doch Ihr Geld. Sie sind hier, um zu arbeiten, das Denken lassen Sie mal unsere Sache sein!«
Das Denken ließ der selbstbewußte Unternehmer so sehr seine ureigene Sache sein, daß der Betrieb mehr und mehr veraltete. Seine Unternehmerinitiative erlahmte zwar nie, er investierte mit Landes- und Bankdarlehen, jedoch nicht da, wo es für seine Arbeiter und letztlich auch für die Firma von Vorteil gewesen wäre. Der Produktionsbetrieb selbst verrottete mehr und mehr. Maschinen wurden nicht erneuert, die Öfen immer wieder geflickt, produziert wurde auf Teufel komm raus. In den Umkleideräumen der Arbeiter rostige Eisenspinde, keine Sitzgelegenheit, die Wasserleitung durchgerostet.
So sehr die Hütte selbst verfiel – die Arbeitsplätze düster und zugig, keine Absaugvorrichtung für die Gase, die bei vielen zu Magenerkrankungen führten – so generös und nobel ließ der Unternehmer für 600000 DM ein neues lichtdurchflutetes Repräsentationsgebäude an die Hütte anbauen. Zwei Stockwerke nur Ausstellungsräume für die Gläser, viele von Süßmuth selbst entworfen, und ein Museum der Firmengeschichte.
Wirtschaftlich gesehen eine riesige Fehlinvestition, denn die Großkunden verirren sich selten nach Immenhausen, sie werden von Firmenvertretern aufgesucht.
Jedoch für Richard Süßmuth ein Tempel für sein Unternehmer- und Künstlertum: Überhaupt schwebte er als Künstler mehr in höheren Regionen und verirrte sich nur ungern in die Niederungen des Arbeitsablaufs. So sehr er seinen Arbeitern Firmentreue und Betriebszugehörigkeitssinn abver-

langte, kannte er seine Getreuen oft nicht einmal. Es kam vor, daß er Arbeiter, die 20 und mehr Jahre in seinen Diensten standen, bei Firmenrundgängen ansprach und fragte: »Wer sind Sie?« und: »Was machen Sie hier?«

Sein Weltbild geriet erstmalig in Erschütterung, als seine Belegschaft einmal zu streiken wagte, um Urlaubsgeld durchzusetzen. Mit einem hektographierten Schreiben wandte er sich

»An meine Mitarbeiter und ihre Familien!

Heute habe ich mir einen schwarzen Binder umgebunden; dieser 20. Mai ist für mich ein Trauertag. Ich hätte es nie für möglich gehalten, daß meine Mitarbeiter streiken ... Und trotzdem ist nun der furchtbare Zustand eingetreten, daß über die Glashütte Süßmuth der Streik ausgerufen wurde.«

Wie sehr er sich als Spender und Wohltäter seiner Arbeiter glaubt, zeigt folgender Passus: »Ich war immer glücklich darüber, daß ich mit meiner Glashütte soviel tun konnte, soviel helfen konnte. Viele, denen so geholfen wurde, streiken heute: Grund genug für mich, darüber traurig zu sein.«

Zum zweiten Mal traurig wurde er, als sich seine Arbeiter am 7. März 1970 schwarze Binder umlegten, um ihrerseits auszudrücken, daß sie über Süßmuth traurig seien. Mit Transparenten und einem Sarg (Aufschrift: »Wir tragen unsere Hoffnung zu Grabe«) demonstrierten sie gegen die Wortbrüchigkeit ihres Chefs. Der hatte sich noch im Juli 1969, zu einem Zeitpunkt, als die Hütte kurz vor dem Bankrott stand und als einziges Kapital eigentlich nur noch das Kapital Arbeit vorhanden war, schriftlich grundsätzlich einverstanden erklärt, die Hütte in den Besitz der Arbeiter zu überführen und künftig nur noch als »künstlerischer Berater« tätig zu sein.

Innerhalb von 9 Monaten stellten die Arbeiter unter Beweis, wie sich Arbeitsbedingungen und Produktion gleichzeitig verbessern lassen, nachdem das Prinzip des Zwangs und die Betriebshierarchie außer Kraft gesetzt waren:

Die ungerechten Akkordfestsetzungen wurden aufgehoben.

Das Betriebsklima verbesserte sich schlagartig.

Die Funktion des Betriebsrates änderte sich vom Bittsteller zum Sprecher der Arbeiter, dessen Vorschläge auch ernstgenommen wurden.

Die frühere Regelung, daß pro Krankheitstag ein bestimm-

ter Betrag vom Weihnachtsgeld abgezogen wurde, wurde aufgehoben.
Der Arbeitsablauf wurde vereinfacht, die Forderungen der Arbeiter nach Erleichterung und Rationalisierung in ihrem Sinn durchgesetzt.
Der Glasbruch ging von 17,3 auf 9,8 % zurück.
Die 1.-Wahl-Quote hat sich um 20 % erhöht.
Neue Absatzmöglichkeiten wurden von den Arbeitern ausfindig gemacht.
Außerdem arbeiteten sie sonnabends und verzichteten auf ihre Überstundenzuschläge, um »den Karren aus dem Dreck zu ziehen«. Als es Anfang März ans endgültige Unterschreiben ging, weigerte sich Süßmuth plötzlich, zurückzutreten. Konferenzen mit dem Arbeitgeberverband hatten stattgefunden, eilig einberufen im Frankfurter Parkhotel unter dem Siegel der Verschwiegenheit.
Großkoryphäen der Wirtschaft witterten Revolution, ein Draht zu Hermann Josef Abs wurde hergestellt, die Heiligkeit des Privateigentums war in Gefahr geraten.
Süßmuth: ». . . Sehe keine zwingende Veranlassung, die von mir erwartete Verzichtserklärung abzugeben.« – Seine beiden Anwälte, die den Vorvertrag entworfen hatten, in dem er seine grundsätzliche Bereitschaft, zurückzutreten, zum Ausdruck gebracht hatte, legten daraufhin ihr Mandat nieder. – Süßmuth, von seinem Verband aktiviert, sah plötzlich überall rot:
»Das muß man sehen, hier ist ein Funke, der droht dann irgendwann überzuspringen, und dann ist das Feuer nicht mehr löschbar . . .«
»Ich als freier Unternehmer dulde es nicht, daß auf meinem Gelände ein VEB-West entsteht.«
»Das ist womöglich alles von drüben gesteuert!«
Süßmuth, ganz der Unternehmertyp der »Wir-sitzen-allein-einem-Boot«-Ideologie, war nicht mehr bereit, das Steuer aus der Hand zu geben. Lieber wollte er mit dem sinkenden Schiff untergehen, als es der Mannschaft zu überlassen.
Vorsorglich hatte der Verein der Glasindustrie e. V. ein streng vertrauliches Rundschreiben an alle Mitgliedsfirmen versandt, worin gefordert wird, keine Arbeiter von Süßmuth einzustellen. (Eine Verletzung des Grundgesetzes Art. 12, der die freie Wahl des Arbeitsplatzes garantiert.)

Der Artikel 39 der Hessischen Verfassung sieht zwar Enteignung vor bei Mißbrauch von Privateigentum, jedoch die Ausführungsbestimmungen dazu fehlen bis heute, so daß der Artikel wirkungslos bleibt.
Die Arbeiter der Süßmuth-Hütte – im doppelten Sinn betrogen – planten eine Fabrikbesetzung. Mit ihren Familien wollten sie nach Arbeitsschluß die Fabrik so lange nicht verlassen, bis Süßmuth ihnen das, was sie erarbeitet und von ihm heruntergewirtschaftet war, überschrieben hätte. Arbeiter mit Armbinde, Aufschrift: »Arbeiterschutz«, sollten dafür sorgen, daß die Tore nicht von Polizei gestürmt würden, es war daran gedacht, eine rote Fahne am Fabrikschornstein auszuhängen, Kirchenglocken sollten das Ereignis einläuten.
Im letzten Moment lenkte Süßmuth ein. Am Vorabend dieses Ereignisses, 20.00 Uhr, unterschrieb er zum zweitenmal, diesmal endgültig. Eventuell haben ihm die maßgeblichen Leute vom Arbeitgeberverband dazu geraten. Diese Fabrikbesetzung – die 1. in der Bundesrepublik – wäre ein Symbol gewesen, ein Fanal für andere Betriebe in ähnlichen Situationen.
Vielleicht hofft man den Fall auf lange Sicht erledigen zu können, durch Boykottierung oder Aushungerung der Zulieferer- oder Abnehmerfirmen etwa, dann hätte man unter Beweis gestellt, daß es ohne Unternehmer halt doch nicht geht. Man wird abwarten müssen.